인문학과
기독교의 책임

인문학과 기독교의 책임

발행일	2019년 6월 5일		
지은이	장성식		
펴낸이	손형국		
펴낸곳	(주)북랩		
편집인	선일영	편집	오경진, 강대건, 최예은, 최승헌, 김경무
디자인	이현수, 김민하, 한수희, 김윤주, 허지혜	제작	박기성, 황동현, 구성우, 장홍석
마케팅	김회란, 박진관, 조하라		
출판등록	2004. 12. 1(제2012-000051호)		
주소	서울시 금천구 가산디지털 1로 168, 우림라이온스밸리 B동 B113, 114호		
홈페이지	www.book.co.kr		
전화번호	(02)2026-5777	팩스	(02)2026-5747
ISBN	979-11-6299-742-0 03300 (종이책)		979-11-6299-743-7 05300 (전자책)

이 도서의 국립중앙도서관 출판예정도서목록(CIP)은 서지정보유통지원시스템 홈페이지(http://seoji.nl.go.kr)와
국가자료공동목록시스템(http://www.nl.go.kr/kolisnet)에서 이용하실 수 있습니다.
(CIP제어번호: CIP2019021770)

(주)북랩 성공출판의 파트너

북랩 홈페이지와 패밀리 사이트에서 다양한 출판 솔루션을 만나 보세요!

홈페이지 book.co.kr • **블로그** blog.naver.com/essaybook • **원고모집** book@book.co.kr

인문학과
기독교의 책임

장성식 지음

정직, 겸손, 책임, 지혜에 대한 근본적 물음,
어떻게 살 것인가

북랩 book Lab

차례

제1장 인간의 정체성

제2장 세계관

제3장 보편성과 개별성 ─────────────

제4장 역사의 객관성 ─────────────

정직에 대하여

아직 철도 들기 전이었는데 정직하게 살고 싶은 생각이 들었다. 어린아이의 눈에 세상이 정직하지 않게 보였다. 물질주의와 권위주의로 만연한 세상은 원칙도 없고 페어플레이도 하지 않는 정글이었다. 혈연, 지연, 학연에 꽉 묶여 있는 답답한 세상이었다. 『이상한 나라의 앨리스』의 앨리스처럼 현실을 떠나 신비한 세계에서 모험하고, 남의 마음속에 몰래 들어가 보고 싶던 시절이 있었다. 그때 내가 본 세상은 죽은 사람을 살리는 일 빼고는 돈과 권세만 있으면 안 되는 것이 없는 금권 천하의 약육강식 정글이었다. 힘만 있으면 닫힌 것도 열고 열린 것도 닫을 수 있는, 갑자기 사실이 상황에 의해 바뀌어도 누구 하나 의심하지 않는 판도라 상자와 같은 시대였다.

사람들은 독재 타도를 외쳤고, 급기야 힘 있던 독재자가 하루아침에 사라졌어도 기대했던 소망보다는 더 많은 갈등과 고민과 풀어야 할 숙제가 많았던 세상이었다. 이러한 세상을 어떻게 살아갈까? 아직 세상 물정을 아는 나이도 아니고, 무슨 일을 독자적으로 해결할 힘도 없고, 가진 것도 없고, 순진했던 어린아이가 세상에 대한 꿈을 펼쳐 보기는커녕, 호기심도 생기기 이전에 이미 좌절감을 맛본 것이다. 어린 시절 내가 보고 겪었던 세상은 그러했다. 현란한 처세술이 아니면 살기 힘들었던 세상으로 기억된다. 처세술을 익히기 위해 산다는 것은 아직 철들지 않은 어린 자존심에도 허락되지 않을뿐더러 살기 위해 처세술을 배우기에는 너무 어린 나이였다.

'어떻게 살 것인가?'의 질문은 항상 나를 따라다녔다. 대학교 입학을 앞둔 고등학교 3학년 때까지도 그 질문은 공부에 집중하지 못할 정도로 나를 괴롭했다. 열심히 공부해야 할 시기였지만, 나를 짓누르던 인생의 문제에 사로잡혀 방황하던 때였다. 나는 삶에 대한 문제를 해결하기 전에는 한 발자국도 전진할 수 없었다. 전교생 660명 중 620등. 축구부 선수들을 빼고 거의 꼴등을 할 정도로 자포자기했던 때였다. 대입을 앞둔 늦가을의 어느 날, 대학에 가야겠다는 생각에 학교 선생님과 상의도 하지 않고 상경하여 정일 학원에 등록했다. 국, 영, 수 세 과목만 요구했던 서강대학교에 지원하고 집중해서 공부했다.

대학교수 아들인 친구를 따라 6학년 때부터 배운 영어에 대한 기초 실력 덕분에, 나머지 두 과목을 집중해서 공부해서 서강대학교 이공대학에 합격할 수 있었다. 한참 후 국방의 의무를 감당하기 위해 입대하기 전에, 선배가 "군대 가서는 줄을 잘 서야 한다. 그리고 잘난 체하고 앞줄에 서지 말고 요령 있게 항상 뒤에 서는 것이 낫다."라는 조언을 해 주었을 때, '산다는 것이 무엇이기에 군대에 가서까지 처세를 해야 하는가?'라는 반항심이 일었다. 결국, 대한민국에서 가장 군기가 세다는 수도경비사령부 소속 제55 경비대대에서 군 생활을 마쳤다.

정직한 세상을 바라며 "정직은 최상의 정책(honesty is the best policy)이다."라는 격언을 어린 나의 인생관으로 받아들였다. 윈스턴 처칠(Winston Churchill, 1874~1965년)의 전기를 읽으며 발견한 격언이었다. 처칠은 제2차 세계대전 때 독일의 군국주의와 소련의 공산주의가 동맹을 맺으리라는 것을 가장 먼저 예언한 정치가 중의 하나였고 또한 그들의 동맹이 짧을 것을 누구보다 먼저 알았다. 독재적이고 공격적인 정권들이 가진 술수의 최후를 간파한 것이었다. 처칠은 복잡한 정치 상황 속에서 가장 중요하면서 단순 명료한 통찰력을 도덕성에서 찾았다. "정직은 최상의 정책입니다." 이어서 처칠은 "간계한 자들이나 정치인들은 스스로 꾸민 공교한 술수로 말미암아 자멸의 길로 들어설 것입니다. …정부가 도덕적인 양심을 가지지 않고도 때때로 큰 이득을 얻고 행동의 자유를 누릴 수는 있겠지만, 모든 것이 마지막 날에는 분명히 드러날 것이며, 마지막이 오기 전에도 확연히 드러날 때가 있을 것입니다."라고 말했다.

나는 처칠의 전기에서 권모술수가 난무하는 정치나 무차별한 폭력과 무기로 무장한 전쟁터에서도 정직은 적들의 음모를 이겨내는 위대한 힘이라는 것을 깨달았다. 처칠의 영향으로 나는 정직을 내 인생에서 최상의 정책으로 삼고 살기로 다짐했다. 부모나 선생님의 도움이 없이도 스스로 가질 수 있는 실존적 가치라서 더 마음에 끌렸다. 지금 돌이켜 보면 세상에서 자신의 조건이 별로 좋지 않다는 것을 깨달은 한 어린아이의 오기였는지도 모를 일이다. 나는 정직이라는 내면의 가치로 미래에 대한 희망을 품었고, 세상에 나아가서도 승리할 수 있다는 확신과 기쁨이 충만했다.

나의 인생에는 분명한 의미가 있을 것이다. 이 세상에서 살아간다는 것은 무엇인가? 인생은 먹느냐, 못 먹느냐 문제인가, 아니면 사느냐, 죽느냐의 문제인가? 죽지 않고 산다는 것은 무엇인가? 호흡하고 생명을 유지하는 것이 사는 것인가? 적어도 내가 산다면 정직함으로 세상을 대하고 싶었고 세상이 나의 정직함을 알아주기를 원했다. 그러나 정직이 오히려 자신을 불편하게 만들고 결국 스스로 정직하지 못하다는 것을 깨달은 것은 얼마 지나지 않아서였다. 정직이란 단어가 나 자신을 더 초라하게 만들기 시작했다. 정직은 단순한 개념이 아니라 이익, 불이익을 따지기 이전에 인생의 참된 가치를 추구하는 한 인간의 본질적인 정체성의 문제였다.

나는 어떻게 살 것인가?

마크 트웨인(Mark Twain, 1835~1910년)은 "가진 자에게만 정직은 최상의 정책이다."라는 말을 남겼다. 트웨인에 따르면 정직은 삶의 방법과 수단으로, 인간의 행복, 안녕, 번영과 같은 삶의 목적을 이루는 최상의 정책이 된다는 것이다. 그러나 트웨인은 힘이 있어야 정직이 정당성을 가진다고 했다. 힘이 없는 자의 정직은 가진 자의 동정 아니면 수탈의 대상이 될 뿐이라는 것이다. 금력이든, 권력이든 먼저 힘을 가진 자가 정직할 때 최상의 정책이 된다는 말이다. 힘이 있어야 정직의 효용성이 발휘된다면, 정직의 가치가 힘에 종속된 경우다. 인간이 아무리 정직하려고 발버둥을 쳐도 힘이 없으면 남에게 이용당하기 십상이다.

만약 힘을 가져야만 정당화되는 정직이라면, 트웨인에게 정직은 삶의 방법이 아니라 목적이 된다. 최상의 정책인 정직을 위해서 수단과 방법을 가리지 않고 힘을 획득해야 한다는 것인가? 그러면 "정직은 최상의 정책이다."라는 말은 하나의 프로파간다일 뿐이다. 정직이라는 가치를 지키기 위해 세상의 권력을 추구하는 일이야말로 정직하지 못한 일이다. 구호에 인생을 걸고, 힘으로 그 구호를 외치는 일은 선전 선동일 뿐이다. 정직은 구호가 될 수 없다. 무엇을 추구하며 사는가? 어떻게 살 것인가? 정직은 만유의 영장인 인간이 가져야 하는 기본 덕성인 것이다.

윌리엄 셰익스피어(William Shakespeare, 1564~1616년)는 "비록 내가 정직하게 태어나지 않았다 할지라도 때때로 우연적으로 정직할 때가 있다."라고 말했다. 인간은 본능적으로 정직하지 않지만, 언젠가는 정직할 때도 있다는 말이다. 셰익스피어에게 있어서 정직은 내가 결단해야 할 삶의 방법도 아니며 이루어야 할 목적도 아니었다. 정직을 운명으로 본 것이다. 정직하게 사는 일이 우연적인 사건이나 행운과 같은 것이라면 산다는 것은 무엇인가? 정직은 하루하루 살다가 저절로 가질 수 있는 것이 아니다. 정직을 노력해서 얻지 않고, 정직하고 싶을 때 정직하고, 아니면 아니고, 이런 것이 삶이라면 너무 허무하지 않은가?

내가 정직해야 하고, 세상이 정직해야 하고, 정직이 세상을 변화시켜야 한다는 신념이 부메랑이 되어 나에게 돌아왔다. "정직이 최상의 정책이다."를 추구하며 정직하기를 노력했던 내가 정직할 수도 없고, 정직하지도 못하다는 것을 깊이 깨달은 날이 왔다. 내가 피곤하고 지칠 때, 부당한 대우를 받는다고 느낄 때, 힘든 일을 당하여 그 일을 일시적이라도 피하려고 할 때, 나의 결단과 의지의 틈새를 비집고 거짓의 정체가 드러난 것이었다.

세상이 정직하지 않은데 나 자신만 옳다고 떠드는 자를 돈키호테(Don Quixote)라고 부른다. 환상과 현실을 구분하지 못하는 사회 부적응자로 취급받기 십상이다. 나는 누구인가? 무엇을 하는 사람이며, 어디로 가는 존재인가? 나는 나 자신도 알지 못하며, 정직하고 싶은 나의 마음도 지킬 수 없었다.

나는 회심했다. 예수를 나의 구주로 받아들였다. 정직이라는 명제는 지금까지도 나를 따라다닌다. 회심했다고 해서 정직해지는 것이 아니었다. 30대 후반의 나이에 이민 교회의 담임 목사가 되어 목회를 했지만, 교회가 교포들의 친목 장소가 되어 있는 모습에 한두 번 실망한 것이 아니다. 교회에 생명의 복음보다 세상의 권모술수가 너무나 쉽게 먹혀들었다. 교회가 신령하지 못하고 금권의 패권 다툼의 장이 되기도 했던 것이다.

많은 고민과 갈등 속에서, 스코틀랜드에 있는 글래스고(Glasgow) 대학교로 떠난 동기는 믿음과 정직의 관계에 대한 결론을 내고 싶었기 때문이었다. '정직은 최상의 정책'이라는 삶의 명제를 짊어진 나는 믿음으로 정직해질 수 있는 길을 찾기를 원했다. 기독교는 정직하게 인생을 사는 길이 무엇인가 설명할 수 있어야 한다. 믿음으로 말미암는 구원을 확신하지만, 구원 얻은 성도가 기본적인 삶의 가치를 놓치고 사는 것은 너무나 안타까운 일이다. 기독교는 정직(integrity)뿐만 아니라 겸손(humility)과 책임(responsibility) 그리고 지혜(wisdom)의 귀한 가치를 가지고 있다. 이러한 가치를 확보하지 못한 기독교는 더 이상의 의미가 없는 종교일 뿐이다.

정직과 나의 죽음

데카르트(René Descartes, 1596~1650년)는 "나는 생각한다. 고로 나는 존재한다(Cogito Ergo Sum)."라고 말했다. 이 말은 계몽주의 사상의 핵심이다. 중세 암흑기에서의 탈출을 시도한 인간의 용맹스러운 자기 선언이다. 데카르트는 무자비하게 짓밟혀 왔던 인간의 개성에 자유와 능력을 선포한 것이다. '나'의 선언은 인생의 패러다임(para-digm)에 혁신적인 변화를 초래했다. 인간의 판단과 지성을 존중하는 자기 선언적 자아관은 초월적인 영역을 무작정 신봉하지 않았다.

이미 반세기 전에 토마스 알타이저(Thomas Altizer, 1927~2018년)는 사신 신학(the 'death of God' theology)을 주창하였다. 신이 죽었다는 주장이지만, 신이 죽었다기보다는 보이지 않는 신은 인간의 언어로 표현할 수 없다는 것이 정확한 말이다. 토마스 알타이저가 하나님이 죽었다고 한 주장은 인간 지식의 한계 밖을 부정(negativity)으로 보는 실존주의(existentialism)의 극치이다. 사신 신학은 형이상학적이며 이원론적인 기독교 신앙과 신학에 인본주의적인 도전이었다. 이율배반적이고 자기합리화에 빠진 이중적인 기독교에 강력한 도전과 충격을 준 신학이었다. 그러나 인간이 파악할 수 없는 신을 죽은 신으로 보는 방법은 정당하지 않다. 신은 죽을 수 없고 신을 빙자한 정직하지 못한 인간은 죽는다.

신학이 잘못된 것이 아니라, 믿음을 가진 자의 인생관의 문제였다. 인간이 가져야 하는 지식 중에서 가장 기본적인 것은 인간은 누구나 언젠가 죽는다는 사실이다. 역설적이지만 '어떻게 살 것인가?'를 논할 때 자신의 유한성을 전제하는 것이 현명하다. 언젠가는 죽을 수밖에 없는 인간을 염두에 두면 우발적이고 우연한 사건들이 이해가 된다. 순간적인 교통사고로 뇌사 판정을 받는 일, 출산하다 뇌졸중으로 식물인간이 되는 일들을 그러한 맥락에서 해석할 수 있다.

인간의 죽음을 전제하는 것은 허무주의가 아니다. 오히려 강인한 자아의 정체성 실현이다. 인간의 정체성은 철학이나 합리적 이성의 실존적인 방법으로는 찾을 수 없다. 인간의 유한한 실체를 인정해야 참된 정체성을 알 수 있다. 죽을 수도 없고, 죽지도 않은 신을 죽었다고 말하는 것은 교만이다. 인간은 자신의 죽음을 예상하며 인생에 대한 근원적인 통찰력을 가질 때 정직함의 용기가 생긴다.

죽음은 인간에게 최고의 위협이다. 인간에 대한 최고의 위협인 죽음 앞에서 말과 행동, 심지어 생각마저 정직할 수 있어야 한다. 정직하기를 소원하는 것은 자아의 죽음이고 자아의 내려놓음이다. 죽을 수밖에 없는 인간의 한계를 인정하면, 정직과 겸손, 책임, 지혜 그리고 믿음에 관한 논의는 종말론적이다. 진리는 종말에서 확연히 드러날 것이다.

기독교의 종말은 '이미-아직(already-not-yet)'의 패러다임에 있다. 종말론적인 가치의 실현은 프랑스 철학자 자크 데리다(Jacques Derrida, 1930~2004년)의 언어로 표현하면 불가능성의 가능성(possibility of the impossibility)이다. 데리다는 불가능성을 인간의 편에서 자발적(spontaneous)이며 우연적(contingent)인 이벤트(event)로 본다. 철학은 인간의 가치 실현에 유용하다. 신학이 철학화하면 인본주의에 빠진다. 철학과 신학을 혼동하는 오류를 범해서는 안 되지만, 철학은 우리의 삶에 귀한 지혜를 준다. 데리다의 포스트모던 사상 또한 인생의 가치를 분석하고 이해하는 유용한 도구가 될 것이다. 세계관의 기능과 실천 방법은 철학적인 이해가 필수적이다.

온 피조 세계를 창조한 하나님은 전지전능하며 무소 부재하다. 때가 되면 죽을 수밖에 없는 인간의 자원으로 하나님을 알 수 없다. 인간의 합리적 이성으로는 하나님의 섭리가 이해되지 않는다. 내가 보고, 이해할 수 없다고 해서 사물과 공간이 없지는 않다. 뉴욕의 맨해튼(Manhattan)의 마천루가 서울에서 볼 수 없다고 존재하지 않는다고 말할 수 없고, 필라델피아에서 잠실의 롯데 타워가 보이지 않는다고 없는 것이 아니다. 동일한 순간에도 이곳저곳에서 동시 발생(concursus)하는 실제적 공간은 존재한다. 하나님의 동시다발적 역사는 인간의 상상과 이해를 초월한 하나님의 임재이다.

동시 발생은 하나님의 섭리에서 인간의 책임을 확보한다. 동시 발생은 하나님과 인간의 경계가 모호하게 혼재되지 않고, 창조주와 피조물의 정체를 완전히 구분한다. 동시 발생은 신인의 상호 간 협력의 장이 아니라 둘 사이에 일어나는 사건(event)이다. 일상적인 눈에는 불가능한 것처럼 보이지만 동시 발생 순간의 하나님의 손길은 인간의 삶에 역동적이며 가시적이다.

하나님은 애덤 스미스(Adam Smith, 1729~1790년)의 언어로 표현하면 '보이지 않는 손(invisible hand)'으로 온 우주를 만지고 있다. 광대한 우주적 환경에서 미아처럼 살아가는 인간에게는 경이로운 일이다. 수십억 인류 중의 하나밖에 되지 않음에도 불구하고 오늘, 내가 죽음과 삶의 접경에서, 지금 하는 일, 앞으로 해야 할 일을 살펴보는 것은 내가 생명을 가지고 있기 때문이다. 삶의 행보를 잠시 멈추고 심호흡으로 긴장을 풀어 보자. 진지한 심령과 눈으로 어떻게 살 것인가를 스스로 묻고 있다.

　　중국 베이징에서 북쪽으로 한 시간 반 정도 달리면 만리장성이 나온다. 기원전 220년 중국 진시황 때 쌓기 시작한 만리장성은 2000여 년에 걸쳐 완성된 성벽이다. 제국의 황제가 사는 베이징으로 가는 주요 길목의 성벽은 기어오를 수도, 뚫을 수도 없는 더 높고 단단한 철옹성의 벽이다. 높이 8m에 너비 10m나 되는 이중, 삼중의 벽으로 세워졌고, 벽 사이로 마차가 다닐 수 있는 길도 있다. 말이 만 리이지, 만 리(약 4,000km)보다 훨씬 넘는, 길이가 6~7,000km나 되는 긴 성곽이다.

　　만리장성은 북쪽 유목 민족의 공격을 방어하고 오랑캐로부터 제국의 문화와 재산을 보호할 목적으로 만들어졌다. 그러나 도저히 뚫리지 않을 것 같은 만리장성도 북방 민족의 공격 때문에 무용지물이 된 적이 몇 번 있었다. 칭기즈칸의 손자 쿠빌라이 칸에 의해 세워진 원나라와 발해 영토에 세워졌던 금나라가 침범했을 때 방어벽이 무너졌다. 또한, 당 태종이 안시성을 공격하다 실패했을 때 연개소문이 만리장성을 넘어 베이징 부근까지 쳐들어간 적도 있었다. 고구려 후기에는 영양왕이 영토 확장 사업으로 만리장성 끝자락에 있는 임유

관까지 들어가기도 했다.

만리장성이 침략자들에게 뚫린 이유는, 누가 성벽을 파괴해서도 아니고 부실공사나 자연재해로 성벽 중 한 부분이 허물어져서도 아니다. 성문을 지키는 문지기들이 경각심을 가지고 성문을 경계하지 못했기 때문이었다. 사명을 망각한 초병들이 정신이 혼미하여 졸고 있었든지, 몰래 동네 주막에 가서 술을 마셨든지 했을 것이다. 또한, 첩자들이 준 뇌물을 받고 문을 활짝 열어 주어 침략자들이 순식간에 만리장성을 넘어간 예도 있다. 문지기의 정신 자세는 제국의 정치 현실의 바로미터였다. 성벽을 제아무리 튼튼하게 쌓아도 성문을 지키지 못하면 소용이 없다.

눈에 보이는 건물이나 교인 숫자, 선교나 전도 조직보다 더 중요한 것은 성도의 마음을 지키는 일이다. 많은 훈련과 교훈적 지식을 가져도 마음을 지키지 못하면 가졌던 믿음도 순식간에 무너져 내린다. 신앙이 어느 한 순간에 어이없이 깨어져 버리는 이유는 기독교의 가치에 대한 이해, 확신, 실천이 없었기 때문이다. 마음의 성벽을 지키기 위해서 성경의 가치를 삶의 보편적인 기준으로 깨달아야 한다. 성도는 날마다 성경을 상고하며, 마음에 새기고 그 교훈을 실천하며 살아내야 할 것이다.

그리스도인은 성경을 삶의 보편적인 기준으로 본다. 성경의 보편성은 그리스도의 구원의 보편성과 구분이 필요하다. 그리스도는 언약 파기자에게 보편성을 가질 수 없지만, 성경은 하나님의 말씀이며, 언약 준수자(covenant keeper)와 언약 파기자(covenant breaker)를 포함한 모든 인류의 현세적 인간의 생명과 운명에 대한 보편적 가치를 가진다. 성경은 단순히 이스라엘 민족의 역사와 운명에 관한 책이 아니라, '나는 누구이며 어떻게 살아야 하는가?'라는 인간의 근원적인 질문에 대한 답을 담고 있는 하나님의 말씀이다.

누구나 자신의 정체성을 인식하지 못하면, 세상의 도전과 환경의 변화에 적절하게 응전할 수 없다. 치명적인 암이 침범하여 내장의 세포를 파괴해도 자각 증세가 없으면 치료할 시기를 놓친다. 겉으로는 멀쩡해도 내면이 병들어 곪아서 터지면 한순간에 무너진다. 상처가 눈에 보이면 치료할 수 있지만, 보이지 않는 내면의 병은 진단하기 쉽지 않다. 의사의 진단이 내려질 때쯤에는 거의 치료를 포기해야 할 지경까지 이를 수 있다.

인간의 정체성에 대한 논의는 보편성과 개별성에 대한 이해 없이 불가능하다. "무엇이 보편적이다."라는 말은 사실들이 개별적인 상대주의적 특수성과 반대의 위치에 있다는 것을 말한다. 판사가 법을 해석할 때, 보편성의 기준을 잃어버리면 편견에 치우친 판정을 할 수밖에 없다. 법정에서 판사 개인의 생각과 취향에 치우친 판결에 정당성을 부여할 수는 없다. 이처럼 개인은 보편성과의 관계에서 정체성을 가진다. 하나님의 형상인 인간은 하나님의 말씀의 보편성에 따른 개별적인 정체성을 가진다.

아브라함은 정체성이 분명했다. 하나님의 말씀이 그의 험난한 인생의 보편적 기준이었다. 아브라함은 굴곡지고 지루한 인생 여정에서, 하나님의 사람으로 믿음의 훈련을 통해 역사의 현장에 등장한 사명자였다. 아브라함은 자신을 철저하게 부인하고 하나님의 말씀에 순종했다. 아브라함의 하나님을 향한 믿음이 그의 정체성을 결정한 것이다. 아브라함은 매사에 자신의 이성과 감정보다 하나님을 믿는 믿음을 우선시했고, 하나님의 약속의 말씀을 따라 상황을 판단했다. 아브라함의 믿음을 보고 하나님은 의롭다 했다. 아브라함은 우주의 근원이 되신 하나님의 말씀을 객관적인 진리로 받은 의인이었다.

아브라함의 조카 롯이 소돔으로 이주했으나, 소돔과 고모라가 너무나 타락하여, 하나님은 아브라함에게 두 도시를 파괴할 작정이라고 했다. 아브라함은 도시의 멸망을 막기 위해 하나님께 간절히 청원했고 하나님은 그 도시에 의로운 사람 열 명만 있으면 심판하지 않겠다고 답했다. 그러나 그 도시에는 의인 열 명이 없었다. 하나님을 믿는다고 말하는 사람이 없어서 심판이 아니다. 하나님이 인정하는 의인이 없었던 것이다.

소돔과 고모라에서 하나님이 찾았던 열 명은 어떤 행실과 믿음을 가진 사람들인가? 의로운 자가 되기 위한 믿음은 어떤 것이며, 어떻게 살아야 의로운 자인가? 분명한 사실은 하나님은 아브라함을 의롭다 했다. 구약은 아브라함을 의로운 자의 모델로(창15:6), 신약의 사도들 또한 그를 의로운 자로 여겼다(롬4, 갈3, 히7, 약2). 하나님이 찾은 소돔과 고모라의 심판을 면할 자들은 아브라함과 같이 믿음으로 말미암아 의로운 사람들이었다. 수많은 사람이 사는 도시에서 열 사람도 찾지 못했을까? 많은 질문이 생긴다.

개혁자의 슬로건인 '믿음으로 의롭게' 된다는 것은 무엇을 의미하는가? 이런 부류의 사람은 어떠한 존재 양식을 가지고 있는가? 생명은 자기 자신이나 자신이 살아온 인생 또는 다른 사람의 인생에서 배우거나 얻을 수 있는 것이 아니다. 생명은 생사화복을 주관하는 하나님께 속한다. 인간은 죽음을 접한 인생의 모서리에서 참된 생명의 의미를 찾는다. 자크 데리다(Jacques Derrida)는 사람이 산다는 것은 생명의 내부 경계와 외부 경계인 삶과 죽음 사이의 이종성(hetero-didactics)이라고 했다.[1] 인간은 삶과 죽음 사이의 변곡점에서 만난 하

1　Jacques Derrida, 『Specters of Marx: The State of Debt, the Work of Mourning&the New

나님을 통해 인생의 참된 의미를 깨달을 수 있다.

아주 우스운 이야기가 있다. 어떤 사람이 연세 많은 할머니에게 전도를 했다. 할머니는 "예수 믿고 구원을 받으세요."라는 전도를 받고 바로 교회에 나왔다. 그러나 다음 주에 출석하지 않아 심방을 가서 "할머니, 왜 지난주에는 나오지 않으셨습니까?"라고 물었다. 할머니는 "교회에 다니는 사람들은 다 거짓말쟁이야."라고 답했다. "아니, 왜요?" "예수 믿으면 구원을 받는다고 하길래 교회에 갔더니 구원이 무어야, 1원도 주지 않던데." 할머니는 "구원받으라."라는 말을 "돈 받아라."라는 말로 생각했던 것이다. 믿음은 물질의 문제가 아니라 생명의 문제이다. 진리의 말씀인 성경은 영원한 생명을 제시하며 성도의 정체성은 구원받은 생명으로 결정된다.

교회는 구원의 방주이다. 마크 드리스콜(Mark Driscoll) 목사는 수만 명이 팔로우하는 자신의 트위터에 "만약 당신이 예수를 믿지 않으면, 지옥에 갑니다(If you are not a Christian, you are going to hell). 사랑이 없어서 이 말을 하는 것이 아닙니다. 이 말을 하지 않는 것이 사랑이 없는 것입니다(It's not unloving to say that. It's unloving not to say that)."라는 글을 남겼다. 이를 본 많은 사람이 너무나 끔찍한 방식으로 하나님을 전한다고 비난을 했다. 심지어 성도들조차 이런 방식으로 말하는 것은 사랑이 없는 것이라고 항의했다.

한번 생각해 보자. 당신이 친구들과 함께 한라산을 등반하다가 갈림길을 만났다고 가정해 보자. 한 길은 정상으로 가는 길이고, 다른 길은 절벽으로 가는 위험한 길인 것을 당신이 알고 있다면, 친구들에게 두 길을 다 설명하지 않겠는가? 절벽으로 가는 길이 더 넓고 사

International」(New York and London: Routledge, 1994) p. xviii.

람들이 다닌 흔적이 많이 있다면, 그 길로 가서는 안 된다고 경고할 것이다. 그러나 낭떠러지가 있는 것을 알면서도 말하지 않는 것은 사랑이 없는 것이다. 사랑을 실천하지 않으면서도 구원을 누릴 수 있다고 생각하는 것은, 구원의 복음과 윤리적 기준을 이원적으로 분리하여 생각하기 때문이다.

성경에 바리새인과 세리의 비유가 있다. 같은 하나님을 믿는 사람들이지만 두 사람의 간격은 너무나 크다. 신분으로는 귀족 대 천민이며, 행동하는 것은 자랑스러움 대 수치스러움이다. 자신의 평가로 볼 때, 바리새인은 자부심이 넘치고 세리는 모든 것이 위축되어 있다. 그러나 성경은 세리가 의로우므로 구원을 받았다고 하고, 바리새인은 하나님을 참되게 알지 못하는 이중인격자로 낙인찍었다.

최근 한국 사회는 가치 차이로 인한 갈등이 심각하다. 남북의 체제와 극단적 이념 차이에 더해 한국 사회 내의 정치 성향도 좌와 우로 극렬하게 분열되었다. 우파는 사유 재산 증식을 노동의 목적으로 삼고 열심히 일해서 내가 번 돈을 내가 쓰는 게 문제 될 것이 없으며 가난한 사람은 더 열심히 일해야 한다며 세금을 될 수 있으면 적게 내기를 원한다. 반대로, 좌파는 돈 많은 사람을 의무적으로 갹출해서 가난한 자와 나누어 쓰게 하고, 탐욕스러운 사람을 평등 사회의 적폐로 본다. 좌파는 성 소수자, 여성, 노동조합 등의 인권을 중시한다. 상호 갈등이 더 나은 가치를 지향하는 국가의 패러다임으로 바람직하게 수렴되어야 하나, 분열이 과해지면 국력이 쇠퇴한다.

방종과 자유를 구분하지 못하고 전쟁과 평화의 이원론적인 대립을 보이는 한국 사회의 모습에서 조선 시대 사색당파의 혼령을 보는 듯하다. 같은 민족의 남북 단절, 동서 갈등, 좌우 분열 등은 서로 다른 가치와 경험으로 말미암는다. 교회에서도 기독교 좌파와 기독교

우파의 대립이 있으며, 이들의 논쟁의 주안점은 교회의 물질주의에 관한 것이다. 교회가 정치적 성향으로, 신분의 차이로 인해 분열하는 현상은 기독교가 참된 인류의 보편적인 가치를 놓치고 있는 증거다. 성경은 좌우, 남북, 동서를 막론하고 참된 인간상을 제시한다. 인간은 자유, 인권, 평등, 정의 등을 주장하기 이전에 하나님의 형상으로서 하나님과의 관계에서 정체성이 시작된다.

새 신자는 늘지 않고 기존 신자들이 교회를 빠져나가 한국 사회의 기독교인 수는 점점 줄어들고 있다. 세상은 교회가 구원의 방주라는 사실을 인정하지 않으며, 교인들이 전하는 천국 복음을 무시하고 조롱하기까지 한다. 영적으로 눈뜬 사람들은 참된 구원의 복음에 목말라하고, 구원받은 삶을 살려고 발버둥을 치나 복음의 능력은 좀처럼 회복되지 않는다. 교회 성장학자들도 장래 한국 사회에서는 교인의 숫자가 급격히 감소하리라고 예측한다.

영적인 문제가 심각하지만, 경각심이 생기지 않는 이유가 어디에 있는가? 성경을 읽고 암송은 했으나, 성경이 인생의 결정적인 보편성을 지닌 지침이라는 것을 간과했기 때문이다. 성경의 보편성은 돈을 하나님이 허락한 것이며, 성도는 청지기의 삶을 살아야 하는 것을 교훈한다. 성경은 사유 재산을 인정하고 시장 경제를 존중하며 열심히 일하여 얻은 재산 증식을 기쁨과 미덕으로 여긴다. 성경은 좌파나 우파보다 정직하게 돈을 벌어 이웃을 섬기고, 물질을 가난하고 병든 자들과 세계의 평화를 위해 사용하기를 원한다.

성경은 인간이 아무리 탐욕스럽다 할지라도 인간은 하나님의 형상이라고 말한다. 죄를 지은 자들을 인간적으로 정죄하기 이전에 그리스도의 십자가 사랑을 나누는 대상으로 여긴다. 성경의 보편성은 모든 인류가 전통적인 도덕을 지키고 모두 함께 잘 사는 사회를 지향하기를 원한다. 성경은 소수와 약자를 보호하고 인권 존중을 가르친다. 그리스도 안에서, 표현의 자유를 누림과 동시에 상대방을 배려할 것을 교훈한다.

이는 필자가 이슬람 국가인 말레이시아에서 절실히 경험한 일이다. 나는 그곳의 수도 쿠알라룸푸르에서 한인 교회의 담임목사로, 그리고 말레이 중국계 사람이 운영하는 말레이시아 신학교(Malaysia Bible Seminary)에서 청빙 교수로 그리스도를 섬긴 적이 있다. 말레이시아는 이슬람이 국교이며, 이슬람 계율로 종교와 정치와 교육을 통제하는 사회다. 한국의 종교적 자유와는 비교가 되지 않는 부분이 있다. 말레이시아 정부는 무슬림이 아닌 다른 종족에게 전도는 허용한다. 말레이시아 원주민이나, 중국, 태국, 또는 한국 등에서 온 외국 사람들에게는 이슬람을 강요하지 않고 교회도 허용한다.

즉, 교회 안에서 신앙생활은 가능하나 교회 밖에서는 불가능한 기형적 구조다. 말레이시아 사회를 지배하는 이슬람의 율법이 교회를 제한하면 이슬람이 보편성을 가진 형국이 되어 기독교가 힘을 쓰지 못한다. 교회 안에서는 뜨거운 신앙을 체험하나, 이슬람의 규율로 교회 밖에서는 복음을 전할 수 없다. 만약에 교인들이 공항이나 도심에서 전도를 하다 발각되면 감옥에 가거나 추방당할 것을 각오해야 한다.

정치와 사회를 포괄하는 이슬람의 율법이 기독교의 진리를 억누르는 형국이다. 시공을 초월하여 세상을 변혁할 수 있는 복음의 능력에 린치를 가하는 종교적 폭력성을 가진 국가다. 북한의 김일성주의 정치 체계도 기독교에 대해 본질적인 폭력성으로 성도를 핍박한다. 공산주의 국가인 베트남 축구 대표팀을 이끄는 박항서 감독의 카메라에 잡힌 기도하는 모습이 예사롭지 않게 보이는 것도 이런 연유 때문이다.

하나님의 진리가 보편적이라면 어떠한 세속적 폭력성을 무릅쓰고 전해져야 한다. 교회가 이슬람을 국교로 하는 정부의 지도를 받으면 땅끝까지 복음을 전해야 하는 교회의 사명에 차질이 생긴다. 이슬람 사회의 방해와 위협이 있음에도 불구하고 생명의 위험을 무릅쓰고 성경의 보편적 진리를 전하는 전도자들이 있다. 은밀하고 지혜롭게 한평생 한 영혼이라도 구원하기 위하여 사역하는 하나님의 사람들을 보면 숙연해지지 않을 수 없다.

한국 사회에는 말레이시아와 같은 종교적 또는 사회적 핍박이 없다. 하나님의 사역을 감당할 여건이 충족됨에도 불구하고 성도가 세상의 가치와 세속의 권력, 금력에 눈이 멀어 있다면, 진리의 복음이 설 자리는 어디인가? 세상이 교회의 부도덕성을 사회의 법으로 처리하는 시대가 되었다. 교회는 세상과 다르니 선을 긋고 간섭하지 말라고 하는 것이 바른 처방인가? 성경은 교회와 세상의 운명을 결정짓는 삶의 보편적 기준이다. 성도는 그리스도를 구주로, 왕으로 고백하며 진리의 승리를 갈망한다. 이름도 없이 오직 복음 때문에 말레이시아나 사우디아라비아와 같은 이슬람 국가나 공산주의 치하에 있는 북한과 중국에서 생명을 걸고 복음을 전하는 자들이 있다.

이념이나 정치적 핍박이 전혀 없는 한국 사회에서 교회가 돈과 명예와 교권을 놓고 다투는 일은 교회나 성경이 없어서가 아니라 성도가 능력을 상실했기 때문이다. 신학과 성경 지식의 부족함 때문이 아니고 성도가 성경적 세계관을 확립하지 못했기 때문이다. 교회가 신앙 인격 훈련을 등한시하여 믿음으로 사는 방법을 몰랐던 것이다. 세상의 도덕적 기준을 따라가지 못하는 형식적인 신앙을 가진 신도들이 조롱받는 것은 당연하다.

나는 어떻게 살 것인가? 1730년대 중반, 뉴잉글랜드(New England)의 한 산골 마을에 있는 교회당에서 몇 명이 기도 모임을 가지기 시작했다. 정착한 모라비안 메노나이트(Moravian Mennonites) 교도들이 시작한 기도를 계기로 뉴잉글랜드의 부흥이 일어난 것이다. 생사화복을 주관하는 하나님의 능력을 믿는 소수 사람들의 기도가 세상을 변화시켰다. 하나님은 세상을 능가한다. 보스턴(Boston)에서 태어났고 시카고의 부흥 운동을 일으킨 디 엘 무디((Dwight Lyman Moody, 1837~1899년)는 영국과 뉴욕 등지에서 복음을 강하게 전했고, 그 배후에는 그를 위해서 지속해서 기도하던 중보자들이 있었다. 지금도 보스턴의 코트 스트릿(Court Street)에 "1855년 디 엘 무디가 이 자리에서 하나님께 회심하였다."라고 쓰인 명판이 달려있다.

18세기 초, 영국 사회는 정치, 경제, 종교 등을 망라한 총체적인 부패에 빠져 있었다. 인사 청탁과 뇌물이 만연했고, 사회 고위층을 포함한 모든 계층의 양심과 수치심도 마비된 시대였다. 신앙도 사라졌고 도덕적인 무감각에 빠져 있었다. 기독교는 죽은 것처럼 미동도 하지 않았다. 강대상은 도덕과 윤리 설교로 채워졌고, 교회와 성도들은 길거리의 사람들의 구둣발에 짓밟힌 채 세상의 조롱거리가 되었다.

그때의 상황을 성공회 주교인 조지프 버틀러(Joseph Butler, 1962~1752년)는 다음과 같이 말했다. "기독교는 죽은 것처럼 미동도 하지 않는다. 기독교는 허구와 거짓이다. 조금이라도 분별력을 가진 사람이라면 모두가 나의 말에 동의할 것이다. 기독교는 신화와 조롱거리의 대상이 되어 버렸다." 수많은 목사와 고색창연한 교회 건물들이 즐비하던 시대였다. 교구의 조직도 잘 짜여 있었고 예배의 형식도 잘 갖추고 있었으나 교회의 영적 영향력을 상실한 때였다.

같은 시대를 살던 존 웨슬리(John Wesley, 1703~1791년)는, 1735년에

미국으로 배를 타고 가다가 폭풍우를 만났다. 폭풍과 쏟아지는 비로 배가 요동치며 물이 가득 차올랐다. 선객들은 죽음을 두려워하여 비명을 지르고 있었다. 웨슬리는 동요와 비명 속에서도 전혀 미동도 하지 않고 갑판에 앉아 고요히 기도하는 모라비안(Moravian) 교도들을 목도하게 되었다. 그들의 모습에 큰 충격을 받았다. 웨슬리는 하나님이 함께함을 믿는 성도들의 의연함에 영향을 받아 심령에 큰 변화가 일어났다. 웨슬리의 사역에 살아 계신 하나님의 능력이 드러났고, 그가 전한 복음으로 영국 역사상 가장 큰 부흥의 물결이 일어났다.

구원의 사건은 하나님의 전적인 역사이며 성도로 하여금 믿음을 가지게 한다. 칼뱅(Jean Calvin, 1509~1564년)은 자신을 아는 지식을 믿음이라고 했고, 키르케고르(Søren Aabye Kierkegaard, 1813~1855년)는 믿음의 도약(leap of faith)을 촉구했다. 키르케고르는 신앙이 초래한 성도들의 역설적인 현실을 믿음의 도약으로 타개하기를 원했다. 역설은 인간의 이성으로는 이해할 수 없으나, 그것 또한 하나님이 하는 일이다.

믿음은 순종과 의존의 요소를 가진다. 우리의 믿음은 하나님의 선물임과 동시에 우리가 획득해야 할 인생의 과업이다. 중생과 구분되는 성화의 국면들은 하나님의 섭리에 의한 것이다. 중생의 믿음은 인간의 의지와 상관없지만, 성화의 과정에는 인간의 의지가 있어야 한다. 성화의 과정은 100% 하나님의 일과 100% 인간의 노력으로 진행된다. 하나님은 절대적 주권으로 세상을 통치하지만, 하나님의 일은 인간의 도덕성과 지혜를 요구하는 동시 발생적 사업이다.

하나님은 친히 예수의 죽음을 작정했음에도 예수를 십자가에 못 박은 인간들의 악행에 응분한 책임을 물었다. 누가는 "인자는 이미 작정된 대로 가거니와 그를 파는 그 사람에게는 화가 있으리로다(눅 22:22)."라고 했고, 베드로는 "그가 하나님의 정하신 뜻과 미리 아신 대로 내준 바 되었거늘 너희가 법 없는 자들의 손을 빌려 못 박아 죽였다(행2:23)."라고 했다. 하나님은 모든 일을 자신의 주권으로 행하나 하나님의 형상인 인간의 행위에 대한 책임을 묻는다. 하나님은 인간의 정직, 자신을 낮추는 겸손, 지혜의 기본적 성품을 통해서 일한다. "왕의 마음이 여호와의 손에 있음이 마치 봇물과 같아서 그가 임의로 인도한다(잠21:1)." 하나님의 손에 의한 일이라도 그 행위에 인간의 책임이 있다고 가르친다.

고린도는 상업이 발달하였으나, 섬기는 우상들이 많고, 온갖 부도덕이 난무하는 신흥 환락 도시였다. 복음의 불모지와 다를 바가 없는 소망 둘 곳이 없는 고린도였으나, 주께서 바울에게 "이 성 중에 내 백성이 많음이라(행18:10)."라고 했다. 택정함을 입었으나 그리스도를 알지 못하고 흑암 속에 사는 자들 또한 하나님의 백성이라는 말이다. 베드로는 "너희는 택하신 족속이요, 왕 같은 제사장들이요, 거룩한 나라요, 그의 소유가 된 백성(벧전2:9)"이라 했다.

세상은 성도들의 삶에서 그 믿음을 본다. 세상 사람들은 자신의 계획과 기호에 따라, 이루고 싶고, 갖고 싶고, 하고 싶은 일들을 방해받지 않고 누리며 살기를 원한다. 그러나 성도는 세상과 다른 성경적 가치 기준으로 산다. 성도는 하나님의 말씀을 따르는 믿음, 소망, 사랑의 핵심적 가치와 정직, 겸손, 책임과 지혜 등 삶의 실천적 기준을 가져야 한다. 성경의 지혜는 지식과 달리 삶에 적용되는 실천적 가치이다. 성도는 성경적 인생관으로 무장하여 세상에 영향력을 미칠 수 있는 지혜를 가져야 한다.

기독교의 가치는 믿음으로 얻어지나, 믿음으로만 삶의 가치를 실현할 수 있는 것은 아니다. 확고한 그리스도 중심의 인생관을 가지지 못하면, 믿음으로 살아도 참되고 열매 맺는 인생이 될 수 없다. 바꿔 말하면, 성도답게 살지 못하는 이유는 믿음에 의해 확립된 삶의 기준을 체득하지 못했기 때문이다. 예수를 믿는 믿음은 하나님의 전적인 은혜로만 가능하고, 은혜로 구원 얻은 사람은 순종으로 반응하며 의존의 자세를 유지한다. 예수는 자기의 목숨까지 내려놓으면서 하나님의 영광을 드러냈다. 기독교의 가치가 관념적으로 되지 않기 위해서는 세상에 상응성이 있는 그리스도를 닮는 삶을 살아야 할 것이다.

하나님은 성도들에게 세상을 맡겼다. 성도의 믿음이 귀함에도 불구하고 삶의 열매가 없었고, 교회의 잘못이 있었음에도 불구하고 돌이키지 못했던 것은 세속적 기득권 때문이었다. 지금이라도 늦지 않다. 나의 인생관을 살펴보자. 내가 참된 그리스도인인지, 믿음을 가지고 산다는 증거가 무엇인지, 무엇을 위해 오늘을 살고 있는가를 확인해 보자. 십자가에서 희생한 그리스도를 본받아 자기 부인과 섬김의 삶을 추구하자. 부활의 능력으로 심령의 자유를 회복하고, 강하고 담대하게 진리를 전하는 삶을 회복해야 할 것이다.

무엇보다 내가 죽더라도 놓치지 않고 살아야 할 인생의 핵심가치로 무장하여 "이 땅을 나에게 주옵소서."라고 믿음으로 기도하고 실천하는 사람들이 되기를 원한다. 디 엘 무디는 하루에 한 사람 이상에게 전도하는 것을 삶의 목표로 삼았다. 스코틀랜드의 종교 개혁가 존 녹스(John Knox, 1513~1572년)는 "오! 주여, 나의 조국 스코틀랜드를 나에게 주옵소서(Oh! God, give me Scotland, or I die)."라고 날마다 기도하였고, 존 웨슬리는 "세계는 나의 교구다(The world is my parish)!"라고 강하고 담대하게 외쳤다.

제1장

인간의 정체성

고대 그리스의 민주주의는 아테네(Athene)에서 발달했다. 아테네 정부가 자유 시장경제를 주도하면서 이전처럼 수많은 관료가 복잡한 분배 업무에 매달릴 필요가 없었다. 정부가 화폐를 만들어 나누어 주고 시장에서 알아서 물건을 조달하도록 한 것이었다. 그런데 이웃 나라인 스파르타(Sparta)가 침입하여 일어난 펠로폰네소스 전쟁(Peloponnesian War, 기원전 431~404년)으로 아테네의 삶의 방식이 바뀌었다. 메트로폴리탄 아테네 시민들이 도시 성벽 안으로 피난하면서 지금까지 지켜 왔던 도시의 질서가 무너진 것이다. 화폐와 시장경제가 폴리스의 도덕성을 훼손시키는 일이 일어났다.

　이때 플라톤(Plato, 기원전 427~347년)은 성안에 거주하는 자들에게 구체적 윤리 지침을 내려 군중들의 방종을 교화시켜야 한다는 처방을 내렸다. 플라톤은 민중들이 똑똑한 철학자의 가르침을 따를 때 행복한 삶을 회복할 수 있다고 생각했다. 미국의 트럼프(Donald Trump) 대통령이 추진하는 멕시코와 접경한 국경의 장벽 건설 프로젝트도 미국 내의 질서를 확립하기 위한 목적을 가지고 있다. 전례 없는 과감한 정책 결단으로, 이민자들의 천국이었던 미국 사회의 정체성을 빠르게 재편하고 있다.

아리스토텔레스(Aristotle, 기원전 384~322년)는 아테네 시민들의 인간다운 삶에 집단적인 답을 주는 공동체의 중요성을 강조했다. 시민들의 행복의 열쇠는 폴리스를 중심으로 더불어 사는 삶의 가치를 지향하는 데 있다는 것이다. 아리스토텔레스의 관점은 성벽의 유무 또는 성안과 밖을 구분하는 하향식 지침이 아니었다. 폴리스가 표방하는 인간의 삶의 가치를 더 넓게 펼쳐서 공유하는 것을 우월한 삶으로 본 것이다.

인간은 다른 피조물과 구분되는 사고의 프레임(frame)에 의한 가치 기준을 가진다. 플라톤은 도덕적 규율로, 아리스토텔레스는 인간의 가치로 아테네의 정체성을 결정했다. 만약에 한 국가나, 사회, 또는 종교 기관이 성벽도 없고, 공동체를 지탱할 고귀한 가치도 없다면, 외부나 내부의 조그마한 충격에도 와해될 수 있는 취약한 상태에 있게 된다. 외형의 성벽과 마음의 성벽은 공히 자신의 정체성을 결정하는 주요한 요인인 것이다.

인간은 자신의 내적 가치와 존재 양식 그리고 살아가는 공간을 통하여 자신의 정체성을 찾는다. 하나님을 인정하지 않는 사람들은 초월적인 도덕률을 받아들이지 않고, 자기가 소속된 국가나 사회 또는 가정에서 도덕률의 기준을 찾는다. 세상 사람들은 일반적으로 자신이 습득하고 배운 사고의 틀 안에 갇혀 있다. 그러므로 자신의 삶에 관한 판단의 원칙을 정기적으로 점검하면 된다. 원칙을 따르는 자신에 대해 안도하고 의심하지 않는다. 그러나 하나님의 존재를 무시하기 때문에 하나님의 은혜를 헤아릴 기준이 없다. 합리적 이성의 인간은 때로는 초월적인 세상을 동경하며 살기도 하나, 자신이 설정한 정체성의 오류는 생각하지 않는다.

칸트(Immanuel Kant, 1724~1804년)는 인간은 자기 삶의 원칙에 정당성을 둔, 자신을 의심하지 않는 논리적 사고로 지식을 습득한다고 했다. 반면에 초절주의자(Transcendentalist)인 에머슨(Ralph Waldo Emerson, 1803~1882년)은 생각이나 지식의 수단으로 논리가 꼭 필요한 것은 아니라는 관점을 가졌다. 에머슨은 실제(reality)를 아는 수단으로 이성적 논리보다 천재의 창조적인 지성을 지목했다. 천재는 자아의 소리와 직관으로 진리를 안다는 것이다. 예술이나 시에서, 작가는 이성적 논리보다는 창조적인 감성을 극대화한다. 일반 종교나 문화 인류학은 인간은 근본적으로 선하며 합리적인 이성으로 자신이 갈 길을 개척하는 능력을 갖추고 있다고 말하나, 성경은 인간의 이성과 감성의 도덕성을 초월하는 그리스도를 제시한다.

성도는 성경적 행위와 믿음에서 자신의 정체성을 찾는다. 성도는 영적 전투에서 승리하기 위해 세상의 삶과 사고방식에 민감하게 대응할 장치가 필요하다. 전투에서 승리하려면 내면의 방어와 외적인 경계를 잘해야 한다. 적이 침공할 조짐이 보이면 성문을 굳게 닫아 성을 보호해야 하고, 실전 때 사용할 무기를 잘 숙지하고 있어야 하며, 육박전을 펼칠 때는 두려움 없이 싸워야 한다. 초대 교회의 성도들은 환란과 핍박 가운데서 순교까지 감당하며 믿음의 성문을 지켰다.

성도가 믿음을 말하면서 믿음을 실천하지 못하는 이유는 실제적 삶에서는 성경적 가치를 일부러 외면하거나, 주변의 세속적 침투를 자각할 능력을 상실하거나의 둘 중 하나이다. 교회는 성경 공부와 제자 훈련을 통해 성벽을 쌓는 일에 열심을 내었으나, 세상의 정치, 사회, 교육, 문화에 성문의 빗장 고리가 활짝 열려버렸다. 성도가 정체성을 잃어가고 있는 실정이다. 적들은 전혀 예기치 않게 공격하고 보이지 않게 침투할 것이다. 정체성이 희미한 성도는 세상의 조롱에 대응할 대책이 없다.

성도는 항상 위기에 대해 대비하고 위험성에 대해 경각심을 가지는 임전무퇴의 자세를 확립해야 한다. 민주주의나 사회주의가 가진 인본주의적 성향과 인문 사회 과학의 자기충족적 가치관이 시대의 정신세계를 주도하는 세상에 살면서, 성도는 합리적 이성의 도전에 자신의 믿음을 변증할 수 있는 실력을 길러야 할 것이다. 우리는 세속의 도전과 현실에 대한 실제적인 상응성을 가진 성도의 정체성을 확립해야 할 것이다.

정체성

사람은 제도를 만들고 하나님은 사람을 만든다. 하나님이 일하는 방법은 먼저 일할 사람을 찾고 세우는 것이다. 하나님이 이집트에서 이스라엘 백성을 탈출시킬 때, 한 인격인 모세를 만들었다. 바람 부는 대로, 물결치는 대로, 떠내려가다 죽어 버릴지도 모르는, 태어난 지 세 달밖에 안 된 모세를 바로의 공주의 품 안에서 키웠고 이스라엘의 지도자로 세웠다. 이스라엘의 영광, 강성한 역사를 위해 황금을 주거나, 돈을 주거나, 막강한 군사력을 마련하지 않고 한 사람 모세를 키운 것이다. 하나님은 베들레헴 벌판을 누비며 뛰어놀던 다윗이라는 이름의 소년을 긴밀한 대화를 통해 양육했고, 한 시대를 그에게 책임지웠다. 이처럼 하나님은 인간을 세워 일한다.

위대한 현대 선교의 아버지란 칭호를 얻은 영국의 침례교 목사인 윌리엄 캐리(William Carey, 1761~1834년)는 가난한 집에서 태어났다. 그는 자라면서 납땜공, 구두 수선공, 구두 판매원, 잡역부 등의 일을 하였다. 위대함과는 거리가 먼 사람이었다. 캐리는 하나님의 사명을 따라 아내와 자녀들과 함께 인도로 가서, 성경을 벵골어로 번역했고 벵골어 영어 사전도 만들었다. 또한, 어린아이를 죽이거나 과부를 불에 태워 죽이는 인도의 전통적인 악습을 퇴치하는 일을 했다. 안식년을 맞이하여 귀환했을 때, 영국의 상류 사회는 캐리를 여러 모임에 초청하여 그의 사역을 극찬하며 극진히 대접했다.

어느 날 영국 여왕의 만찬에서 무신론자인 어느 장군이 윌리엄 캐리를 조롱하였다. "캐리 씨. 구두 수선하는 일을 했었다면서요?" 캐리는 "네, 그렇습니다. 그것도 시내 중심가의 넓고 큰 구두 상점이 아니라 변두리에 있는 보잘것없는 작은 가게에서 일했습니다."라고 당당하며 자신 있게 대답했다. 캐리는 런던에서나, 인도에서나 항상 자신의 정체성을 하나님과의 관계에서 찾았던 것이다. 인생의 진정한 높음은 하나님께 있다. 윌리엄 캐리는 사람의 평가를 넘어선 하나님의 인정, 하나님의 높이심, 하나님의 사랑, 하나님의 축복, 하나님의 은혜로 성도의 정체성이 결정된다는 것을 확신하고 있었다.

콰미 앤소니 아피아(Kwame Anthony Appiah)는 자신의 저서 『정체성의 윤리(Ethics of Identity)』에서 자아의 정체성은 종교, 사회, 교육 및 지역적인 특수성을 포함한 그 시대에 사는 사람들의 관행과 사고방식에 의해 결정된다고 했다.[2] 아피아는 기존의 낭만주의와 실존주의가 표방했던 본래성(authenticity)의 기준을 극복하기를 원했다.[3] 본래성의 자아는 틸리히(Paul Tillich, 1886~1965년)의 『존재의 용기(Courage to Be)』에서 보듯이 자기가 되는 것 또는 앞으로 될 자신의 존재에의 능력을 참으로 본다. 기존의 것에 대한 면밀한 성찰과 재귀적 인식으로 궁극적인 본래성을 가진 자아를 찾는 방법이다. 다른 한

---

2 Kwame Anthony Appiah, 『The Ethics of Identity』(Princeton, New Jersey: Princeton University Press, 2005), p. 20.
3 '본래성'은 실존 철학의 용어로 외부의 영향이나 압력에 굴하지 않고 스스로를 위한 본인의 내면과 성격에 진실하게 대하는 태도를 의미한다.

편, 실존적(existential) 방법은 자아의 정체성을 스스로 정립한 후 무엇을 하고 무엇이 될지를 결정한다.[4]

실존주의 철학자 하이데거(Martin Heidegger, 1889~1976년)는 존재론에서 사람과 사물을 단순한 인식과 지배의 대상으로 보지 않고 그들의 본래의 성질을 연구했다. 하이데거는 『존재와 시간(Being and Time)』에서 인간의 본래성은 선구적 결단을 촉구하며, 선구적 결단은 현 존재의 실존적 죽음과 삶의 극적 계기를 포함하는 실존적 운동으로 이루어진다고 했다. 본래성은 자아가 자신의 한계를 받아들이고, 본래적 실존에 이를 때, 어떠한 모호한 상황에서도 자신의 가치 선택을 스스로 통제할 수 있게 된다. 실존적 인간은 자신의 삶을 끊임없이 추구해 본래적 삶을 찾으며, 자신이 그 삶의 주인이 된다. 본래성은 현 존재의 본래적이지 않은 상태, 즉 비본래성과 대비된다. 본래성은 죄책감을 자아의 불완전감에서 찾으며 비본래성은 죄책감을 죄에서 찾는다.

실존주의는 시대적 상황이 급변하는 사회의 다양한 시간과 공간 속의 사람들을 매료시켰다. 신학자 불트만(Rudolf Bultmann, 1884~1976년)은 신약성경의 메시지가 의도한 실존적 의미를 찾았다. 그는 실존주의적 인간 존재의 영역을 파악하여 성경에 대한 질문과 답을 찾는 기본적인 개념 체계를 세웠다.[5] 불트만은 하이데거의 두 가지 존재 양식을 따랐다. 세상을 향해 도전하는 인간의 본래성 존재 양식과 세상 도피적이며 무책임하고 안락함을 추구하는 세상과

---

4   Kwame Anthony Appiah, 『The Ethics of Identity』, p. 17.
5   John Macquarrie, 『An Existential Theology』(London: SCM, 1955), p. 14. Cited in Stanley J. Grenz and Roger E. Olson, 『20th Century Theology: God and the World in a Transitional Age』(Downers Grove, Illinois: Intervarsity Press, 1992), p. 93.

구분 없는 비본래성 존재 양식이 그것이다.[6] 하이데거는 나와 세계의 구체적인 통합 상태인 '현존재(現存在, Dasein)'를 참된 존재로 보았다.

불트만은 세상에 기반한 삶을 거부하고 이기적인 안위를 포기하며 열린 미지의 세계를 현실로 받아들이는 자를 참된 존재로 보았다. 거짓된 존재는 하나님과 상관없는 세상에서 안전과 만족을 찾는 불신자였다.[7] 불트만에게 참은 마치 세상을 세상이 아닌 것처럼 보는 믿음의 표현 방식이다. 불트만은 또한, 부활의 삶을 인간의 결단이 요구되는 실존적 가능성으로 보았다. 쟌 맥콰레(John Macquarrie, 1919~2007년)는 불트만은 인간의 타락, 회복, 죽음과 죄책 등의 신학적 주제를 인간의 참된 존재의 관점에서 해석했고 오랫동안 간과해 왔던 인간 탐구와 인간 실존의 중요성을 부각시켰다고 평가했다.[8]

실존주의의 근본 원리는 어떤 본질이든 존재로 이해한다. 즉, '나'는 원인에 의한 결과이며, '나'의 존재는 살아있는 동안 생명을 가지고 사는 '나'이다. 이러한 실존주의가 신학에 적용될 때, 하나님의 개념이 피조물의 관점으로 줄어든다. 실존주의는 하나님이 창조주와 주권자가 되셨다는 사실을 받아들이지 않는다. 불트만은 인간의 실존적 자기 충족성을 신학에 적용하며, 십자가와 부활의 사건을 신화로 보았다.[9] 십자가와 부활의 역사성을 받아들이지 않았던 것이다. 불트만은 인간의 정체성을 사회적으로 이미 조건된 자아에 국한시켰다. 예수를 인간 메시아로 보는 역사적 비평을 받아들여 성경의 권위를 해치는 일을 초래했다.

---

6 Ibid., pp. 93-4.
7 Ibid., p. 94.
8 Ibid., pp. 225-226.
9 Ibid., pp. 230-231.

실존주의의 합리적 이성이 하나님을 현실 영역에 가두어 버렸다. 모더니티(modernity)의 역설은 하나님을 인간의 관점으로 점점 더 축소하는 데 있다. 콜린 건톤(Colin Gunton)은 모더니티가 인간의 자유를 추구했지만, 동시에 공산주의와 전체주의를 태동시킨 점에 대한 시행착오를 지적했다.[10] 현대 사회는 광대한 우주 앞에서 인간의 연약함을 가르쳤으나, 인간은 우주를 통치하는 전능한 하나님을 자신의 눈높이로 끌어내렸다. 모더니티는 세상을 통제하기 위한 일에 매진했으나, 오히려 통제력의 누수로 말미암아 지구 생태계의 파괴를 초래하였다.[11]

인간의 정체성은 스스로의 동기와 이상 또는 욕구에 따라 행동하고 표현하는 본래성에서 찾을 수 없다. 아피아는 실존주의의 지적 또는 개념적 한계를 지적하며 인간의 정체성을 찾는 본래성의 방법과 실존적 방법을 받아들이지 않았다. 아피아는 인간의 정체성을 자라온 세상과 동떨어진 사회 이전적인 것이 아닌 지금까지 살아온 삶에서 상호 관계의 양태로 보았다. 아피아는 '관계의 양태(mode of relationship)'에서 개별적 자아의 정체성을 찾았던 것이다. 자신의 정체성이 분명하지 않다는 것은 자신을 모른다는 것과 동일하다. 성경은 인간을 전적으로 타락하고 비참한 존재로 본다.

인간의 마음은 완악하며(마13:15) 교만하며(눅1:51) 완고하고 회개함이 없으며(롬2:5) 탐욕에 빠져있다(롬1:24). 성경은 심지어 인간의 마음은 하나님께 반역적이라고 한다(마15:8). 인간은 전적으로 타락하였

10 Colin E. Gunton, 『The One, The Three and the Many: God, Creation and the Culture of Modernity』(Cambridge, England and New York: Cambridge University Press, 1993), p. 6.
11 Ibid., p. 13.

다. 고독한 실존은 '나는 왜 혼자일까? 나에게 왜 이런 일이 생겼는 가?'와 같은 반복적인 후회가 있다. 인생에 대한 질문만 던지다 세상을 뜨는 사람은 불쌍한 존재다. 자신의 감정과 환경에 휩쓸려 좌절 아니면 충동, 쾌락에 따라 사는 인생은 참되지 않다. 하나님과 사람의 관계를 도외시하는 폐쇄적 인생은 참된 자아를 알 수 없다.

정체성은 독립적인 주체나 객체로 결정되지 않는다. 개인과 다른 사람들과 하나님과의 관계에서 확정된다. 성경은 사귐을 말한다. "우리가 보고 들은 바를 너희에게도 전함은 너희로 우리와 사귐이 있게 하려 함이니 우리의 사귐은 아버지와 그 아들 예수 그리스도와 함께 함이라(요일1:3)." 하나님을 예배하고, 하나님께 헌신하고, 복음을 전하며 성도와 연합하는 일들이 하나님과의 관계 맺음이다. 그러나 카를 마르크스(Karl Marx, 1818~1883년)는 종교를 마음의 평화와 안정을 주는 아편과 같은 마약 정도로 생각했다. 종교 심리학도 정신세계에 종교의 신비적인 유익성을 말할 뿐이다.

종교 개혁가 마틴 루터(Martin Luther, 1483~1546년)는 믿음을 실제적인 삶에서 하나님과의 바른 관계라고 했다. 루터는 수도원 생활을 하며 참된 경건을 소유하기 위해 모든 노력을 다했으나 실패했다. 루터는 티베트 불교도들의 삼보일배처럼, 직접 무릎 고행으로 로마에 있는 '성 계단(Scala Santa)'을 올라가며 구원을 이루려고 했다. 경건은 수도원에서 도를 닦고, 기도원에서 몸부림치며 금식하며, 기도로 얻은 바른 삶이나 순화된 감정이 아니다. 경건은 하나님과 예배로 관계를 맺으며 세상적인 생각과 언행을 멀리하며 하나님을 공경하는 것이다. 하나님을 기쁘게 하고 의지하는 하나님과 상호관계의 산물이다.

이스라엘 민족은 태어날 때부터 하나님과의 관계에서 자신의 정체성을 찾았다. 유다의 히스기야왕 때, 앗수르의 산헤립의 침공으로 유다의 성이 포위되고 함락 일보 직전의 위기에 처했다. 그때 시편 기자는 "하나님이 그 성중에 거하시매 성이 요동치 아니할 것이라(시 46:5)."라고 노래했고 새벽 미명에 하나님이 반드시 도와주실 것을 확신했다. 유다의 백성들은 성안에 하나님이 함께한다는 것을 믿었다. 그 성이 포위되었는가? 그렇다면 하나님도 포위된 것이다. 백성들은 자신의 정체성을 하나님과의 관계에서 이해했다. 포위된 하나님은 어떠한 공격이나 역경도 물리치고 이를 극복할 것을 확신했다. 당당하고 멋이 있는 성도의 정체성이다.

어떠한 처지에서도 필승의 용기로 대적할 수 있는 이유는 하나님의 백성이기 때문이다. 세상의 지식, 물질, 권력에서 이런 종류의 힘과 용기를 얻을 수 있는가? 적들은 주님을 요동시킴 없이 성을 요동시킬 수가 없다. 하나님의 임재는 성을 함락시키고 파괴하려는 적들의 모든 계획을 웃음거리로 만들었다. 새벽에, 하루 중 가장 어둡고 추운 시간에, 유다의 하나님은 새벽 햇살과 함께 도움의 오른팔을 뻗었다. 강성한 하나님이 친히 활과 창을 꺾고, 수레를 불사르고 성중의 백성들을 구원하였다. 하룻밤 사이에 앗수르의 산헤립의 군 185,000명은 성 밖에서 시체가 되어 산을 이루었다.

하나님이 함께 하면, 성도는 죽음도 두려워하지 않고 담대한 용기로 승리를 확신한다. 악인은 환난에 엎드려져도 의인은 죽음에도 소망이 있다(잠14:32). 다니엘은 사자 굴의 위험 속에서도 죽음조차 두려워하지 않는 담대한 용기를 가졌다(단6:10). 다니엘의 세 친구, 사드락, 메삭, 아벳느고도 풀무 가운데서 건져낼 하나님을 확신했다. 혹시 '그리 아니 하실지라도' 하나님을 부인하지 않겠다고 선포했다(단 3:17-18). 위대한 신앙 선진들의 삶을 보면 누구나 자신의 전적인 무능함을 절대적인 하나님께 고백한 시점이 있다. 홍해가 가로놓여 있을 수도 있고, 여리고성이 눈 앞에 있을 때도, 무력함과 절망과 낙담을 하지 않고 앞으로 향해 나아갈 수 있는 것은 하나님이 함께하기 때문이다.

이스라엘은 하나님의 도움이 연약한 물줄기같이 미약한 듯해도 당장 자신들에게 엄청난 도움을 안겨줄 것 같은 세상의 힘보다 하나님을 의지함으로써 평안과 기쁨을 얻었다. 종교 개혁 당시 마틴 루터는 시편 46편에서 영감을 받아 "내 주는 강한 성이요, 방패와 병기되시니"로 시작되는 찬송가를 썼다. 1521년 보름스(Worms) 제국 회의가 소집되고 황제 카를 5세(Charles V)는 루터를 불러서 그의 신학 사상을 부인할 것을 요구했다. 루터는 무서운 권력의 힘 앞에서 두려움에 떨 수밖에 없었지만, 시편을 읽으며 하나님이 주는 용기로 승리의 확신을 가졌다. 그때 루터가 남긴 유명한 말이 있다. "비록 보름스에 있는 기왓장만큼 마귀가 많을지라도 나는 당당히 출두하리라!" 그리고 그는 제국 법정에서 "하나님, 제가 여기에 섰습니다. 하나님 저를 도와주십시오(Here I stand, so help me God)!"라고 외쳤던 것이다.

성경은 위대한 인간이나 착한 인간의 모델을 소개하는 책이 아니다. 성경은 하나님이 어떻게 성도와 관계를 맺고 있는지를 보여 주는 책이다. 믿음의 조상 아브라함은 롯에게 "네가 좌하면 나는 우하고, 네가 우하면 나는 좌하리라."라고 했다. 아브라함과 롯의 다른 점이 무엇인가? 롯은 눈에 보이는 세계만 보았고, 여호와의 동산 같은 보기에 아름다운 소돔 땅을 골랐으나 아브라함은 보이지 않는 하나님을 의지했다. 아브라함의 최대 관심사는 하나님을 믿는 믿음이었다.

소년 다윗을 보라. 갑옷도 입지 못한 채 조약돌 5개와 막대기를 들고 하나님의 능력을 믿고 거대한 골리앗을 이겼다. 심리학에 의하면

남과 비교당하면서 야단을 많이 맞은 아이는 어른이 되어서도 자신을 수치스럽게 여기며 산다고 한다. 부정적인 자아관으로 자존감 없이 자란 아이는 성장해도 인간관계가 원만할 수 없다. 칭찬은 고래도 춤추게 한다는데 부모가 자녀의 정체성을 무자비하게 짓밟아서야 되겠는가? 자아의 정체성을 하나님에서 찾는 사람은 미래에 대한 창조적인 비전을 품고 살아간다. 다윗은 사울 왕에게 쫓겨 20년이라는 세월 동안 도망자로 살았지만, 하나님과의 관계는 놓치지 않았다.

칼뱅은 자기 자신을 아는 지식을 믿음의 근본이라 했다. 부정한 실존적 자신을 적나라하게 깨닫고 알아야 하나님과 바른 관계를 맺을 수 있다. 자신을 알면 하나님을 알게 되고, 하나님을 아는 지식은 믿음이다(Knowledge of God is Faith). 여기서 눈여겨볼 부분은 칼뱅이 믿음을 지식(Knowledge)이라는 어휘로 정의한 것이다. 나는 누구인가를 알게 될 때 참된 하나님에 대한 지식(knowledge of God)을 소유하게 된다. 인생의 문제는 바른 지식을 가짐으로써 해결된다. 보편적인 시공(time and space)에서 살아가는 자신에 대한 지식(knowledge of ourselves)의 중요성이다. 칼뱅이 모더니즘의 '지식'이라는 단어로 믿음을 정의한 사실을 보면 포스트모더니즘의 자아가 가진 지식 또한 믿음을 설명할 수 있다. 불가결정성(indecidability)과 자발성(spontaneity)을 지닌 우발적(contingent)인 사건(event)에 처한 부족한 자아에 대한 지식(knowledge of self)은 하나님의 섭리에서 하나님을 아는 지식(knowledge of God)을 지목할 것이다.

하나님의 형상

    인간은 근원적으로 어떠한 존재인가? 다윈(Darwin)이 고고학과 생물학을 연구한 『종의 기원』의 결과, 사람은 동물에서 진화했다고 했다. 인간을 육으로만 보면, 정신도, 혼도 육이다. 만약에 사람의 조상이 동물이라면 인간은 형편없는 존재가 된다. 단지 유일한 차이는 인간은 옷을 입고 동물은 몸이 털로 뒤덮여 있다. 힘으로 따지자면 인간은 밭에서 일하는 황소보다 연약하고, 빠르기로 보면 야산에 뛰어다니는 말보다 못하다. 미국은 대도시의 주거 지역에도 야생 토끼들이 많이 살고 있다. 토끼는 임신하면 33일 정도면 새끼를 낳고, 새끼들이 한두 달 정도 자라면 자립하여 혼자 다닌다.

    한국은 남자가 자립하려면 적어도 군대는 갔다 와야 한다. 자녀들 중에서 결혼하지 않고 부모와 같이 살면서 나이 40이 되어도 독립하지 못하는 경우도 있다. 인간을 동물로 본다면, 육체적이나 심리적 여건이 야생동물보다 더 나을 것이 없다. 인간처럼 잔인하고 교활하며 더럽고 악착스러운 동물이 어디에 있겠는가? 새벽녘 한적한 기찻길에서 밤새도록 먹잇감을 고르던 여우가 힘이 쭉 빠진 채, 동네 뒤쪽으로 걸어가다 뒤를 쓱 돌아보는 얼굴에서 표정이 섬뜩하고 눈동

자가 한없이 흔들리는 것을 보았다. 인간을 육으로만 보면, 인간은 여우보다 백 배나 더 교활한 동물이 된다.

성경은 인간을 영혼을 가진 존재라고 한다. 인간은 육체와 영혼이 하나로 결합되어 있으며, 육체 없이 혼령으로만 존재할 수 없다. 영혼이 없는 인간은 더 이상 인간이 아니다. 헬라 철학의 이원론적 인간관은 육체적인 것과 영적인 것을 구분한다. 영지주의도 이원론이다. 불교도 인간의 먹고 싶은 욕망이나 생식 본능을 나쁘거나 더러운 것으로 본다. 육체보다 정신의 우월성을 가르치는 이원론이다. 심지어 교인들도 사람이 죽으면 육체는 썩어 없어지고 영혼은 죽지 않고 천국에 간다고 말하기도 한다. 사도신경은 성도들을 몸의 부활과 영생을 믿는 자라고 하며 육체와 영혼을 분리하지 않는다. 성도는 죽어도 혼령으로 떠돌아다니지 않고 육신의 부활을 믿는 영생의 존재로 산다.

영혼을 지닌 인간의 정체성은 초월적인 하나님의 관점에서 봐야 한다. 성경의 관점으로 볼 때 인간은 언약 준수자와 언약 파기자가 있으며, 일반 은총의 영역에서 있는 신자와 불신자를 포함한 모든 인간은 하나님의 형상(image of God)이다. 인간은 정신이나 물질에서 만들어지지 않았고 하나님의 형상으로 창조되었다. 인간의 자아상(self-image)이 하나님의 형상이라는 말은 하나님과 영적으로 교류하는 특별한 관계가 있다는 말이다. 인간은 다른 피조물과 다를 바 없는 수단이나 유물론적 존재가 아니라, 하나님과 전인격적인 관계를 맺은 존엄성을 지닌다. 하나님의 형상인 주위 사람을 존중하고 배려하지 않고, 타인을 무시하는 것은 하나님을 무시하는 것과 같다.

인간은 하나님의 형상이나 죄인이다. 인간의 죄는 주변적인 것이 아니라 중심적이며 본질적이다. 인간이 자의적으로 자유롭게 행동하면 그는 당연히 죄의 길로 걸어갈 수밖에 없으나, 하나님의 은혜로 말미암아 죄를 짓고 싶은 욕정을 억제한다. 창조 질서에 어긋난 동성애는 죄다. 인권을 운운하면서 동성애를 정당화하는 일은 인정할 수 없다. 인권은 인간이 자신 마음대로 주장하고 죄를 마음대로 지을 수 있는 권리가 아니라 하나님의 형상으로 지어진 인간에게 부여된 고유 권한이다. 사람은 죄를 지을 자유는 있지만, 죄를 지을 권리는 없다.

만약에 죄를 자유롭게 행하였다면, 항상 그 죄에 대한 책임이 뒤따르는 것을 명심해야 한다. 그러나 죄는 미워하되 죄인은 사랑해야 한다. 예수는 동성애자를 만나면 따뜻하게 대하고 능력으로 치유하실 것이다. 예수는 간음한 여인을 구원했다. 사람들이 간음한 여인을 잡아 노상에서 돌로 치려고 했지만, 예수는 죄 없는 자들만 그녀에게 돌을 던지라 했다. 아무도 던지지 못하는 것을 보고 예수는 조건 없이 그녀를 구원하고, 앞으로는 죄를 짓지 말고 살라고 선포했다. 예수가 앞으로 죄를 짓지 않는다는 조건으로 그녀를 용서하지 않은 사실에 주목해야 한다.

인간은 하나님에 의해, 하나님의 형상대로, 하나님의 영광을 위해 창조되었음에도 불구하고 죄로 말미암아 전적으로 타락했고, 하나님을 멀리하고 자신을 주장하며 우상을 숭배하였다. 인간은 타락으로 하나님의 형상을 상실하지는 않았으나, 철저하게 일그러진 형상으로 버려졌다. 아담을 통하여 죄가 들어오고, 죄가 사망을 초래했으며, 사망이 죄를 통하여 왕 노릇을 하는 신세가 되었으나 그리스도의 의와 십자가의 순종으로 은혜가 생명 안에서 왕 노릇을 하는 세계가 임한 것이다(롬5:17). 그리스도는 생명을 주는 자이자 동시에 생명이고, 길을 제시하는 자이자 동시에 길이고, 진리를 말하는 자이자 동시에 진리이다. 예수의 십자가 보혈을 믿는 믿음으로 그리스도 안에서 하나님과 새로운 관계를 맺으며 하나님의 은혜로 일그러졌던 하나님의 형상이 온전히 회복된 것이다. 하나님과의 새로운 관계는 그리스도의 중보로 완벽하게 이루어졌으며, 어떠한 사망도 침범할 수 없는 영원한 생명을 보장한다.

인생관

　인생에서 가장 많이 생각해 본 단어 중의 하나가 '인생관'이지만, 나의 뇌리에 지속적이고 분명하게 각인되고, 심각한 결단으로 삶에 적용된 기억은 없다. 나에게 있어 인생관은 내 삶의 은연중에 녹아 있는 원칙이었으며 살아가는 지혜였다. 내가 어떻게 살아야 하는가의 질문은 나의 인생관이 어떤 패러다임에 있는가의 질문과 같다. 자신의 인생관에 대한 인식 없이 자신의 인생을 설계할 수 없다. 인생관을 통해 주위의 삶에서 일어나는 일들과 앞으로 일어날 일을 이해한다. 인생관은 인문학, 인류 문화학 또는 철학적인 탐구나, 학교에서 선생님에게 배운 지식 또는 독서를 통해 얻는 것이 아니다. 인생관은 삶의 가장 중요한 가치 기준이며 그 가치에 따라서 세상을 바라보는 관점이다.

　인간은 삶의 경험에서 축적된 인간과 상황을 바라보는 자신만의 원칙이 있다. 되돌아보면, 내가 인생에서 축적한 세계관을 통해서 나의 삶을 결정해왔지, 당장 주어진 환경, 지식, 재능 등으로 결정한 것이 아니었다. 인생관은 오랜 기간을 지내오면서 경험으로 형성된 삶에 관한 생각으로, 살아온 삶에 대한 한탄과 후회와 고뇌, 그리움,

소망, 각오 등과 같은 감정적인 요인들로 구성된다. 지금까지 형성된 인생관으로 세상이 초래하는 문제의 본질을 꿰뚫어 보고 미래에 일어날 일을 예측하고 준비하고 삶의 방향, 목적을 결정한다.

파스칼(Blaise Pascal, 1623~1662년)은 인간을 생각하는 갈대라고 했다. 인간은 자연의 풀과 같이 연약하나 생각하는 존재라는 말이다. 이는 파스칼의 인간에 대한 이해지만 자신의 인생관이기도 했다. 슈바이처(Albert Schweitzer, 1875~1965년)는 생명을 고귀하게 여기는 마음을 자신의 윤리적 인생관의 기초로 삼았다. 그는 인생의 분명한 목적을 가지고 자신의 능력과 재능을 시용하여 아프리카의 어려운 환경에 처한 자들을 위해 희생하는 삶을 살았다.

지금은 고인이 된 1955년생 애플의 스티브 잡스(Steve Jobs, 1955~2011년)는 매일 아침 거울을 보며 스스로 물었다. "오늘이 내 생애 마지막 날이라면 이 일을 진정으로 하길 원하는가?" 작업복과 같은 라운드 넥(round neck)의 까만 티셔츠와 청바지를 입고 전 세계에 신제품을 열정적으로 설명한 사람이다. 그가 살아 있을 때 디자인에 참여했던 한 손에 잡을 수 있는 아이폰 모델은 출시된 지 7년이 지난 지금까지도 많은 마니아들이 사용하고 있다. 마이크로소프트(Microsoft)의 창업자 빌 게이츠(Bill Gates, 1955년~)도 넥타이 없이 구겨진 와이셔츠에 청바지를 입고 나와서 새로 나온 윈도(Windows)를 발표했던 사람이다. 그는 은퇴하는 날, 임직원들 앞에서 눈물을 흘리며 말했다. "MS와 MS가 하는 위대한 일들을 생각하지 않은 날은 내 인생에서 단 하루도 없었을 것입니다." 은퇴 후에도 빌 게이츠는 매년 약 10억 불씩 기부를 한다. 아프리카 에이즈 치료 사업이나 공공도서관, 인구 문제, 교육 등 그가 지금까지 기부한 액수만 무려 약 250억 달러에 이른다. 이들의 인생관은 지금까지 살아온 자신의 인생에 대한 확신으로 자신의 독특한 원칙을 실천한 것이었다.

교인들이 영적인 삶을 살지 않는 것을 보고 세상 사람들이 즉각적으로 하는 비판이 있다. "아무개는 교회는 안 나가지만 예수쟁이보다 훨씬 낫다."라는 말 등이 그것이다. 사회 통념상 종교가 없어도 착하고 거짓말하지 않고 성실하고 남을 배려하는 아무개를 두고서 하는 말이다. 세상 사람들은 믿음은 온데간데없고, 자기의 유익을 위해서라면 하나님도 팔아먹고 물, 불도 가리지 않는 사람들로 교인들을 싸잡아서 폄훼한다. 교인들을 성경이라는 텍스트의 기준만 앞세우는, 자기희생이나 헌신 없이 자기주장과 이익을 절대로 양보하지 않는 부류로 낙인찍어 버린다. 그러나 참된 성도는 영적인 면을 중시한다.

성도는 하나님의 기준으로 자신과 세상을 봐야 하며, 하나님의 말씀을 삶의 가장 귀한 가치로 받아들여야 한다. 성도는 세상의 경험에서 얻은 인생관이 극적으로 변화된 거듭남을 체험한 자들이다. 성도는 그리스도와의 신비한 연합으로 새로운 정체성을 부여받은 것이다. 보이는 것에 관한 관심보다 하나님을 두렵고 떨림으로 대하고, 보이지 않는 영적 세계를 사모하며 예수의 십자가와 부활의 능력으로 살게 된다.

바울은 자신의 감정의 기복이나 판단에 따라 살지 않고 하나님을 사랑하고, 하나님이 보호하여 줄 것을 온전히 믿었다. 바울은 불굴의 투지로 자신을 다스렸고, 자신의 심령이 하나님을 향할 때 더 많은 자유를 누릴 수 있었다. 성도는 자신의 옳고 그름을 증명하기 이전에 먼저 옳은 길을 찾고, 자신의 의로움보다 문제의 원인을 자신으로 보는 십자가의 인생관을 확립해야 한다. 성도의 인생관은 심오한 철학적 지식으로 얻어지는 것이 아니라 그리스도를 닮는 삶과 같이 일관성 있는 영적인 경험에서 오는 지혜와 같다.

하나님의 형상인 인간의 본질적이고 실제적인 삶의 근원은 하나님의 말씀이다. 성도의 인생관은 성경의 패러다임에서 온다. 성경은 인간을 사회 과학이나 종교 또는 철학적 사유의 대상으로 보지 않는다. 인간을 선택이나 설계에 의한 기계적 로봇이나 자치적 동인을 가진 초인으로도 보지 않는다. 성도는 세상의 철학이나 이론을 의지하지 않고 성경의 진리와 하나님의 절대 주권을 삶의 절대적 기준으로 삼고, 그 기준을 체득하고 실천할 것이다.

기독교는 선과 악을 하나님 기준으로 설명하면서도 인간과 인간 행위의 다양성을 인정한다. 세상의 기준은 가변적이나 하나님의 기준은 인생의 다양한 문제를 근원적으로 파악하고 해결하는 능력이 있다. 성도는 말과 행동, 생각에 대한 성경적 관점을 숙지하고, 삶으로 배운 대로 살며 경건을 유지해야 한다. 성경의 진리와 하나님의 보편적인 통치를 믿고 고백하며 삶으로 살지 못하면 세상의 도전에 응전할 능력도, 명분도 없다.

예수님의 십자가는 인류를 구원과 심판으로 갈라놓았다. 예수님이 십자가에 매달렸을 때, 좌우에 강도 두 명도 함께 매달렸다. 강도들 둘 다 십자가에 매달려 있던 예수를 조롱했으나 시간이 흐르면서 예수의 말씀을 듣고, 예수를 지켜보던 한 강도가 진심으로 회개하고 믿음을 고백했다. 그때 예수는 "내가 진실로 네게 이르노니 오늘 네가 나와 함께 낙원에 있으리라(눅23:43)."라는 구원을 선언했다. 강도질을 하다 잡혀 형틀에 달린 두 사람의 운명은 예수를 믿는 믿음의 유무에 따라 달라졌다. 십자가의 예수의 피는 구원의 증표가 되어 모든 인류의 인생 향배를 극적으로 바꾸어 버린다.

이집트에서 탈출하던 마지막 날 밤에 이스라엘에 모든 집의 장자는 다 죽으리라는 피의 숙청이 예고되었다(출:12). 그러나 어린 양의 피를 문설주와 안방에 발랐던 이스라엘은 장자들의 죽음을 피할 수 있었다. 피는 구원을 약속하는 증표였고 죽음의 천사들은 어린 양의 피가 있는 집은 범하지 못했다. 그래서 유월절(Passover)이 탄생했다. 어린 양의 피가 구원과 심판을 결정지었던 것이다. 십자가의 보혈의 능력이 없으면, 세상에 믿음을 설명하고 복음을 변증해도 영향력이 있을 수 없다. 예수의 보혈로 씻음을 받고, 부조리와 겉과 속이 다른 삶의 이중성을 벗어버리고 참된 그리스도인의 삶을 사모해야 한다.

요즈음 프린스턴(Princeton University)과 유펜(University of Pennsylvania)의 대학 병원에서 곰팡이(listeria)를 사용하여 암을 치료한다고 한다. 음식이 상할 때 파란 곰팡이가 순식간에 퍼지는 것에 착안하여 곰팡이 속에 암을 치료하는 성분을 넣어 몸에 투입하는 방법을 사용한다. 곰팡이와 누룩이 순식간에 퍼져 나가듯이, 은혜가 충만하면 사망의 기운이 순식간에 사라진다. 성도는 성경의 진리를 의존하고 순종하면 어떠한 문제에 봉착해도 해결할 길이 있다. 바울은 "항상 복종하여 두렵고 떨림으로 너희 구원을 이루라 너희 안에서 행하시는 이는 하나님이시니 자기의 기쁘신 뜻을 위하여 너희에게 소원을 두고 행하게" 하신다고 말했다(빌2:12~13).

성도의 인생관은 예수 그리스도를 목표로 한 성화의 길을 걷는 방향성이다. 성경은 우리로 성결한 자로 만들 뿐만 아니라 적극적으로 세상을 정복하는 자로 세운다. 우리를 경건하게 살게 하며 경건의 능력을 준다. 예수는 "가서 죄를 덜 지으라."라고 하지 않고, "가서 더 이상 죄를 짓지 말라."라고 했다(요8:11). 사람이 아담 안에 있으면 죄가 그를 지배하지만, 사람이 그리스도 안에 있으면 은혜가 죄를 지배한다. 성도는 그리스도의 능력으로 의로움을 향한 인생관으로 변화되고, 과거에 걷던 길을 벗어나 옳은 길로 들어서서 주변의 사람들에게 신령한 영향을 미치는 세상의 등불이다.

세상 사람들과 달리 성도의 인생관의 형성에 중요한 요인들이 있다. 첫 번째는 죄 사함의 확신이다. 하나님을 믿어도 자신의 약점, 실수, 또는 창피한 이야기를 언급하자면 너무나 많다. 뻔뻔하게 마치 아무 일도 없었던 것처럼 살기도 하지만, 여린 마음에 죄의식으로 눈물과 신음으로 살다가 지쳐 하나님을 떠나기도 한다. 하나님을 바라보지 않고 자신의 죄만 바라보기 때문에 생기는 현상이다. 자전거를 처음 탈 때는 비틀거리기도 하고 넘어지기도 한다. 뒤뚱거릴 때 길가의 전봇대나 나무에 부딪힐 것을 걱정하면 십중팔구 박치기한다. 그러나 넘어지려고 할 때, 장애물에 대한 염려보다 가슴을 펴고 자세를 바로잡아 멀리 보며 페달을 밟으면 균형을 잡을 수 있다. 자전거를 배울 때도 장애물에 마음을 빼앗기면 넘어지기에 십상인 것처럼, 죄 사함의 확신이 없이 죄에 매여 있으면 죄에 빠지지 않을 수 없다.

어떤 남자가 한 여자를 좋아했다. 그는 여자의 마음을 얻기 위해 온갖 노력을 다했다. 그럴 때마다 여자는 콧대가 높아지고 당당해졌다. 오늘은 피곤해서, 내일은 바쁘다는 핑계로 데이트 신청을 거절하기도 했고 자기 마음대로 만나주지도 않았다. 만남의 횟수가 잦아지면서 자신도 모르게 남자에게 빠져들어 갔다. 그러나 아직까지 선택의 자유는 있다. 어느 순간 남자의 사랑 고백으로 마음을 빼앗긴 후, 이제는 남자가 큰소리를 쳐도 죽어지냈다. 그녀에게 마음의 주인이 생겼기 때문이었다. 결혼한 후에는 그 높은 자존심도 다 무너지고 한 남편의 아내로서 자유 의지를 포기하고 살게 되었다.

죄도 비슷한 방법으로 나를 지배하고 마음대로 끌고 다니다가 나를 노예로 만들어 버린다. 죄로부터 구원을 받았지만, 현실은 죄와 가까이하는 자신을 발견한다. 그러나 성도가 더 이상 죄에 신음하지 않아야 하는 이유는 죄에 대하여 죽고 하나님에 대하여 산 자이기 때문이다(롬6:2). 성도의 인생관은 죄에 대하여 죽고 그리스도 안에서 사는 죄 사함의 확신을 표방한다.

두 번째는 하나님의 은혜다. 하나님의 구속은 인간의 공로에 근거한 것이 아니고 그의 택한 백성에게 영생을 주고자 하나님이 세우신 영원한 계획에 속한다. 죄 사함을 받고 구원을 얻은 것은 성도에게만 부여되는 특별한 은혜다. 링컨(Abraham Lincoln, 1809~1865년) 대통령이 사람을 사고파는 노예 경매시장에 갔을 때 한 젊은 흑인 여인과 눈이 마주쳤다. 노예로 혹사당한 고통의 눈이었다. 증오와 멸시로 주변의 모든 사람을 노려보고 있었다. 그녀의 모습이 링컨의 가슴을 움직였다. 링컨은 경매에 최고의 가격으로 입찰하여 그녀를 낙찰받았다. 그 여인이 물었다. "나를 가지고 무엇을 하려고 합니까?" 링컨은 "당신을 자유롭게 하겠소."라고 답했다. 그녀는 링컨에게 무슨 대가를 지불해야 하는지 물었다. "대가는 필요 없소." "내가 무슨 일을 하든지 자유를 주고 내가 마음대로 어디든지 갈 수 있나요?" "네. 당신의 모든 자유가 보장되오." 그 순간 흑인 여자의 증오, 멸시, 잔인함으로 뒤덮인 눈이 기쁨으로 바뀌고, 가슴에서 우러나오는 기쁨으로 "그러면 저는 당신이 가는 대로 따라가겠습니다." 하고 답했다. 죄의 종노릇 했던 인간을 자유와 생명의 길로 인도하는 것은 오직 예수의 은혜다.

세 번째는 성령의 인도다. 구원이 성도에게 적용되는 것은 기본적으로 성령의 역사다. 조나단 에드워드(Jonathan Edwards, 1703~1758년)는 목회자이며 신학자이자 깊은 신앙을 가진 사람이었다. 그가 설교할 때, 많은 사람들이 회개하고 회심한 역사가 있었다. 조나단 에드워드는 어릴 때부터 산 기도를 다녔고, 고매한 성품을 가지고 주님을 진심으로 사랑했다. 사도 바울이 "내가 죄인 중의 괴수"라고 고백한 것처럼, 조나단 에드워드도 "하나님, 저는 죄인 중에도 제일 심한 죄인입니다."라고 일기에 썼다. 죄가 죽어 없어진 것이 아니라 자신이 죄에 대하여 죽은 자였기에 죄인 중에 심한 죄인이라고 고백할 수 있었다. 조나단 에드워드는 하나님의 은혜와 십자가의 은총을 눈물 없이 말하지 못할 성령의 인도함을 받은 삶을 살았던 것이다.

성도는 성령의 도움으로 일관성 있는 인생관을 유지할 수 있다. 성도의 인생관에서의 성령의 역할은 예측 불가능한 X 요인이다. X는 하나님이 하는 일을 보고, 기다리고, 순종하는 것을 포함하는 인간의 의지로 진행할 수 없는 불가능한 영역이다. 사도 요한은 "바람이 임의로 불매 네가 그 소리는 들어도 어디서 와서 어디로 가는지 알지 못하나니 성령으로 난 사람도 다 그러하니라."라고 했다(요3:8). 성도의 삶에는 성령의 초자연적인 관여가 있다. 성령의 도움이 있는 성도는 어떠한 시련에도 실망이 없으며, 매사에 소망을 가진다.

라합의 정체성

　성경에 나오는 하나님의 은혜로 구원받은 라합이라는 여인이 있다. 라합은 가나안 족속 중에서도 가장 질이 나쁜 아모리 족속 출신이었다. 우상을 숭배하고, 부도덕한 삶을 살며 심지어 자식을 제물로 바치는 가증한 족속이었다. 라합은 그중에서도 대우를 받지 못했던 여성이었으며, 형편없는 핏줄을 타고난 미천한 기생의 신분이었다. 주석학자들은 기생을 여관집 주인 정도로 미화시키기도 하지만, 신약의 야고보는 헬라어로 "포르네(약2:25)"라고 말하며 라합이 명백한 매춘부였다는 사실을 밝혔다. 이 단어에서 영어의 포르노(porno)라는 말이 나왔다. 출신 성분으로 흠잡을 수는 없지만, 몸을 팔며 살았던 창녀인 라합은 도덕적인 기준으로 보면 정죄 받아 마땅했다.

　그러나 집 창문에 매달아 놓은 붉은 줄이 라합의 인생을 완전히 바꾸어 놓았다. 이 전에 이스라엘이 가나안의 첫 성인 여리고 성을 정탐하기 위해 두 명의 정탐꾼을 보낸 일이 있었다. 그들이 성문과 가까이 위치했던 라합의 집에 여행자로 위장하여 잠입했을 때, 갑자기 군인들이 검문을 위해 라합의 집에 들이닥쳤다. 들키면 목숨이 달아날 위기의 상황에 라합은 정탐꾼을 숨겨주었다. 라합은 자기 집의 손님을 보호한다는 차원이 아닌, 적군의 간첩을 숨겨준 것이다. 발각되면 국가 반역적 이적행위로 처단될 수도 있는 상황을 무릅쓴 행동이었다. 그 대가로 라합은 정탐꾼으로부터 붉은 줄을 받았고, 붉은 줄의 징표가 약점 많았던 라합을 위대한 믿음의 사람의 반열에 설 수 있게 했다(수2:21).

라합이 그렇게 위험한 행동을 한 이유는 믿음이 있었기 때문이다 (히11:31). 비천한 신분에도 불구하고 라합은 아벨, 노아, 아브라함을 비롯한 믿음의 위인들과 어깨를 나란히 하고 있다(히:11). 라합의 집이 여관이라 라합은 드나드는 여행자들을 통해서 외부의 소식을 상세하게 들을 수 있었다. 그녀는 하나님이 이스라엘을 애굽에서 탈출시킨 이후에 이스라엘 백성들에게 한 일들을 다 들었다. 홍해를 가른 일, 여러 족속과 싸워 승리한 일, 요단강을 건넌 일 등의 소문을 들은 라합은 믿음이 생겼다.

라합은 하나님이 이스라엘에 행한 소문을 듣고 마음이 녹았고 하나님 여호와는 상천하지의 하나님(God in heaven above and on the earth below)이라고 고백했다(수2:11). 여호와 하나님만이 온 우주에서 유일한 참 하나님이란 신앙 고백이었다. 여리고성의 다른 사람들은 소문을 듣고 두려운 마음으로 이스라엘의 공격을 막을 궁리를 했지만, 라합은 달랐다. 라합은 정탐꾼들에게 여리고성을 함락할 때 자기와 모든 가족의 구원을 간청했고, 창문에 붉은 줄이 달린 라합의 집은 구원을 받았던 것이다.

초대 교회 때, 인간 의지의 유용성에 대하여 성 어거스틴(St. Augustine, 354~430년)과 펠라기우스(Pelagius, 354~418년?)사이에 논쟁이 있었다. 어거스틴의 인간의 전적인 타락설에 대항해 펠라기우스는 인간의 부분 타락설을 지지하며 일부분 손상되지 않은 인간성으로 하나님의 뜻을 이룰 수 있다고 주장했다. 펠라기우스는 인간 양심과 도덕적인 행위로 구원의 여지를 남긴 것이다. 펠라기우스의 주장은 현재 천주교 교리의 선한 행위를 많이 쌓으면 구원을 이룬다는 자력 구원설, 혹은 행위 구원설의 근거가 된다. 그러나 기독교는 하나님의 말씀만이 완벽한 기준이며, 오직 예수 그리스도의 십자가 피로 구원을 얻는다고 가르친다. 눈에 보이는 라합의 붉은 줄은 그녀의 정체성의 표상이었으며, 보이지 않는 하나님의 약속에 대한 믿음의 증표였다. 천한 기생이었지만, 하나님께 집중된 그녀의 인생은 부족함이 없었다.

워싱턴의 스미소니언 박물관(Smithsonian American Art Museum)에서 해리 리버먼(Harry Lieberman, 1880~1983년)이라는 화가의 전시회를 본 적이 있다. 유대인인 리버먼은 히브리 철학과 구약성경의 내용을 소재로 단순한 구도로 그림을 그렸고, 미국의 유명한 화가로 성장했다. 놀라운 것은 그가 나이 일흔여섯에 그림 공부를 시작했다는 사실이다. 폴란드 출신인 리버먼은 아홉 살 때 단돈 5달러를 들고 미국에 이민 와서 의복 재단사, 사탕 제조업자를 거쳐 맨해튼에서 과자가게를 운영하며 평범하게 살았다. 나이가 들어 일흔네 살에 은퇴한 후 뉴욕의 한 노령자 클럽(Golden Age Club)에 가입하여 체스를 두며 시간을 보내는 전형적인 노인이었다. 그런데 하루는 체스 파트너가 약속을 어겨 혼자서 무료한 시간을 보내고 있을 때 한 젊은 자원봉사자가 말했다. "그림을 그려 보시지요." 그 말을 듣고 리버먼은 클럽의 그림 교실을 찾았고 10주간 교육을 받았다. 구약성경에서 깨달은 영감으로 하나님과 그림에 집중한 것이다. 그의 나이 여든한 살 때의 일이다. 화가 리버먼은 일약 '원시의 눈을 가진 미국의 샤갈'로 불렸고, 그의 그림은 불티나게 팔렸으며, 백한 살에 스물두 번째

개인전을 열어 세상을 놀라게 했다. 해리 리버만은 미국 예술의 자존심이다.

우리의 인생은 아직 끝나지 않았고 숨을 거두는 날까지 늦은 것은 하나도 없다. 라합은 쓰레기 같이 버려졌던 천한 인생이었다. 그러나 그녀는 붉은 줄을 창문에 걸어 놓고 하나님의 약속을 담대하게 믿었다. 아무리 부족하고 연약해도, 죄가 크고 부도덕했어도, 라합은 하나님께 집중하는 것을 자신의 목숨보다 귀하게 여겼다. 그녀는 정탐꾼이 한 약속을 마음에 새기며 붉은 줄을 창문에 걸어 놓고 하나님을 기대했다. 라합의 하나님을 향한 방향성이 바로 그녀의 정체성이다. 기독교 인생관은 이원론적이지 않다.

이원론은 현실을 근본적으로 분리된 두 범주, 즉 거룩한 것과 속된 것, 성스러운 것과 세속적인 것으로 나눈다. 성도가 믿음과 이성의 기준을 달리하여 상황에 따라 다른 판단 기준을 사용하면 이중 인격자가 된다. 이원론으로 교회와 세상을 칼처럼 구분하여 심리적 보호막을 가질 수 있을는지는 몰라도, 지혜로 인생을 살고 극복하는 바람직한 성도의 정체성을 가질 수는 없다. 이원론은 인생관과 성경관이 일치하지 않는 기형적 신앙인만을 배출할 뿐이다. 성경은 모든 인류의 보편적 기준이다. 아브라함에게 하나님의 말씀은 삶의 전인격적 가치였다. 아브라함은 하나님의 말씀을 따르는 일을 생명보다 더 귀중하게 여겼고 자신의 삶으로 실천했다.

성경은 인간을 어떤 과학적 이론이나 철학적 사유의 대상이나, 로봇과 같은 기계적인 자발적 동인으로 보지 않는다. 인생의 고통과 좌절도 인간의 의지로 극복할 대상이 아니라 성경의 보편적인 현상으로 보며, 고난을 통해서 인간은 하나님과 더 가까운 관계를 맺으며 인생의 문제를 해결한다. 이처럼 기독교적 인간관은 인생에 대해 철학적이나 관념적인 설명과 요구를 하지 않고, 빈부귀천, 남녀 노유를 불문하고 모든 인생의 실제적 삶의 길을 제시한다. 성경은 인간의 다양한 삶의 방법을 인정하며, 인간의 생각과 말과 행위의 악을 해결하는 방편으로 예수의 십자가와 부활을 제시한다. 성도는 십자가에서 죽고 부활하신 예수를 믿고, 그 안에 거하는 것을 인생 최대의 안전지대로 믿는다.

시대의 사명자 노아

　1912년 4월 14일 밤 11시 40분, 지난 세기 가장 불행한 해난 사고
가 일어났다. 4만 6천t이 넘는 최신형 선박 타이태닉(Titanic)호가 약
2,200명 이상의 승객을 태우고 영국 남부 해안을 떠나 뉴욕으로 처
녀 항해를 했다. 항해 중 북대서양의 뉴펀들랜드(New Foundland)로
부터 남서쪽으로 640km 정도 떨어진 바다의 빙산에 충돌하여 침몰
하게 되었다. 침몰 희생자는 1,513명이며 생존자는 불과 711명에 불
과했던 대참사였다. 독자 여러분은 2014년 4월 16일 오전 8시 50분
경 전라남도 진도군 조도면 부근 해상에서 세월호가 침몰한 사건을
기억할 것이다. 수학여행을 가던 고등학교 학생들과 일반 승객들이
구명조끼까지 입고 물이 차 들어오는 뱃속에서 죽어간, 한국의 역사
상 최대의 인간이 만든 재난(人災)이었다.

　세월호의 침몰로 시신 미수습자 9명을 포함한 304명이 사망했다.
3년 동안 인양이 지체되다가 결국 2017년 3월 10일 제18대 대통령이
파면된 지 12일 후인 2017년 3월 22일부터 인양을 시작했다. 창세기
7장을 보면, 노아의 시대에 전 인류가 수장되는 장면이 있다. 이 참
사는 배의 파선으로 말미암은 참사가 아니다. 하늘에서 폭포수와 같

은 비가 내려서 온 세상이 물로 뒤덮이는 홍수로 땅이 150일간 물에 잠겼던 사건이었다. 엄청난 천재지변으로 땅 위의 모든 것이 수장되었으나 노아의 배는 물 위에 떠 있었다. 그 배는 노아가 홍수를 대비해서 120년 동안 만들어 온 방주였으며, 그 배를 탄 노아의 여덟 식구와 동식물들은 구원받을 수 있었다.

세월호의 희생자를 추모하는 안산 분향소의 담벼락에 이런 말이 쓰여 있었다. "어른들의 말만 들으라고 해서 미안해." 세월호 선장이 대피 명령을 내리지 않고 자신만 먼저 도망쳐 살아남은 것을 본 민심이 선장의 지도력 부재를 한탄하는 말이었다. 비단 선장만을 비판한 말이 아니다. 한국 사회를 이끌어가는 지도자들을 신뢰하지 못하겠다는 시대의 목소리였다. 시대적 사명이 무엇인지도 모르고 눈앞의 물질과 명예에 사로잡혀 자기의 안위만 취하는 정치, 사회, 교육계, 심지어 교계 지도자들이 대다수인 현실을 비판한 것이었다.

이 시대는 불확실하고 험악한 세대의 방향을 잡아줄 진정한 리더를 찾고 있다. 성경의 노아는 하나님의 은혜를 입고(창6:8), 의인으로 인정을 받았고(창7:1), 그 시대의 완전한 자인 하나님과 동행했던 사람이었다(창6:9). 바울도 모든 사람이 죄를 범하여 하나님의 영광에 이르지 못했지만, 예수의 은혜로 값없이 의롭게 된 사람이었다. 하나님의 말씀에 전적으로 순종하여 미래를 예비한 노아처럼, 복음으로 무장하여 곤고한 인생들의 마음을 그리스도의 자유로 충만케 역사한 바울 같은 리더들이 되기를 원한다.

1977년경에 나사(NASA)는 태양계 바깥 세계를 관측하기 위해 보이저 2(Voyager 2)호를 발사했다. 40여 년이 지난 이제야 겨우 태양계(heliosphere)를 벗어나는 지점에 이르렀다고 한다. 속도는 총알보다 빠르며 최신 제트기보다 20배 정도 더 빠르게 운항하고 있으며, 같은 속도로 958,000년 동안 지속해서 달려야 겨우 1광년에 다가갈 수 있다고 한다. 은하계에는 태양과 같은 별들이 100,000여 개나 있다. 이보다 먼 곳에 계신 하나님이 우주와 시간을 초월해서 이 땅에 왔다. 친히 직접 창조한 모든 우주보다 더 크고 강한 분이지만, 우리가 사는 지구에 온 이유는 죄인을 구원하기 위함이다. 하나님을 순종하고 은혜를 입은, 하나님과 동행하는 자를 찾기 위해서 이 땅에 온 것이다.

하나님이 홍수로 심판하기 이전의 세상은 이러했다. 물질적으로 풍요로운 삶을 즐기면서 하나님을 멀리하게 되었다. 믿음을 가진 경건한 청년들이 신앙을 등한시하며 가인의 후손의 딸들과 결혼하면서 더 이상 바른 제사를 지내지 않았다. 신앙을 버리니 죄의식은 없어지고 방종하며 세상의 모든 것을 즐기며 살아도 전혀 겁이 없었다. 이들의 자손들은 네피림(נֶפִילִים), 즉 잘난 체하고 성공한 용사와 영웅 행세를 하는 거인족이었다. 네피림은 '넘어지다'라는 의미가 있는데 이들은 힘으로 많은 사람을 쓰러뜨렸다.

영화 〈터미네이터(The Terminator)〉의 주인공처럼 네피림은 보는 사람마다 쓰러뜨리고 씨를 말려버리는 족속이었다. 라맥처럼 잔인하고 힘이 세어 하나님 없이도 뭐든지 할 수 있는 잘나가는 사람들이었다. 힘으로 약육강식의 세상을 지배하며, 마음과 생각의 모든 계획이 "세상적, 정욕적, 마귀적(약3:15)" 술수로 가득한 영적으로 타락한 자들, 부패, 무질서가 만연한 악한 세대였다. 이때 하나님이 노아를 호출했던 것이다.

세월호의 선장, 선원, 공무원들은 맘모니즘(mammonism)에 빠졌고 선주 회사는 구원파라는 이단 종교가 운영했다. 구원파는 교인들로부터 거액의 자금을 모았고 기존 목회자들을 유인하기도 했다. 1987

년의 세모 및 오대양 집단 자살 사건으로 총 31명이 죽었을 때 검찰의 공소에는 구원파의 교주가 "성경을 자의적으로 해석해 재물의 무조건적인 헌납만이 구원의 길이라는 취지로 신도들을 미혹시켰다."라는 내용이 담겨있다. 세월호에 근무했던 선장과 선원들이 구원파 소속이었다는 것을 기억해야 한다.

구원파는 한 번 죄 사함을 깨달음으로 구원을 받으면 양심의 모든 죄책감에서 해방을 받았기 때문에, 구원받은 자는 더 이상의 회개가 필요 없다고 가르친다. 구원 이후의 죄는 죄로 성립되지 않는다는 교리를 전파했다. 그들에겐 구원받은 날짜와 시간이 중요했다. 구원파의 가르침은 정통 기독교의 성화 과정이 생략된 것이다. 구원파는 "구원받았습니까?" 혹은 "죄 사함 받았습니까?"란 말로 접근한다. 구원파의 핵심은 '죄 사함'이다. 아무리 훌륭한 성도, 목회자, 설교자라도 "나는 죄인입니다."라는 말 한 구절만 해도 구원을 못 받았다고 매도한다. 뭇 사람들은 구원의 결정을 내려주는 구원파로 몰려들었으나 실은 예수의 십자가에서 흘린 보혈의 공로를 가로채는 사악한 집단이었다.

노아는 하나님이 자기에게 명한 대로 다 준행하였다(창7:5). 하나님의 말씀을 빠짐없이 그리고 끝까지 순종하는 것은 어렵다. 처음에는 하나님의 말씀을 붙들고 결단을 내려도 시간이 지나면 마음에 의심이 생긴다. '혹시 내가 과장해서 행동하는 것이 아닌가?' 아니면 '내가 무엇에 속고 있는 것이 아닌가?'라는 생각이 든다. 노아는 믿음의 순종으로 세상에 역주행하며 하나님을 따르는 특별한 결단을 하였다. 하나님은 노아에게 방주를 만들라고 지시했다.

노아에게 갈등이 많았을 것이고, 배를 건조하던 나무와 연장을 집어던지고 싶을 때도 있었을 것이다. 방주를 만들어도 하나님의 말씀대로 홍수가 나지 않으면 아무짝에도 쓸데없는 동력 장치도 없는 3층짜리 배였다. 배를 만드는데 1~2년도 아니고 120년이나 걸렸는데, 만약에 홍수가 나지 않으면, 한평생 허송세월한 바보가 된다. 사업이나 장삿속으로 계산해 보면 120년 동안 노동을 해도 단돈 1원도 벌지 못하는 일이다.

그러나 노아는 하나님을 전적으로 순종하고 신뢰했다. 나무를 다듬거나 톱질하다가 '왜 내가 계속 이 짓을 해야 하나?'라는 고민도 없지 않았을 것이다. 이 세상을 보면 홍수가 날 것 같지 않지만, 하나님의 말씀은 홍수가 난다고 했다. 그러면 홍수가 난다. 성경은 마지막 때에 대환란이 있다고 한다. 그러면 대환란이 반드시 있을 것이다. 노아는 하나님의 말씀을 준행하는 것에 인생의 모든 것을 걸었던 하나님의 사람이었다.

한국 전쟁 때의 일이다. 수많은 피난민이 남쪽으로 내려오다가 공산당에게 잡혔다. 공산당은 경찰, 군인, 공무원, 목사 등을 잡아서 현장에서 총으로 죽였다. 그때 목사 한 사람이 신문을 당할 차례가 되었을 때 공산당이 물었다. "너는 무슨 일을 하고 살았나?" 목사라고 하면 총살이다. 순간적으로 기도했다. "하나님, 무엇이라 말할까요?" 하나님의 대답은 "목사라고 말해."라는 것이었다. 목사가 "그러면 죽는데요?"라고 되묻자, 하나님은 "내게 맡겨라."라고 답했다. 응답을 받은 목사는 순간적으로 "목사입니다."라고 했다. 그랬더니 "뭐 목수? 목수라고?" 목사는 살아났다.

모든 행사를 하나님께 맡기면 하나님께서 친히 역사하여 인도한다. 노아의 홍수는 단순한 홍수가 아니다. 이는 창조 질서의 중단이다. 말씀으로 지탱되던 세계가 하나님의 말씀을 거두니 깊음의 샘과 하늘의 창이 열렸다(창7:11~12). 창조 둘째 날 만들었던(창1:6~7) 물들이 말씀으로 세워진 장벽을 허물었고 무서운 지각 변동으로 산이 무너져 내려앉았으며, 평지는 갈라져 바닷물이 밀고 들어왔다. 혼돈의 상태로 되돌아갔다. 세상을 붙잡고 있었던 것은 자연의 법칙이 아니라 하나님의 말씀이었다.

앞으로 마지막 때의 종말이 있을 것이다. 베드로는 "이제 하늘과 땅은 그 동일한 말씀으로 불사르기 위하여 간수하신 바 되어 경건치 아니한 사람들의 심판과 멸망까지 보존하여 두신 것이라(벧후3:7)."라고 말하며 앞으로 올 심판을 불의 심판으로 예고했다. 베드로는 하나님이 언젠가 말씀을 거두면 하늘이 종이처럼, 땅은 마분지처럼 불붙을 것을 예언했다. 영원히 살고 싶지 아니한가? 죽음의 한계를 넘어 영원한 생명을 누리기 원하면 옛날의 자신을 완전히 땅에 묻어야 한다. 자신의 모든 자존심, 야망, 생각을 장사 지내야 한다.

하나님을 따르는 길은 죽음이 와도 끝이 아니다. 세상의 욕심을 버리고 예수의 십자가를 붙들고 다시 태어난 길이며, 죽음을 이기고 승리한 영생의 길이다. 하나님의 말씀을 순종하고 의존하여 지어진 노아의 방주는 생명을 보장해 주었다. 아무리 비바람이 쏟아지고 홍수가 범람해도, 방주에 탄 사람과 동식물들은 구원받았다. 노아의 방주는 하나님의 인도로 홍해를 건넌 이스라엘 백성의 길이다. 하나님의 백성들은 구원의 방주에서 사망의 권세를 이기는 하나님을 찬양하며, 승리와 기쁨의 산제사를 드린 것이다.

노아는 시대의 사명자였다. 믿음으로 시대의 사명을 감당했다. 영화 <벤허(Ben Hur)>의 주인공인 벤허는 시대의 사명자였다. 벤허라는 이름을 풀어보면, '벤'은 아들을 말하고 '허'는 훌을 말한다. 즉, 훌의 자손, 유다를 의미한다. 모세의 팔 한쪽을 아론이 들었고 다른 쪽은 훌이 들었다. 모세의 팔을 든 훌의 자손이 벤허였다. 어느 날,

벤허는 모함을 받아 노예로 팔려 아리아스 제독의 전함에서 노 젓는 이가 되었다. 큰 해전에서 전함의 옆구리가 들이받혀 침몰하여 제독과 벤허가 물에 빠졌을 때, 자살을 시도하는 제독을 벤허가 막았다. 나중에 전투에서 승리한 후, 제독은 벤허에게 "네가 믿는 하나님은 너를 구하기 위하여 로마에 승리를 안겨주었구나."라고 고백하였다.

사도 바울이 탄 배가 풍랑(유라굴라 광풍)을 만났다. 그 배는 많은 사람의 꿈과 야망을 싣고 세계 최대의 도시인 로마로 향하고 있었다. 이 배에는 무역해서 돈을 벌고 싶은 사람, 풍운의 꿈을 안은 소년, 죄수를 압송하던 진급의 꿈을 품은 군인들, 난생처음으로 출세를 위해 로마로 가는 사람들과 함께 중죄인으로 호송되던 바울이 타고 있었다. 바울은 로마로 잡혀가서 재판을 받은 후, 원형 극장에서 사자의 밥이 되든지 검투사의 노리개가 되어 관객들의 눈요기가 되어 죽어야 할 형편에 처한 사람이었다.

예수를 믿는다고 믿지 않는 자보다 더 많은 보호를 받고, 호의호식하는 것이 아니다. 예수를 믿는다고 밤낮 찬송만 하는 것도 아니고 어떨 때는 한숨과 눈물로 지날 때도 있다. 사도 정도면 훨훨 날 수 있는 능력을 갖추고 어려운 환경을 제압할 것으로 상상하겠지만, 바울은 보호받지 못하는 정도가 아니라 죽음을 눈앞에 두고 있었다. 그때, 하나님의 사자가 바울에게 "바울아. 너는 가이사 앞에 서야 하고 하나님께서 너와, 너와 함께 행선하는 자를 다 네게 맡겼다."라고 말했다.

하나님의 말씀에 바울은 힘을 얻었다. 바울은 풍랑을 만난 승객들에게 "여러분, 안심하시오."라고 말했으나 호전될 기미는 보이지 않고 더 악화되어갔다. 풍랑을 만난 지 열나흘째 되는 날까지 바울은 흔들리지 않고 확신에 차서 "너희 중에 머리 터럭 하나도 잃을 자가 없으리라."라고 믿음으로 선포했다. "안심하라. 너희 중 생명에는 아무 손상이 없겠고 오직 배뿐이니라."라는 강한 메시지를 줄 수 있었다. 바울은 포로의 신분이면서도 하나님을 향한 흔들림이 없는 가치로 무장하고 있었고, 누구보다도 강하고 담대했다.

자기를 죽이려고 먹지도 않고, 마시지도 않고 추적하는 결사대가 40명이 있다면 얼마나 무섭겠는가? 우리가 일하는 일터에서 자기를 괴롭히는 사람 한 사람만 있어도 지옥 같을 것이다. 가족들의 마음이 하나 되지 않는 가정은 가시방석 같을 것이다. 그런데 40여 명의 특수 훈련을 받은 참수조가 바울을 죽이려고 했다. 북한에서는 김씨 왕조의 동상이나 사진 등, 원수와 관련된 것을 훼손하거나, 한국의 문화나 기독교를 접촉하든지 탈북하는 자들은 감옥이 아니라 강제 수용소로 보내 버린다.

북한의 14호 수용소에서 탈출한 신동혁은 강제 수용소 소장의 기분에 따라 밤새 한 사람의 생명을 개미 죽이듯이 죽이는 것은 일도 아니라고 간증했다. 신동혁은 집에서 체제에 반하는 말을 한 엄마, 아빠를 교육받은 대로 당국에 고발했다. 어릴 때부터 세뇌가 되어 부모를 어버이 수령과 체제를 부정하는 반동분자로 신고했고, 결국 그들은 사형을 당했다고 했다. 그는 부모의 죽음을 당연히 여겼고, 전혀 죄책감도 없었다고 했다. 그러나 탈북한 지금은 그러한 북한의 현실에 치를 떨고 있다. 지금도 잔인하기 짝이 없는 수용소에서 죽음을 무릅쓰고 기도하며, 하나님을 믿고 의지하는 인생들이 있다고 간증했다.

한순간에 끝날 수도 있는 생명이지만, 우리의 생명은 무엇보다도 귀중하다. 단돈 몇 푼을 벌기 위해 새벽부터 밤까지 몸을 아끼지 않고 일하며 모은 돈을 자신의 암을 치료하기 위해, 하루 한 알에 수천

불이나 되는 약값을 지불하는 환자를 본 적이 있다. 또한, 아무리 돈이 많아도, 삼성의 이건희 회장은 거의 10년 가까이 병석에서 거동도 못 하고 누워있지 않은가? 우리의 생명은 내가 한평생 벌어서 쌓아 놓은 재산과도 바꿀 수 없는 것이다. 값으로 환산할 수 없을 만큼 귀중한 생명을 무엇을 위해 사용할 것인가? 사도 바울과 노아와 같은 선진들은 믿음과 세상을 동시에 소유할 수 없다는 사실을 일찍이 알았다.

성도가 세상을 살아가는 유익한 방편은 믿음이다. 하나님은 아브람에게 지금까지 살아온 세상의 방식에서 떠나라고 명했다. "너는 너의 본토 친척 아비 집을 떠나 내가 네게 지시할 땅으로 가라(창 12:1)." 하나님은 인생의 우선순위를 가르치기 위해 현재의 삶의 원천을 포기하도록 하셨다. 그 후, 아브람은 아브라함이라는 복의 근원이 되는 정체성을 가지게 되었다. 복의 근원인 아브라함과 동행한 롯도 복을 받았다. 아브라함이 부자가 될 때 롯도 부자가 되었고, 롯이 포로가 되었을 때 구출되었다. 심지어는 롯이 살았던 나라의 왕도 아브라함으로 인하여 구원을 얻을 수 있었다.

누가복음 10장에 예수의 발아래에 앉아 말씀을 열심히 듣는 마리아와 음식을 분주하게 준비하는 마르다의 비유가 있다. 비유에서 우리는 마르다가 되지 말고 마리아처럼 예배를 우선해야 한다는 교훈을 얻는다. 그러나 예수가 "마르다야. 네가 많은 일로 염려하고 근심하나 그러나 몇 가지만 하든지 혹 한 가지만이라도 족하니라."라고 한 말씀은 잘 살펴볼 필요가 있다. 두 가지 일을 동시에 할 수 없고 하나님의 말씀에 전적으로 집중하라는 것이다. 신앙생활은 양다리를 걸치며 하는 것이 아니라는 교훈이다. 주님에게 순종한다는 것이 무엇인가? 여우도 굴이 있고 공중의 새도 집이 있지만, 예수는 머리

둘 곳이 없었다. "이것을 아느냐?" 먼저, 세상을 꽉 잡은 두 손을 펴야지만 주님을 잡을 수 있는 것이다.

독일 나치 정권에 항거한 프랑스의 레지스탕스들은 체포되어 죽어갔다. 제2차 세계대전이 한창이던 1940년 6월 18일, 프랑스가 독일에 항복하자 런던으로 망명했던 샤를 드골(Charles De Gaulle, 1890~1970년)은 "프랑스 레지스탕스의 불길은 꺼져서는 안 되며, 또한 꺼지지도 않을 것이다."라며 라디오를 통해 프랑스 국민에게 고했다. 독립한 후, 청렴하고 강직했던 드골은 독일 점령 시 국민을 배신하고 독일군에게 협조한 자들을 찾아내어 처단했다. 그들 중 "나는 억울하다. 유대인과 상관하지도 않았고 그저 장사해서 돈을 벌고 산 평범한 사람이었다. 아무 잘못한 것이 없다. 아무것도 한 일이 없었다. 내가 왜 죽어야 하는지 억울하다."라고 변명한 자가 있었다. 그에게 드골은 "당신은 아무것도 하지 않았다는 그 한 가지 이유만으로도 죽어 마땅하다. 피비린내 나는 전쟁이 5년이나 지속되고 수백만 명의 사람이 죽어갔으며, 도시가 파괴되고 조국과 민족이 멸망 직전이었음에도 불구하고 아무것도 하지 않았다면 그 한 가지만으로도 죽어 마땅하다."라고 대답했다.

우리의 마음을 정말 답답하게 하는 것은 최후의 보루가 되어 나라와 민족을 지켜야 할 교회가 세상과 함께 추락하고 있다는 현실이다. 세상의 언론 기관과 기독교 언론까지도 세속화한 교회를 비판하는 기사와 방송을 쏟아내고 있다. 교회가 세상의 소금과 빛의 사명을 감당하지 못하는 것은 어제오늘의 일이 아니다. 그리스도의 생수가 세상으로 흘러가야 할 텐데, 오히려 세상의 구정물이 교회로 역류하는 현실을 실감하면서도 고칠 수 있는 처방도 내지 못하고 있다. 정말 우리는 추락하는 비행기를 타고 있지는 않은가?

긴박한 상황을 보고도 해결할 방법을 찾지 못해 그냥 죽어버리는 것만큼 비참한 일은 없다. 아직 늦지 않았다. 추락의 원인을 찾아서 고쳐야 한다. 불타는 집에서 혼자만 도망쳐 나오면, 집 안에서 죽어 가는 사람들은 누가 책임질 것인가? 세상 사람들을 비판하고 흉볼 것 하나도 없다. 홍수의 물결이 덮칠 때 하나님께 순종한 노아는 승리했다. 믿음의 사람은 세상이 범람해도, 홍해의 물결이 앞을 가로막고 있어도, 죽음을 무릅쓰고 전진할 것이다. 풍전등화의 한 치 앞을 내다볼 수 없는 세태 속에서 하나님은 지금 바로 그 한 사람을 찾고 계신다.

아포리아

동전의 앞면과 뒷면에는 서로 다른 내용이 각인되어 있다. 앞면 따로, 뒷면 따로 놓고 보면 한 동전으로 보기 힘들다. 그러나 동전의 실제는 양면이 붙어 있기에 양면에 서로 다른 내용이 각인되어 있어도, 하나의 동전이라는 사실이다. 다른 내용에 하나의 개념, 즉 동전이라는 것으로 통일된 결론을 내리게 된다. 한 동전이 지니는 양면성이 아포리아(aporia)다. 아포리아는 어떤 사물이나 사건에 관하여 해결할 방법을 찾을 수 없는 난관, 모순 또는 역설을 의미한다. 아포리아의 문학적 의미는 텍스트의 언어적 일관성에 장애가 되는 모순, 또는 역설 사이의 간격을 말한다.

믿음의 역설이 아포리아다. 믿음의 본질은 절대적 폭력성을 가진 이데올로기가 아니다. 하나님의 섭리 안에서 죽음의 막다른 골목까지 이르는 필연적인 난관과 역설에서의 도약이다. 믿음은 하나님의 능력이자 선물인 것이다. 세상의 철학, 정치, 예술의 언어로 아포리아를 정확히 이해할 수 없다. 십자가의 사랑은 아포리아를 해결한다. 십자가를 아는 사람은 할 수 없는 상황에서도 용서하고, 사랑한다. 십자가와 부활의 믿음은 언젠가 맞이할 백보좌 심판대 앞에서도 담대할 수 있다. 성도는 인간의 능력으로 돌파할 수도, 실천할 수도 없는 아포리아를 가능케 하는 믿음을 가진다.

성경의 사랑의 개념을 살펴보자. 내가 좋아하는 사람만 사랑하면 진정한 사랑이 아니다. 하나님의 사랑은 자신을 미워하는 자, 용납할 수 없는 자, 원수까지 포함한다. 인간의 한계로 보면 성경의 사랑은 불가능한 일이다. 나의 자식을 살해한 자를 사랑할 수 있겠는가? 나를 모함하고 힘들게 하는 자, 나를 배신하고 버린 자를 사랑할 수 있겠는가? 내가 말로는 사랑을 외쳐도 내가 실천할 수 없는 사랑이 있다면, 그것은 참된 사랑인가? 원수를 사랑하는 것은 불가능하나 성도는 할 수 있다. 그리스도의 사랑은 인간의 완악함과 교활함 그리고 거짓됨마저도 용납하는 전적인 하나님의 은혜의 산물이다.

인간 중심적인 사고로는 아포리아의 양면성을 포괄적으로 이해할 기능이 없다. 합리적인 이성으로 성경의 중요한 단어들, 예를 들면 '믿음', '사랑' '소망'을 제대로 정의할 수 없는 것도 같은 이유다. 하나님의 성령은 성도의 영안을 열어 동전의 양면성을 동시에 간파할 수 있게 한다. 동전의 양면에 새겨진 문양과 각인이 다른 것과 같이, 이중적인 사랑은 인간을 위선적으로 만들 뿐이다. 동전의 양면성을 보고 하나의 동전이 아니라고 부인할 수 없듯이, 하나님의 사랑은 사랑할 수 없는 자를 사랑하는 그리스도의 십자가의 사랑이며, 동시에 나를 향한 구원의 사랑이다.

어려운 문제에 직면한 사람들은 누구를 막론하고 그 일이 빠르고 정확하게 해결되기를 원한다. 자신의 문제를 가져와 믿음의 선생이나 거장과의 상담을 통해 빠르고 실천 가능한 결론을 얻기를 원한다. 쉽고 빠른 답을 원하는 피담자들은 문제가 해결되지 않으면 하나님을 원망하기도 한다. 상담하는 것은 현명한 일이지만 상담을 함으로써 스스로 대처해야 할 자신의 책임을 회피하는 것은 문제다. 아무리 좋은 시도와 목적을 가져도 자신의 결정을 하나님께만 맡겨서 해결되는 일은 없다.

하나님은 다선지형 문제를 내고 "예."나 "아니요." 중에서 택일하라고 하지 않고 배후에서 섭리로 우리를 다스린다. 동전의 양면성을 한 번에 간파하여 이해하기 힘들듯이, 하나님의 뜻을 정확히 알 수 없는 상황을 만나게 된다. 동전의 앞면과 뒷면이 절대로 겹칠 수는 없으나 성도는 아포리아의 모순을 그리스도의 십자가 사건에서 해결한다. 자신의 실존과 하나님과의 관계가 십자가에서 완성된다.

글래스고 대학교(Glasgow University)의 도덕 철학 교수이자 스코틀랜드의 계몽주의 사상가였던 애덤 스미스(Adam Smith, 1723~1790년)는 미학적인 관점에서 칼뱅이 주창한 하나님의 섭리 교리를 이해했다. 애덤 스미스는 상인들이 사회의 이익을 고려하기 전에 자신의 이익을 추구한다는 사실을 간파했다. 동시에, 경제 행위를 하면서 개인적인 이기심으로 수단과 방법을 가리지 않고 타인의 이익과 사회 복지를 해치는 것도 알았다. 애덤 스미스는 상인들의 이전투구에도 배후에서 역사하는 하나님의 섭리가 경제 활동의 조화와 화합을 이룬다고 생각했다.

애덤 스미스는 하나님의 섭리적인 손이 가진 자의 이익 추구와 사회 공익 사이의 모순을 해소한다고 믿었다. 애덤 스미스의 '보이지 않는 손(invisible hand)'은 하나님의 즉각적인 간섭 없이 세상의 질서를 유지하는 하나님의 섭리다. 애덤 스미스는 인간의 일상적인 삶, 종교, 예술 및 경제를 포괄하는 하나님의 통치가 소비자의 욕구와 이익을 옹호한다고 보았다. 이로 말미암은 시장 경쟁과 노동 분업이 국가의 부를 창출하는 원동력이 되었다. 하나님의 섭리를 믿는 애덤 스미스의 경제 이론은 시장 경제를 움직이는 유명한 자본주의 이론의 기초가 되었다.

칼뱅주의자들은 하나님이 주권적 섭리로 그의 백성들을 다스리는 것을 확실히 믿었다. 시장의 이익 추구 행위와 열정은 하나님의 섭리인 '보이지 않는 손'에 의해 사회 전체의 이익과 조화를 이루게 되었다. 칼뱅 신학의 미학적 측면이 애덤 스미스의 현대 시장 이론에 지대한 영향을 미친 것이다.[12] 하나님은 세계의 모든 백성, 사회, 언어, 문화 등을 그의 통치의 수단과 보존의 대상으로 삼는다.[13] 하나님은 자신의 말씀을 통하여 세상에서 일어나는 모든 사건에 신실하고 정확하게 간섭하며 통치하고 보존한다.[14]

프랜시스 튜레틴(Francis Turretin, 1623~1687년)은 하나님의 섭리는 믿음을 세우고 확신을 더하는 데 유익하고 탁월하다고 했다. 하나님의 섭리는 악한 세상에서 험난한 파고의 시련을 이겨내고 하나님께 시선을 고정하는 경건한 자를 위한 닻이다.[15] 하나님은 그의 섭리로 세상의 모든 사건에 간여하고 피조 세계의 안전을 확보한다.[16] 세상에서 일어나는 어떠한 사건도 우연한 것은 없고 섭리에 의한 것이다. 섭리 아래에 있는 인간은 매사에 하나님을 전적으로 의지해야 하는 책임이 있다.

---

12 Mark C. Taylor, 『Confidence Games: Money and Markets in a World without Redemption』(Chicago and London: The University of Chicago Press, 2004), p. 4.

13 Davis, 'Inerrancy and Westminster Calvinism' in Conn, ed., 『Inerrancy and Hermeneutics』, p. 37.

14 Ibid., p. 39.

15 Francis Turretin, 『Institutes of Elenctic Theology』, ed. James T. Dennison Jr., and trans. George Musgrave Giger(Phillipsburg, New Jersey: Presbyterian & Reformed Publishing, 1992-4), I, v. I, 537.

16 ET, v. I, 537. ET는 Francis Turretin의 『Institutes of Elenctic Theology』의 약칭이다.

그렇다면, 아포리아의 상황에 봉착한 하나님의 섭리 아래의 한 인간으로서 질문이 생긴다. 인간이 하나님께 경건해야 할 임무를 항상 감당할 수 있을까? 죄로 인한 좌절은 어떻게 해결되는가? 죄인들의 눈물과 고통은 어떤 결과를 초래하는가? 경건해야 할 임무 완수에 실패한 자는 어떻게 되는가? 성경은 매사를 하나님의 섭리로 보지만, 인간의 끝없는 고난과 눈물은 무엇인가? 하나님의 섭리라는 미명하에 고난을 당연한 것으로 받아들이기는 너무나 가혹한 아포리아 상황이다.

형이상학의 강한 신학은 인간의 실존적인 문제를 등한시한다. 그러나 하나님의 섭리는 이 세상에서 고난받는 자들의 실존을 하나도 빠짐없이 살핀다. 경건한 성도는 하나님을 최우선의 가장 중요한 원인으로 삼고, 현세적 삶에서 유일하고 특별한 하나님의 섭리를 마음에 품으며 기다리는 자다.[17] 우리는 지금 삶에서 일어나는 일들과 장래에 발생할 일들을 예측하기 힘들 때가 많다. 하나님의 섭리는 인간을 미지의 모호하고 험한 길로 인도하며, 성화를 위한 더 많은 시간과 눈물을 요구한다.

하나님은 백성들의 앞길을 활짝 열어주거나 항상 좋은 일만 생기게 하지 않는다. 하나님은 모든 일에 즉각 응답하시지는 않지만, 친히 성도를 궁극적인 인생길로 인도한다. 욥기, 잠언서, 시편, 전도서 등을 보면, 성도의 고난에 따라오는 오묘하고 예측하기 힘든 하나님의 섭리와 뜻이 반복적으로 나타난다. 시편에 보면 시편 기자들이 흘린 고통의 눈물과 절규가 하나님의 존재를 부정하는 단계를 거쳐 결국은 하나님을 기뻐하고 찬양하는 내용으로 마무리된다.

---

17 ET, v. I, 537.

성령은 성도의 기도를 지혜로 인도한다. 우리가 처한 역경과 불확실한 상황에서 하나님의 섭리는 우리의 지혜와 분별력을 요구한다. 지혜와 분별력은 단숨에 얻을 수 있는 것이 아니라, 배양하는 데 많은 시간이 필요하다. 하나님의 말씀으로 사물과 사건을 분별하는 능력은 성경을 많이 안다고 해서 가질 수 있는 것이 아니다. 유일하고 특별한 하나님의 섭리로, 경건하지 못한 죄인들을 돌이켜서 결국 지혜와 분별의 삶을 살도록 인도한다. 하나님의 섭리는 인류의 믿음의 역사와 모든 피조 세계의 삶의 현장에서 인간의 지혜와 분별력을 사용한다.

믿음과 이성

　믿음(faith)과 이성(reason)의 담론에서 성도의 이성이 믿음보다 앞서 있으면 교회가 서야 할 영적인 기초가 무너진다. 믿음은 이성이 보지 못하는 세계를 보며, 삶의 참된 윤리를 가능케 한다. 성경을 이성의 영역에서 지식적으로 받아들였다 할지라도, 믿음으로 살지 않으면 인생의 진정한 해방과 자유를 맛보았다고 할 수 없다. 해 질 무렵 저녁 식사를 위해 집으로 돌아가던 귀갓길에서 길가에 앉아 석양을 즐기던 70~80대 나이의 스코틀랜드의 노인들과 같이 앉아서 대화할 시간이 있었다. 그들도 공부하러 온 얼굴 모양이 다른 사람에게 호기심이 있었다. 어디서 무슨 공부를 하러 왔냐고 물어보기에 신학 공부를 하고 있다고 했더니 옆에 앉아 보라고 했다. 이들은 일찍이 스코틀랜드 장로교 신앙으로 무장했던 분들이었다.

　제1차 세계대전 직후에 태어나 어릴 때부터 부모를 따라 교회에서 열심히 신앙생활을 한 사람들이었다. 창세기부터 계시록까지 성경의 내용을 잘 알고 있었고 칼뱅주의의 5대 강령도 외우고 있었다. 그런데 그들 중 다수가 지금은 교회를 다니지 않는 무신론자를 자처했다. 부모를 따라 교회에 다녔고 주일 학교에서 신앙 교육을 열심히 받았지만, 20세기 유럽의 세속화의 물결에 신앙이 떠내려간 것이다. 글래스고는 영국 교회가 핍박을 받던 때에 순교자를 배출한 경건한 도시였는데 세월이 지나면서 인간의 합리적 이성 앞에 무릎을 꿇은 것이다.

교회에서 열심히 봉사하신 권사님이 있었다. 스스로 믿음을 잘 지킨다고 생각하는 구역에서 제자 훈련을 하는 교사급 구역장이었다. 새벽마다 교회에서 기도했고 결혼 적령기인 외동아들의 배우자를 위해서 매일 기도를 했다. 어느 날 아들이 청년부에서 한 자매를 만났다는 소식을 들었다. 기도의 응답을 받았다고 기뻐하면서 그 자매에 대해서 알아보았다. 그 자매는 아들보다 나이도 많고, 공부도 마치지 않았고, 가정 배경도 별 볼 것이 없었고 가진 것도 없었다. 그 소식은 그녀에게 하늘이 쪼개지는 것 같았다. 마음이 시험에 들었다.

더 큰 시험이 된 것은 청년부 담당 목사가 그 둘과 한 신앙 상담에서 서로 진실로 사랑한다면 어떠한 어려움이 있어도 기도하면 하나님께서 응답할 것이라고 말한 것이었다. 한동안 권사님은 어떻게 청년부 목사를 쫓아낼까 생각하다 한순간, 교회에 불이 났으면 하는 생각까지 들었다고 한다. 이는 우리가 하나님께 온전히 드렸다고 고백했어도 실은 자신이 이해하고 있는 만큼만 드린 것이다. 아직 멀었다. 나의 전적인 헌신도 내가 이해한 만큼인 것이다.

믿는 자라 할지라도 염려와 걱정과 근심에 둘러싸여 평안을 잃어버릴 수 있다. 제2차 세계 대전 때 독일의 유대인 강제 수용소에는 두 부류의 사람들이 있었다. 한 부류는 과거지향적이고 다른 한 부류는 미래지향적인 사람들이었다. 이들 중, 과거의 행복을 그리워하고, 처한 현실에 불평과 원망을 했던 자들이 먼저 죽어 나갔다. 반면, 미래지향적인 사람들은 소망을 가졌다. 죽음을 눈앞에 둔 이들이 수용소에서 가졌던 소망은 살아나가서 큰 집에서 살고, 큰돈을 벌겠다는 차원이 아니었다.

점쟁이들도 미래를 내다본다. 지금은 어려워도 3년 후, 5년 후에는 좋은 일이 생길 것이니 지금 힘든 것을 운명으로 여기고 앞으로 3, 5년 동안은 죽은 사람처럼 살라고 처방까지 내어 준다. 점쟁이가 말하는 좋은 일들은 직장의 문제, 사업의 문제, 가정의 문제, 건강의 문제 등이 해결되는 것이다. 그러나 수용소의 미래지향적인 사람은 만약에 죽지 않고 살 수 있다면, 세상의 부나 명예, 권세보다 더 의미 있고 가치 있는 일을 하겠다는 간절한 소원을 가지고 있었다. 자신의 삶을 헌신하기로 맹세한 것이다. 통계적으로 미래지향적인 사람들이 수용소에서 끝까지 살아남을 수 있었다고 한다. 그들은 자신이 처한 일들이 단순한 고난과 고통이 아니라 미래의 자신과 연관이 있다는 믿음을 가지고 있었다.

노아는 하나님의 말씀을 따라 믿음으로 순종하여 방주를 만들 때 세상 사람들의 조롱거리가 되었다. 미국에서 증기 기선을 만들어 처음으로 뉴욕(New York) 맨해튼에서 허드슨(Hudson)강을 따라 상류인 올버니(Albany)까지 항해 시험을 하였다. 신기한 일이라 많은 사람이 강나루에 모여서 구경을 했는데 배는 거의 움직이지 않았다. 속도가 너무 느렸다. 사람들이 노로 배를 저어 훨씬 더 빠른 속도로 기선을 추월하면서 조롱했다. 느린 기선의 속도가 사람들의 비웃음거리가 된 것이다. 자동차가 맨 처음 발명되었을 때에도 자동차의 속도가 말보다 너무 느려 사람들의 조롱거리가 되었다.

에디슨(Thomas Edison, 1847~1931년)이 백열등을 발명하였을 때에도 백열등의 빛이 너무 어두워, 석유 등을 켜고 전기가 들어왔는지 확인해야 했다. 사람들은 쓸데없이 돈을 들여 백열등을 만들었다고 비난했다. 1903년에 라이트 형제(Wright brothers)가 만든 최초의 동력 비행기가 처음으로 비행했을 때, 12초 동안 36m만 날고 떨어지자 모두가 비웃었다. 하나님은 하늘은 새들이 날도록 창조했는데, 하나님을 거역하더니 결국 날지도 못하고 추락했다며, 앞으로는 절대로 하늘을 나는 일이 없을 것이라는 수많은 사람의 저주, 멸시와 조롱이 있었다.

미래지향적인 사람은 가만히 앉아 불안과 고통의 시간을 보내지 않고 미래의 가치를 바라본다. 성도에게 미래는 어제나 오늘이나 내일도 동일한 그리스도 안에 있다. 고로 성도에게는 두려움이 있을 수 없다. 출애굽기 17장에 이스라엘 백성들이 행군 중, 신광야를 떠나 르비딤에 도착하고 장막을 쳤다(출17:1~7)는 내용이 있다. 그런데 그들은 서로 다투고 하나님을 의심했다. 얼마나 심각했으면 그곳의 별명을 '맛사' 또는 '므리바'라 했겠는가? 맛사는 '다툰 곳' 그리고 '므리바'는 '하나님이 계신가, 아닌가를 의심한 곳'을 의미한다. 다툼은 자기주장의 의지(self-assertive will)로 상대방의 옳고 그름과 잘하고 잘못한 일 등을 지적하고 책임을 전가할 때 생긴다. 이스라엘 백성들의 다툼은 하나님의 살아 계심을 의심하는 단계까지 발전했다.

뙤약볕이 쏟아지는 광야에서 목이 말라도 마실 물이 없어 죽을 지경에 처했던 이스라엘 백성들은 서로 손가락질하며 다투다가 믿음에 회의가 들었고, 급기야 하나님의 말씀을 의심하면서 그 공동체가 붕괴하기 일보 직전까지 갔다. 이스라엘이 지금까지 행진해 온 길은 하나님이 명령한 길이었으나 현실적인 문제 앞에서 믿음의 줄을 놓아버리는 잘못을 저질렀다. 하나님의 섭리로 인도되는 여정이었음에도 목마르고 배가 고파지니, 이 지경에 처하게 만든 지도자에 대한 불평과 분노가 극에 달했다. 그곳이 하나님이 인도한 곳이라면 생수

가 없을 리가 없다. 하나님은 생수를 바위 밑에 가득히 예비했음에
도, 눈으로 볼 수 없었던 그들은 목마른 현실에 죽을 지경이었다.

이스라엘은 자신들이 처한 현실을 돌이켜보고 문제의 근원을 파
악해야 했다. 마실 물이 없음이 문제가 아니라 하나님을 전적으로
의지하는 믿음 없음이 문제였던 것이다. 그들은 자복하고 회개하지
못하고, 심각한 현실의 도전에 자포자기하고 그 자리에 마냥 주저앉
아 버렸다. 약속받은 백성들의 정체성이 흔들리니 그들의 믿음은 무
용지물이 되었다. 그들의 인생관이 하나님 중심으로 서 있지 못했기
때문이었다. 하나님을 믿는 성도라도, 인생의 목적을 하나님께 영광
으로 삼고 그리스도를 본받아 살지 못하면, 문제에 봉착하게 될 때
사람과 환경에 휘둘리게 된다.

하나님은 인간이 가진 고착되고 지나치게 일반화된 고정관념(ste-
reotype)을 변화시키는 능력이 있다. 고정관념은 특정 집단의 구성원
이라는 이유로 개인의 개성이나 능력을 특정 범주에 귀속시키는 관
념이다. 특히, 성, 인종, 민족, 직업군에 나타나는 사람의 사고와 행
동을 결정하는 잘 변화하지 않는 굳은 생각이다. 인간은 마음에 지
속해서 고착된 고정관념을 스스로 극복하기 힘들다. 인간은 고정관
념에 묶여 있으면 근원적인 문제를 직시할 수도, 해결할 수도 없다.
그러나 성령의 시간과 공간을 초월한 내적 증거로, 심령에 새겨지는
성경의 주관적 계시와 온 피조 세계에 대한 객관적 계시는 인간의
고정 관념을 변화시킨다. 하나님의 말씀은 인간의 고정관념을 깨는
능력이다.

하나님은 목마른 인간들이 물을 필요로 하는 것을 모를 리 없다.
당장 마실 물이 보이지 않았지만, 백성들에겐 하나님의 말씀이 명령
한 길이 있었다. 인생길이 힘드니 순종은 온데간데없고 심장 속에서

들끓는 분노가 폭발했다. 오늘의 고통 앞에 어제 받은 하나님의 은혜를 망각해 버렸다. 지난날 백성들이 홍해를 건널 때 하나님이 도우셨고 광야에서 배가 고플 때 하늘을 열고 만나를 주셨다. 어찌 된 일인지 마실 물이 없으면서도 하나님께 달라고 간구하지 않았다. 지난날의 풍성했던 하나님을 상고하며 우리를 인도했던 하나님께 지금 우리가 목이 마르니 물을 달라고 같이 기도하자고 해야 하지 않는가?

지금 당하는 고난의 의미를 한 번 생각해 보자는 사람도 없었다. 오늘 우리가 당하는 현실에는 분명히 하나님의 뜻이 있을 것이므로 우리를 다 같이 르비딤으로 인도한 하나님의 뜻이 무엇인지 한번 찾아보자는 사람도 없었다. 한없이 요동하고 다투며 하나님의 존재마저 부인하는 폭도로 돌변하고 만 것이다. 이런 생각을 해 본다. 만약 하나님이 이스라엘 백성을 광야로 돌리지 않고 애굽에서 바로 가나안으로 열흘 정도 만에 인도했다면 이들이 스스로 더럽고 치사하고 변덕스럽고 거짓되고 간사하다는 것을 알 수 없었을 것이다. 하나님의 섭리, 배후의 역사, 깊은 뜻, 정확한 교훈, 넓은 사랑, 전적인 은혜를 알 길이 없었을 것이다.

하나님이 예비한 생수의 자리인 르비딤에 도착했음에도 불구하고 이들은 식구들과 가축들이 목말라 죽어간다고 아우성쳤다. 이들은 하나님의 백성이라고 자부했으나 하나님 백성처럼 살지 못했다. 성도는 하나님은 충분한 생수를 준비하고 자신을 푸른 초장으로 인도하여 준다는 가치를 깨달은 사람이다. 불신앙의 심장을 버리고 전능하고 지혜롭고 무한히 은혜로운 하나님의 팔을 의지해야 한다. 광야의 모든 문제를 해결할 분은 실로 하나님 한 분밖에 없다.

백성들의 저주와 악담에도 모세는 위를 쳐다보고 부르짖으며 간구했다. "하나님, 저들이 나를 돌로 치려고 합니다. 내가 어떻게 해야 합니까?" 다윗은 오직 하나님만이 나의 반석, 구원, 산성이므로 크게 요동하지 않는다고 고백했다(시62:2). 성도는 하나님이 친히 기르고 양육하는 양이요, 백성이다. 하나님은 언제나 성도를 돌보며, 그 필요를 알아 결핍한 것을 채워 주는 분이다. 다윗이 "여호와는 나의 목자시니, 내가 부족함이 없으리로다(시23:1)."라며 하나님을 찬양했는데, 이것은 그의 인생의 지혜였다.

독일의 수도사 토마스 아 켐피스(Thomas à Kempis, 1380~1471년)는 오랫동안 하나님께 기도했다. 하늘에서 "내가 무엇으로 응답할까?"라는 음성이 들려왔다. 대다수의 사람처럼 사업의 번영, 자녀의 성공, 건강, 집, 좋은 배우자, 직장에서의 승진 등을 요구한 것이 아니라 아 켐피스는 "주님, 나는 그리스도 외에 더 바라는 것이 없나이다."라고 고백했다. 그리스도인의 정체성이다. 성도는 세상의 어떠한 도전이 있다 할지라도 그리스도를 바라보는 믿음으로 이겨낸다. 성도의 믿음의 대상은 십자가에 죽고 부활한 예수 그리스도이다.

반석을 쳐서 어떻게 물이 나오겠는가? 믿을 수 없는 비상식적인 말이다. 땅을 파서 지하수를 찾으라면 당장 웃통을 벗고 삽을 들겠으나, 돌을 때려 물을 얻는다는 것은 있을 수 없다. 전지전능한 하나님은 "모세를 대신하여 서겠다(I shall stand there before you)."라고 말했다(출17:6). 하나님의 말씀을 믿는 믿음이 하나님의 선물이라면, 그 믿음은 무엇보다도 강하고 지속적이어야 한다. 키르케고르는 『두려움과 떨림(Fear and Trembling)』에서 이삭을 바친 아브라함의 믿음을 신앙의 도약(leap of faith)으로 설명한다. 믿음은 인간의 이성과 감성적 경험보다 더 강하고 지속적인 차원이므로, 이성과 경험의 발판에서 기필코 발을 떼어 도약함으로써 얻을 수 있다. 믿음은 인간이 가진 어떠한 가치보다 위대하다.

오랫동안 미전향 장기수로 감옥살이하다 북송된 이인모라는 노인이 있다. 1917년생으로 전 인민군 종군기자, 지리산 빨치산으로 활동했으며 1952년에 체포되어 총 34년 동안 옥고를 치른 후 1993년에 비전향 장기수로 최초로 김영삼 정부로부터 북송된 사람이다. 그는 북한에 돌아가 신념과 의지의 화신으로 불리며 영웅 칭호를 받고 살다 2007년 6월 16일에 죽었다. 이 노인이 자신의 사상 전향을 포기하면서까지 장기수로 감옥살이를 한 것은 그의 공산주의 이념에 대한 초지 일관적인 믿음 때문이었다. 키르케고르의 '믿음의 도약'은 적어도 하나님을 믿는 믿음은 세상의 이념을 믿는 차원과는 다르다는 것이다. 이 세상에 믿는다고 자부하는 자는 많지만 참된 믿음을 가진 자가 있으면 나와 보라는 도전이다. 성도의 믿음의 대상은 하나님이므로 이인모 노인이 가진 이념보다 더 강하며 변함이 없어야 한다.

인간의 합리적 이성보다 믿음은 우위에 있다. 이슬람(Islam)의 지하드(holy war)는 칼로 시작하였다. 그러나 예수는 칼을 거부했고 제자들도 자신의 이름으로 칼을 사용하는 것을 금했다. 칼을 접었다고 능력까지 접은 것은 아니다. 그리스도의 복음은 만물을 새롭게 하는 하나님의 진리이며 능력의 근원이다. 진리를 믿는 믿음이 성도의 능력이 된다. 진리가 없으면 자유도 없다. 나치 독일이 행한 대학살과 소련의 스탈린(Iosif Stalin, 1879~1953년)의 숙청은 믿음을 거부한 인본주의의 잣대가 인류에게 얼마나 무서운 결과를 초래하는가를 보여주었다. 공산주의의 종주국이었던 소련의 붕괴는 하나님을 무시한 인본주의적 이념의 총체적인 몰락이었다.

모세는 말씀을 따라 반석을 쳤다. 곧 물이 쏟아져 나왔다. 하나님이 모세를 대신하여 쳤다고 했으나 실은 완악한 인간의 구원을 위해

막대기를 들고 친히 자신의 독생자를 친 것이다. 독생자는 반석이신 예수 그리스도다. 예수만이 나의 반석이시기에 이제는 요동하는 일이 없어졌다. 이 일을 이사야 선지자는 "그가 채찍에 맞음으로 우리가 나음을 입었다(사53:4~5)."라고 하였다. 공의의 하나님은 백성들의 더럽고 치사하고 변덕스럽고 거짓되고 고집스럽고, 간사한 것을 보고 반석을 친 것이다. 지팡이로 친 반석에서 갈증을 해결할 생수가 은혜의 강을 이루었다.

하나님이 함께하심을 의심하고 원망하고 반항하던 사람들의 절대적 절망이 절대적 희망으로 변화했다. 하나님이 반석 대신에 우리를 쳤다면 우리는 그 자리에서 비명도 못 내고 뻗어버렸을 것이다. 그러나 하나님은 자신의 심장을 찢듯이 반석을 쳤다. 반석이 깨어져 흘러나온 생수가 이스라엘을 살렸으나 물을 얻기 위해 이스라엘이 한 일은 아무것도 없었다. 하나님은 자신의 몸을 찢고 인간의 죄와 허물을 친히 맡으시고 저주와 심판을 대신 담당했다. 창으로 찔린 옆구리에서 흘러나온 붉은 피는 성도의 믿음의 근거가 되었다.

날 때부터 소경인 사람이 있었다. 예수가 소경의 눈에 침을 진흙에 이겨 발라주었고, 소경은 실로암못에 가서 씻은 후 치유함을 받은 것을 알게 되었다. 소경은 난생처음으로 세상을 보게 되자, "한 가지 아는 것은 내가 소경으로 있다가 지금 보는 그것이니라(요9:25)."라고 고백했다. 하나님을 알려면 단 하나라도 제대로 알아야 한다. 날 때부터 소경인 사람을 하루아침에 눈뜨게 할 약이나 어떤 특별한 효험이 있는 방법은 없다. 이스라엘 백성은 출애굽 후 열흘 정도면 갈 수 있는 길을 40년이나 걸려 도착했다. 이스라엘 백성에게 가나안 땅보다 더 우선적으로 필요했던 것은 어떠한 처지에서도 하나님을 예배하는 삶의 자세였다.

나는 지금까지 살아온 인생의 여정에서, 삶의 본질적인 문제를 파악하고, 그 문제의 뿌리를 뽑아내지 못하고 살아온 것을 회개한다. 그저 빨리 갈 수 있는 지름길이 어디에 있는지 찾아서 헤매었고, 당장 손에 쥘 수 있는 해결책을 원하며 살아온 모습이 주마등처럼 눈앞에 스쳐 간다. 나는 빨리 목적지에 도착하고 싶었으나 하나님은 더 단단하고 안정적이며 지속적인 믿음을 가진 인간이 되는 것을 원했던 것이다.

지금도 늦지 않다. 지금이 나의 정체성을 다지고 인생관을 점검할 때이다. 믿음으로 사는 삶에 대한 가치관을 상실하면 서로 다투다가 하나님을 의심하게 된다. 결국, 환경과 사람으로 말미암아 스스로 제어하지 못하는 자폭의 지경에 이르는 것이다. 욥도 결국 자기의 인생에 대한 하나님의 주권과 섭리를 깨달은 후에야 안정을 되찾았다. 나에게도 마찬가지로 적용되어야 할 부분이다. 자신의 상태를 점검해 보자.

지금은 다툴 때가 아니고 시간을 낭비할 때가 아니라 신앙의 원칙으로 돌아가야 할 때이다. 십자가 때문에 우리는 구원의 생명을 누리며 산다. 원망과 다툼과 불신이 있는가? 인생의 발걸음을 한 발자국도 더 내디딜 수 없을 만한 좌절을 만났는가? 반석을 치신 하나님을 바라보자. 독생자를 십자가에 내어준 하나님의 사랑과 은혜의 생수를 마음껏 마셔 보자. 심지어 지난날의 불신앙으로 오는 고초나 역경이라 할지라도, 십자가에서 흘린 그리스도의 보혈은 우리로 하여금 넉넉히 이겨내게 한다.

호렙산의 십자가가 성도의 정체성을 결정한다. 십자가는 우리로 하여금 원망과 한숨을 멈추고 찬송과 기도의 삶으로 인도한다. 바울은 빌립보 교인들에게 "너희 속에 착한 일을 시작하신 이가 그리스도 예수의 날까지 이루실 줄을 우리가 확신하노라."라고 말하며 격려했다(빌1:6). 내가 변해야 세상이 변화한다. 그리스도가 아닌 세상의 어떠한 방법으로도 참된 변화를 만들어낼 수 없다. 나의 정체성을 그리스도 안에서 확보할 때, 내가 왜, 어떻게 사는가를 깨닫고, 나의 인생은 새로워진다. 하나님과 사람에 대하여 정직, 겸손, 책임, 지혜를 새롭게 하는 인생이 되기를 원한다.

제2장

세계관

세계관은 안경이나 콘택트렌즈와 같이 평상시에는 전혀 느끼지 못하다가 위기의 상태나 깊은 고민에 빠져있을 때 확연하게 인식된다. 몇 년 전 리비아의 한 바닷가에서 21명의 이집트 기독교도(Coptic Church)를 참수, 살해하는 영상이 공개되었다. 영상의 제목은 '십자가 국가(서방 국가)들에 보내는 피로 새긴 메시지'였다. 미국의 도널드 럼즈펠드(Donald Rumsfeld) 전 국방부 장관은 과거에도 이러한 일은 있었지만, 전 서방 세계를 향하여 기독교와 서구 문명에 대해 노골적으로 도전하는 것은 전례가 없는 일이라 지적했다. 우리는 종교와 문명이 충돌하는 위기의 시대에 살고 있다.

　이슬람 테러 집단은 집요하게 서방 문명에 도전했다. 이슬람 과격파들은 세계 각국에 있는 약 16억 명의 무슬림 인구 중에서 0.1%만 IS(테러 집단)를 지지해도 세상을 혼돈 속에 빠뜨릴 수 있다고 생각했다. 우리는 뉴욕, 워싱턴, 펜실베이니아 등지에서 수천 명 이상의 사상자가 발생한 2001년 9월 11일의 테러를 기억한다. 세계에서 가장 안전하다고 생각했던 미국의 심장부에서 여러 대의 여객기가 납치되었다. 미국의 경제적, 군사적 힘의 상징인 세계무역센터(WTC)의 쌍

둥이 빌딩이 흔적도 없이 무너졌으며 워싱턴의 국방부 청사(Penta-gon)의 일부가 파괴되었다. 끊임없는 무력과 경제 전쟁, 문화와 가치관, 종교와 사회 체제 간의 갈등은 집단의 세계관의 차이에서 온다.

인간은 독불장군처럼 독자적인 개체로만 살아갈 수 없다. 인간은 개별성을 지나나 보편적인 인류의 일원이며 구성원이다. 인간은 주변의 세상과 연관되어 있으며, 누구나 가족, 학교, 교회, 사회 국가에 소속된 구성원으로서 다양한 사람들과 관계를 맺고 산다. 현대 사회는 일방적이며 주종적인 관계에서 벗어나서 상호 호혜의 배타적이지 않은 사회를 지향하지 못하고 각처에서 반목과 다툼이 일어나고 있다. 유럽 연합(EU)에서 일어나는 반유대주의, 반이민주의, 신나치주의는 유럽 사회의 연합과 안정을 해치는 심각한 장애물로 등장했다.

지구촌은 종교적으로는 기독교와 이슬람, 이념적으로는 사회주의와 자본주의, 철학적으로는 모더니즘과 포스트모더니즘, 과학적으로는 창조와 진화, 정치적으로는 자유와 테러리즘, 문화적으로는 문화의 품위와 저속함, 의학적으로는 생존권과 사망권 등의 충돌로 끊임없는 갈등 속에서 살아가고 있다. 한반도는 열강의 패권 경쟁 가운데 사드(THAAD)를 둘러싼 군사적, 외교적 갈등, 미·중 간 경제 전쟁, 남북, 미·북 정상회담이 이어지는 전례 없는 격동기에 접어들었다. 서양 대 동양, 자유민주주의 대 사회주의, 대륙 세력 대 해양 세력이 대립하는 문명의 충돌과 각축의 현장에서 세계를 바라보고 해석할 수 있는 참된 세계관이 절실히 요청된다.

국가와 문명의 서로 다름에 의한 충돌 가운데서 인류가 가지는 공통점은 인간은 바로 하나님의 형상이라는 것이다. 하나님의 형상을 기반으로 하는 기독교의 세계관은 세상적 세계관의 세상과 사물을 보는 관점과 확연한 차이가 있다.[18] 세상의 세계관에 의한 삼단 논법은 '첫째, 모든 사람은 누구나 빠짐없이 언젠가는 죽는 존재이다. 둘째, 나는 인간이다. 셋째, 고로 나는 죽는다'이다. 기독교 세계관에 의한 삼단 논법은 '첫째, 그리스도는 온전한 하나님이며 인간이다. 둘째, 하나님은 죽는 존재가 아니다. 셋째, 고로 죽을 수밖에 없는 내가 그리스도를 통해 영원한 생명을 가진다'이다. 바울이 언급한 것처럼 아덴 사람들에게는 바보같이 들릴지는 몰라도 성도들에게는 하나님의 능력이며 지혜인 그리스도가 인생의 목적이 된다.

---

18 J. Mark Bertrand, 『(Re)Thinking Wroldview: Learning to Think, Live, Speak in This World』(Wheaton, IL: Crossway Books, 2007), p. 106.

세계관의 특성

어떤 영역의 집단 구성원들이 가지고 있는 세상을 바라보는 독특한 안목이 세계관이다. 좀 더 구체적으로 정의하자면, 세계관은 개개인의 독특한 세계를 보는 관점이며 영향력, 경험, 환경, 통찰들이 서로 연결된 세계와 인간에 대한 일련의 관찰 또는 해석 방법이다. 지식의 대상이 아니라 삶의 여러 가지 정황에 반응하고 상황을 이해하는 것들의 집합체로써, 세계관은 유일한 방법을 가지고 있을 수 없다. 일반적으로 모든 인간은 성장 배경, 사회에서의 계급, 사상 등 서로 다른 배경을 가지며, 의식하든, 아니든 환경과 상황에 치우쳐 있어 누구를 막론하고 중립적 관찰자가 될 수 없다. 인간의 관찰이 왜곡된 증거는 수없이 많다. 페미니스트나 흑인과 같은 소수 인종 집단은 사회의 불공정한 관점으로 잘 못 대우받는 점을 해소하는 과정에서 자기 그룹에 대한 편견을 보편적인 것처럼 주장한다.

성경의 소경과 눈뜬 자의 비유에서 보듯이, 신앙을 가진 자와 없는 자의 세계관은 본질적으로 다르다. 인본주의자들은 세상을 인간 중심적인 안목으로 보며 유물론자들은 세상을 생명이 없는 물질로 보나, 성도는 하나님의 눈을 기준으로 자신과 세상을 본다. 하나님의 사람은 시대를 말씀에 비추어 분별하고, 세상의 도전에 파수꾼의 사명으로 감당한다. 말씀과 기도로 무장하며, 자신의 가정, 사회, 국가, 민족 그리고 교회를 지키고, 하나님의 임재와 부흥이 일어나는 것을 갈망하는 자가 파수꾼이다.

구약의 하박국 시대는 영적 암흑기였다. 그 시대 사람들의 최대 관심사는 낚시로, 그물로, 초망으로 물고기를 많이 잡아 부유해지는 것이었다. 백성들은 돈 버는 것에 혈안이 되어 하나님 대신 그물에 제사하고 초망에 분향하며 물질의 풍부함과 풍성함을 기원했다. 하박국은 영적으로 타락한 시대에 파수꾼을 자처하고 성에 나아와 성을 지켰다. 그때 하나님은 하박국에게 "이 묵시는 정한 때가 있나니 그 종말이 속히 이르겠고 결코 거짓되지 아니하리라. 비록 더딜지라도 기다리라 지체되지 않고 반드시 응하리라(합2:3)."라고 말했다.

하박국은 이 말을 듣고 하나님께 "여호와여. 내가 주께 대한 소문을 듣고 놀랐나이다. 여호와여 주는 주의 일을 이 수년 내에 부흥하게 하옵소서. 이 수년 내에 나타내시옵소서. 진노 중에라도 긍휼을 잊지 마옵소서(합3:2)."라며 간청하였다. 하나님을 두려워하지 않고 경배도 하지 않는 물질 숭배의 타락한 시대에, 하박국은 하나님이 나타나기를 간청했고 하나님은 정녕 응답을 주셨다. 하박국은 인간의 삶은 정한 때가 있으니 영원한 하나님 말씀의 청지기를 자처하였다.

성도의 세계관은 성경이라는 틀에 근거하며 성경의 기준을 따르고 믿는 개인의 일상적인 삶과 실제적 경험에서 얻는다. 성도는 세계관으로 자신이 알고 있는 교리적인 우수성을 주장하지 않는다. 삶의 현장에서 실천적으로 자신의 세계관을 증명해야 한다. 누구라도 자신이 선한지, 악한지, 또는 구원받은 자로서 종말 때까지 변함없이 일관성 있게 살 것인지, 아닌지를 실험실에서 증명하는 것처럼 단언할 수 없다.

기독교의 세계관은 일목요연한 신학과 달리 유연성이 있어야 한다. 세계관은 지식이 아니라 삶의 문제이므로, 성도는 성경의 원칙을 지키면서 유연성을 가지고 새롭게 접하는 여러 상황에 적용성을 가져야 한다. 제이 버트런드(J. Mark Bertrand)는 바른 세계관인지, 아닌지를 알기 위하여 세계관이 다음과 같은 상응성, 일관성, 생산성을 가졌는지를 테스트해 봐야 한다고 했다.[19]

첫째, 상응성(correspondence)이다. 기독교 세계관은 지식 습득을 목적으로 하지 않고 실제의 삶과의 구체적인 상응성이 있어야 한다. 성경의 진리를 일관성 있게 매사에 적용하며 살기 쉽지 않으며 믿음의 공동체 안에서도 관점과 실천 방법이 다를 수 있다. 세계관은 '진리가 무엇인가(What is truth)?'에 대한 답이 아니고 '진리를 어떻게 아는가(how to know truth)?'의 답을 찾는 것이다. 그러므로 세계관은 이것이 무엇이라고 정의하는 지식의 대상이 아니라 개인의 목적과 취향에 따른 진리에 대한 상응성을 가진다.

동일한 성경 구절이라 해도 다양한 시간과 공간, 그리고 사람에 따라 적용점이 달라진다. 내재적인 결함을 지닌 불완전한 인간이 성경을 닫힌 시스템으로 보는 세계관을 가지면 자기에게 갇혀버린다. 닫힌 세계관은 실제의 삶에 적용될 수 없는 하나의 이론일 뿐이다. 세계관은 실제를 해석하는 것처럼 관찰자의 기준도 실제와 상호 연관되어 있다. 세계관은 성경을 실제적 삶에 상응하는 열린 시스템으로 봐야 한다.

---

19 Ibid., p. 201. 제이 버트런드의 상응성, 일관성, 생산성을 요약한다.

둘째, 일관성(coherence)이다. 인간은 타인과 사물을 일관성 있게 볼 수 있는 능력이 없다. 사람과 사물이 서로 모순되고 일관성이 없으면 믿을 수 없다. 불완전한 세계관은 마치 소경이 실제를 볼 수 없는 것 같이, 세상과 인간의 실제적인 문제를 파악할 수 없다. 그러나 성경이 모든 문제에 즉각적인 답을 하지는 않지만, 성도는 성령의 도움으로 심령의 평강을 일관성 있게 누릴 수 있다.

성령을 쫓아서 사는 사람은 성경을 묵상하며, 그 가르침에 순종하며 살기 때문에 사건과 사물을 보는 관점에 일관성을 가진다. 성령의 사람은 먹고 마시는 일, 사람을 대하는 일, 직장과 사업 등 삶의 현장에서 하나님의 영광을 찾는다. 성도는 하나님의 뜻이 하늘에서 이루어진 것과 같이 땅에서도 이루어지기를 고대하며 산다. 이러한 관점에서 성도는 하나님께 영광되게 살겠다는 일관성 있는 세계관을 가진다.

셋째, 생산성(productivity)이다. 바른 세계관은 바른 결과를 생산한다. 바람직한 세계관은 실용적이거나 철학적인 방법보다 실제적인 인생의 문제와 딜레마를 해결하는 영적인 변화를 이룬다. 디 엘 무디는 가난한 농부의 아들로 태어나 주일 학교 때 복음으로 변화되었다. 무디는 성령으로 변화된 세계관으로 무장하여 수많은 영혼을 구원한 하나님의 증인이었으며 위대한 전도자의 삶을 살았다. 무디는 변화되고 구원의 은혜를 체험한 후 하루에 한 사람 이상 복음을 전하기로 결심하고 이를 실천했다. 무례하게 보이고 무지한 열심을 가진 자로 보일 수도 있지만, 예수 전도에 온몸을 바친 사람이었다.

무디의 위대한 사역을 본 알 에이 토리(R. A. Torray) 박사는 하나님이 무디를 사용한 7가지 이유를 다음과 같이 말했다. 무디는 ① 절대 순종의 사람, ② 기도의 사람, ③ 성경을 연구하는 사람, ④ 겸손의 사람, ⑤ 돈에 욕심이 없는 사람, ⑥ 구원 열정에 불타는 사람, ⑦ 성령 충만한 능력의 사람이었다는 것이다. 무디는 하나님께 사로잡힌 전인격적인 전도자였다. 바른 세계관을 가진 사람은 반드시 영혼의 변화를 일으키는 열매를 생산한다.

세계관의 기능

버트런드는 세계관은 바다에서 배가 항해할 때 필요한 항해도 (Navigational Chart)와 같은 역할을 한다고 했다.[20] 항해사는 항해도 를 보고 방향을 설정하고 목적지를 찾아간다. 그러나 항해도에 오차 가 없는 것은 아니다. 고대 지도와 현대 지도를 놓고 비교해 보면, 지 도의 전체 윤곽은 비슷하지만, 현대 지도의 해안선은 상당히 세밀하 다. 고대 지도들이 시행착오를 거치면서 현대의 지도로 변모된 것이 다. 항해사가 가진 지도가 완벽하지 않아도 그 지도를 믿고 운항하 듯이, 세계관도 지도처럼 완벽한 것은 아니나 인생의 걸어갈 길을 인 도하는 기능을 한다.

세계관은 믿을 수 있어야 한다. 그러나 무조건 믿는 것은 아니다. 손에 쥔 지도가 최신의 것이라 해도 새로운 땅이 발견되면 지도는 수정되기 마련이다. 인간이 가진 세계관에 오차가 있어도 하나님이 오차를 교정하기 때문에 기독교 세계관은 믿을 수 있다. 고대 항해 도는 지금은 완벽하지 않지만, 그 당시에는 너무나 소중했다. 크리스

---

20 Ibid., p. 31.

토퍼 콜럼버스(Christopher Columbus, 1451~1506년)는 신대륙을 찾아 나설 때 지도라는 것도 없이 막연히 금과 향료의 나라로 여겨졌던 '동양'이라는 곳으로 향했다. 콜럼버스는 수많은 시행착오를 거치면서 항해하여 신대륙으로 가는 길을 여는 데 성공했다.

우리의 믿음도 오차와 시행착오를 통해서 성장한다. 믿음은 비록 완벽하지 않아도 자라난다. 방금 구원을 얻은 사람은 완벽한 믿음을 갖추지는 못했어도 시간이 갈수록 그리스도를 향한 믿음이 깊어진다는 말이다. 미지의 세계에 처음 발걸음을 디뎠지만, 점차 순종과 의존의 길로 들어서는 것과 같다. 세계관은 인생에서 승리하는 방정식을 제시하는 완벽한 것이 아니라, 수정이 필요한 항해도의 기능을 한다. 실제로 남극 대륙(Antarctica)과 그린란드(Greenland)의 땅이 펼쳐진 지도에서 실제보다 더 크게 보이는 것처럼, 항해도를 실제와 하나도 오차 없이 그릴 수는 없다.

신학은 인간 이성을 계시된 진리의 수단으로 보고 신학 전체를 체계적으로 논술하는 의무를 지니지만, 세계관은 실용성을 지닌다. 목적지의 크기와 방향이 실제와 다르면 때때로 뱃길을 가다가 항해도를 수정해야 하듯이, 세계관도 조금씩 수정이 필요하다. 독일의 자동차 회사들은 신차를 출고할 때 수 년 동안 시행착오와 심사숙고를 거친 후 완벽하다는 판단이 나올 때 시장에 내어놓지만, 영국의 자동차는 신차를 먼저 출고하고 실용성을 테스트하면서 완벽한 모델로 진화한다고 한다.

완벽한 시스템은 완벽한 결과를 요구하나 세계관은 시행착오를 거쳐 완성되어 가는 실용성이 있다. 항해도가 정확하지 않다는 것을 알았음에도 불구하고 마냥 따라가면 심각한 문제가 생긴다. 마찬가지로 세계관은 정확할 수 없으며, 수시로 교정해야 할 대상이다. 경험과 지식의 한계로 말미암아 지도를 교정하듯이, 하나님의 초월적 기준으로 세계관을 수정해야 한다.

참된 믿음을 가지고 있음에도 불구하고 때때로 환경과 상황을 보는 관점에 왜곡이 생길 수 있다. 필요할 때는 하나님의 말씀에 근거하여 과감하게 자신의 관점을 수정해야 할 때가 있는 것이다. 나 스스로 가지는 주관적인 한계가 있다는 것을 인정하면, 항상 하나님의 기준인 성경에서 답을 찾게 된다. 성경은 믿는 자나 믿지 아니하는 자들에게 제시된 유익한 하나님의 말씀이다. 세계관은 성경을 삶에 민감하게 적용하여 현세의 다양한 사건과 사고를 분별케 하는 기능을 가진다.

성경의 세계관

2018년 6월, 50대 남성이 친구의 딸인 10대 소녀를 유린한 후 살해하고 자살한 사건이 있었다. 남의 나라 이야기가 아니라 무자비한 인간성을 적나라하게 보여 주는 한국의 현실이다. 한 인간의 본능적이고 물질 중심적인 욕구가 타인의 생명을 송두리째 앗아간 이기주의의 산물이다. 자신이 누구며, 어디에서 왔다가 어디로 가는지, 왜 사는지도 모르는 인간이 동물보다 더 충동적이며 잔인하고 난잡해질 수 있다는 것을 보여 준 사건이다. 시체를 숨기고 남의 눈을 감쪽같이 속이면 아무 일이 없었던 것인가? 아무도 보지 않았으면 없었던 일로 생각하는 사람은 누구인가? 자신을 위장하며 사는 것을 인생의 탁월한 기술로 여기는 존재는 어떤 부류의 인간인가?

기독교 세계관은 설득이나 논리의 훈련이 아니라 무엇보다 먼저 성경에 굴복하는 것이다. 편협한 이기주의는 자신만을 주장하다가 비굴 아니면 교만의 인생으로 빠지게 되고 결국, 삶의 의욕을 상실하고 고독에 갇혀버린다. 인생에 대한 진지한 질문이 있다면, 무엇보다 성경을 통해서 인생의 실제적인 목적과 가치를 찾아야 한다. 성경의 하나님은 전지전능하시다. 인간은 자신의 한계를 인정하고 하나님을 의지하게 될 때, 주변의 사건과 사물의 되어짐을 이해하게 되며, 믿음으로 말미암아 역설적인 인생을 해결할 수 있다.

일부 자유주의 신학자들은 신학의 범용성을 이유로 기존 조직 신학의 체계를 무너뜨리는 작업을 하며 진리의 핵심을 심각하게 왜곡시키는 세계관을 양산했다. 그러나 기독교 세계관은 성경적인 체계에서 출발하기에 조직적인 구성이 필수다. 성경의 세계관은 하나님이 우주를 만들었고, 질서를 유지하며, 인간은 믿음을 가지고 하나님을 두렵고 떨림으로 예배하는 것으로 요약된다.

전통적인 신학자들은 어거스틴의 창조, 타락, 은혜, 영광의 4가지 단계의 구속사(redemptive history)를 따라 기독교 세계관을 설명했다.[21] 그리스도를 통한 백성의 구원과 대속의 역사가 구속사이다. 구약의 약속, 모형, 제사에 구속의 뿌리를 두고, 예수 그리스도의 삶과 죽음 및 부활로 구속이 완성되며, 장차 다가올 미래의 새 하늘과 새 땅에서 구속받은 자들이 영광의 정점에 이르게 된다. 성경은 모든 피조 세계에 적용되는 실제적이며 객관적인 진리다. 성경이 객관적인 것은 성령이 하나님의 말씀을 우리의 상황에 적용하기 때문이다.

세상의 진보적인 관점은 사회 구조의 재편 또는 혁명 등에 의해 악을 순식간에 제거하고 도덕 사회의 재건을 제시하나 성경은 그리스도가 구속의 중심이다. 그리스도의 구원 방식은 세상과 다르다. 성경의 구원은 외형적인 구조보다 먼저 인간의 내면적인 혁신을 초래한다. 그리스도의 구원은 인간의 본성을 혁신적으로 변화시키며, 변화된 인간은 성령의 내적 조명을 받아 성경을 자신의 세계관의 보편적

---

21   Philip Graham Ryken, 『What is the Christian Worldview?』(Philipsburg, NJ: P&R Publishing, 2006), p.16.

기초로 삼는다. 구원받은 인생은 행동이 그리스도를 닮는 성화된 인격을 가진다. 성경에는 다음의 5가지 주요한 역사관이 있다. 성경의 역사관을 보는 이유는 성경의 실제적 삶과의 상응성을 살펴보기 위함이다.

첫째, 인류의 역사는 우연이나 필연의 산물이 아니라 하나님의 창조의 열매이다. 세상의 역사가들은 인간의 경험과 판단에 기초한 사관을 따르나 성경의 역사관은 하나님의 창조로 시작된다. 성경은 하나님이 온 우주를 만들고 주권으로 통치하는 포괄적이고 우주적인 역사관을 제시한다. 찰스 핫지는 하나님의 창조에 '협력'이 있으면 안되며 있을 수도 없다고 단언했다. 유신론을 지지하는 핫지는 창조와 보존을 확실히 구분했다. 핫지는 창조를 '존재하지 않는 것을 존재케 하는 부름'으로, 보존을 '계속되는 것, 또는 이미 존재하는 것을 지속하는 것'으로 정의했다.[22]

창조는 무에서 유를 만드는 것이고 보존은 이미 존재하는 것을 유지하는 의미를 가진다. 핫지는 하나님의 섭리는 모든 피조물과 그의 행동을 포함하는 보편적이며, 강력하고, 지혜롭고, 거룩하다고 했다.[23] 하나님의 섭리적 통치를 설계(design)와 통제(control)의 개념으로 정의하고, 섭리적 보존은 하나님의 모든 속성과 힘, 또는 하나님의 뜻에 피조물의 계속적인 의존이라고 했다.[24] 하나님의 섭리는 반드시 하나님에 대한 성경에서 유추되어야 한다.

---

22 ST, I, 578. ST는 Charles Hodge의 『Systematic Theology』의 약칭이다. Charles Hodge. 『Systematic Theology』 3 Vols. New York: Charles Scribner's Son's 1872 1873; Reprinted ed., Grand Rapids: Eerdmans Publishing Co., 1972.
23 ST, I, 582.
24 ST, I, 581.

17세기 중엽부터 18세기 중엽에 걸친 영국의 합리주의 운동에서 이신론 사상이 등장했다. 이신론은 우주의 창조자이자 통치자인 하나님의 존재를 인정하고, 예배, 도덕적 생활, 회개의 필요성, 사후 영혼에 대한 하나님의 보상과 형벌을 믿는다. 그러나 이신론은 창조주인 하나님은 인정하지만, 하나님의 역사 개입을 부정하며 현세와 무관한 하나님을 주장한다. 이신론은 언제 어디서나 역사 속에서 역동적으로 존재하는 하나님을 사랑하고 신뢰하고 또는 경외하는 모든 인간의 본능적인 종교적 신념을 부인하는 것이다.

이신론은 인격적인 섭리의 하나님을 인정하지만, 삼위일체, 성육신, 성경의 신적 권위, 속죄, 이적 등 초자연적 사역을 부인했다. 이신론이 하나님의 지속적 개입을 부정하고 처음에 한 번 정한 법칙에 따라 매사가 결정된다고 본 반면에 핫지는 이신론과 달리 하나님의 역사에 대한 개입을 인정하며 창조와 보존을 구별했다.[25] 핫지는 성경은 하나님의 본질, 지식 및 능력이 도처에 존재한다는 것을 가르친다고 말하며 이신론은 성경에 반하는 것이라 평가하고 거부했다.

보존에서 창조주 하나님의 역할은 제1원인(first cause)과 제2원인(second cause)의 동시 발생이다.[26] 핫지의 보존 교리에서 제1원인과 제2원인을 구분하는 일은 인간의 죄의 근원을 하나님께 돌릴 수 없게 한다. 즉, 핫지는 하나님께 인간의 죄의 책임을 돌리거나 아예 죄의 개념을 온전히 제거하는 지속적 창조를 비판했다.[27] 핫지는 외부 세계의 실체에 대한 하나님의 효율성과 제2원인의 효율성을 구별하

---

25 ST, I, 576.
26 ST, I, 578.
27 ST, I, 606.

며 창조주 하나님의 전지전능함을 설명했다. 이 둘을 분명하게 구분하지 않으면 하나님께 죄의 책임을 돌리는 우를 범하게 되고, 이상주의나 자연과 신을 구분하지 않는 범신론에 빠지게 된다.[28]

범신론은 일반적으로 신과 세계 사이에 질적인 대립을 인정하지 않으며, 모든 것은 신이라고 주장하는 입장을 가진다. 1780년대에 일어난 '범신론 논쟁'에서 헤겔(Georg Wilhelm Friedrich Hegel, 1770~1831년)은 정신과 실체를 구분하면서, 신은 존재하는 것의 총체에 지나지 않는다는 자연주의적 또는 유물론적인 범신론을 주장했다. 하나님을 초월적인 인격적 존재라 여기는 유신론의 입장에서 보면 범신론은 일종의 무신론이다. 인류의 물질 질서는 부차적 또는 우연의 산물이 아니라 창조의 결실이다.

둘째, 역사는 어떠한 법칙을 따르지 않고 하나님의 섭리하에 있다. 하나님의 섭리에서 악과 죄의 문제를 인간의 책임으로 돌린 것처럼 물질적 우주 또는 피조 세계의 현상 또한 하나님의 섭리에 속한다. 섭리는 하나님이 자연의 법칙을 주장하여 사람의 기도에 응답할 것이라는, 그리스도인의 믿음의 기초를 제공한다.[29] 제2원인인 인간의 기도가 주관적인 효과 이상인 것은 제1원인인 하나님이 모든 자연의 힘을 통제하고 있기 때문이다.

세상은 역사에 나름의 법칙을 만든다. 카를 마르크스(Karl Marx, 1818~1883년)는 이성의 힘을 빌려 물질적, 경제적 요인에서 역사의 법칙을 찾았고, 헤겔은 정반합의 법칙에 따라 혁명적 역사적 토대가 새롭게 꼬리를 물고 일어난다고 보았다. 사르트르(Jean-Paul Sartre,

---

28 ST, I, 578-80.
29 ST, I, 609.

1905~1980년)와 같은 무신론자는 『존재와 무(Being and Nothingness)』에서 인간의 허구성을 실존주의 사관으로 구체적으로 묘사했다. 그러나 우리가 인생의 목표를 설정해서 빈틈없이 실천해도 결정적인 순간에 우리의 예측을 벗어날 때가 있다. 역사와 인생의 주관자는 하나님이며, 하나님은 그의 섭리로 역사를 운행한다. 역사상 위대한 업적을 남긴 사람들은 보통 어려운 환경이나 부족함이 있어도, 믿음으로 자신의 인생을 개척한 불굴의 용사들이다. 역사는 항상 믿음을 소유한 소수의 사람들에 의해 갱신된다.

태풍이 몰아치면 닭은 자신의 날개 속에 머리를 파묻고 잔뜩 움츠리지만, 독수리는 날개를 활짝 펴고 바람을 이용해 유유히 안전한 곳으로 이동한다. 존 번연(John Bunyan, 1628~1688년)은 죄수의 신분으로 얼음장 같은 감옥 속에서 『천로역정(Pilgrim's Progress)』을 집필했다. 루이스 파스퇴르(Louis Pasteur, 1822~1895년)는 반신불수 상태에서 질병에 대한 면역체를 개발했다. 토머스 에디슨(Thomas Edison, 1847~1931년)은 청각 장애인이었으나 축음기를 발명했고, 존 밀턴(John Milton, 1608~1674년)은 시각 장애인이었으나 영국 최고의 시인으로 칭송받았다. 프랭클린 루스벨트(Franklin Roosevelt, 1882~1945년)는 지체 장애인이었으나 미국의 대통령이 됐다. 바이킹(Viking)은 북풍에 시달릴 때 큰 배를 만들었다. 위인들은 자신의 약점을 이겨내고 큰 업적을 남겼다.

세상에서 가장 어리석은 자는 자신이 천대를 받을 때, 이를 하나님의 저주로 여기고 움츠리는 사람이다. 위대한 역사의 주인공은 자신의 인격 개발을 위한 역경의 긴 고난의 시간이 있었으며, 어떤 상황에서도 하나님과의 친밀한 사귐에 의해서 인격이 만들어졌다. 하나님은 인간의 인격과 행동을 통해 역사를 움직인다. 하나님이 아브라함을 불러 일방적으로 한 약속은 아브라함의 생애를 통치하는 방법이었으며 앞으로 이 시대를 살아갈 우리에게도 동일하게 적용되는 방법이다.

하나님의 때와 시간에 역사적인 인물이 등장해 왔다. 성경에는 이삭을 하나님께 바치는 아브라함과 인고 끝에 애굽의 총리가 되는 요셉의 이야기가 있다. 민족의 지도자로 세워지기 위해 모세의 인생은 파란만장했다. 성경의 위대한 인물들이 살아간 시간들은 역사 속에서 하나님의 특별한 간여가 있는 순간이었다. 역사는 어떠한 법칙으로 움직이지 않고 하나님의 섭리에 따른다.

셋째, 역사는 하나님의 계시에 따른다. 하나님의 뜻으로 인도되는 역사는 하나님의 목적과 통치 방식에 따라 진행된다. 하나님은 무의식이든, 고의든 하나님의 통치에 반항하고 반역하는 세상과 인간을 기꺼이 순응시킨다. 하나님은 성경의 계시로 백성을 인도하여 영원하고 영광스러운 그리스도의 통치를 이룬다. 성경은 두 종류의 계시를 포함한다. 하나는 성경의 객관적 계시이다. 인류의 창조, 인간의 타락, 선택, 그리스도의 강림, 그의 승천과 사역 교회를 세우심, 그의 궁극적 재림의 약속과 같은 성경의 객관적 사실이다.

다른 하나는 성경을 읽는 심령을 그리스도를 믿는 믿음과 순종으로 인도하는 성령의 내적 조명에 의한 주관적 계시다. 인간의 내성에 주어지는 성령의 내적인 증거는 독특한 개인의 상황에 따라 이루어지는 특별 계시의 주관적 역사이다. 성령이 우리 마음을 인침으로 성경의 진리가 삶의 구체적인 길잡이 역할을 한다. 하나님은 성경의 계시로 순종과 의존하는 인간에게 가르침을 준다.

인생의 문제로 방황하는 자들이 얼마나 많은가? 세상적인 허무 속에서 죽음보다 깊은 잠을 자는 사람들이 많지 않은가? 우리는 하나님으로부터 사용 받을 수 있는 권리가 있으며 이 권리는 기록된 말씀의 계시에서 온다. 성경에 기록된 예수 그리스도의 죽으심과 부활을 믿는 구속된 자들은 세상이 어떠하다 하더라도 비관이란 것이 있을 수 없다. 오직 승리의 확신밖에 없다. 계시는 하나님이 인류 중에서 구별하여 선택한 자들에게 부여한 특수한 권리(singular privilege)이다.

성경에 피난살이를 하던 에스겔 선지자가 어느 날 무서운 환상을 봤다는 내용이 있다. 얼마 전에 발생한 아이티(Haiti)의 지진이나 인도네시아(Indonesia)의 쓰나미(tsunami)보다 더 심각한 대참사였다. 에스겔 골짜기에는 시체들이 썩는 단계를 지나 앙상한 뼈들만 나뒹굴고 있었다. 하나님은 거대한 뼈 무덤에서 에스겔에게 "이 뼈들이 능히 살 수 있겠느냐?"라고 물었다(겔37:3). 에스겔은 "주 여호와여, 주께서 아시나이다."라고 대답했다. 그 후 하나님의 명령을 받은 에스겔은 하나님의 말씀을 따라 "너희 마른 뼈들아, 여호와의 말씀을 들을지어다!"라고 외쳤다. 하나님의 말씀이 죽음의 골짜기를 생명으로 변화시킨 것이다.

하나님은 말씀으로 자신의 백성들을 소생시키고 갱신하였다. 말씀은 죽은 뼈도 살리며 백성들을 새롭게 하고 정결케 한다. 사자의 입에서 양의 두 다리나 귀 조각을 건져내는 것과 같이(암3:12) 우리를 구속하실 것이다. 하나님의 말씀은 죽음보다 깊은 잠에서 우리를 깨우고 모아서 주님께 돌아오게 할 것이다. 이는 단순한 회복이 아니라 하나님의 말씀으로 소생케 된 자들을 사용하여 열국을 모으시는 종말론적인 사건이다. 하나님의 말씀을 준수하는 자들에게 부여된 궁극적인 축복이다. 하나님은 계시로 역사를 통치하며 인도한다.

넷째, 역사의 구속은 독특하다. 성경은 인간의 본성 안에 있는 악을 지목한다. 그리스도의 구속 없이는 인간은 악함과 무지에서 벗어날 수 없다. 그리스도의 죽음과 부활을 믿는 자들은 그의 구속으로 악한 인간의 본성이 변화되고 악을 이겨낸다. 그러나 세상의 진보적인 관점은 구원을 이상적인 사회 건설 또는 혁명에 의한 악의 제거로 보았다. 많은 정치 지도자는 불합리한 면을 제도나 법을 만들어서 고친다. 5·18 광주 사건 때 전두환 계엄 사령관은 "어느 누가 감히 국민에게 총을 쏘라고 하겠는가? 바보 같은 소리 말라."라고 했다. 자신이 광주 민중의 폭동을 잘 진압하여 국난을 극복했다고 일관성 있게 주장한다. 그날, 전남 해남의 신복례라는 분은 광주에 사는 아들을 보러 갔었는데 아들은 총에 맞아 죽고, 관 옆에서 울다가 김정일의 첫째 부인이 간첩으로 내려왔다는 누명을 쓰고 그날부터 슬프고 모진 시절을 악으로 살았다고 고백했다.

그때 광주에서 일어난 일들을 취재해서 세계로 소식을 전했던 독일 기자 위르겐 힌츠페터(Jurgen Hinzpeter)는 고향인 독일에서 죽은 후, 그의 손톱과 머리카락을 공수해서 5·18 묘역에 안장하였다. 40년이 가까이 지난 이 시점까지도 '광주 민주화 운동'으로 명명되었을 뿐, 그 사건의 진상에 대한 논란은 아직까지 계속되고 있다. 사회의 구원은 폭압이나 혁명으로 얻을 수 없으며, 상처와 역사 속에 남겨진 핏자국만 있을 뿐이다. 역사의 문제는 설령 진실이 규명된다고 해결되는 것도 아니다. 사람의 역사관이 변화해야 역사의 문제는 해결된다. 총칼로도, 민중의 봉기로도, 이념으로도, 직분을 받았다고 되는 것이 아니라 그리스도의 구속으로 영혼의 가장 깊은 곳에서 고쳐져야 가능하다.

우리의 육체는 졸지에 생명을 다하여 끝날 수 있지만, 구속받은 영혼의 생명은 영원하다. 구속받지 못한 사람에게 절망은 독약과 같다. '절망'과 '공포'에 빠지면 썩은 새끼줄도 독사로 보인다. 어느 무더운 여름날 한 청년이 더위에 지쳐 숨을 헐떡이고 있었다. 그때 문득 눈앞에 커다란 냉동실이 나타났다. '냉동실은 얼마나 시원할까?' 청년은 호기심을 물리치지 못하고 냉동실 안으로 들어갔다. 그때 '철컥!' 하고 냉동실의 문이 닫히는 소리가 들렸다. 안에서는 냉동실 문을 열 수가 없었다. 청년은 문을 두드리며 발악했다. 그리고 절망감에 사로잡혀 유서를 썼다. "이젠 완전한 절망이다. 죽음의 그림자가 나를 죄어 온다. 내 몸은 점점 얼음으로 변하고 있다. 조금 후면 꽁꽁 얼어 죽을 것이다."

사람들은 이틀 후 냉동실에서 숨진 청년의 시체를 발견했다. 그런데 그 냉동실은 놀랍게도 작동이 되지 않은 상태였다. 실내 온도는 사람에게 가장 적합한 섭씨 15℃였으며 산소도 충분했다. 그런데도 청년은 몸을 잔뜩 움츠린 채로 싸늘하게 식어 있었다. 하나님은 "두려워하지 말라. 내가 너와 함께 함이라. 놀라지 말라. 나는 네 하나님이 됨이라. 내가 너를 굳세게 하리라. 참으로 너를 도와주리라. 참으로 나의 의로운 오른손으로 너를 붙들리라."라고 말씀하신다(사 41:10). 구속받은 역사의 주인공들에게 비관이란 있을 수 없다. 하나님이 친히 역사를 구속한다.

다섯째, 하나님은 역사를 심판한다. 세상을 살다 보면 어렵고 힘든 일들이 많다. 르네상스 시대의 인문주의자였으며 인간 사회의 유토피아를 추구했던 토머스 모어(Thomas More, 1478~1535년)는 헨리 8세 왕의 이혼에 동의하지 않았고, 왕이 비밀 결혼한 앤 불린(Anne Boleyn)의 자녀들을 왕위 계승자로 인정하지 않아, 런던 탑에 유폐되어 끝내 단두대의 이슬로 사라졌다. 그는 자신의 저서 『유토피아(Utopia)』에서 영국 사회와 종교의 부조리함을 신랄하게 고발하고 빈

곤과 호사로움, 사유재산이 없는 이상향을 꿈꾸었으나 실패했다.

수많은 정치가가 자기의 구호를 따르면 내일은 희망이 있다고 선동한다. 과학자들은 과학과 기술의 진보로 유토피아가 올 것이라며 내일을 낙관적으로 선전했다. 사회학자들은 다른 종교와 민족들의 서로 다른 가치관도 사랑하고 포용하면 행복한 세계를 이룰 것이라 주장하고, 경제학자들을 자원의 정확한 공급과 분배로 유토피아를 건설한다고 외쳤다. 그러나 성경은 이 세대는 종말을 향한다고 말한다.

작금의 종족 분쟁, 원자력 발전소의 우라늄 누출, 질병, 사고, 사건, 화재, 지진, 화산, 동파, 폭염, 가뭄, 쓰나미 등은 종말을 예고하는 사건들이다. 계시록의 일곱 인과 일곱 나팔과 일곱 대접의 재앙은 종말적 사건들의 그림자들이다. 이를 종말의 징조라 한다. 역사의 종말은 우리로 하나님을 두렵고 떨리는 자세로 대하게 한다. 그리스도는 반드시 산 자와 죽은 자의 심판을 위해 다시 올 것이다. 종말의 시기에는 우리가 한 일과 하지 못한 일에 대한 심판이 반드시 있을 것이다. 한국 교회는 정치적 성향이나 이념을 따지며 요동하고, 좌와 우, 남과 북의 갈등의 늪에서 허우적거리지 말고, 역사를 심판하고 주관하는 하나님의 관점을 제시하는 인생에 실제적 상응성을 가진 성경적 역사관으로 무장해야 할 것이다.

역사의 시간은 '지금(now)'이며, '여기(here)'에서 우리의 생명과 삶이 진행되고 있다. '지금-여기(here and now)'에서 자기 생각과 말과 행동에 대하여, 자녀, 아내, 남편, 부모, 이웃에 대하여, 사회와 국가에 대하여 가지는 책임이 있다. 성도는 하나님 나라의 몸과 문이신 그리스도를 통해 항상 '지금'에 연결된다(벧전2:10, 눅6:21). '지금'은 그리스도의 역사의 순간이다. "보라. 지금은 은혜받을 만할 때요, 보라. 지금은 구원의 날이로다(고후6:2)." '지금'은 하나님의 영광이 드러나는 때이며, 우리가 하나님의 성품을 덧입어 그 성품을 세상에 알리는 때이다. '지금' 우리는 그리스도처럼 자신의 피를 흘림으로 하나님의 영광이 되게 할 수 없으나 종말론적인 '지금-여기'가 유토피아며, 하나님이 우리에게 목적한 뜻에 순종하므로 영광을 드러내는 곳이다.

신학의 편견과 갈릴레오와
코페르니쿠스 세계관

천문학에 새로운 세계관이 등장했다. 태양, 달, 행성들을 거느린 우주의 중심인 지구가 행성이라 주장하는 지동설로 패러다임이 전환된 사건이다. 2세기 프톨레마이오스(Ptolemaeus, 85?~165년?)가 천동설을 주장한 이래 모든 사람은 이를 조금도 의심하지 않았다. 마키아벨리(Niccolo Machiavelli, 1469~1527년)와 동시대 사람인 코페르니쿠스(Nicolaus Copernicus, 1473~1543년)는 1543년에 「천체의 회전에 관하여」라는 제목의 지동설 관련 논문을 발표한 직후 지병으로 두 시간 만에 죽었다. 후세의 사람들은 지동설을 그 시대의 사회 통념을 뒤엎는 코페르니쿠스 혁명(Copernican revolution)이라 부른다. 현재의 태양계 관련 지식의 토대는 17세기 초의 케플러(Johannes Kepler, 1571~1630년)와 17세기 말의 뉴턴(Sir Isaac Newton, 1643~1727년)에 의해 확립되었다.

갈릴레이(Galileo Galilei, 1564~1642년)는 자신의 천문 관측 결과를 보고 코페르니쿠스의 지동설이 맞는다는 믿음을 가지기 시작했다. 갈릴레오는 지구가 우주의 중심이라고 믿었던 교황청 신학자들에게 목성의 달을 보여주려고 했으나 교황청은 망원경을 보는 것을 거부했고 오히려 이단 심문소를 통해 이단 판정을 내렸다. 이후 병약했던 말년에 『두 개의 신과학에 관한 수학적 논증과 증명』을 집필하고 개신교 국가인 네덜란드(Netherlands)에서 출판했다. 그때, 교회는 "진리는 자연에서 발견되는 것이 아니라 오직 텍스트의 해석에서 발견된다."라고 믿으며 천문학을 무시했다. 그 시대의 성도들은 지구가 우주계의 중심이고 태양, 위성, 별들이 지구를 중심으로 회전한다는 기준으로 성경을 받아들였던 것이다.

천동설을 주장했던 교회의 권위는 과학으로 증명된 지동설에 의해 전복되었고, 사람들은 교회의 가르침에 의문을 제기하기 시작하며, 과학 연구에 붐이 일어났다. 독일의 문호 괴테(Johann Wolfgang Von Goethe, 1749~1832년)는 이 사건에 관해 "인간은 엄청난 위기에 봉착했다. 낙원으로의 복귀, 종교적 믿음에 대한 확신, 거룩함, 죄 없는 세상, 이런 것들이 일장춘몽으로 끝날 위기에 놓인 것이다. 새로운 우주관을 받아들인다는 것은 사상 유례가 없는 사고의 자유와 감성의 위대함을 일깨워야 하는 일이다."라고 평가했다. 코페르니쿠스의 지동설이 발표되고 440년이 지난 1992년에야 로마 교황청은 지동설을 인정했다.

교회의 계시에 대한 가설적인 이론은 결국 인간의 편견으로 증명되었고, 어떠한 이론이라도 과학적 인식을 거치는 실험이 필요하게 되었다. 성도들은 지구가 태양의 작은 위성 중의 하나이며 무수한 별들이 우주에 속한 것을 알게 되었을 때 믿음이 휘청거렸지만, 곧 그 모든 과학적 진실을 믿음의 체계로 받아들였다. 성도들은 이 사실을 발견하고 기뻐했고, 모든 고대의 책 중에서 오직 성경만이 과학

의 계시와 완벽하게 일치한다고 믿었다.[30]

괴테와 동시대의 사람인 18세기의 미국 신학을 집대성한 찰스 핫지(Charles Hodge, 1797~1872년)는 성경 해석에는 해석자의 편견으로 말미암아 오류가 있을 수 있으나 성경의 오류는 없다고 했다. 성경이 오류가 없다는 핫지가 주창한 성경의 권위는 기독교 세계관에 대한 깊은 통찰을 준다. 핫지는 해석의 오류 가능성을 내다보며 초월적 세계관을 내포한 적절한 해석(proper interpretation)을 제시했다. 잘못된 세계관은 거짓 결론을 초래한다.[31] 핫지는 참된 세계관은 하나님의 시각인 유신론이며, 우리의 형편에 대한 적절한 해석 방법이라고 했다.[32] 핫지의 '적절한 해석'은 모든 사실이 하나님의 영원한 계획의 결과임을 전제한다.[33]

핫지를 따라 코넬리우스 반틸(Cornelius Van Til)은 세계관 혹은 '전제'가 다르면 해석도 달라진다고 하며, 사실들에 대한 하나님의 해석은 사실들을 선행한다고 했다.[34] 올바른 해석을 위해 교회는 성경의 내용들이 먼저 하나님에 의해 해석된 진리의 사실임을 받아들이고[35] 성경의 가르침이 과학적 사실들과 일치하는지를 살펴야 한다.[36] 핫지

---

30 ST, v. I, pp. 573-4; Charles Hodge, 'The Unity of Mankind', in 『Biblical Repertory and Princeton Review』 31(1859), p. 106.
31 Hodge, 『What is Darwinism?』, p. 132.
32 J. M. Frame, 『The Doctrine of the Knowledge of God』(Phillipsburg, New Jersey: Presbyterian & Reformed Publishing, 1987), p. 51.
33 Harvie Conn, 『Eternal Word and Changing Worlds』(Grand Rapids, Michigan: Zondervan, 1984), p. 18.
34 Cornelius Van Til, 『The Defense of the Faith』, 2nd ed,(Philadelphia: Presbyterian and Reformed, 1955), pp. 191-95.
35 Charles Hodge, 'The Unity of Mankind', 『Biblical Repertory and Princeton Review』 31, p. 106.
36 ST, v. I, p. 573.

의 관심은 신학자의 마음속의 이론과 사실들, 즉 양측 모두 하나의 기원인 하나님이어야 한다는 것이다. 인간의 이성과 인간의 사회적 관계에 있는 모든 사실이 성경과 일치할 때만 진리의 사실들이 된다. 또한, 성경의 사실들을 진리로 받아들이는 각 개인의 삶의 깊은 헌신이 있을 때, 정경으로서의 기능을 한다.[37]

행성 천문학의 이해 방식은 상호 내재적이다. 어떤 사람이 관찰 대상의 실제 움직임을 알기 위해서는 관찰 순간에 지각된 객체와 주체의 개별적인 움직임을 고려해야 한다.[38] 관찰자의 입장에서 사물을 이해하여 의미를 부여하는 것은 천진난만한 일이다. 상호 내재적 이해의 방식으로만 객체를 알 수 있기에 성경의 적절한 해석이 요청된다. 진리를 이해할 때는 항상 열린 실용적인 마음이 필요하다. 설령 인간이 진리에 관한 주장을 일시적으로 유보한다고 할지라도 성경의 권위가 전혀 해침을 당할 리가 없다. 편견을 가진 사람의 제한된 통찰력이 이성의 이름으로 최종의 권위를 주장하면, 항상 자신과 진리와 모순된다는 것을 명심해야 한다.[39]

---

37 Harvie Conn, 『Eternal Word and Changing Worlds』, p. 18.
38 Lewis White Beck, 'What Have We Learned From Kant?', in Allen W. Wood, ed., 『Self and Nature in Kant's Philosophy』(Ithaca, New York and London: Cornell University Press, 1984), p. 19.
39 Gadamer, 『Truth and Method』, p. 48.

다윈의 세계관

　1859년 찰스 다윈(Charles Robert Darwin, 1809~1882년)은 『종의 기원』에서 자연도태(natural selection)의 가설을 주장했다. 어떤 종이 살아남는지에 관한 여부는 환경이 선택해서 결정한다는 것이다. 어떤 것은 강하게, 어떤 것은 약하게 태어나고, 어떤 것은 더 긴 뿔을, 어떤 것은 더 날카로운 발톱을 가지고 태어난다. 그리하여 더 유리하게 태어난 종의 성원이 생존 경쟁에서 이기는 '적자생존(the survival of the fittest)' 현상이 일어난다는 것이다. 다윈은 두 번째의 중요한 저술인 『인간의 유래(Descent of Man and Selection in Relation to Sex)』(1871)에서 더욱 충격적인 연구 결과를 발표했다. 인간의 선조가 아마도 오랑우탄, 침팬지, 고릴라 등과 같은 원숭이과의 동물이었을 것이라는 결론이었다.

　다윈의 이론의 5가지 가설을 살펴보면, ① 모든 현존의 동식물은 원초적인 형태, 즉 상대적으로 미발달된 형태에서 전래되었다. ② 종의 변이는(variation) 환경 및 기관을 자주 사용하는가의 여부에 따라 유전 구조의 변화를 초래한다. ③ 변종은 자연발생적이다. ④ 생존 경쟁에서 적자가 살아남으면 환경에 가장 잘 적응한다. ⑤ 종의 분화는 성적 선택을 어떻게 하는가에 따라 이루어진다는 것이다. 인간의 조상에 관한 다윈의 학설은 종교계에 큰 파문을 일으켰고 적자생존의 이론은 사회적 진화론으로 발전하였다.

존 스튜어트(John Stewart)는 찰스 핫지의 신학을 과정(process)을 고려하지 않는 이성적 신학이라 평가했으나[40] 핫지가 진화론을 대할 때를 보면 핫지의 신학이 과정을 전혀 간과한 것은 아니었다. 핫지는 1874년에 『다윈주의란 무엇인가(What is Darwinism?)』에서 과학적 사실들과 성경적 사실들 간의 갈등은 있을 수가 없다는 신학적인 전제를 가지고 다윈의 이론을 평가했다. 핫지는 먼저 진화론에 대하여 미생물이 성장하는 과정을 지목했다. 핫지는 진화론의 과학적 증거를 검토하면서 식물과 동물을 포함한 모든 유기물이 하나 또는 몇 개의 원시 생식 세포(primordial living germs)로부터 진화하거나 발달한 것으로 추정했다.[41]

핫지의 신학적 입장은 모든 과학적 사실은 성경의 진리와 모순되지 않고 진리는 하나님에게서 온다는 것이다. 즉, 과학적으로 증명된 모든 사실(facts)을 하나님의 창조 사역의 열매들로 보았다. 핫지는 과학의 관찰 결과인 미생물이 성장하는 과정을 하나님의 계획과 하나님의 섭리로 이해하면서 진화론을 받아들였다. 하나님이 모든 사실의 근원이고, 진화도 과학적 사실들 중의 하나이므로, 그것 또한 하나님의 것이며, 그리스도인이면서도 여전히 진화론을 지지할 수 있

---

40 John W. Stewart said Hodge's theology is not process oriented and too rationalistic. In 'Introducing Charles Hodge to Postmoderns', in John W. Stewart and James H. Moorhead, eds., 『Charles Hodge Revisited: A Critical Appraisal of His Life and Work』, pp. 35-6. Also, see p. 81.

41 Charles Hodge, 『What is Darwinism?』(New York: Scribner, Amstrong, and Co., 1784), p. 48.

다고 말했다.[42] 다윈의 이론인 자연도태(natural selection)와 적자생존의 법칙이 하나님의 뜻과 계획 없이 일어난다고 보지 않았다.

핫지의 진화에 대한 관점은 지적 설계(Intelligent Design)였다. 핫지는 하나님이 초자연적으로 자신의 목적과 의도에 따라 물질의 본질과 실체를 친히 설계한 지적 설계자로 보았던 것이다. 핫지는 하나님의 섭리와 설계의 관점에서 진화를 설명하며, 세포가 인간으로 변화되는 과정에서 피조물의 과정-지향성(process-orientation)을 인정했다. 핫지는 과학과 종교는 궁극적으로 조화를 이루나 과학적 사실을 성경의 내용으로 해석할 때 생길 수 있는 오류도 지적했다. 그러나 핫지는 직접 진화론을 성경에 적용하려고 시도하지는 않았다.

핫지는 진화론의 논쟁을 마무리 짓고 더 이상 논쟁에 개입하지 않았다. 과학과 성경의 진리가 일치한다는 것을 아는 사람들이 개별적으로 성경에 적용하기를 기대한다고 말했다.[43] 그러나 핫지는 설계가 아닌 물리적 원인에 의한 자연 선택을 주장하는 무신론적 이론인 다위니즘(Darwinism)은 거부했다.[44] 성경에 기록된 사실들과 자연의 사실들이 다른 결론으로 귀결되는 이유는 서로 다른 증거의 기준을 사용했기 때문이다.[45] 핫지는 동일한 사건의 사실이라도 관찰의 기준이 다르면 다른 결과를 도출하는 것처럼 다위니즘의 자연 선택이 성경의 세계관과 상반된다는 사실을 지적한 것이다.

핫지는 자연 과학을 대하는 신학자의 책임은 '하나님이 자신과 우

---

42 Ibid., p. 104.
43 Ibid., p. 141.
44 Ibid., p. 48.
45 Ronald L. Numbers, 'Charles Hodge and the Beauties and Deformities of Science', in Stewart and Moorhead, eds., 『Charles Hodge Revisited』, p. 83.

리와의 관계에 대해 계시한 모든 사실을 확인하고, 수집하여서 결합하는 것'이라고 결론을 내렸다.[46] 신학자는 모든 사역과 개인적인 삶의 기준과 표준을 성경에서 찾아야 한다. 핫지는 모든 사실이 성경에 있고, 기독교의 교리와 주장의 근거들은 오직 성경에만 있다고 믿었다.[47] 성경의 사실들이 때때로 과학적 주장과 다를 때, 과학과 종교적 진실 사이에 불일치가 발생할 수 있다는 것도 인정했다.[48]

그 시대에 과학계 사람들은 형이상학자들과 신학자들을 경멸하는 경향이 있었다. 그러한 기울어진 환경에서 핫지는 과학자들에게 일단 자신의 신학적 결론을 믿어 달라고(benefit of doubt) 말하기는 싫었다. 핫지는 과학자들과 평화를 원하지만, 신학적 입장이 분명하지 않고 애매하게 남겨지기를 원하지 않았다. 핫지는 신학자와 과학자의 확연한 차이가 있을 때, 신학자는 성경의 사실에 근거하여 과학적 이론을 거부할 수 있는 권리가 있다고 주장했다. 과학자들은 자신들이 확립한 이론이 과학적 사실에 근거할 때 권위를 주장하지만, 신학자들은 성경적 사실에 근거한다.

신과학이 태동하고, 기존의 성경관에 관해서 봇물이 터지듯이 수많은 도전과 의혹이 난무할 때, 성경에서 찾은 하나님의 시각으로 투쟁하였다. 핫지는 두렵고 떨리는 마음으로 자신의 신학적 입장과 방법으로 많은 과학계의 사람들과 맞서기도 했다.[49] 형이상학적인 관점을 과학적 사실들과 눈높이를 맞추며 성경의 권위를 보수하는 노력을 하였던 것이다. 핫지는 자연 지식으로 입증된 사실들이 다른 결

---

46 ST, v. I, 9.
47 ST, v. I, 9.
48 ST, v. I. 58.
49 Hodge, 「What is Darwinism?」, pp. 126-8, 134-5, 140-2.

론을 도출하는 것은 사실을 해석하는 하나님이 빠졌기 때문이라고 지적했다. 하나님의 말씀과 자연 과학 사이의 긴장은 항상 존재하나 기독교 세계관은 성경의 사실을 기준으로 하며 하나님이 성경의 해석자라고 믿는다.

루소의 세계관

    장 자크 루소(Jean-Jacques Rousseau, 1712~1778년)는 프랑스 계몽주의 사상가이며 영혼의 불멸을 믿는 이신론자였다. 루소는 인간은 평등하며 사유 재산의 불평등을 지적하는 좌익의 사상을 가지고 있었다. 루소는 사회 계약 이론에서 인간의 우정과 조화가 지배하는 자연 상태로의 회복을 주장했다. 루소는 이성의 진보를 믿었던 볼테르(Voltaire, 1694~1778년)와 같은 프랑스 주류의 지성인들과 달리 인간의 본성과 감성, 자연성에 더 많은 관심을 가졌다. 루소가 죽은 지 11년 만에 일어난 프랑스 혁명(French Revolution, 1789~1794년) 때, 루소의 자유, 평등, 박애의 민권 사상은 혁명가들의 사상적 지주가 되었다. 루소는 신학 공부를 시도하기도 했으며 개신교 찬송가인 〈예수님은 누구신가?〉 등을 작곡하기도 했다. 그는 하나님의 존재는 믿었지만, 대지진과 같은 자연재해를 막지 않는 신에 대한 회의감을 갖고 있었다.

    루소의 기독교에 대한 비판적 사상은 '고귀한 야만(Noble Savage)'에서 온다. 『에밀(Emile)』 제1권 첫 번째 문장에서 루소는 인간의 조작을 '고귀한 야만'의 개념으로 경고했다. "모든 사물은 만든 사람의 손에서 떠날 때 선하게 되며 모든 사물은 인간의 손에서 타락한다." 루소는 습관, 사회 규범, 규칙 및 가르침이 없었던 창조의 자연 상태를 '고귀한 야만'으로 보았고 그때의 인간을 오류가 없는 인간이라 했다. 루소는 습관이 아직 습득되지 않은 자연의 상태에 있다면, 인간은 쉽게 자신과 열정의 주인이 될 수 있다고 말했다.[50] 그러므로 루소는 인간의 조작으로 생긴 사회에 만연하는 악과 자신을 대적하는 적은 인간 스스로 해결해야지, 모든 것을 만든 조물주(Author of things)에게 책임을 넘기며 비난할 수 없다고 했다.[51]

루소는 그의 저서 『에밀』 제6권에서, 인간의 시스템을 거친 하나님에 관한 주장은 가짜라고 했다. 루소는 성직자를 위선적이고 가식적이면서 사악한 유사 권위자로 비판했다. 사실 제도 속의 기독교가 하나님과 성경을 모순적으로 적용할 때 교회는 심각한 고통을 경험했다. 성경을 이원론적으로 해석하여 적용하면 위선적인 교회가 될 뿐이다. 루소는 기독교가 이원론적이고 위선적으로 된 것은 성직자나 교회 또는 신학의 사악함 때문이며, 하나님은 여전히 선하다고 했다. 작금의 제도적 교회를 비판하는 무신론 또는 이신론자들의 일반적 목소리다.

성직자의 설교를 예로 살펴보자. 성직자가 설교할 때, 자신의 말을 하나님의 말씀과 동일시하는 것은 문제다. 성직자의 메시지가 성경을 인용하더라도 이는 성직자의 입을 통해 전해지는 하나님 말씀의 해석이다. 순수한 하나님의 목소리가 될 수 없다. 루소는 성직자의 설교 내용이 자연적으로 습득된 지식이 아니고 자신의 의지로 취득

50 Jean-Jaques Rousseau, 『Emile, or on Education』(New York: Basic Books, 1979), p. 293.
51 Ibid., p. 293.

한 것이라면 부정직하고 악한 것이라 했다. 『에밀』 제4권에서 루소는 위대한 하나님의 말씀을 전하는 책무를 지닌 성직자를 "오, 국민이여 당신과 당신의 잘못은 설교자들이다."라며 비판했다.[52] 그는 이미 자연을 통해 모든 것을 부여받은 인간이 하나님께 무엇을 달라고 요구하는 일은 있을 수 없는 일이며, 무엇을 이루기 위해 하나님께 기도할 필요가 없다고 했다.[53]

루소는 하나님을 전혀 왜곡되지 않은 원초적인 자연에서 찾았다. 루소는 헛된 체계가 아닌 우주의 질서에 따라 이미 모든 것을 만드신 지혜로운 하나님을 경배하고 끊임없이 존경하고 묵상하며, 하나님의 신성한 본질로 자신의 모든 것을 채우며, 그분의 은혜로 감동한다고 했다.[54] 그러므로 루소는 하나님의 유익과 상반된 성직자의 유익을 사악한 것으로 결론 내렸다. 그는 어부와 성직자의 유익을 같은 종류의 것으로 보았다. "어부가 낚싯대에 미끼를 끼워 물속에 던져 넣으면, 물고기는 불신하지 않고 그 주위에 다가온다. 그러나 미끼에 숨겨진 갈고리에 낚여, 줄이 탱탱해지는 것을 느끼면 줄을 뒤로 당겨 도망치려 한다. 어부는 은혜를 베푸는 자이고 도망치려는 물고기는 배은망덕한 것인가?"[55] 어부의 미끼는 하나님의 선물과 달리 전혀 은덕과 상관없다. 한 번 미끼에 걸렸다가 빠져나온 물고기는 더 이상 어부를 신뢰하지 않을 것이고, 개념 있는 물고기는 미끼를 보고 반응하지 않을 것이다. 루소는 성직자가 하나님의 말씀을 전할 때 신성한 진리 이외에 미끼로 숨겨진 것이 있다면 이를 사악한 조작

---

52 Ibid., p. 284.
53 Ibid.
54 Ibid., p. 293.
55 Ibid., p. 234.

으로 보았다. 루소의 비판을 대하면서 하나님의 말씀을 전하는 자의 자세를 다시 한번 생각해 본다. 참된 은혜는 결코 배은망덕한 사람을 낳지 않는다. 성령이 하는 일이 배은망덕하거나 배은망덕할 사람을 만들겠는가? 은혜를 입고 삶으로 그 은혜가 드러나는 성직자의 말에 권위가 생기지 않겠는가?

루소는 하나님이 이미 모든 것을 주셨다고 생각했다. 루소는 신성한 법령과 질서의 하나님과의 대화만으로 신적인 유익을 누린다고 했다. 반면에 사악한 자는 하나님과의 대화가 단절되었다고 했다. 루소는 스스로 모든 것의 중심인 척하는 성직자들은 사악하다고 했다. 루소는 선한 사람과 사악한 사람을 다음과 같이 구분한다. "사악한 자는 모든 사물의 중심에 자신이 서고 선한 자는 항상 중심에서 반지름을 측정하여 원주를 유지한다. 그 후 선한 자는 하나님인 공통의 중심과 피조물인 같은 중심을 둔 모든 동심원과 연관된 명령을 수행한다."[56] 즉, 선한 사람은 전체를 위하여 자신을 명령하는 사람이고 사악한 사람은 자신을 위하여 전체를 호령하는 사람이다.

루소의 '고귀한 야만'의 교훈은 원시적 자연과의 대화로 하나님을 만날 수 있다는 것과 인간은 동심원의 중심이 되는 하나님과 부단히 대화하는 방법을 개발해야 한다는 것이다. 인간 자신이 동심원의 중심에서 서서 마치 하나님인 것처럼 자연과 피조물을 조종하고 함부로 대하는 행위는 사악하다. 설교자 또한 모든 것을 다 알고 있다는 군림의 자세에서 벗어나, 회중들과 더불어 하나님의 말씀을 나눌 수 있어야 한다. 교회는 중심을 하나님에 둔 동심원을 이루어 하나님의 말씀을 나누고 묵상하며, 하나님을 경배하며 겸손한 마음으로 서로

---

56 Ibid., p. 292.

사랑을 나누어야 한다.

루소의 세계관에 대한 두 가지의 해석학적 질문이 있다. 하나는 '인간이 원초적 목소리를 들을 수 있는가?'이며 다른 하나는 '인간이 경험해 본 적이 없는 피조물에 대한 지식을 어떻게 가질 수 있는가?'이다. 인간이 원본(original text)을 어떻게 인지할 수 있는가에 대한 해석학적 질문이다. 이 질문을 제도적 교회와 성경에 적용하면, 설교자와 청중이 어떻게 하나님의 원초적(original) 음성을 인지할 수 있는지에 대한 질문이다. 이 질문에 대한 답을 찾기 전에 먼저, 자연에서 하나님을 인식할 수 있고 인간의 '고귀한 야만' 삶만을 선하게 보는 루소의 주장에 내재한 심각한 결함을 인정해야 한다. 하나님을 자연과 대체하고, 자연을 완벽한 것으로 보는 루소 또한 계몽주의의 철학적 폭력성을 가지고 있다.

하나님의 창조는 완벽하나, 타락으로 말미암은 우연적 사건과 편향에 의한 결핍이 있는 자연 또한 인간의 타락과 같이 완벽할 수 없다.[57] 콜린 건턴(Colin Gunton)은 창조론에 대한 플라톤의 이원론적 이해를 비판하면서 피조물인 자연은 완전한 상태에 머물러 있지 않다고 주장했다. 성경은 자연의 신음이 있다고 말한다. 바울은 "피조물이 고대하는 바는 하나님의 아들들이 나타나는 것"이라며, 모든 자연도 함께 탄식하고 고통을 당한다는 사실을 지적했다(롬8:19, 22). 자연 또한 완벽함을 기대하며, 아직도 불완전한 상태에서 인간에게 아름다움을 보여 주고 혜택을 줄 뿐이다.

주님이 재림하는 그날까지 만물들은 계속해서 탄식하며 고통을 호소할 것이다. 건턴은 창조에 대한 관점에서 지적인 세계와 물질적

---

57 Derrida, 『of Grammatology』, p. 116

세계로 나누는 이원론적 이해를 거부했다. 건턴은 하나님의 창조를 단회적이고 무시간적이며 불변한 것으로 보았고, 보존과 통치의 면에서의 창조, 즉 하나님의 섭리는 지속해서 이루어진다고 보았다.[58] 핫지의 섭리 교리의 '통치'와 '보존'으로 자연의 변이를 충족하게 설명할 수 있다.

피터 힉스(Peter Hicks)는 핫지의 기독교 유신론을 평가하면서 '나의 하나님', 즉 하나님과의 개인적인 관계없이 의사소통이나 기도 응답, 구원은 있을 수 없으며, 하나님의 사랑 또한 알 방법이 없다고 했다. 핫지의 믿음 체계는 개인적인 하나님이 아니면 더 이상 그의 하나님이 될 수 없다는 말이다.[59] 따라서 핫지는 개인적인 하나님의 존재를 부인하는 헤겔의 좌파적 편향에 분명히 대항했다. 힉스는 핫지가 하나님을 세상 속으로, 역으로 세상을 하나님 안에 병합하지 않으면서 분명히 범신론과 선을 그은 것이라고 평가했다. 하나님은 세상 어디에나 존재하지만, 하나님이 세상이 될 수는 없다.[60]

핫지는 범신론자들이 하나님과 세상을 구분하지 않으므로, 범신론은 모든 이원론을 부인한다고 주장했다.[61] 범신론이 무한한 존재자로서의 하나님의 지적 능력과 양심의 절대적 본성을 부정했다는 것이다.[62] 이러한 연유로 핫지는 범신론과 구분하는 이원론을 주장했다. 신학의 순수성을 지키기 위한 목적의 이원론은 너무나 중요한

---

58 Gunton, 『The One, the Three and the Many』, p. 2.
59 Peter Hicks, 『The Philosophy of Charles Hodge: A 19th-Century Evangelical Approach to Reason, Knowledge and Truth』(Lewiston, New York: Edwin Mellen Press, 1997), p. 51.
60 Ibid., pp. 54-5.
61 ST, v. I, 301-2.
62 ST, v. I, 308-9.

것이다. 그러나 하나님의 섭리와 성화의 측면에서의 이원론은 세상과의 단절을 초래하여 상응성을 가지지 못한다. 이러한 점을 염두에 두고 병치(juxtaposition)라는 방법론을 생각해 보자. 병치는 양측의 혼합을 거부하여 범신론에 빠지지 않는 명확한 구분을 하면서, 오히려 그 차별성으로 역동적인 상호 내재와 사건에서 참된 보편성을 성취한다.

하나님의 본질인 은혜(비철학적 사실)와 은혜를 수여받는 인간(철학적 이성)에 대한 확실한 병치로 인간 속에 역사하는 하나님, 즉 그리스도와 연합을 정확하게 이해할 수 있다. 인간은 하나님의 일을 수행하나 하나님의 생각을 판단할 능력이 없다. 인간의 한계를 분명하게 인정하고 종교적 자아와 성령을 구별할 때 하나님의 일과 인간의 일을 혼동할 수 없다. 기독교 세계관은 주체인 성경의 사실들과 객체인 인간의 경험과의 상호 내재적 관계에 있으며, 종교적 자아와 성령의 역사 사이의 일탈성(편향성)에서 드러나는 X 요인은 하나님의 섭리로 추적해야 할 것이다.

가다머(Gadamer)는 자연과 인간의 미성숙으로 결핍이 있다고 했다. 인간의 미성숙함을 가다머는 '편견' 개념으로 이해했다. 가다머는 인간의 편견에 의해 발생하는 상호 이해의 결핍을 '지평의 융합(fusion of horizon)'이라는 상호 내재적 해석학으로 해결했다. 가다머의 '지평의 융합'은 데리다의 X가 코라라는 공간에서 하는 일과 유사하다. 데리다의 X는 해석학의 부족한 점을 보충한다. 이 공간에서 습관, 전통, 문화적 요소들을 해석한다. 인간이 한 번도 미성숙한 적이 없는 완벽한 자율성을 가진다면, 어떠한 보충물도 필요 없다. 갓태어난 아기는 부모의 보충적 보살핌이 있어야 하지 않는가? 보충물은 인간이 하나님을 아는 지식에 있어서 인간 편에서 가져야 하는 도덕적 덕목이 된다.

 루소가 성직자의 설교가 사악하다고 한 판단은 설교자가 가지고 있는 해석학적 부족함을 고려하지 못했기 때문이다. 성직자의 설교가 사악한 것이 아니라 성직자들이 가지고 있는 해석학적 결함이 문제였다. 기독교의 본질은 급진적인 변화를 촉구하는 복음 선포에 있으며, 참된 복음은 회개(metanoia)를 촉구한다. 회개는 설교를 한 성직자로 말미암지 않고 말씀에 역사하는 성령에 의한 것이다. 선포된 말씀은 성령이 친히 해석하여 신자의 마음속에 임한 글쓰기(writing)가 된다.

 목회자가 부족하더라도, 말씀을 전하는 목사를 다루는 성령의 능력은 완벽하다. 데리다의 보충물(supplement)은 설교자의 해석의 결함을 지적하는 것이며, 루소가 본 성직자의 사악함은 루소의 해석학적 이해의 부족함에서 기인한 것이다. 자연은 완벽한 것이 아니라 결핍이 있으며, 인간도 마찬가지다. 피조물은 그 자체로 완벽을 주장할 수 없다. 보충물은 자연과 인간의 결핍을 전제로 한다. 비타민이 건강을 보조하는 역할을 하는 것처럼, 인간의 부족함을 보충하는 방법은 침투(broaching) 또는 상호 내재적 관계, 즉 무조건적인 끊임없는 상호 간의 사랑이다. 목회자들은 스스로의 결핍을 깨닫고 삶에서의 정직, 겸손, 책임, 지혜로 무장해야 할 것이다.

 루소와 핫지 그리고 데리다의 하나님과 피조물에 대한 관점의 차이는 다음과 같다. 핫지 신학의 특징은 자연신학이 아닌 계시신학이다. 핫지의 신학적 방법은 귀납법적 방법론이며 그 내용은 유신론이다. 자연 신학은 이성에 바탕을 두나, 핫지의 하나님은 성경의 하나님이며 전지전능하고 절대주권을 가진다. 핫지는 무엇 또는 누구를 선하다, 악하다고 평가하지 않고, 그들에게 계시된 하나님의 은혜로 평가한다.

루소의 하나님은 자연에서 만나고 자연은 완벽하다. 루소에게 설교자는 사악하다. 루소는 인간의 겸손을 인간 마음에 쓰인 자연에서 찾는다. 데리다는 글쓰기이다. 데리다에게 자연은 결함이 있으며, 기의(Signified)가 초월적인 하나님을 대신한다. 데리다는 피조물인 자연은 '사건과 일탈'로 인한 결점을 보완하기 위해 보충물을 필요로 한다고 말한다. 데리다는 마음에 쓰인 글쓰기는 즉각적으로 자신의 목소리와 숨결을 묶어버린다고 말했다.

데리다는 『에밀』을 인용하면서 다음과 같이 말했다.

"더 많이 나 자신에게 후퇴하고, 더 많이 나 자신과 대화하고, 더 분명하게 내 영혼에 쓰인 글을 읽을 때, 당신은 완전함을 누리고 행복할 것이다. 나는 이러한 생의 규칙을 고고한 철학의 원리에서 찾지 않고, 자연에 의해 내 마음의 깊은 곳에 새겨진 지우려야 지울 수 없는 글자에서 찾는다."[63]

데리다는 자연을 마음에 쓰는 일을 언어의 문법으로 설명할 수 없는 내면적인 것으로 받아들인다. 데리다의 글쓰기는 자신 밖에서 오는 메시아적 인도를 기다리면서도, 가장 인간적인 갈망의 표현이었다. 글쓰기가 신자의 마음에 가능하다면, 그 마음에 믿음으로 쓰인 신앙 고백이 된다. 하나님의 충만한 임재를 자신의 내면의 음성과 감각으로도 깨달을 수 있을 것이다. 하나님의 음성에 민감한 자는 마음에 글쓰기가 있다.

---

63 Derrida, 『Of Grammatology』, p. 17.

니체의 세계관

    모더니즘의 패러다임에서 자유에 대한 의지[will to freedom(power)]는 진리에 대한 의지(will to truth)와 대립한다. 프리드리히 니체(Friedrich Nietzsche, 1844~1900년)는 기독교의 본질적인 문제는 진리를 추구하는 인간의 자기 파괴적인 관점(self-destructive view)에 기인한다고 비판했다. 니체의 세계관은 힘에의 의지이다. 니체는 『도덕 계보학(On the Genealogy of Morality)』에서 인류가 자연스럽게 가지고 있는 도덕적 가치에 내재된 모순을 밝히며, 도덕의 본질적 기원을 추구했다. 니체는 도덕적 가치의 기원을 '선과 악', '우량과 열악', '죄와 양심의 가책과 금욕주의적 이상' 등의 세 부분으로 나누어 연구했다.

    일반적으로 도덕은 사회적 의식의 한 형태로 자의적 요인을 제한하는 당연히 행해야 하는 의무를 규정한다. 도덕은 인간의 공동생활에서 선악, 정의, 불의 등에 대한 행위 기준을 인식하여 행위에 정당성을 부여해 준다. 하지만 니체의 관심은 정당화 과정에서 선이 진짜 선인지, 악이 진짜 악인지를 진지하게 의심해 봐야 한다는 것이다. 니체는 도덕 자체가 갖는 가치에 대한 진단 없이 도덕이 최고의 가치를 가진다는 전통에 의문을 던졌다. 니체의 도덕 철학은 기존 가치관에 내재된 모순과 그 본질을 밝히는 작업에서 출발하며 선(good)과 악(evil)이라는 용어의 실제 기원에 주된 관심을 가졌다.

우리는 일반적으로 선을 자기보다 남을 위하는 '이타심'으로, 악은 자기만을 위한 '이기심'으로 전제한다. 그런데 니체는 힘 있는 자의 가치 창조 권리를 선으로, 노예 도덕의 무기력하고 수동적인 가치를 악으로 추론했다. 니체는 선과 악의 개념의 어원을 귀족과 노예에서 찾은 것이다. 니체는 귀족이 자기규정을 하여 노예에게 할 일과 의무를 부여하고, 옳은 행위와 그른 행위를 구분하는 것을 선으로 보았다. 니체는 '힘에의 의지'가 없으면 세계의 객관성을 확보할 수 없게 된다고 믿었고 힘에 대한 갈망이 강렬했다.

니체의 '힘에의 의지'는 인간이 힘을 갖기를 원한다는 뜻이 아니라 힘의 의지가 인간을 움직인다는 개념이다. 이성적 자아가 규정한 높은 뜻을 지닌 자의 강함이나 약자들의 의식적 이성에 의한 열악함이 아닌, 무의식적인 자아의 열망에 의해 이끌리는 힘을 선으로 본 것이다. 니체는 선한 자는 무엇이든지 하고자 하는 바를 행하며, 그에 앞서 먼저 의욕을 가지고 살아간다고 했다. 니체의 선한 자는 신의 죽음을 선고했고 초인(Übermench)의 출현을 예고했다.

니체에게 자유는 새로운 가치를 창조하는 힘이고, 의지는 그 힘을 실현하는 자기 명령이었다. 니체는 인간의 이성, 감성, 지성은 자신을 강화하는 '힘에의 의지'의 실제적 도구가 된다고 했다. 이상적인 인간인 초인은 용기, 힘, 이기심, 거만, 잔인 등의 특성을 가진다고 했다. 진화론에서 영향을 받은 니체는 자연도태가 인간의 경우에도 가차 없이 적용되어야 한다고 믿었다. 인간은 '힘에의 의지'로 권위를 장악해야 한다고 주장했던 것이다.

니체는 부적합한 사람을 끊임없이 추려낸다면 궁극에 가서는 초인

인종이 등장하리라고 예측했다. 니체는 민주주의의 자유 사상이나 사회주의의 평등 사상 역시 무가치한 자와 약자를 옹호하며 힘에의 의지를 방해하기 때문에 무시되어야 한다고 보았다. 니체의 사상은 반민주적 독재를 숭배하게 되었고, 장차 역사상 최악의 전쟁으로 몰고 간 나치즘의 이론적 기초가 되었다. 기존 '진리에의 의지'를 니체가 '힘(자유)에의 의지'로 대체한 불행한 결말이었다.

니체는 자기 자신과 주위와 환경을 지배하는 '힘에의 의지'를 모든 현상의 근본으로 보며 양심의 가책은 마음의 병이 되는 나쁜 양심(bad conscience)으로, 마음의 자유를 주는 것을 선한 양심으로 보고, 주권적 개인에게 양심을 귀속시켰다. 니체는 자기 비움, 자기 부정, 자기 헌신과 같은 기독교의 가치를 '잔인성' 또는 '자가당착'의 나쁜 양심으로 비하했다.[64] 종교를 부적격자와 허약한 자를 위한 것으로 보며 자연도태를 방해하는 '진리에의 의지'의 종교는 제거되어야 한다고 했다.

나쁜 양심의 기원은 자발적이고 점진적인 것이 아니라 위반(breach), 도약, 또는 강박과 같이 아무도 막을 수 없고 투쟁할 수도 없으며 심지어 분노도 가질 수 없는 운명적인 것이라고 했다.[65] 그러나 성도는 전적인 자기 부정의 과정을 거쳐 그리스도를 구주로서 믿는 믿음으로 참된 자유를 누린다. 그리스도인의 자유는 전적으로 부패한 자아에 대한 인식, 즉 자기 부정에서 출발한다. 성도의 자기부정은 니체가 말하는 자기모순이 아니고 불가능을 가능케 하는 그리

---

64 Friedrich Nietzsche, 『On the Genealogy of Morality』(New York: Cambridge University Press, 1994), p. 64.

65 Ibid., p. 62.

스도를 아는 힘으로 승화된다.

하나님의 은혜로 인도받는 믿음의 공간에서는 인간의 자유에 대한 의지와 진리에 대한 의지가 양립 가능하다. 바울은 그리스도 안에서 일어난 변화, 즉 그리스도의 새로운 생명과 그와의 새로운 관계에서 자유를 얻었다. 바울은 주인 된 그리스도의 노예가 될 때 참된 자유를 누린다고 주장했다. 바울은 세상에서는 불가능했던 자유를 누리며, 깊은 지하 감옥에서도 기쁨으로 찬송과 기도를 할 수 있었다. 자신의 비움, 자기 부정, 자기희생은 그리스도 안에서 누리는 온전한 자유의 통로가 되는 것이다.

그러나 니체의 인생에 대한 네 가지의 근본적인 질문들은 기독교 세계관에 관해서 심오한 통찰을 제공한다. 첫째, 우리는 어떻게 진리를 알 수 있는가?, 둘째, 우리는 또 속을 것인가?, 셋째, 이상이 존재하지 않는 삶을 어느 정도 견뎌낼 수 있는가?, 넷째, 종교적인 존재는 항상 금욕적이어야 하는가? 기독교 세계관은 니체의 네 가지 질문에 대한 답을 그리스도 안에서 찾는다. 하나님 앞에서 죽을 수밖에 없었던 죄인이 예수를 믿는 믿음으로 말미암아 구원을 얻었다. 성도는 구원을 받은 자로 이타심과 자기 부인 및 자기희생적인 자아의 죽음으로 참된 자유를 누리며 살아가는 존재이다.

포스트모던 세계관

현대 문명은 기독교의 가치를 불편하게 여긴다. 상아탑에서는 성소수자, 페미니즘, 종교 다원주의 및 인권 등을 인류의 보편적 가치로 상향시키고 성경의 기준을 가부장적이며 전근대적인 것으로 폄훼한다. 성 소수자들은 주위의 불편한 시선에도 불구하고 자신의 정체성을 커밍아웃(coming out)하며 떳떳하게 자기주장을 한다. 세상은 이들의 위선적이지 않고 자신감 있는 모습에 환호한다. 지금까지 사회 관념상 치명적인 약점이었던 자신의 실체를 세상 앞에 밝히는 커밍아웃이라는 행위를 이 세대는 가식적이지 않은 정직하고 용감한 행위로 보기 때문이다. 커밍아웃 세대들은 그리스도인들의 이중성을 지적하며 겉과 속이 다른 거짓됨을 대놓고 조롱한다. 사실 커밍아웃해야 할 세대들은 교인들이다. 하나님의 자녀 된 자신의 정체성을 과감하게 드러내어야 할 그리스도인들이 음지에 숨어서야 되겠는가?

방송과 신문들이 실제적인 삶과 말의 일치가 없는 기독교를 사회적인 병폐나 적폐의 근원으로 내몰고 있어도 교계는 적절한 대응조차 하지 못하고 있는 실정이다. 1995년에 매사추세츠 대학교(University of Massachusetts)에서는 미국 최초로 괴롭힘(harassment)에 대한 지침을 발표했다. 여성, 소수 인종 집단, 임신한 학생, 에이즈 바이러스 보균자, 동성애자 등을 대상으로 하는 특정한 표현을 규제하기 위해서 만들진 지침이었다. 서로 다른 가치 기준, 문화 습관, 사용 언어, 종교 등에 대해 인격 모독적인 견해를 공개적으로 표현하지 말라는 지침이었다. 오늘날은 대부분의 미국의 교육 기관과 사회 기관에서 일반화된 법령이 되었다.

데이비드 웰스(David Wells)라는 신학자는 이러한 법은 소수 민족이나 약한 자들의 소외되는 것을 막을 수는 있지만, 정말 나누어야 할 필수적인 대화를 방해할 수 있다고 했다. 웰스는 법적 제제로 인한 인간관계의 단절이 더 심각한 문제들을 양산하게 될 것이라 경고한 것이다. 감수성이 왕성한 학창 시절에 생활 지침으로 말미암아 다양한 교류를 통해 인격과 지식을 배양하지 못하고 상대를 배려한다는 명분으로 그리스도의 생명 나눔의 기회가 없어진다. 대학과 초·중·고등학교에 다니는 우리의 자녀들도 서로 간에 무관심하게 사는 방법과 가치를 은연중에 습득하며, 점점 더 이기적인 인간이 되어 간다. 이러한 가치관으로 살아가는 사람들이 예수의 십자가의 복음을 제대로 깨닫고 실천한다는 것은 기적과 같은 일이다. 참된 그리스도의 사랑을 전하는 십자가의 복음이 원천적으로 차단되고 있는 실정이다.

이 세대는 복음의 가르침을 심각하게 생각하지 않는다. 과학적이며 합리적 이성을 따르는 불신의 지식인들은 성경을 받아들이지 않으며, 사후의 지옥 형벌의 메시지에 조금의 경각심도 없다. 복음을 전하면 지옥에 가든 말든 내 마음이고, 실제로 지옥에 가도 좋다며, 그 좋은 곳에 당신이나 가라는 답을 듣는다. 불신 지옥의 메시지가 먹히지 않는 것은 하나님의 능력이 없어서가 아니고, 전도하지 않아서도 아니며, 성도의 삶이 없기 때문이다. 어떤 이들은 한평생 험지에서 복음을 전하며 목숨까지 버리는데, 정작 교회는 복음의 능력보다 건물과 교권에 더 많은 관심을 가지는 실정이다. 신자들마저도 예수를 믿는 것을 죽고 나서 천국 가는 문제로 보고, 현실 세계에서는 세상의 방법과 지혜가 더 필요하다고 생각하는 경우도 있다.

형식적이며 의식적인 종교 생활로 만족하고, 사회와 직장에서는 물질과 명예를 위해 눈치 보고 사는 것이 신자들의 현실이다. 불신자들이 볼 때 신자들은 죽고 나서 살 곳도 준비해 놓고 살아서는 누릴 것을 다 누리는 존재들이며 천국에도 줄을 대고 세상에도 줄을 댄 기회주의자들일 수밖에 없다. 교인 중 10%는 이미 영적으로 죽었고 80% 정도는 잠들어 있고 나머지 10%만 살아 있는 것 같다는 어느 교회 성장학자의 진단이 예사롭지 않게 들리는 이유다. 믿음은 생명이 죽고 사는 일이 걸린 심각한 문제이다. 믿음은 악한 마귀와 싸워서 이기느냐, 지느냐의 문제이며 영생의 문제이다. 믿음으로 살기로 결단한 사람은 인생과 역사의 문제를 성경의 기준에서 봐야 해결할 방법을 찾을 수 있다. 성도는 믿음의 능력으로 말미암아 변화의 열매를 맺는 사람들이다.

철학자 리요타드(Lyotard)는 포스트모더니즘과 모더니즘은 시대나 사상의 단절이 아니라, 철학적 인본주의의 공통점을 가진 연속 선상에 있다고 주장했으나, 일반적으로 포스트모더니즘을 정의하는 일은 간단치 않다. 정의하는 주체의 관점에 따라 의미가 달라지기 때문이다. 정의 주체가 모더니즘, 기독교, 포스트모더니즘이냐에 따라, 또는 주체와 객체의 상호 이해의 관점 차이에 따라 달라진다. 모더니즘은 합리적이며 이성적인 보편타당한 거대 담론을 만들어 세계와 인간을 이해한다. 반면에 포스트모더니즘은 근대의 이성의 자기충족적 가치 기준을 해체(deconstruction)하는 탈근대화 운동을 시도했다.

모더니즘은 형이상학적인 전통적 권위를 내세우는 서방의 자본주의와 마르크스 사회주의 등 철학적 인본주의의 바탕이 되는 이성 중심의 세계였다. 모던 사회의 헤게모니를 가진 패권적 정치와 경제의 주체들은 모더니즘의 담론을 자신의 정당성을 억압적으로 표현하는 수단으로 사용했다. 모더니즘의 산물인 전체주의 또한 거대 담론이었다. 전체주의는 자신의 정당성을 모더니즘을 통해서 표방했고, 그것에 반하는 사람이나 그룹을 조종하거나 제거해 버렸다. 결국, 모더니즘의 이성은 믿음을 합리적 신념의 차원으로 추락시켜 버렸다.

모더니즘이 이성적 인본주의라면 포스트모더니즘은 영적 인본주의이다. 포스트모더니즘은 이성주의가 신봉하던 실제에 관한 주장, 보편성, 절대성의 개념을 해체하고 진리의 결정성을 인정하지 않는다. 인간의 사고, 판단, 삶의 양태를 결정해 온 기존의 지식 체계를 부정했다. 그 결과 혼합주의의 혼돈 속에서 표류하는 중이다. 포스트모더니즘은 하나님, 진리, 자아, 목적, 의미, 실제적 존재 등에 대한 부인도 긍정도 하지 않는다. 형이상학적인 실제론을 인정하지 않으며 언어와 사유로 해체한다. 포스트모더니즘은 언어, 관습, 종교, 사회, 문화 등 모든 영역에서 관용주의라는 미명하에 다원주의의 장을 열었다.

포스트모더니즘은 언어를 의미와 소리의 요소로 분리하며 새로운 가치관과 인생관을 표방한다. 언어를 의미 전달의 다양한 방법으로 수용하여 언어적 차이에 의한 인간의 자유를 다면적으로 해석했다. 포스트모더니즘은 전통 신학을 형이상학적이라 비판하며, 신학에 삶에 대한 성찰과 더불어 재귀적 인식과 경험을 포함하기를 원했다. 포스트모던 신학은 정통 신학이 표방하는 인식론의 철학적 폭력성을 무너뜨리고 다양한 문화와 상황을 고려하기를 원한다.

포스트모더니즘의 영향을 받은 페미니스트들은 신학을 남성 중심의 권력 구조를 해체하는 도구로 사용하여 자신들의 사회 및 정치적 지위 향상을 도모했고, 자기 그룹의 완고한 전제에서 성경을 해석하였다. 이런 점에서 페미니스트 신학 또한 자신의 인식론에 폭력성을 띠고 있다는 것을 부정할 수 없다. 일반적으로, 포스트모더니즘은 진리의 주장을 의심하며 실제의 사건을 지목한다. 포스트모더니즘의 무차별적인 도전을 받는 이 세대의 교회는 성경적 삶의 능력으로 극복해야 한다는 과제가 있다.

프랑스의 포스트모던 철학자 자크 데리다는 서양 철학의 진리관의 핵심 개념인 로고스 중심주의(logo-centrism)를 비판하며 해석에 의한 절대적인 의미와 객관성의 해체를 시도했다. 데리다는 과학적 추론과 논리적 추론의 중립성을 받아들이지 않으며 이성과 소리에 담긴 진리의 현존성을 거부했다. 즉, 데리다는 언어가 실체에 부합하는 고정된 의미를 가지는 것을 의심했다. 데리다는 언어의 토대로부터 존재나 사물의 본질을 찾을 수 있다는 모더니즘의 가정을 부인한 것이다. 데리다는 푸코와 같이 기호학을 사용하여 텍스트를 연구했으나, 텍스트의 언어적 기호가 가지는 의미는 동시에 다양한 해석을 낳는다고 보았다. 데리다의 사상체계는 현시대의 사회 이론과 관습, 조직과 법, 교육과 종교 등의 해석학에 상당한 영향을 끼치고 있다.

포스트모던 세계관 비평

   1980년대 동구권의 사회주의의 몰락과 한국의 민주화 운동과 소위 말하는 촛불 혁명은 탈권위를 표방하는 포스트모더니즘의 전형적인 현상이다. 포스트모더니즘은 인간에게 이해의 외연을 넓혀 보이지 않는 영역에까지 사고와 진리의 탐구 방법에 대전환과 수정을 요구했다. 우리 시대의 예술, 건축, 문학, 사상, 대중매체 등 다양한 영역에 포스트모더니즘의 풍성한 열매들이 맺히고 있는 것은 인간과 현상에 대한 깊이 있는 이해를 촉구한다는 면에서 상당히 바람직하다. 인간 이성의 자율성에 기반하는 면에서 포스트모더니즘도 모더니즘의 연장선 속에 있다고 보아야 한다.

   모더니즘의 인본주의는 기독교를 반이성적으로 보고 공격했지만, 포스트모더니즘은 기독교를 다원성 속의 한 개체로 본다. 모더니즘의 포괄주의는 포스트모더니즘에서는 개체의 형편을 살피는 계기가 되었고, 나와 다른 정체에 대한 이해를 증진하는 기능을 한다. 포스트모더니즘이 기독교를 지역적인(local) 기준에 두는 사실은 다양성 속의 기독교의 독특성을 인정하는 것이다.

   기독교의 독특성은 하나님의 절대 주권이 온 우주를 통치하는 성경의 보편성에 근거하고 있다는 데 있다. 그리스도인은 어떠한 처지에서도 능력의 심히 큰 것이 우리 안에 있다는 것을 믿는 자들이므로, 영적인 부분에 대한 보편성을 확실하게 확보하고 있으면 포스트모더니즘의 사상을 압도하지 않을 수 없다. 세상의 보편성과 성경의 보편성은 가치 기준이 다르므로 그리스도인들은 항상 충돌할 수밖에 없는 세계관에서 살아간다. 로마에서는 로마법을 따라야 한다는 사회의 논리와 세상의 법에 맞추어 살다가 보면, 하나님 백성이라는 정체성을 놓치기가 십상이다.

포스트모더니즘은 기독교를 로컬(local)의 영역에 두고 기독교와 교회에 심각하게 도전하며 약점을 찾으며 폄훼하므로, 성도는 이에 대비하여 확고한 정체성을 가진 세계관으로 무장해야 한다. 포스트모더니즘은 주관주의(subjectivism), 상대주의(relativism), 또는 다원주의(pluralism)로 무장하여 이 시대의 모든 영역의 담론을 주도하고 있다. 현대의 시류는 본질적으로 하나님의 존재를 거부하고 기독교의 언어를 무시하나, 성경은 기본적으로 신자와 불신자의 삶과 다양한 문화 또는 언어의 보편적인 길잡이가 될 수밖에 없다.

성경은 성령의 내적 조명으로 성경을 읽는 자에게 계시의 사건이 된다. 성경의 계시는 진리의 보편성을 가지기 때문에, '이것도, 저것도 아닌(neither/nor)' 포스트모더니즘의 모호한 가치에 통합적 충족성을 제공할 수 있다. 성경은 양보나 타협의 여지가 없는, 우리의 삶의 참된 기준인 하나님의 말씀으로 삶의 참된 기준이다. 성도의 문화와 상황에 대한 이해는 필수이지만, 어떤 상황에서도 실제적 삶의 기준은 초월적인 하나님의 말씀이다. 하나님의 말씀은 세상에서 복잡다단하게 일어나는 사건들과 삶에 대한 지표이고 인생을 변화시키는 능력이다.

성경의 해석과 적용은 그리스도 중심적이어야 하며, 성도는 죄성과 부족함을 인정하고 말씀을 숙지하며 이를 삶 속에서 실천하며 따라야 한다. 하나님의 전적인 은혜로 충만한 영적인 보편성을 유지해야 한다. 그리스도가 중심이 아닌 교회는 유지할 수 없다. 그리스도가 없는 제도적 기준만 중시하는 교회는 사명과 실천을 따르다 은연중에 세속화의 노정에서 벗어날 수 없게 된다. 세상의 기준도 충족시키지 못하고 하나님의 기준도 충족시키지 못하는, 말 그대로 '이것도, 저것도 아닌(neither/nor)' 모호한 기관으로 남을 수밖에 없을 것이다.

예수의 마지막 7일을 그린 〈지저스 크라이스트 슈퍼스타(Jesus Christ Super Star)〉라고 하는 록 뮤지컬이 있다. 중요한 배역 중의 하나가 가룟 유다이다. 유다는 예수를 돈 몇 푼에 팔고 목매달고 죽은 자이다. 뮤지컬에서는 유다가 죽었다가 혼령으로 나타난다. 그 혼령이 슬피 울부짖으면서 부르는 곡의 제목이, 〈Why didn't you tell me(왜 당신은 내게 말하지 않았습니까)?〉이다. "십자가에 죽으시고 부활하신 주님이 왜 나와 함께 있을 거라고 말하지 않았습니까? 그것을 내가 알았다면 왜 내가 예수를 팔았겠습니까?" 이렇게 슬피 울며 후회한다.

주님은 성도들과 함께하고 있다. 예수님이 보이지 않는다고 해서 없는 것이 아니다. 예수는 믿는 자들 안에, 그리고 그 가운데 있다. 과학적 사고를 하는 학자들도 이제는 보이지 않는 것이 보이는 것을 지배하는 시대가 된 것을 인정한다. 지구 중력의 법칙, 관성의 법칙, 가속도의 법칙이 그러하다. 로버트 리탐(Robert Letham)은 다음과 같이 말했다.

"우리는 아인슈타인이 공간/시간의 미터 장에서 에너지와 물질의 상호 교환성을 확립한 이래로 물리학의 발전에 의해 칸트식의 철학적 이원론이 치명적으로 손상되는 시대로 진입하고 있다. 결과적으로, 관측 가능한 것이 관측 불가능한 것에 의해서 해석되며, 이론과 경험적 증거가 서로를 필요로 하는 것이다. 현상적인 것과 본질적인 것 사이의 이원론이 폐기되었으므로 이제 더 이상 창조와 성육신의 성경적 교리에 적대적이지 않은 세계관이 출현하는 중이다. 그러므로 성육신에 합당한 중요성을 매기는 것은 신학적으로 옳을 뿐만 아니라 문화적인 호기이기도 하다."

포스트모더니즘은 이성의 합리성을 지닌 객관적인 기초를 파괴하고 근대의 거대 담론(meta-narrative)을 해체한다. 그러나 그 해체가 기독교 세계관에 기회를 제공하고 있다는 것에 주목해야 할 것이다. 포스트모더니즘이 표방하는 형이상학의 폭력성에 대항하고 해체하는 탈근대화의 급진적 요소를 통해 이성에 의해 조작되고 눌려 있었던 기독교의 진리를 되찾아 올 수 있는 세계관이 열린 것이다.

포스트모더니즘이 거대 담론을 해체할 수 있어도 성경의 담론은 해체할 수 없다. 그 이유는 성경은 초월적이며 영적인 그리스도의 왕국 담론(kingdom-narrative)이기 때문이다. 동시에 성경은 성도의 믿음과 삶의 기준, 모든 인생의 궁극적인 목적과 해결책을 제시한다. 그리스도의 왕국 담론은 어떠한 인본주의적 이론과 영성도 능가한다. 성도는 포스트모더니즘의 세계관을 비평할 수 있는 성경적인 영향력으로 무장해야 할 것이다. 성도는 진리 안에 거하고, 이를 전파하고 선포하는 사명을 슬기롭게 감당해야 한다.

자크 데리다의 세계관

　기독교 신앙에 대한 포스트모더니즘의 영향은 많은 학자에 의해 광범위하게 연구되었다. 그중에서 해석학 분야의 앤서니 티슬턴(Anthony Thiselton)은 소위, '포스트모더니티(postmodernity)'의 부정적인 영향을 다음의 세 가지로 요약한다. 첫째, 이성과 전통과 보편적인 진리에 대한 일반적인 의심, 둘째, 급진적인 다원주의, 실용주의의 무분별한 수용, 셋째, 내 그룹의 지역 기준에 대한 특권 부여이다.[66]

　그러나 기독교는 다른 종교와 다른 독특한 진리와 진리 주장 방법을 가진 특별한 종교라고 전제할 수 있다. 티슬턴이 염려하는 부분이야말로 오히려 다원적인 포스트모던 사회에서의 기독교 신학과 해석학의 기능과 역할을 정립하는 데 도움을 줄 수 있을 것이다. 세상의 기준이 기독교를 '지역적 기준'으로 본다고 할지라도, 기독교인들은 독특한 신앙과 지식이 궁극적으로 하나님의 왕국을 온전히 성취하

66　Anthony Thiselton, 『On Hermeneutics: Collected Works With New Essays』(Grand Rapids, M.I. and Cambridge, England: William B. Eerdmans Publishing Company, 2006), p. 634.

는 보편적 종말의 재림, 즉 파루시아(παρουσία)에서 메시아적 예언 성취를 믿는다. 이 점에서 포스트모더니즘이 제시하는 다양성과 복수성이 기독교의 보편성에 새로운 도전과 통찰력을 부여하며 성경 해석학을 발전시키고 풍요롭게 하는 중요한 재료가 되리라는 것을 알수 있다.

프랜시스 베이컨(Francis Bacon, 1561~1626년)은 일반적인 원칙이나 규칙 또는 법률과 같은 보편성에서 개별 법칙을 끌어내는 연역(삼단논법)을 사용하였다. 반면에 자크 데리다는 개별적인 것에서 일반적인 것을 끌어내는 귀납의 방법을 사용하여 최종 결론의 유도보다 다양성 속의 개별적 기준의 다름에 더 많은 관심을 두었다.[67] 개별성에 대한 강조가 통합의 시도를 원천 봉쇄하는 것은 아니다.[68]

데리다의 사상은 다양성만을 선으로 여기지 않는다. 데리다의 개별성은 합성적이며 폭력적인 통합을 배제하고, 다양성 가운데서의 초월적인 보편성을 추구하는 주요한 동인이었다. 데리다는 성 평등주의자, 동성애자, 식민지 주민, 공동체주의자 등의 소수자들이 연대를 추구할 때, 자기 편의 유익만 주장하는 나르시시즘에 빠지는 경향을 단호하게 거부했다.[69] 데리다가 말하는 개체 간의 연대는 자기그룹의 유익 추구보다 보편성을 향하는 방향성에서 이루어진다.

앤서니 티슬턴은 데리다의 저자에 대한 해체는 니체(Nietzsche)의 신의 죽음의 직접적인 결과라고 하며 케빈 벤후저(Kevin Vanhoozer)

---

67 Kevin Vanhoozer, 『Is There a Meaning in This Text?: The Bible, The Reader, and the Morality of Literary Knowledge』(Grand Rapids, M.I.: Zondervan, 1998), p. 39.

68 Ibid., pp. 39~40.

69 Jacques Derrida and Elisabeth Roudinesco, 『For What Tomorrow…: A Dialogue』(Stanford: Stanford University, 2004) p. 21.

를 인용한다.[70] 니체가 신의 죽음을 실제적인 죽음이 아니라 해석학적 죽음으로 본 것처럼, 데리다가 해체하고자 하는 대상은 저자가 아니라 쓰여진 글에 대한 독자의 형이상학적인 인식론이다. 데리다는 텍스트는 솔직하지 않은, 이른바 '투명하지 않은' 언어적 기호를 가진다고 했다. 어휘, 문체, 통사론의 어휘가 텍스트의 문학적, 문화적, 사회적, 개인적 맥락에 따라 각각 다른 의미의 산재(dispersion)를 일으킨다.

문장의 기호는 독자의 마음에서 번역되는 다양한 의미가 있다. 어떠한 텍스트도 단 하나만의 의미를 갖지 않고 여러 차원에서 파악될 수 있다. 해체는 여러 가지 숨은 의미를 탐색하는 과정이다. 해체론에 따르면 절대적인 것은 존재하지 않으며 단편적인 객관성은 있을 수 없다.

데리다는 결코 하나님을 해체 대상으로 삼지 않는다. 데리다가『그라마톨로지』도입부에서 하나님을 부존재 가운데 무한한 초월적인 기표(Transcendental Signified)로 대체하는 면을 보면, 데리다는 하나님을 상대화시키지 않는다. 오히려 데리다는 신의 죽음이 아닌 유한한 인간의 죽음에 의미를 두며 모더니즘의 인간 이성의 한계를 지적한다. 연약하여 죽을 수밖에 없는 인간의 유한성을 해체한 것이다. 이러한 관점에서 데리다는 죄성으로 말미암아 죽을 수밖에 없는 인간의 전적인 타락을 믿는 칼뱅과 핫지의 인간론과 일맥상통한다.

데리다는 포스트모더니티의 관점에서 항상 유대 전통의 신학에 관심을 두고, 자신의 철학적 관심을 보이지 않는 하나님의 현현에 두었다. 1980년대와 1990년대까지, 데리다는 구약의 내용에 집중하여

---

70 Thiselton, 『On Hermeneutics』, p. 634.

연구했고, 신학적인 주제와 논점에 더 많은 관심을 보인 것은 의심할 의지가 없다. 데리다의 저서인 『말하기를 회피하는 법: 거부(How to Avoid Speaking: Denials)』[71]의 도입부에서 자신의 글이 의사 소설(Pseudo-Dionysus)의 전통의 '부정 신학(negative theology)'은 아니라고 주장했지만 1992년 데리다 자신의 에세이가 실린 해럴드 코워드와 토비 포시(Harold Coward and Toby Foshay)가 편집한 『데리다와 부정 신학(Derrida and Negative Theology)』이라는 책의 제목에서 볼 수 있듯이 데리다는 하나님의 초월성의 현현에 깊은 관심을 가졌다.

후기 데리다의 저작물을 보면 대부분은 종교적 주제에 대한 명상이나 토론이다. 특히 『죽음의 선물(The Gift of Death)』(1995) 이후, 1998년에 잔니 바티모(Gianni Vattimo)와 함께 편집한 『종교(Religion)』에 기고한 글은 그를 급진적 종교 사상의 주요 인물로 등장시켰다. 특히 2002년에 출판된 질 아니자르(Gil Anidjar)가 편집한 『종교의 행위(Acts of Religion)』에는 데리다의 종교적 사상이 듬뿍 담겨 있다.[72] 또한, 앤서니 티슬턴, 조지 스타이너(George Steiner), 앤 제퍼슨(Ann Jefferson) 등과 같은 사람들은 데리다를 니체와 하이데거 이후 세속주의의 한 형태를 대표하는 서양 종교 전통의 해체로 이해했다.[73]

---

71 Jacques Derrida, 'How to Avoid Speaking: Denials' in Sanford Budick and Wolfgang Iser, eds., 『Languages of the Unsayable trans. Ken Frieden』(New York: Columbia University Press, 1989).

72 John D. Caputo, 『The Prayers and Tears of Jacques Derrida: Religion without Religion』 (Bloomington, Ind.: Indiana University Press, 1997); Susan Handelman, 『The Slayers of Moses: The Emergence of Rabbinic Interpretation in Modern Literary Thinking』 (Albany, N.Y.: SUNY Press, 1982); Walter Lowe, 『Theology and Difference: The Wound of Reason』(Bloomington: Indiana University Press, 1993); Graham Ward, 『Barth, Derrida, and the Language of Theology』(New York: Cambridge University Press, 1995).

73 George Steiner, 『Real Presences』(Chicago: Chicago University Press, 1989), pp. 119-

데리다는 2004년, 죽음을 통해서 초월적 존재를 만났을 것이다. 한평생 그 의미를 찾으려 노력했던 불가능성의 가능성이 자신의 죽음에서 완성된 것이다. 죽음은 살았을 때의 '글쓰기'를 대변한 '말하기'가 되었다. 우리의 언어는 하나님의 언어와 달라서 우리의 관점을 말한다. 한 개인의 세계관은 그의 관점의 개요일 뿐이므로, 참된 초월적 지식이 없이 인간의 지식과 경험의 한계를 뛰어넘는 어떠한 시도도 자기모순으로 드러날 것이다. 우리가 말할 수 없는 곳에서는 침묵밖에 없다.[74]

본래 언어는 우리 없이, 우리 안에서 그리고 우리를 앞서서 시작되었다. 인간의 언어가 제한되고 부정확하므로 하나님에 대한 묘사에 오류가 있다. 지금 여기에서, 우리는 하나님에 대한 말을 하기 위해 때로는 말을 피하거나 멈추어야 한다. 말하기를 연기한다는 것은 무책임한 행위가 아니라, 무엇의 옳고 그름을 따지기 이전의 책임과 헌신의 행위이다. 기독교는 하나님의 이름을 불경하게 만드는 일을 피해야 하고, 신성한 하나님의 역사적 사건을 기대하며 기다려야 한다.

데리다는 자신이 세상에 살고 있었을 때 "내가 할 수 있겠는가?" 또는 "예루살렘에 내가 있느냐?"와 같은 질문을 했다. 죽은 자는 말할 수 없으나 데리다는 '말하기'가 가능하지 않은 그곳에서는 더 이상 말하기를 연기하지 않을 것이다. 그는 살아있을 때 '글쓰기'로 자신에 대한 책임을 질 수 있었고, 그때 참된 초월적 지점을 추구했

23; Similarly, Anthony Thiselton, 『New Horizons in Hermeneutics』(London: Harper Collins, 1992), pp. 103-13; Ann Jefferson and David Robey, eds. 『Modern Literary Theory: A Comparative Introduction』, Second Edition(London: B. T. Batsford Ltd., 1986), pp. 112-19.

74 Roger Scrunton, 『Kant: A Very Short Introduction』, revised ed. (Oxford, England and New York: Oxford University Press, 2001), p. 132.

다. 그는 '부인할 수 없는 도발에 대해 피할 수 없는 거부(unavoidable denial of the undeniable provocation)'로 응답했다.[75] 데리다는 자신의 죽음과 동시에 자신이 이 세상에 살았을 때 그의 하나님에 대한 해석이 참인지, 아닌지를 알았을 것이다. 삶은 삶을 속일 수 없다.

---

75 Derrida, 'How to Avoid Speaking: Denials' in Budick and Iser, eds., 『Languages of the Unsayable』, pp. 14-6.

제3장

보편성과 개별성

중국의 사회 과학원 교수인 쑨거는 서구의 패권을 능가하는 중국의 세계 경영 정책의 토대를 세우는 보편성의 의미에 관심을 둔 중국의 지성인이다. 쑨거는 서구, 특히 미국의 가치가 세계의 보편성을 주도하는 것을 바람직하게 보지 않고 중국 및 동아시아의 보편성에 관한 연구를 하고 있다. 쑨거는 진정한 보편성이란 서로 다른 특수성을 연계하는 매개체이며 민중이 이 매개체를 통해 특정한 지역이나 나라보다 인류 전체에 행복을 전파할 수 있는 능력이라고 정의했다.[76]

　쑨거가 자기 조정 기능을 가지며 다양한 민족을 통합할 수 있는 중국 공산당의 보편성을 찾아 중국의 세계 전략을 세우는 작업을 하는 것은 분명하다. 쑨거는 중국 문화의 특성을 '매개체'로 보았다. 이 지점에서 서구 문명에 도전할 수 있는 중국적 사상의 위치를 '매개체'로 자리 잡은 것에 주목할 필요가 있다. 쑨거는 계몽주의의 보편성을 해체하고 개별의 언어적 독특성을 통합의 매개체로 사용하

76　월간중앙 『사람과 사람』, 2017. 03호.

는 언어학적인 해석학적 보편성을 주장하는 것이다.

평창 동계올림픽을 후원한 중국의 알리바바 그룹이 내건 슬로건은 "작은 것의 위대함(to the greatness of small)"이었다. 알리바바의 마윈 회장은 개별성에 우선을 두었다. 알리바바는 수많은 작은 기업의 이상을 실현하는 것을 돕는 것을 기업의 가치로 삼았으며 케냐(Kenya)의 아이스하키팀을 초청해 평창 올림픽에 참가시켰다. 마윈은 평등, 상호 부조, 호혜, 자유로운 세계 질서의 경영관을 가지고 경제적인 면에서 중국 궐기(蹶起)의 상징적인 기업을 이루었다. 그의 사상은 개별성의 아름다움이다. 그는 세계는 반드시 다름으로 인해서 아름답다고 말했다.

공산당원으로서 현 중국의 세계관을 선전하고 교육하기도 하는 마윈은 중국 공산당의 이념에 자유경제 체제를 도입시키는 작업을 감당하고 있다. 마치 박정희 시대의 부적절했던 '한국적 민주주의'라는 구호를 보는 것 같지만, 서구 중심의 보편성과 개별성의 기존 관계를 뒤집는(upside-down) 마윈의 시도를 의심할 여지는 없다. 보편성과 개별성의 연구는 격동하는 세계의 정치, 사회, 경제적 요인과 가치 체계와 영적 지형을 파악하는 데 도움이 되며, 특별히 기독교 신앙의 핵심적 가치를 깨닫고 파악할 수 있는 통찰력을 제공한다.

기독교의 독특성은 종말에 그리스도의 재림으로 완성되는 보편적 왕국이라는 점이다. 성도는 그리스도가 통치하는 왕국의 온전한 실현을 대망하면서, '지금-여기'서 그를 구주로 믿는다. 성도는 믿음 안에서 참된 초월적인 지점을 지목하며 하나님의 임재를 갈망한다. 즉, 기독교는 보이는 것과 보이지 않는 것을 포괄하는 보편성을 가진다. 종교적인 사람만 보이지 않는 세계를 의식하는 것은 아니다. 세상의 합리적인 이성을 가진 사람들도 보이지 않는 실체를 인정한다.

뉴턴의 중력의 법칙은 보이지 않는 힘이 눈에 보이는 세계를 지배하는 것을 증명한다. 아인슈타인(Albert Einstein, 1879~1955년)의 상대성 이론도 두 물질 사이에 존재하는 보이지 않는 힘의 실체에 대한 이론이다. 그런데 보이지 않는 하나님을 믿는 그리스도인들이 눈에 보이는 것에 무한정 집착한다면, 세상 사람들의 조롱거리가 되지 않겠는가? 성도는 주님이 함께한다는 영적 보편성을 믿는 사람들이다.

사도행전 27장에서 바울이 타고 가던 배가 파선되어 가라앉고 있는 와중에 한 말이 있다. "여러분, 걱정하지 마십시오. 내가 가이사 앞에 서야 합니다. 나는 로마로 가서 가이사 황제 앞에서 복음을 전해야 할 엄청난 사명을 지니고 가는 사람입니다. 하나님이 함께하시니 당신들도 무사할 겁니다. 걱정하지 마십시오." 바울이 이런 선언을 할 수 있는 것은 하나님의 진리가 객관적이며 보편타당하다고 믿었기 때문이다. 바울의 심령이 하나님의 보편성으로 충만했기 때문에 가능한 일이었다.

진리가 보편적이라면 모든 시대와 장소에서도 절대 타당한 객관성을 지닌다. 성경이 보편적이라면 성경은 누구에게나 적용되는 말씀이라는 뜻이다. 특히 복음이 보편적이라는 말은 기독교의 진리의 종말론적인 보편성을 의미한다. 종말에는 동시 발생(concursus)의 객관성이 있다. 재림의 순간에 일어나는 진리의 절대성은 영원할 것이다.

영국 글래스고 대학교의 성경 주석학자인 윌리엄 바클리(William Barclay, 1907~1978년)는 판단에는 세 가지 종류가 있다고 했다. 첫째는 다른 사람의 판단, 둘째는 자신의 판단, 셋째는 하나님의 판단이다. 세 가지 판단 중에서 가장 정확한 판단은 하나님의 판단이다. 하나님은 나의 마음의 생각과 동기와 계획까지 다 알고 있으므로 나를 가장 정확하게 판단할 수 있으며 또한 나에게 일을 맡긴 분이기 때문에 나를 판단할 자격이 있다.

하나님만이 최후의 판단자이며 심판자이다. 마지막 때에 예수 그리스도가 종말론적으로 완성하는 복음은, 새 하늘과 새 땅의 절대적 객관성을 지닌 보편적 진리가 될 것이다. 케빈 벤후저(Kevin Vanhooser)는 정치 체제가 다르고 경제 수준, 민족, 언어, 사상이 다른 차이를 그리스도 안에서 해결하기를 원했다. 서로 다름에도 불구하고 모든 세계가 복음을 받아들여 그리스도에게 전적인 헌신과 충성의 세상이 빨리 도래하기를 간절하게 고대한 것이다.[77]

---

77 Kevin Vanhooser, 'Evangelicalism and the Church' in Craig Bartholomew, Robin Parry and others, ed., 『The Future of Evangelicalism: Issues and Prospects』(Grand Rapids: Inter-Varsity, 2003), p. 84.

보편성의 의미

　보편성의 사전적 의미는 '모든 것에 두루 미치거나 통하는 성질'이다. 형이상학에서 '보편성(universality)'이라는 단어는 '개별성(particularity)'이라는 단어와 대조를 이루고, 형용사인 '보편적인(universal)'은 '개별적인(particular)'이라는 단어와 대조를 이룬다. 토마스 아퀴나스(Thomas Aquinas, 1224~1274년)는 신은 영원한 법칙에 위배되는 어떤 것에도 의욕을 가질 수 없다고 주장하며 신과 도덕 법칙을 동일시한다. 신앙과 이성의 조화의 맥락에서 아퀴나스는 신과 인간이 공유하는 이성적 법칙인 '자연법'이라는 개념을 등장시켰다. 아퀴나스의 보편성은 자연법을 매개로 인간은 윤리적인 측면에서 가장 선한 존재인 신과 일치될 수 있으며, 신앙의 매개가 없어도 도덕적으로 완전한 존재가 될 가능성을 내포한다.

　아퀴나스와 달리 프란체스코(Franciscan) 수도원의 존 둔스 스코투스(John Duns Scotus, 1265/66~1308년)는 아퀴나스의 "신은 영원의 법칙에 따라 의욕을 가져야만 한다."라는 주장을 신의 자유 의지를 부정하는 것으로 판단하고 받아들이지 않았다. 스코투스는 자연 체계는 하나님의 지성이 아니라 의지에 의존적이므로 자연법칙은 변할 수 있다고 주장했다. 스코투스는 인간이 이성을 사용하여 도덕과 행동 지침을 발견해도, 신의 의지가 개입해 명령과 의무로 변환되지 않으면 그것은 인간의 처세술에 불과한 것이라고 했다. 스코투스는 신의 영원한 법칙, 즉 자연법을 보편성으로 보지 않고 신의 의지 그 자체를 보편성으로 보았다. 스코투스의 보편성은 모든 개별적인 것들이 스스로 단일화하는 뚜렷한 '정체성[this-ness(haeceeitas)]'을 가지며 이루어진다.[78]

하나님은 모든 피조물을 통제하고 역사하는 분이기에, 성경의 특정한 인물의 흥망성쇠를 주관하지 않고서는 참된 복음의 보편성을 이룬다고 말할 수 없다. 인간은 하나님이 친히 창조한 개체로서 독특한 성향을 가진 하나님의 기뻐하는 존재들이다. 심지어 일란성 쌍둥이조차 모양과 성격을 다르게 만든 하나님은 인류 각자에게 "이 땅을 다스리고 정복하라. 바다의 고기와 공중의 새와 땅에 움직이는 모든 생물을 다스리라."라고 위임하였다(창1:28). 사실 하나님의 섭리는 모든 세상의 가치와 판단보다 궁극적이다. 칸트의 선험적 지식도 인간의 합리적 이성에 의한 추론일 뿐이며 하나님 나라의 실체를 지목할 수 없다. 하나님의 섭리는 하나님의 세계가 절대적이며 동시에 개별성과 보편성을 가지고 있다는 것을 보여준다.

해석학에서 보편성에 관한 최근의 연구는 두 개의 그룹으로 나누어진다. 첫째는 시간과 공간의 다양성을 인정하면서 상호 공동체 간의 대화(trans-community dialogue)로 보편성을 이룬다는 그룹과 둘째는 상호 공동체 간의 대화를 가능케 하는 보편적인 기준을 전제하는 그룹이다. 이러한 현대 철학의 보편성에 관한 상이한 관점은 이른

---

78 John D. Caputo, 『How to Read Kierkegaard』(London: Granta, 2007), pp. 16-7.

바 '믿음과 이성의 보편성에 대한 상반된 이해 방식' 때문이다.

성경의 보편성은 상호 개체 간의 대화로 이루는 보편성이 아니며 양분된 주체와 객체를 초월하여 이루는 보편성도 아니다. 하나님과 인간의 동시 발생적인 순간의 사건이다. 성경이 제시하는 보편성을 논하기 이전에 먼저 신학적 또는 철학적 관점에서 보편성을 이해하기를 원한다. 구체적으로, 칸트의 보편성과 가다머와 하버마스의 보편성과 개별성의 논쟁을 통해서, 개별성이 스스로 단일화하는 과정, 성격 그리고 기능을 살펴보면서 참된 보편성의 의미를 찾아본다.

순수 이성의 보편성

철학적 진리에는 두 가지의 종류가 있다. 하나는 이성의 진리이고 다른 하나는 사실의 진리이다. 이성의 진리는 필연적이고, 사실의 진리는 우연적이다. 필연적 지식은 자신의 원인이나 근거를 경험에서 찾지 않고 참된 지식의 근거로서의 선험적 지식을 말한다. 해당 지식을 표현하는 것의 진위를 경험에 의해서 결정할 수 있다면 후험적이지만, 그렇지 않다면 그 명제는 선험적이다. 칸트는 선험적으로 취해질 수 있는 지식은 절대적 필연으로 간주해야 하며 순수 이성은 객관을 선험적 지식으로 인식할 수 있다고 했다.

'선험적(a priori)'이라는 말은 과거의 사물이 과거에만 머물러 있지 않고 이상적으로 현재의 의식에 머물러 있는 것을 의미한다.[79] 그러므로 선험적 지식은 자연에서 유추한 경험이나 관찰을 거친 이해의 원칙이 아니라 모든 자연에 적용할 수 있는 초월적인 이해 원칙이 된다.[80] 선험적 지식은 어떤 것이 실제로 존재한다는 가정이나 경험적

---

79 Ibid.
80 Acton, 『Kant's Moral Philosophy』, p. 3.

인 전제가 없는 현재의 의식 속에 있는 지식이다. 어떤 지식이 경험이나 모든 감각의 느낌이 독립적이면 '선험적 지식'이다.[81]

로저 스크런턴(Roger Scruton)은 주관적이며 객관적인 연역을 통한 합성적인 선험적 지식이 가능하다고 말한다.[82] 경험을 필요로 하지 않는 순수한 추론에 의해 결론을 도출한 연역은 다른 특수한 원리에 대한 추리를 가능케 하며, 특정한 개념이나 범주에 적용할 수 있는 권리가 된다.[83] 우리가 인생의 경험에 의해 진리를 구분하지 않고, 경험이 전혀 없는 이성만으로 확증하고 지식의 양태로 이해가 가능하면 선험적 연역(transcendental deduction)이다.

선험적 연역은 논쟁에서 탐구 경험과 인식의 한계를 넘어서며, 초월적 영역을 선험적 지식으로 추론해 내는 것을 말한다.[84] 칸트는 선험적 연역을 자연 과학과 도덕법의 초월적 가능성을 확정하는 순수한 일차적 원칙으로 보며, 선험적 연역으로 보편성을 확보한다고 보았다. 이때, 이해는 경험의 원인을 찾기보다 경험 속에 내재되어 판단의 기능을 수행한다. 이러한 관점에서 선험적 논쟁과 경험적 논쟁은 확실하게 구분된다. 칸트는 선험적 지식으로 형이상학의 가능성을 활짝 열었다.

칸트는 순수 이성이 산출한 절대 이념이나 체계를 선험적 연역으로 추론했다. 그러나 선험적 연역은 이론에 불과할 뿐, 실현 가능성이 없다. 칸트는 선험적 지식으로 하나님의 존재를 증명한다. 경험이 없어도 만약 하나님이 존재한다는 것이 가능하고, 그것이 가능하다

---

81 Kant, 『Critique of Pure Reason』, p. 2.
82 『Kant: A Very Short Introduction』, p. 33.
83 Ibid.
84 Ibid.

면 하나님이 반드시 존재해야 한다는 것이 칸트의 선험적 지식에 의한 존재 주장이다.[85] 그러나 하나님을 선험적 연역으로 추론하는 것은 불가능하다. 선험적 연역은 주체와 객체의 합성으로 객관을 찾으나, 하나님과 인간이 합성의 대상이 될 수 없으므로 칸트의 합성적 객관성으로는 진리를 추구하는 인간의 믿음을 설명할 수 없다.

성경의 삼위일체 하나님과 인간의 관계를 선험적 연역으로는 도무지 설명할 여지가 없다. '내가 하나님이다'라고 주장하는 이단이나 거짓 선지자들은 합성적인 보편성을 사용하여 신과의 합일을 주장한다. 성경은 신인의 합성적 객관성을 인정하지 않는다. '하나님을 아는 지식은 타고난 것이고, 타고난 지식은 연구와 추론 과정을 통해 습득된 지식과 다르다'라는 핫지의 하나님을 아는 지식은 선험적이다. 그러나 핫지가 주장하는 이성의 본성에서 필연적으로 도출되는 '오류에서 자유로운' 하나님을 증명하는 귀납적인 신학 방법론은 후험적이다.[86] 무엇이 필연적인가를 결정하는 것은 경험이다.

주체와 객체의 이원성을 극복하기 위한 합성적 방법은 항상 상대로부터 반동을 일으키기 때문에, 이성적 판단에 의한 초월적 진리를 추구하는 노력은 반드시 진리와 동떨어진 결과를 초래한다. 칸트의 선험적 연역과 비교하면서 케빈 하트(Kevin Hart)는 데리다의 차연(différance)은 형이상학을 가능케 하지만, 형이상학에 의한 지식은 불가능케 한다고 진단했다.[87] 하트는 데리다는 차연의 개념으로 하나님을 사유했고, 데리다가 가지는 형이상학적 관심을 하나님의 '구

---

85 Acton, 『Kant's Moral Philosophy』, p. 3.
86 ST, v. I, 192.
87 Kevin Hart, 『The Trespass of the Sign: Deconstruction, Theology and Philosophy』 (Cambridge, England and New York: Cambridge University Press, 1989), p. 230.

원의 역사의 일부로 보이는 특별한 사건'을 지목하고 있는 것이라고
평가했다.[88]

---

88 Ibid., p. 231.

실천 이성의 보편성

    실천 이성이라는 말은 아리스토텔레스의 『니코마코스 윤리학(Nicomachean Ethics)』에서 나오는 '프로네시스(phronesis)', 즉 실천적 지혜에서 유래했다. 고대 철학에서 '프로네시스'는 병을 고치는 약을 의미한다. 칸트의 『순수 이성 비판(CritiqueofPureReason)』은 주로 자연 인식 능력을 다루지만, 『실천 이성 비판(Critique of Practical Reason)』은 도덕적 실천의 영역에 관여한다. 칸트는 순수 이성과 실천 이성을 대비하였지만, 둘을 양분할 수 있는 것으로 보지 않고, 순수 이성이 다른 의도와 관심에 따라 실제적인 영역에서 작동하는 것을 실천 이성이라고 했다.

    실천 이성은 실용적인 지식으로 인간의 행동과 태도에 보편적인 이성의 길을 열어준다. 실천 이성은 도덕을 보편적으로 타당하게 하는 도덕적 이성이다. 실천 이성은 불멸의 영혼, 신의 존재, 자유와 같은 궁극의 완전한 목적에 따라 의지를 규정하는 아포리아의 상황을 사유한다. 실천 이성은 더불어 사는 인간의 기본적 가치의 능력이며, 더 나은 것과 더 나쁜 것을 구별할 수 있는 이성의 비판 능력을 제한하지 않는다.

실천 이성은 종종 아리스토텔레스(Aristotle)에서 보는 것처럼 주어진 목적을 달성하는 수단으로만 제한되지 않으며[89] 이성의 실용적인 지식으로 이성이 실천적으로 될 수 있는 조건을 가르친다. 실천 이성은 한번 믿은 것을 변함없는 사실로 여기고 맹목적인 주장을 하지 않고 자신의 믿음에 비판적인 관여를 하며, 무엇이든 더 잘 알 수 있다는 절대적 객관성을 주장하는 교조적 이성이 아니다. 또한, 새롭거나 특별한 이성이 아니라 여전히 계몽주의가 지목하는 이성이다. 따라서 실천 이성은 계몽 과정에서 깨달음이 진전됨에 따라 자아의 유연성이 초래하는 갈등을 내포하게 된다.[90]

칸트는 '자유'를 '처음부터 경험에서 빌려온 것이 없는 순수한 초월적 개념'이라고 말하며, 이미 순수 이성(pure reason)에서 가능한 개념으로 보았다.[91] 실천 이성은 인간의 책임을 확보하며 자의식의 자유를 보장하는 기능을 한다. 자유는 자유로운 사고에 의해 생겨나서 의식화의 과정을 거쳐 지속해서 자유의 환경에서 번져 나간다.

많은 사람이 현대 미학의 전통적인 기준이 된 칸트의 『실천 이성 비판』을 모더니즘을 대표하는 거작으로 평가하고 있다. 실천 이성의 자율적인 자의식은 도덕적인 자유에 대한 숭고한 확신을 가진다. 자유는 행동, 애정 및 타인과의 대화와 분리된 순전한 공적인 지적 원칙이기 때문에 자기 방종이나 방탕한 삶과 상관하지 않는다. 실천 이성은 공공 이성이 실천적 자유를 유지할 때 실제적인 의식화(Enlightenment)가 달성된다고 본다.[92]

---

89 Ibid., p. 40.
90 Ibid., pp. 48-9.
91 Immanuel Kant, 『Critique of Pure Reason』(New York: St Martin's Press, 1965), p. 464.
92 Ibid.

자연에서 자란 열매의 단단한 껍질이 벗겨져 씨앗 속의 아주 작고 부드러운 씨눈에서 싹이 트듯이, 자유로운 성향의 바람이 불면, 그 씨앗은 민중의 정서를 뒤흔든다.[93] 자유와 용기로 무장한 의식화된 사람은 공공복지와 평화를 위한 '잘 훈련된 정예 부대(well-disciplined and numerous army)'가 된다.[94] 자유로 촉발된 혁명은 지속적인 개혁을 위한 용감한 지혜(dare to be wise)를 동반해야 한다. 칸트(Kant)는 용감한 지혜는 지속적인 개혁을 이룬다고 했다.[95] 혁명은 전제적 독재 정권과 약탈적 권력에 종지부를 찍을 수는 있지만, 사고의 혁신은 단번에 이루지 못한다.

혁명은 사회 구조를 극적으로 변화시킬 수는 있지만, 인간 스스로 사고를 개혁할 능력은 없다. 인간의 사고방식을 바꾸는 것은 사회를 혁명하기보다 더 어렵다. 혁명의 이데올로기가 강하게 인간의 용기와 지혜를 충동할지라도, 인간의 마음은 합당한 합의 없이 변할 수 없다. 의식화는 인간의 자아의식에서 출발한다. 르네 데카르트(René Descartes, 1596~1650년)는 자명한(self-evident) 지식은 모든 것을 의심하는 비판적 사고로부터 시작한다고 했다. 데카르트가 "모든 것을 의심(doubt everything)하라."라고 했다면, 칸트는 "깨달음을 얻기 위한 용기를 가져라(have courage to make use of your own understanding)."라고 설파했다.

한스 가다머(Hans-Georg Gadamer, 1900~2002년)는 실천 이성을 기

---

93 Immanuel Kant, 'An Answer to the Question: What Is Enlightenment?', in Mary J. Gregor, ed., 『Practical Philosophy』(Cambridge, England: Cambridge University Press, 1996), p. 22.
94 Ibid.
95 Ibid., p. 18.

술적 이성이 아닌 보편적 이성으로 보며,[96] 절대적이며 교조주의적인 합리성과 구분한다. 가다머는 보편적 이성인 실천 이성으로 해석학적 보편성의 개념을 수립했다.[97] 가다머는 칸트가 말한 이성의 비판적 기능을 수용했다. 예를 들면, 혁명과 같은 사건에서 대중들이 급격하게 사려 없는 무리로 변하는 일을 편견이라는 관점으로 이해했으며, 인간은 궁극적으로 현명하고 자유로운 사고를 제한하는 편견을 갖고 있다는 사실을 전제했다.[98]

가다머의 철학적 방법론은 인간의 합리적 이성이 편견을 지배한다는 칸트의 사고체계를 뒤집었다. 그러나 계몽주의의 신조인 "용감한 지혜를 가져라(dare to be wise)."라는 칸트의 자유 사상은 받아들였다.[99] 가다머의 편견 개념으로 가다머는 위르겐 하버마스(Jürgen Habermas, 1929년~)와의 격렬한 논쟁에 빠진다. 가다머의 실천 이성은 해석학적 관점에서 어느 하나가 다른 무엇보다 더 우월하거나 열등하지 않다고 보았다. 이 세상에서 함께 사는 인간 사회에는 서로 다른 편견이 있을 뿐이라는 것이다.

가다머는 인간 이성은 무엇이 더 좋고 나쁜 것을 결정하는 위치에 있지 않고, 인간이 가지는 편견, 권위, 특정 시간과 장소 그리고 전통과 같은 것이 인간을 이해하는 필수적인 자료가 된다고 했다. 가다머는 인간의 이성이 편견에 사로잡혀 있기 때문에 칸트의 '용감한 지혜'가 절실히 필요하다고 말했다. 즉, 가다머는 우리의 세대가 가지고

---

96 Gadamer, 『Praise of Theory』, p. 79.
97 Gadamer, 'Science as an Instrument of Enlightenment', in 『Praise of Theory: Speeches and Essays』, p. 79.
98 Ibid., p. 55.
99 Ibid., p. 17.

있는 기술의 진보에 대한 망상이나 해방적 이상향에 대한 편견들을 반성하기를 원했다. 깊이 있는 지혜를 가지고 대담하게 용기를 내어서 이를 극복할 수 있어야 한다고 말했다.[100]

지배가 아닌 미학적 방식의 가다머의 해석학적 보편성 또한 계몽주의의 자유로 가능한 것이다. 여기에서 가다머의 자유는 언어적으로 표출된다. 그러나 데리다는 이성에 반한 혁명과 같은 일은 인간의 언어로 묘사되는 순간, 이미 언어의 내적 부서의 방해로 인해 결국 이성 안에서 인식된다는 사실을 직시해야 한다고 경고했다.[101] 데리다는 가다머의 언어적 보편성의 한계를 지적하며 인간의 자기의식 내부에서의 자유는 개별성과 보편성을 통일되게 하고, 항상 자기 확신과 책임 의식이 동반되는 사건으로 보았다.

---

100 Ibid., p. 79.

101 Jacques Derrida, 『Writing and Difference』(Chicago: The University of Chicago Press, 1978), p. 36.

하버마스와 가다머의 보편성

하버마스는 자신의 저서 『가다머의 진리와 방법에 대한 소고(A Review of Gadamer's Truth and Method)』[102]와 『사회 과학의 논리(On the Logic of the Social Sciences)』[103]에서 가다머의 해석학적 방법론을 비판했다. 가다머는 『해석학적 성찰의 범위와 기능(On the Scope and Function of Hermeneutical Reflection)』(1967)[104]과 『해석학적 문제의 보편성(Universality of the Hermeneutical Problem)』[105]이라는 기사로 하버마스에게 답했다. 이후, 하버마스는 『보편성에 대한 해석학적 주장(The Hermeneutic Claim to Universality)』[106]에서 가다머의 해석학적

102 Jürgen Habermas, 「A Review of Gadamer's Truth and Method', in Brice R. Wachterhauser, ed., Hermeneutics and Modern Philosophy』(Albany, New York: State University of New York Press, 1986), pp. 243-76.

103 Jürgen Habermas, 『On the Logic of the Social Sciences』(Cambridge, Massachusetts: MIT Press, 1996).

104 Hans-Georg Gadamer, 「Philosophical Hermeneutics, David E. Linge, ed. (Berkeley, California: University of California Press, 1976), pp. 18-43.

105 Hans-Georg Gadamer, 'Universality of the Hermeneutic Problem', in David E. Klemm, ed., 「Hermeneutical Inquiry, v. 1: The Interpretation of Texts』(Atlanta, Georgia: Scholars Press, 1986), pp. 173-89.

106 Jürgen Habermas, 'The Hermeneutic Claim to Universality', in Bleicher,

전제를 뒤엎었다. 일련의 논쟁 과정에서 성찰의 힘(power of reflec-tion), 비판적 이성(critical reason), 편견(prejudice), 전통(tradition), 권위(authority) 및 언어학(linguistics)에 관한 주요한 주제들이 다루어졌다. 논쟁에서 가다머의 논점이 '진리를 가능케 하는 것은 무엇인가?'였다면 하버마스는 해석학을 일련의 체계적인 과학으로 보며 '진리가 무엇인가?'의 질문을 했다.

논쟁의 본질은 서로 다른 보편성에 대한 정의에 있다. 앤서니 티슬턴(Anthony Thiselton)은 보편성을 이루는 모델을 쉴라이에르마허(Schleiermacher) 모델, 폴 리쾨르(Paul Ricoeur) 모델, 한스 가다머(Hans-Georg Gadamer)의 다면적 모델, 사회 비평 모델 등으로 나누었으나, 일반적으로 이를 두 가지의 부류로 분류하기도 한다. 하나는 보편성(universality)의 고전적 의미를 붙잡고 있는 사회-비판적(socio-critical approach) 접근 방식이며, 또 다른 하나는 상호 공동체를 위해 보편적 기준을 유보하는 상황-상대적(context-relative approach) 접근이다.[107]

사회-비판적 접근은 보편적 기준으로 말미암은 계급 간의 입장 차이에서 오는 갈등을 고려한다. 이 견해는 개체는 지적 결함이 있으며, 상호 간의 이해 부족으로 결국 인간 사회의 보편적 기준을 지각하지 못한다는 하버마스의 방법론이다. 하버마스는 인간의 양심과 객관성이 쉽게 연결될 수 없기에 변증법적 의사소통 방식을 통하여 '주관-객관의 격차 간(subjective-objective dichotomy)'의 보편성을 제

『Contemporary Hermeneutics』, pp. 181-211.

107   Anthony C. Thiselton, 『New Horizons in Hermeneutics』(Grand Rapids, Michigan: Zondervan Publishing House, 1992), pp. 4-8.

시한다. 주관과 객관의 간격을 연결하는 상호 소통(communicative action)을 가능케 하는 하버마스의 변증법 또한 후기 계몽주의의 이성의 틀 속에서 기능한다.

후자인 상황-상대적(context-relative approach) 접근은 가다머의 방법론이다. 인종, 지역, 언어, 문화 등의 차이를 특이함 또는 편견으로 보는 상황화 또는 문화적인 접근이다. 가다머는 후기 계몽주의의 사상적 이성주의가 지닌 선입관을 비판하였다. 가다머는 진리를 파악하는 수단이 되는 '방법(method)'을 진리(truth)보다 우선하는 해석 방법을 도입했다.[108] 진리를 아는 방법을 매개체로 보편성의 가치를 추구하였다.

가다머는 '맛(taste)'과 '패션(fashion)'을 구분하며 보편성과 개별성에 대한 논점을 설명했다. 가다머에 의하면 '맛'이 추구하는 보편성은 경험적인 보편성과는 근원부터 다르다.[109] 경험적 보편성은 사회와 같은 전체의 영역을 '패션'으로 변화시키며, '패션'이 사회의 전 영역을 일정하게 주도한다. 그러나 '맛'은 이것 또는 저것의 색다른 '아름다움'을 맛보며 서로 다른 '맛'을 인식하면서 전체로 향하는 보편성을 성취한다. '패션'이 일정한 폭력성을 가진 데 반해, 선한 '맛'은 개별의 독특성이 누리는 자유와 우월성을 소유한다.[110]

가다머는 전체를 하나로 보는 것이 아니라 전체를 향한 각 개성, 그 자체의 진보를 지향하는 미학적 보편성을 추구한 것이다. 존 듀이(John Dewey, 1859~1952년)도 보편성을 선한 '맛'인 '아름다움'에서

---

[108] Hans-Georg Gadamer, 『Truth and Method』, Second revised ed. (London: Sheed and Ward, and Continuum Publishing, 2004), p. 3.

[109] Ibid., p. 33.

[110] Ibid.

찾았다. 듀이는 질(quality), 양(quantity), 관계(relation), 양식(modality) 등 네 가지 관점에서 아름다움에 대해 논하였다.[111] 가다머와 듀이의 아름다움에 대한 이해는 칸트의 미학과는 다르다. 칸트는 '맛'의 판단은 주관적이며 오히려 쾌락의 감정에서 연유한다고 보았지만, 가다머는 '맛' 또는 아름다움의 미학적 가치를 의미론(semantic)이 아닌 구문론(syntactic)의 관점에서 이해했다.[112] 예술이나 문학 등을 구문론적으로 이해하며, 작가들은 자신의 의도나 목적보다는 그곳을 지향하는 과정에서 자유와 창의력을 생성한다고 본 것이다.[113]

---

111 Richard Rorty, 『Objectivity, Relativity, and Truth』(Cambridge, England, and New York: Cambridge University Press, 1991), p. 17.

112 Ibid.

113 Immanuel Kant, 『Critics of Judgement』(New York: Prometheus Books, 2000), p. 78.

가다머의 지평의 융합
(*fusion of horizon*)

    가다머는 자신의 저서 『진리와 방법(Truth and Method)』에서 진리의 해석 방법과 이해의 본질을 제시했다. 가다머는 현대의 전통적인 해석학에 두 가지 중요한 도전을 하였다. 하나는 자연 과학을 기반으로 한 현대 인문학의 방법론을 비판했고, 다른 하나는 텍스트는 저자의 원래 의도를 찾음으로써 이해할 수 있다고 주장하는 쉴라이에르마허(Friedrich Schleiermacher, 1768~1834년)와 딜티(Wilhelm Dilthey, 1833~1911년)가 대표하는 독일 합리주의 해석학에 문제를 제기했다.

    가다머는 진리의 객관성은 진리의 의미를 이해하기 위한 적절한 조건을 찾아야 가능하다고 했다. 가다머는 딜티가 아는 자(knower)의 역사적 내포성을 고려하지 않았다는 것을 지적하면서, 딜티의 이해 방식인 '공감(empathy)'의 개념을 받아들이지 않았다. 또한, 가다머는 딜티나 쉴라이에르마허처럼 심령의 상태의 재구성을 요구하지 않았다. 가다머는 텍스트의 현재에 대한 적용과 해석자를 포함한 주체와 객체가 전체에 통합되는 과정에서 '이해'의 참된 의미를 찾았다.[114]

---

[114] Gadamer, 『Truth and Method』, pp. 234-73.

가다머의 주체-객체 통합(subject-object integration)에 대한 통찰은 마틴 하이데거(Martin Heidegger, 1889~1976년)의 인간 존재에 대한 시간 분석(temporal analytics)에서 나왔다. 하이데거는 세상에 있는 존재(being-in-the-world)를 다자인(Dasein)으로 보고 '이해'를 다자인의 존재 양식(Dasein's mode of being)으로 설명했다.[115] 하이데거는 인간은 사회(공유)적이며, 본질적으로 우주적인 통합을 이루는 존재로 보았다. 하이데거의 관점은 "내가 우리며 우리는 나다(an I that is We and a We that is I)."이다. 이러한 면에서 하이데거를 따르는 가다머는 '이해'를 단순한 주체의 행동 양식으로 보지 않고 '존재 그 자체의 방식(the mode of being of There-being itself)'으로 정의한다.[116]

가다머의 이해는 단순한 방법이 아니었고, 세상에 속한 인간의 전체의 경험이었다.[117] 가다머는 『진리와 방법』의 마지막 단원(III.c)에서 해석학의 보편적인 관점을 다루었다. 그곳에서 가다머는 헤겔(Hegel)의 확고한 보편성(concrete universality)을 '지평의 융합(fusion of horizon)'의 관점으로 재해석했다. 지평의 융합은 항상 자신의 특수성과 상대의 개별성을 극복하는 해석학적 방법이다.[118] 서로 다른 면이 하나의 지평으로 융합되어 보편성을 이루는 이해의 양태(mode of understanding)이다.

가다머의 '지평의 융합'은 실용주의를 상대주의로 볼 수 없듯이, 주체와 객체를 포괄한다는 면에서 상대주의가 아니다. 하나의 이해의 양태(mode of understanding)로서 '지평의 융합' 그 자체가 보편성을

---

115 ibid., pp. 290-8.
116 Ibid., p. xxvii.
117 Ibid., p. xi.
118 Ibid., p. 304.

확보한다. 가다머의 이해는 합성에 의하여 서로 다른 개체의 정체성을 제거 또는 소멸하지 않는다. 가다머의 해석학은 개체의 충돌이 발생하는 상황화나 문화적인 영역에서 보편성을 찾는다.

가다머의 '지평의 융합(fusion of horizon)'은 언어적이다. 하버마스가 가다머의 방법이 상대주의적이라고 비판했을 때, 가다머는 세상에서 겪는 우리의 경험은 언어의 경험인데, 현실 속의 언어적 삶을 상대적으로 보는 것은 부적절하다고 반격했다.[119] 가다머는 언어, 민족, 지역, 문화 등 서로 다른 개체를 이해하는 과정 그 자체를 보편성을 찾는 매개체로 보며, 각 개체가 독특하든지 또는 편견이 있다고 했다. 가다머는 언어야말로 '지배와 착취'의 권력을 추구하는 정치적 이데올로기를 해체하는 기능을 한다고 강변했다.[120] 가다머는 언어성(linguisticality)을 자유의 개념과 연관시키며 계몽주의의 자유는 오직 언어(linguistics)로만 가능하다고 주장한 것이다.

따라서 가다머의 보편성은 언어에서 오는 자유로 이룰 수 있다. 말을 하는 바로 그 때, 표현된 언어가 가치를 유지하는 기능을 하며, 대상을 상대화하거나 대상과 혼합되지 않으면서도 말의 소리에 의미적 가치가 담긴다. 언어는 인류의 누구나 세계의 경험을 분명하게 표현할 수 있는 도구이다. 언어에 의해 개별적 개체와 보편적 가치가 '융합(fusion)'의 형태로 표출된다.[121] 가다머는 언어가 노동이나 지배와 같은 실제적 사회적 차원과 분리되어 있지 않기 때문에 보편적 기능을 한다고 했다. 사회학에서도 해석학과 동일한 방식으로 보편성

---

119 Ibid., p. 550.
120 Ibid.
121 Ibid.

이 이루어지며 상호 유기적 관계가 있다고 보았다.

가다머의 이해 과정에서의 보편성은 상호 내재적 양태(intersubjective mode)로 관찰된다. 상호 내재성은 실체가 분명한 객체와 주체의 작용 과정에서 양편이 분리되지 않고 상호작용을 하며 이원론을 극복한다. 가다머는 상호 내재적 관계를 어떤 새롭고 특별한 관계라기보다는 일상의 문화와 사회생활에서 사람들의 상호 교통에서 공통적으로 이해하고 행동하는 일련의 메커니즘으로 보았다. 상호 내재성은 주체가 타자에서 실현되는 하이데거나 마틴 부버(Martin Buber, 1878~1965년)의 『나와 너(I and Thou)』, 그리고 깊은 명상으로 이 개념을 발전시킨 『타자로서의 인간(Oneself as Another)』의 저자 폴 리쾨르(Paul Ricouer)의 실존주의적 이해에서 볼 수 있다.[122]

---

122 Martin Buber, 『I am Thou』(New York: Scribner, 2000); Paul Ricoeur, 『Oneself as Another』(Chicago: The University of Chicago Press, 1992).

가다머의 편견, 전통 및 권위

　가다머의 '이성'은 맹목적으로 자신의 신념이 진실인지, 아닌지를 주장하기 전에 자신의 신념에 비판적으로 참여한다.[123] 여전히 계몽주의의 이성이지만, 항상 모든 것을 아는 절대적인 이성의 독단적인 형태가 아니다. 가다머는 이성의 독단성을 지적하면서 이성이 가지는 편견을 인간 이해의 중요한 요소로 간주한 것이다. 듀이가 '이성'을 '습관'과 '의지'로 설명한 것처럼, 가다머는 연속적인 자기 깨달음의 과정에서 나타나는 우발성을 '이성'과 연관시킨다.[124]

　듀이와 가다머 모두 계몽주의의 사상가지만, 형이상학적인 일방적인 계급을 조장하는 이원론을 거부한다. 가다머는 독일 낭만주의가 절대 이성과 구분되는 편견의 개념을 가지고 있기는 하지만, 철학적 폭력을 초래하는 이원론적인 면이 있다고 보았다. 가다머는 낭만주의의 절대적인 이성 또한 '로고스에 의한 신화 정복의 의도(the

---

123　Gadamer, 『Praise of Theory: Speeches and Essays』, pp. 48-9.
124　Ibid.

schema conquest of mythos by logos'라고 비판했다.[125]

가다머는 권위는 교조적 힘에 근거하지 않고 인식에서 출발하며 전통도 권위의 한 형태라고 말했다.[126] 한걸음 더 나아가 가다머는 전통을 보존하는 일도 자유에서 선택된 혁명이나 개혁에서처럼 동일한 이성이 하는 일로 보았다.[127] 같은 맥락에서 가다머는 인간의 전통에 대한 지나친 신뢰, 인간의 권위에 대한 자신감, 또는 인간의 독단적 판단으로 파생하는 편견을 전제하는 이해를 시도했다.[128] 가다머는 인간과 사회의 편견이 완전히 끝나지 않고 지속되고 있다고 할지라도, 실천 이성에 의한 합리적 지식에 의해 편견은 정당화되어야 한다고 주장했다.[129]

가다머의 권위와 전통, 편견의 역사성에 대한 해석학 또한 계몽주의의 사조가 하는 일이다. 가다머는 아무리 잘 확립된 신학이라 할지라도 신학의 전통과 권위에 있어 역사적 또는 문맥상의 편견을 가정하지 않을 수 없다고 했다. 17세기의 칼뱅주의와 18세기의 스코틀랜드 상식 철학(Scottish Common Sense Realism)의 영향을 받은 19세기의 신흥 미국 신학이 처한 시대적 편견은 다음과 같다.

첫째, 스코틀랜드 상식 철학이 널리 퍼지면서 미국의 실용주의가 부상했고, 둘째, 다윈의 진화론이 도입되었으며, 셋째, 미국인의 삶과 문화에 다양성이 나타났고, 넷째, 성경에 대한 역사적인 비평이

---

125 Gadamer, 『Truth and Method』, p. 242.
126 Hans-Georg Gadamer, 'Rhetoric, Hermeneutics, and the Critique of Ideology: Metacritical Comments on Truth and Method', in Kurt Mueller-Volmer, ed., 『The Hermeneutic Reader: Texts of the German Tradition from the Enlightenment to the Present』(New York: Continuum, 19920, p. 280.
127 Ibid., p. 282.
128 Gadamer, 『Truth and Method』, pp. 277-9.
129 Ibid, p. 242.

등장하였다.[130] 이러한 미국적 상황에서 핫지는 성경의 권위를 주창하며 프린스턴 중심의 신학을 주도했다. 세상은 편견이 있으나 하나님의 말씀은 진리이다. 성경의 보편성은 시대와 공간을 막론한다.

앤서니 티슬턴(Anthony Thiselton)은 "성경의 권위는 항상 존재론적으로 주어진다. 그 근거는 하나님의 주권과 은혜로부터 오기 때문이며, 또한, 믿는 독자가 이 권위에 순응하여 삶으로 살아가며 효과적인 의사소통적 사건이나 행위로써 확실한 열매가 드러난다."라고 했다.[131] 다시 말해서, 성경의 권위는 성경이 가지는 일방적인 폭력성에 있지 않고, 성경이 하나님의 말씀 됨의 권위이다. 또한, 성경의 권위는 진리인 성경이 우리의 생각과 삶에서 구체적으로 실천될 때 성립된다고 했다. 티슬턴은 계속해서 다음과 같이 말한다.

"지혜서(특히 욥기와 전도서)를 보면 하나님은 독자들에게 쉽고 먹기 좋게 포장된 '응답'을 주지 않고 지속적인 탐구와 끊임없는 대화 및 다성적인 담론을 전개한다. 예를 들면 욥기에서, 욥뿐만 아니라 욥의 친구들은 이미 포장해서 주어진 '대답'을 하지 않았다. 하나님은 서로 다른 사람들의 말을 통해서 다중적인 그림을 만들어냈고, 성경에 모든 요소가 추가되어, 모든 상황이 접목되는 전체의 그림으로 계시되기를 원했기 때문이다."[132]

티슬턴은 폴 리쾨르(Paul Ricœur, 1913~2005년)의 자유 구상의 창조

---

130 Stewart, 'Introducing Charles Hodge to Postmoderns', in Stewart and Moorhead, eds., 『Charles Hodge Revisited』, p. 35.

131 Thiselton, 『On Hermeneutics』, p. 632.

132 Ibid., p. 633.

적 언어가 독특한 다면성을 가진다고 말하며, 때로는 다면성이 성스러운 계시의 현현이 될 수 있다고 보았다.[133] 티슬턴은 주어진 명제나 제도 또는 교훈으로 권위가 결정되는 것이 아니라고 했다. 참된 성경의 권위는 준비된 마음이 신령한 사건을 기대하며 진정한 씨름과 탐구 및 추구를 할 때 나타난다고 말한다.[134]

성경은 하나님이 독자의 의지와 희망을 들어주는 조작 가능한 도구로 전락할 때 그 권위를 상실한다. 성도들이 매일의 삶에서 성경적 삶이 실천될 때 성경의 참된 권위가 서게 된다.[135] 교회의 전통과 권위는 구성원의 삶 속에서의 실천되는 성경적 삶으로 검증된다는 것을 명심해야 한다.

19세기 미국 개혁 신학자인 핫지도 성경 해석 그 자체는 진리가 될 수 없다고 했다. 해석은 진리의 근원을 추적하는 일종의 방법이기 때문에 오류가 있다는 것이다. 나중에 해석이 잘못된 것으로 판명이 나면, 오랫동안 확신을 갖고 수용한 해석이라 할지라도, 과거에도 그랬듯이 미래에도 계시의 하나님과 성경의 교훈을 조화롭게 하기 위해 수정 또는 폐기해야 한다.[136] 이 경우 부적절한 해석은 편견으로 판명 난다. 그러나 인간의 편견과 잘못된 해석으로 성경 자체의 권위는 손상을 입지 않는다.[137]

---

133 Ibid., p. 635.

134 Ibid., p. 633.

135 Paul Ricoeur, 『Freud and Philosophy: An Essay in Interpretation』(New Haven, Connecticut: Yale University Press, 1970), pp. 7-8.

136 ST, v. I, 59.

137 ST, v. I, 573.

하버마스의 『의사소통 행위 이론
(The Theory of Communicative Action)』

가다머는 인간 이성의 근본적인 본질을 편견으로 보고, 이해의 객관성을 상호 내재성에서 찾았다. 하버마스는 가다머의 상호 내재성을 객관성을 결여한 상대적 관념론(relative idealism)이라고 비판하며, 가다머의 편견, 전통, 권위에 대한 이해를 객관적인 이성으로 새롭게 정비할 것을 제의했다.[138] 양쪽 다 분명히 계몽주의에 토대를 두지만, 하버마스와 가다머의 철학적인 관심은 본질적으로 달랐다.

하버마스는 자신의 저서 『사회 과학의 논리(On the Logic of the Social Sciences)』에서 성찰을 초월적, 사회학적, 역사적인 세 가지의 유형으로 구분하였다. 하버마스는 그중에서 가다머의 해석자인 주체와 대상인 텍스트 간의 상호 내재적 방법은 성찰의 역사적 유형이라고 했다.[139] 가다머의 관점은 성찰적 사고가 이미 역사적 언어에 반영되어 있고 언어에서 해석의 보편성이 이루어진다고 했으나, 하버

---

138 Bleicher, 『Contemporary Hermeneutics』, p. 155.

139 Habermas, 『On the Logic of the Social Sciences』, p. 171. Here, Habermas writes that first and second types comes from Wittgenstein; transcendental and sociological self-reflection, respectively.

마스는 인간의 성찰적 지식이 '해석학적 의식(hermeneutic conscious-ness)'의 모태가 되었고, 이미 성찰적 지식이 언어의 구체적인 자유로움과 의존성을 인식하고 있다고 주장했다.[140]

하버마스와 가다머는 일련의 논쟁을 하면서 상대의 이론을 비판적으로 수용하기도 했다. 하버마스는 비트겐슈타인(Ludwig Wittgen-stein, 1889~1951년)의 '언어 게임'과 '경험적-분석적' 사회 과학의 개념을 극복해야 한다는 가다머의 해석학적 통찰을 받아들였다. 또한, 하버마스는 가다머의 언어가 지배와 사회적 힘의 매개체가 되는 것에도 동의하면서[141] 언어를 '우연적 절대(contingent absolute)'와 '객관적 정신(objective spirit)'으로 이해했다.[142] 그러나 언어학적 해석학이 초월적 의식과 항상 극단적인 단절이 있다고 생각한 하버마스는 언어로 보편성을 이룬다는 가다머의 대전제를 받아들일 수 없었다.[143]

하버마스는 전통에 대한 사회 정치-과학적 관점을 가졌다. 그는 해석학에서 실천적 지식이 가지는 습관적이며 그릇된 의식에서 파생된 해석은 오류에 빠지기 쉽고,[144] 오류를 피하고자 의사소통 행위(com-municative action)로 해석의 이해를 세계화하고 사회화하는 과정이 필요하다고 주장했다.[145] 하버마스는 해석학에서 번역(translation)이 수사학의 한계를 벗어나야 한다는 가다머의 주장에 동의하면서 '이론의 형식적 구성(the formal construction of theories)'과 '목적론적 합

---

140 Jürgen Habermas, 'The Hermeneutic Claim to Universality', in Bleicher, 『Contemporary Hermeneutics』, p. 186.
141 Ibid., p. 172.
142 Habermas, 『On the Logic of the Social Sciences』, pp. 171-2.
143 Ibid.
144 Ibid., p. 163
145 Ibid., pp. 163-4.

리적 행동 구조(the organization of purposive rational action)'를 위한 일원적 언어로 '하나의 생명 세계'를 공유하기를 원했다.[146]

하버마스는 막스 베버(Max Weber, 1864~1920년)와 마찬가지로 사회적 행동을 상호 연결하여 '한 지붕 아래'라는 해석학의 객관적 접근법을 사용한 것이다.[147] 하버마스는 언어를 포함하여 노동과 지배에 대한 객관적인 이해를 추구한다.[148] 이 점에서 하버마스는 하이데거의 존재론적 전통(ontological tradition)을 따르는 가다머의 해석학을 부정했다.[149] 하버마스는 해석의 이해를 과학적 범주로 보며, 역사의 미래는 특정하게 주어진 상황에 대한 성찰(reflection)로 예측할 수 있고 해석의 경험은 항상 가설적인 면이 있다고 했다.[150] 하버마스는 가다머의 상호 내재적 접근은 동일한 사회 집단 내에서만 유효하다고 말하면서 가다머를 비판했다.[151]

가다머에게 진리와 방법은 상호 대립적인 것이 아니었다. 가다머는 진리를 찾는 데 있어서 어떠한 과학적 방법보다 해석학적 경험을 더 본질적으로 보았다. 가다머는 과학의 영역에서 이해는 가능하지만, 이해를 과학 영역에만 국한할 수 없다고 주장했다.[152] 가다머는 해석학에 대한 과학의 영향을 인정하나 하버마스의 규범적 방법론적 이

---

146 Habermas, 'The Hermeneutic Claim to Universality', in Bleicher, 『Contemporary Hermeneutics』, p. 188.

147 Habermas, 『On the Logic of the Social Sciences』, p. viii.

148 Ibid., p. 174.

149 Ibid.

150 Ibid., p. 189.

151 Ibid., p. 165.

152 Gadamer, 'Rhetoric, Hermeneutics, and the Critique of Ideology: Metacritical Comments on Truth and Method'. In Kurt Mueller-Volmer ed., in 『The Hermeneutic Reader: Texts of the German Tradition from the Enlightenment to the Present』, p. 280.

해에 반하여 자신의 존재론적 해석학의 이해를 주장했다.

하버마스는 이해에 있어서 성찰은 본질적으로 불확정적이라는 가다머의 주장에는 동의했으나 가다머가 가진 해석학에서 성찰 능력의 결핍을 지적했다. 하버마스는 성찰의 능력은 절대적인 자기 충족성의 환상에 의해 방해받지 않으며, 성찰이 기반하는 불확정성으로부터 분리되어 있지 않다고 인정했다. 그러나 성찰이 진보하고 또는 보수하는 전통의 본질을 이해한다면, 성찰로 교조적인 삶의 기준을 바꿀 수 있다고 했다.[153]

즉, 하버마스는 가다머가 스스로를 새롭게 하고, 일상생활을 변화시키는 성찰의 능력을 간과하고 있다는 것이다. 가다머는 하버마스의 성찰 능력으로 파악할 수 있다는 전통이 바로 편견이라고 했다.[154] 하버마스는 권위가 교조적인 힘이 아닌 인식에 근거한다는 가다머의 주장이 가다머의 보수주의적 성향만 나타낼 뿐이라고 평가했다. 하버마스는 지식이 실제적 전통에 뿌리를 두고 있고 불확정적 조건에 의해 구속된다는 가다머의 관점을 인정했다. 그러나 성찰은 전통의 규범의 실제성에 의해 흔적도 남김없이 완전하게 닳아서 없어질 수가 없다고 했다.[155]

하버마스는 가다머의 해석학이 전통과 같은 상황을 초월하는 참조 체계를 갖추어 통제하는 기능이 없는 것을 비판했다.[156] 하버마스는 언어 구사로 사회의 전통을 지속해서 중재하는 가다머의 해석학은 비이성주의에 빠져있기 때문에 그 안에서 작동하기도 하고 초월

---

153 Habermas, 『On the Logic of the Social Sciences』, p. 168.

154 Ibid., p. 170.

155 Ibid.

156 Ibid.

하는 성찰의 능력을 인식하는 데 실패했다고 비판했다.[157] 하버마스는 가다머의 해석학적 이해는 절대 의식 너머의 부분까지는 미치지 못한다는 결론을 내렸다.[158]

그러나 가다머는 해석학적 성찰이 자신의 배후에서 달리 일어나는 것을 인식하게 함으로써, 현대의 지식(pre-understanding)과 과학으로 설명할 수 없는 것을 불러오는 기능을 충족한다고 주장하며 응대했다.[159] 가다머는 전통에 묶인 자신을 성찰의 능력으로 극복할 수 있다는 하버마스의 주장을 교조적 객관주의(dogmatic objectivism)로 보고 하버마스가 해석학적 성찰의 기능에 무지하다고 지적했다.[160]

가다머는 하버마스의 의식 속에 끊임없이 작동하는 과학적 객관주의는 결코 진정한 초월적 사건을 경험할 수 없을 것이라고 했다.[161] 가다머는 해석학은 우리를 과거 또는 상대적인 문화적 전통의 세계와 단절되는 순간적인 간격을 인식할 수 있어야 한다고 했다.[162] 가다머는 하버마스가 사회주의자(socialists)와 사회 구조 기술자(technicians of social structure)를 구분하는 인식론에 너무 치중했다고 말하며, 하버마스의 성찰 능력이 가지는 이상적-합리주의적 기능을 비판했다.[163]

가다머는 성찰이 인간의 사전 이해와 과학이 드러내지 못하는 이면을 인식하는 기능을 한다며 하버마스의 주장을 논박했다.[164] 이것

---

157 Ibid., p. 172.
158 Ibid.
159 Gadamer, 'On the Scope and Function of Hermeneutical Reflection', p. 38.
160 Ibid., p. 28.
161 Ibid.
162 Ibid., pp. 22-3.
163 Ibid., p. 40.
164 Ibid., p. 38.

은 가다머의 해석에 사전 이해나 과학적 이해가 아닌 제삼의 정체성이 개입한다는 것을 의미했다. 가다머는 성찰은 수사학적 능력과 같은 다른 무엇(세 번째 정체성)을 산출한다고 주장한다. 가다머는 이해를 자율성이 통제된 자기 소외나 그것을 통제하는 규칙과 같은 명백한 인식으로 보지 않고 상호 간의 단절된 간격을 즉각적으로 잇는 언어의 우연성을 지닌 수사학과 같은 별종(hybrid)으로 생각했다.[165]

하버마스는 가다머의 행동 지향적 이해가 초월적 차원을 명료하게 인식하여 해석을 실제로 성취하는 부분에 동의했다.[166] 또한, 하버마스는 신학과 법학에도 나타나는 가다머의 '이해와 적용 사이의 내재적 연결'을 인정했다.[167] 이해와 참된 변화의 연결이 성경과 같은 정경의 전통에만 국한되지 않는다는 가다머의 견해에 동의하면서 하버마스는 해석의 실제적 성취를 다음과 같이 표현했다.

"설교에서, 성경의 해석은 판결에서의 실정법을 해석하여 주어진 상황에 사실들을 적용하는 것과 같다. 회중이나 법적 공동체의 실제적인 삶과 자기 이해의 관계는 이후에 또 다른 해석이 필요하지 않다. 오히려 해석이 적용되면서 실현된다."[168]

하버마스의 관점은 변증법적 상호 소통에서 주관적으로 의도된 의미가 객관적 이해의 대상이 된다는 것이다. 하버마스는 한 번 해석된 것을 통합적인 이론으로 보았다. 하버마스의 경우, 소통 과정에

---

165 Ibid., pp. 22-3.
166 Ibid., p. 162.
167 Ibid.
168 Ibid.

서 문화적 또는 언어적 차이는 지성적이며 주관적인 의미가 되고, 통합적인 이성으로 분석할 수 있는 서로 다른 목소리로 간주했다.[169]

가다머의 해석학은 하버마스의 보편성과 객관성에 대한 이해를 언어학적으로 조명한 것이었다. 가다머는 수사학은 말과 설득의 형식에 관한 이론이 아니라고 했다. 수사학은 방법과 수단으로 이론적 성찰이 없이도 획득할 수 있는 실제적인 재능인 것이다.[170] 가다머에게 있어 언어적 수사는 모든 것을 담아내는 매개체가 되어 보편적인 이해를 가능케 한다.[171]

가다머는 청중을 설득하는 웅변가를 예로 들었다. 웅변가가 청중을 주도하는 설득력 있는 언변으로 그들의 마음을 압도하고 움직이면, 그들은 순식간에 비판적인 생각을 버린다는 것이다.[172] 웅변가의 해석학은 다수의 사람이 빠르고 쉽게 공통 의식을 갖게 하는 능력이 있다. 가다머는 웅변을 통하여 이루어지는 보편성을 주장하면서 하버마스와 논쟁을 이어 갔다. 가다머와 하버마스의 논쟁의 현안은 성찰이 변증법적 능력인지, 아니면 언어의 수사학적 보편성인가를 가리는 것이었다.

---

169 Nicholas Adams, 『Habermas and Theology』(New York and Cambridge, England: Cambridge University Press, 2006), p. 1.

170 Ibid., p. 20.

171 Ibid., p. 24-5.

172 Ibid., p. 23.

듀이와 로티의 실용주의
(*pragmatism*)

19세기에 들어오면서 자연 과학에 놀라운 성과가 나타났으나, 세기의 말엽으로 향하면서 기계론과 유물론의 철학적 사조에 빠져들면서 불확실성과 혼돈에 방황하게 되었다. 이러한 불확실한 시대에 반발하여 실용주의(Pragmatism)라 알려진 미국의 철학이 등장했다. 존 듀이(John Dewey, 1859~1952년)는 헤겔의 이상주의를 반대하며 윌리엄 제임스(William James, 1842~1910년)의 실용주의 노선을 걸었다. 윌리엄 제임스는 추상적인 사고 자체를 높이 평가하지 않으며 지식을 위한 지식, 진리를 위한 진리를 배격했다. 제임스는 비실용적인 칸트의 이성 공식(formula of reason)을 다음과 같이 풀어서 이해하기 쉽게 설명했다.

"칸트는 이성의 일관성을 유지하기 위해 경험이라는 부산물을 온전히 제거했다. 그는 자연과 객관의 세계로부터 추출한 순수 결과물인 이성을 신규 고객이 있는 새로운 숙소로 배달하기 위해 순수 이성이라는 비좁은 이동 밴(van)에 가득 실었다. 새로운 숙소는 특정 주제와 특정 개인들이고, 상품은 경험을 내구성이 있는 직물로 짠 이성적 사고와 인식이었다. 그리고 새로운 고객은 모든 구성원 자체를 목적으로 삼는 개인들의 사회다."[173]

제임스는 칸트의 형이상학적인 순수 이성의 사람과 삶의 영역에서 적용성이 없던 이론에 꽉 묶여 있는 것을 비판하였던 것이다. 제임스는 형이상학을 쓸모없는 것이라 단정하고 모든 종류의 결정론을 부정하였다. 제임스는 정신과 물질을 구별하지 않고, 실제적 삶에서의 지식과 진리의 실용적 가치를 추구했다. 그는 지식이란 목적이 아니라 현실 생활을 개선하기 위한 도구라고 말하며, 지식과 신념이 삶에 적용될 때 가치가 있다고 주장했다. 제임스는 지식의 유용성에 대한 은유적 표현으로 '캐쉬 밸류(cash value)'라는 단어를 사용하였다.

제임스는 삶이 직면하는 다양한 문제들을 해결하는 실용적 지식을 액면 그대로의 가치로 보았던 것이다. 듀이도 칸트의 순수 이성을 인간의 좁은 사고의 틀 안에서 지식과 인식의 범주를 구겨서 끼워 넣어 보기 좋게 포장한 상품 정도로 평가했다. 듀이는 이성은 어떤 믿는 것의 진리 여부를 맹목적으로 주장하기 이전에, 무엇이 진리인 것을 설명하기보다 스스로의 확신으로 비판적인 진리를 아는 방법에 관여해야 한다고 생각했다.

듀이는 초자연주의를 '종교적 경험의 단계'로 정의했다.[174] 듀이는 형이상학적이며 초경험적인 종교 범주를 멀리했지만, 결코 어두움과

---

173 John Dewey, 『The Influence of Darwin on Philosophy and Other Essays』(Amherst, New York: Prometheus Books, 1977), pp. 64-5.

174 John Dewey, 『A Common Faith』(New Haven, Connecticut and London: Yale University Press, 1991), p. 2.

절망을 극복하는 실질적 가치를 지닌 종교적 경험의 잠재력을 간과하지 않았다.[175] 듀이에게 있어서 최우선의 관심은 경험이 가지고 있는 실용성이었다. 듀이는 자유와 권위를 분리하지 않는 칸트가 '자유'에 감정적 우선을 두고 이성적 권위로 '자유'를 실제적이며 지속해서 통제하는 것을 비판했다.[176]

듀이는 도덕적 지식이나 규범, 또는 동기 부여 체계는 본체와 분리될 수 없다고 했다. 듀이는 어떠한 권위나 힘도 자유를 규제할 수 없다고 했다.[177] 오히려 '존재로의 용기(courage to be)'로 독재와 같은 폭력적 권위를 해체하고, 헛된 권위를 진리의 자유로 쟁취하고 새롭게 해야 한다고 주장했다. 듀이는 도덕 철학의 폭력성을 해체할 수 있는 자유를 시 또는 예술의 공간에서 찾아볼 수 있는 '해학적인 아이러니(humorous irony)'로 환언하였다.[178]

듀이는 개인이 습득하고 형성할 수 있는 습관이 환경에 능률적이고 효과적으로 반응하는 것에 착안했다. 습관은 사고, 감정, 행위, 고통, 인식 등과 같이 살아있는 인간 또는 자연과 무생물인 환경과의 사이에서 단절 없이 지속해서 교통하는 상호 작용이다. 듀이는 인간의 사고는 환경과 유기적 관계를 맺고 있으며, 또한 환경의 영향에 의해 변화된다고 주장하며 습관에서 이성의 본질을 찾았다. 이성은 환경과의 유기적 관계에서 지식을 획득하는 중재자이며, 이성이 바로 습관이라는 것이다.[179]

---

175 Ibid., pp. 14-5.

176 Ibid., p. 65.

177 Ibid., p. 69.

178 Ibid., p. 71.

179 Dewey, 『Human Nature and Conduct, 1922: The Middle Works of John Dewey, 1899-1924』(Carbondale and Edwardsville, Illinois: Southern Illinois University Press, 1988),

습관은 지식과 사고의 수단이 되며[180] 모든 수용, 인식, 상상, 회상, 판단, 인정 및 추론의 근거가 된다.[181] 듀이는 습관을 외부 자극에 대한 특이한 접근성과 민감성을 지닌 편애나 혐오감으로 보았다. 즉, 습관을 단순한 동일한 행동의 재발로 보지 않고, 인간의 의지적 방향성으로 보았다.[182] 듀이는 습관은 배우고 획득하고 연마해야 형성되는 것이라고 했다.

듀이는 습관은 의도적인 행동이 생기기 전에 이미 형성되어 있고, 행동은 생각보다 앞선 것으로 보았다.[183] 경험 또한 항상 생각에 선행하며, 반복된 경험으로 체득된 습관은 그 경험을 언제나 자유롭게 불러올 수 있다.[184] 사람이 똑바로 서서 행동할 수 있을 때만 올바른 자세가 어떤 것인지를 알게 되고, 그 후에 자세를 바르고 적절하게 실행할 수 있는 아이디어를 소집하고 바로 서는 습관을 형성하는 것이 그 예가 된다.[185]

칸트의 형식주의(formalism)와 듀이의 실용주의(pragmatism)는 이성에 대한 전혀 다른 개념을 가지고 있었다. 실용주의는 절대적 진리나 절대적 실재라는 관념을 부정하며 철학을 추상적 논리에서 끌어내려 좀 더 구체적이고 실험적인 시도를 했다. 듀이는 칸트처럼 이성의 배후에 별도의 원초적인 충동을 상정하지 않았고 이성을 과정 지향성(process-orientation)을 지닌 실용적이며 기능적인 것으로 보았

---

v. 14, p. 185.

180 Ibid., p. 176.

181 Ibid., p. 171.

182 Ibid.

183 Dewey, 『Human Nature and Conduct, 1922: The Middle Works of John Dewey 1899-1924』, p. 25.

184 Ibid., p. 30.

185 Ibid., p. 24.

다. 이성 또한 습관처럼 배우고 획득하고 연마해야 한다는 것이다. 듀이는 공산품의 품질이 향상되고 농작물이 성숙하는 것처럼 이성의 최종적 완벽함을 상정하지 않고, 이성의 효과적인 면을 본 것이다.

듀이의 이성은 학습 효과를 지니고, 외부로부터의 투영성과 상황에 대한 민첩성을 가진다. 따라서 칸트처럼 이성이 냉혹한 충동에도 확고한 균형을 이룰 것으로 보는 것은 어리석다. 듀이는 갈등이나 번민을 해소하기 위해 이성에게 자기주장만 하지 않는 타협적인 융통성을 부여하고, 이성도 습관이 변할 수 있는 것처럼 때로는 과하거나 약할 수도 있다고 했다.[186] 듀이는 이성이 작동하는 데이터가 습관의 산물이기도 하고 습관의 본질로 귀속하는 것을 지목하며, 이성을 습관에 종속된 것으로 이해했다.

듀이는 지식을 절대적이고 불변의 영원한 것이 아니라 인간과 세상의 상호 작용에 관여하는 것으로 보았다. 실용적 지식은 다원적 문화와 사회의 다양성을 합리적 협력과 관용으로 대하여 삶과 사회의 성숙한 발전에 이바지한다고 했다. 듀이는 이원론을 마음 또는 의식이 물리적 기관의 활동과 연결되지 않은 것으로 정의하며 이원론을 거부했다. 이원론은 마음과 의식을 순전히 지적이고 인지적인 것으로 보고, 내부로 침투해야 하는 내면과 단절된 외적 물질로 본다.[187] 즉, 주체의 마음과 행동을 구분하지 않고, 이미 행동에 마음의 초월적 응축이 있다는 것이다.

듀이는 언어를 통해서 실제와 동떨어지거나 반대된 마음이 새로운

---

186 Ibid., p. 186.
187 John Dewey, 『Democracy and Education』(New York: The Free Press, 1944), p. 140.

마음으로 대체된다며 언어의 중요성을 강조했다. 듀이는 언어를 특정한 의미가 실제의 주파수와 연결되는 데이터를 측정하는 감각적 경험주의의 패러다임으로 이해한 것이다.[188] 듀이는 물질적 실체가 마음에 의존적인지, 아닌지를 아는 방법은 어떤 종류의 참된 진술이 어떤 언어적인 실체를 지목하는가를 살펴보면 된다고 했다.

듀이와 같은 맥락에서 리차드 로티(Richard Rorty)는 실용주의(pragmatism)를 다음과 같이 정의한다.

"실용주의자들은 형이상학이나 인식론을 요구하지 않는다. 윌리엄 제임스의 언어를 빌면 실용주의자들은 진리를 '우리가 믿을 만한 선한 것'으로 여긴다. 그들에겐 '상응성'과 같은 개념이나 사물 간의 관계나, 그 관계를 보장하는 인간의 인지 능력에 대한 설명이 필요 없다. 실용주의자들은 특정 문화를 비판 또는 찬양하는 통문화적 이성을 격려한다. 진실과 정당성을 연결해야 할 대상으로 보지 않고 단순히 실제적인 선과 더 나은 가능성과의 차이로 본다. 실용주의자들은 현재의 합리적으로 믿을 만한 것들이 진실이 아닐 수 있으며, 누군가 더 좋은 대안을 내놓을 수 있다고 생각한다. 즉, 새로운 증거나 가설, 또는 전혀 경험해보지 못한 새로운 어휘가 나타나서 현재의 신념은 언제나 개선될 여지가 있다."[189]

현실주의자는 실용주의가 특정한 정당성을 부여하여 다양한 의미

---

188 Rorty, 『Objectivity, Relativism and Truth』, p. 10.
189 Ibid., p. 22.

를 생산하고 참을 결정적으로 보지 않는 상대주의로 평가한다.[190] 그러나 로티는 이는 특정한 사회가 주장하는 진리나 이성이 보편적인 정당성을 가질 수 없다는 말이지, 실용주의를 상대주의로 보는 오류를 범하지 않아야 한다고 강변했다.[191] 로티는 실용주의를 이상적인 것에 대한 상대적인 것이 아니라 상황의 현실을 아는 것이 모르는 것보다 낫다는 단순한 견해로 본다. 로티는 사실주의(realism)는 물리학자의 진술이 물질의 사실과 상응하는지, 수학자와 윤리학자의 진술이 사실과 일치하는 것인지를 살피는 것이며, 사실주의의 반대말은 단순히 반사실주의(antirealism)라고 말했다.[192]

'참된 초월적 관점이 가능한가?'라는 질문은 '해석학적인 보편성을 성취할 수 있는가?'의 질문과 같다. 지금까지 우리는 '과정'과 '상호 내재성'을 통하여 해석학적 보편성을 고찰했다. 듀이의 '과정'은 실용적이고 반이원론적이었다. 로티는 듀이의 사고 체계를 하이데거의 '존재론적 신학 전통(onto-theological tradition)'과 유사한 '초월에 대한 야망이 없는 문화(culture without an ambition of transcendence)'로 평가했다.[193] 듀이와 로티는 '성장', '사고', '습관', '경험' 등을 객관과 주관의 이원론적 양면성이 없는 과정의 양태로 이해했다.[194] 여기서 로티는 객관성을 상호 내재성으로 본 것이다.

듀이는 경험의 중요성을 강조하며 경험에서 이론의 실제성을 검증할 수 있으며, 1온스의 경험(an ounce of experience)이 수 톤의 이론보

---

190   Ibid., p. 23.
191   Ibid.
192   Ibid., p. 2.
193   Ibid., p. 12.
194   Ibid., p. 13.

다 낮다고 단언했다.[195] 하버마스와 가다머의 보편성 논쟁에서 우리
는 상호 내재성은 상호의 상황에 민감하며, 상대의 관점에서 실재를
이해하는 실천적 보편성의 방편으로 보았다. 보편성에 대하여 하버
마스는 비판적-도덕적 이성에 의한 인지적-윤리적 통일성을 원했고
가다머는 효율적인 역사의식을 가진 언어적 접근을 선호했다.

하버마스의 윤리적인 측면과 가다머의 언어적 접근의 해석학적 방
식은 공히 계몽주의에 속한 도덕적이며 실천적 이성이 제공하는 현
명한 용기와 자유에 바탕을 두었다. 특히 가다머의 총체적인 언어적
접근은 보편성과 개별성, 세속과 종교, 이성과 믿음과의 관계에 미
학적 통찰력을 제공했다. 미학적 보편성은 폭력적 지배를 저항한다.
가다머의 '지평의 융합'은 여전히 내재적, 역사적 또는 언어적 영역
에 국한되어 있다는 한계가 있음에도 불구하고 실천 이성으로서 '전
체가 의도된 곳'으로 향하는 방향성을 가진 보편성을 설명하는 데는
성공적이었다.

---

195 Dewey, 『Democracy and Education』, p. 179.

성경의 보편성

성경은 집 한구석에 모셔놓고 필요할 때 먼지만 털어 들고 다니는 책이 아니다. 성경은 교회 안에서만 적용되는 경전 또는 교회에 다니는 사람들을 위한 책 정도가 아니다. 성경은 믿는 자와 믿지 않는 모든 인류에게 적용되는 하나님의 말씀이다. 성경의 하나님은 그의 뜻과 의지, 그리고 절대 주권으로 세상을 통치하는 심판과 구원의 하나님이다. 심판과 구원을 가르치는 성경은 모든 인류의 객관적이며 타당한 보편적 가치가 된다. 진리인 성경은 다양한 가치와 삶의 유형에 역사성이 있다. 성도는 성경의 보편성을 받아들임으로써 성경을 하나님의 말씀으로 믿는다. 설령 불신자들이 받아들이지 않아도, 불신 지옥의 성경적 진리는 그들에게도 보편적이며 객관적인 사실이다. 진리를 부정하거나 모른다고 진리가 거짓이 되는 것은 아니다. 영생의 차원에서 보면 진리의 거부는 죄와 영원한 사망이다.

얼마 전까지만 해도 '불신 지옥'은 기독교인들의 일반적인 전도 구호였다. 길거리에서나 전철에서도 열정적으로 이 구호를 외쳤고 거부감 없이 받아들여졌던 적이 있었다. 그러나 오늘날 '불신 지옥'의 외침은 도심의 소음 공해가 되었고 그 구호는 허공을 거쳐서 돌아오는 메아리일 뿐이다. 2000년대 초까지만 해도 서울 명동의 한복판을 가로지르는 자전거 뒷좌석에 달린 확성기를 통해 '불신 지옥'을 외치는 소리를 하루에도 몇 번씩 들었던 적이 있었으나 지금은 도시를 시끄럽게 만드는 소음 정도로 치부될 뿐이다. 그러면 진리인 성경의 사실을 세속적이고 다원적이며 비도덕적인 세상을 향해 어떻게 증거하며 증언할 수 있을까?

진리의 복음은 정치인의 이념적 구호나 종교적 또는 철학적 사상과 차원이 다르다. 짜지 않은 소금은 더 이상 소금이 아니다. 겉보기와 달리 맛이 짜지 않은 소금과 같이, 날마다 승용차의 뒷좌석에 놓고 다니는 먼지만 쌓여 있는 성경과 다를 바가 없다. 맛이 짜지 않은 복음은 오히려 소음 공해가 되어 사회적 지탄거리가 되어왔다. 진리가 이토록 업신여김을 받는 이유는 세상의 인본주의적 보편성이 성경의 영적 보편성을 압도하기 때문이다. '불신 지옥'을 피를 토하며 외쳐도 성경의 보편성과 하나님의 객관적 진리의 고백과 행위가 되지 않으면 소리 나는 구리와 울리는 꽹과리일 뿐이다.

이미 영적으로 퇴락의 길을 걷는 단계에 있는 한국 사회에서 성경의 진리를 전하는 것은 그리 간단한 일이 아니다. 성도들이 세상의 지식에 능하다 할지라도 영적으로 혼미하면 능력을 갖출 수 없다. 전도를 하면, 세상 사람들은 죽어서 천국에 가든, 지옥에 가든 상관없다며 당신이나 가라고 말하며, 교인의 도덕성을 우습게 보며 복음을 아예 거부하기도 한다. 성도는 말씀으로 무장하여 세상의 힘과 논리를 저항하고 이겨내야 한다. 전도자의 마음가짐을 순교자의 자세로 무장해도 힘든데, 마음의 중심을 빼앗기고서 어떻게 전할 수 있을까?

이단은 일사불란한 조직을 운영하며 세력을 확신시키고 있다. 그러나 지적 만족 정도를 추구하는 반쪽짜리 기독교는 쇠퇴할 수밖에 없다. 교회가 세상이 원하는 도덕적인 기준에도 따라가지 못하면서 말로만 믿음을 주장하면, 교회는 이미 세상의 짐이 되어버린 무능력한 기관으로 퇴락할 뿐이다. 기독교는 반드시 성경을 삶과 믿음의 보편적 기준으로 받아들여야 한다.

사탄을 숭배하는 교회들이 있다. 공개적으로 활동하는 인터넷 사탄 교회는 말할 것도 없고 영국 런던에는 비공개로 회합을 하며 기존 교회들을 파괴하고 기존 신자들을 유인할 목적으로 일정한 시간을 정해 놓고 기도회를 가지는 사탄 교회가 실제로 있다. 그들은 교회 구성원들의 사귐을 막고서 서로 반목하게 만드는 일을 사역의 목표로 삼는다. 사탄 교회는 합심으로 기도하며 세상의 교회들이 사라질 때까지 기도하고 있다.

2019년 1월에 캘리포니아의 성경장로교회의 담임인 저스틴 호크(Justin Hoke) 목사가 교회 표지판에 "동성애는 여전히 죄다. 문화는 변화하지만, 성경은 변치 않는다(Homosexuality is still sin. The culture may change, the Bible does not)."라는 내용을 쓰고 사진으로 찍어서 자신의 페이스북(Facebook)에 올렸다. 이 내용을 친동성애 단체인 러브랠리가 보고 교회 앞에 모여 시위를 벌이고 표지판을 훼손했다. 이 사건으로 교회 내의 장로 가정이 교회를 떠나면서 문제가 커졌다. 목사님을 더 이상 지도자로 따르지 않겠다며 일부 교인들이 교회를 떠날 준비를 했다. 이를 막기 위해 호크 목사는 교회에서 목사 직을 사임했다. 교회 안에서도 이미 영적인 타락의 징조가 드러나는 반목이 나타난다. '불신 지옥'의 논리를 말하는 성경의 객관적인 사실을 어떻게 증언하고 증거할 것인가? 신앙의 선진들은 성경을 믿고, 그 보편성을 지키기 위해 순교의 피를 흘렸다. 성경에 객관적인 역사성과 보편성이 없다면 그것을 믿을 일도, 그것을 위해 목숨을 바칠 아무런 이유도 없다.

어떤 정치가는 '행동하는 양심'이라는 구호로 언행일치를 강조했다. 타 종교에도 이러한 가르침이 있다. 한 이슬람의 율법사가 수많은 군중 앞에서 율법을 설파했다. 율법사는 "기독교는 그 가르침과 가르침을 삶에서 실천하는 면이 일치하지 않기 때문에 이미 망한 종교다."라고 외쳤다. 그러면서 이슬람은 가르침과 행동이 일치하는 종교라고 가르쳤다. 그는 그 자리에서 이슬람의 사후 상급을 받는 교리를 제시한 후 천국으로 가는 믿음은 자폭 테러라는 행위에서 표출된다고 선동했다. 결국, 이슬람의 교리와 행위를 결합해서 수천 명의 무리를 현장에서 자폭 테러 자원자들로 모집한 것이다. 성도가 성경의 보편성을 믿고 확신할 때는 믿음과 행동이 다른 이중성을 가질 수 없다.

세상은 다양해지고 분화되어도 하나님은 다원적이지 않다. 만약 기독교를 여러 종교 중의 하나로 치부하면 보편적 가치를 저버리는 것이다. 성경은 하나님의 나라는 세상에 속할 수 없다고 교훈함에도 불구하고 시대의 혼탁한 사조에 물든 사람들은 기독교를 여러 종교 중의 하나로 자리매김시키고 있다. 우리가 직면한 과제는 유일한 하나님을 다원화된 세상에 전할 길을 찾는 일이다. 아무리 다양한 프로그램과 강력한 지도력으로 회중을 장악해도 구주 되신 그리스도의 생명이 그 조직과 구호에 담겨있지 않으면 죽은 조직이다.

우리는 스스로 하나님 왕국 백성의 신분임을 확인하고 지금 여기(here and now)에서 진리와 정의의 증인이 되어야 한다. 일사불란한 군대와 같은 일치된 공동체라 할지라도 예수의 생명력이 없으면 성경적 보편성을 놓친 세상의 왕국과 다를 바가 없다. 미국과 유럽 현대 교회들의 세속화 과정에서 교훈을 얻어서 한국 교회를 살려야 한다. 성경은 세상 누구에게나 전해져야 할 진리임을 기억하며 우리의 심령은 믿음의 대상인 예수 그리스도를 추적해야 한다.

교회는 하나님의 백성들이 모인 곳이며, 백성들의 헌신 대상은 그리스도이다. 그리스도가 빠진 교회에 대한 헌신은 영적인 좌절만 초래할 뿐이다. 예수가 "내가 이 반석 위에 내 교회를 세우리니(마16:18)."라고 한 말은 교회에서 그리스도가 원하는 사역으로의 회복을 의미한다. 어둠에서 하나님의 빛으로 부름을 받은 그의 백성(벧전2:9~12)이라면 그리스도 중심의 구속사적인 성경관을 굳건히 해야한다. 보편적 말씀의 객관성으로 무장하여 이기적인 인간의 본성이 초래한 문제들을 하나씩, 하나씩 제거해 나가는 작업을 해야 할 것이다.

성경의 객관성

성경의 객관성은 성경의 권위와 밀접한 관계가 있다. 현대의 자유주의자들과 신정통주의자들은 성경의 객관성을 부인하고 계시의 주관성을 주장한다. 성경을 하나님의 말씀으로 믿는 이유는 하나님 계시의 객관성이 성경에 있기 때문이다. 자아 충족적인 인간이 성경을 근거로 "하나님이 이 일을 하셨다."라고 말하면 그는 획일적인 성경주의자다. 성경에 모든 것이 다 있다고 하면서 성경을 주관적으로 적용하여 자신의 세상적인 목적을 이루는 사람들은 항상 세상의 지탄의 대상이 되어 왔다.

제도적 교회의 교권주의자들은 성경을 자신을 추종케 하는 도구로 사용했다. 이단들은 성경의 구절을 내세워 자신의 교리를 성경적이라고 변호한다. 인간적인 욕구를 충족시킬 목적으로 성경을 해석하는 자는 거짓 교사 또는 거짓 선지자다. 인간의 이기적인 해석은 잘못된 성경관에 기인한다. 성경을 읽을 때는 일정한 원칙으로 성경을 보는 눈이 필요하다.

성경은 자연 계시의 명백성을 말한다. 실로 공기나 물을 구성하는 산소나 수소와 같은 원소를 무에서 유로 만들 수 있는 인간은 없다.

창조주만 그 일을 한다. 인간은 자연 계시에 의해 하나님을 발견하고 만물이 하나님께 속한다는 것을 안다. 학문이 없는 어리석은 사람이라도 자연 계시가 명료하지 않아 하나님을 알 수 없었다는 말은 변명에 불과하다. 인간이 하나님을 알지 못한다는 사실은 비난받을 일이다.

글래스고에서 서로 다른 분야의 학문을 하는 사람들, 즉 문학, 철학, 음악, 미술, 역사, 신학 등을 전공하는 사람들이 각자 연구 분야의 벽을 넘어 정기적으로 만나 학제 간(interdisciplinary) 연구를 하는 세미나가 있었다. 분야별 학문의 내용과 깊이는 뛰어나도 성경을 중심으로 학문을 적용할 때 정당하지 못한 방법을 사용하는 것을 보았다. 이때 하나님을 아는 방법에 대해 말한 적이 있다. "만약에 우리들의 세미나 공간이 약 십 분간 밀폐되어 산소가 공급되지 못한다면, 이 세미나를 제대로 마칠 수가 있겠는가? 아마도 우리의 지식을 남들에게 잘 설명하기도 전에 우리들의 호흡이 막혀 죽어 버릴지도 모른다. 호흡할 수 있는 공기를 공급하는 분이 누구인가?" 하나님만이 인생의 가장 근본적인 문제를 해결해 주실 분이 아닌가? 그분만이 우리의 살길을 알고 있지 않은가? 학문의 가장 기본적인 지식인 자연 계시의 명백성은 분명히 알고 있어야 하지 않는가?

우리가 말하는 신본주의는 하나님의 관점을 말한다. 성경에 대한 순종과 의존이 없는 사람들에게는 별 의미가 없는 책이 될 수 있으나 성경은 모든 사람들에게 적용될 하나님의 말씀이다. 성경은 그리스도가 역사의 주인이라는 사실을 밝히며, 비록 특정한 믿음의 차원을 따지지 않는다고 할지라도 자연 계시의 명백성만으로 온 피조 세계를 통치하는 영적 보편성이 확보된다. 성경에는 창조주 하나님의 역사에 대한 원칙이 있다. 성경의 주기도문에는 역사의 목적이 있다

(마6:9~10). 그 목적은 하나님의 나라가 이루어지는 것이다. 하나님의 보편성이다.

성경이 인간이 볼 수 없는 영역도 통치하는 영적 보편성을 가진 이유는 진리이기 때문이다. 하나님의 나라는 아무런 대가 없이 시간이 가면 저절로 이루어지는 것이 아니라 인간의 정직, 겸손, 책임, 은사, 믿음을 다하여 노력하고 투쟁하여 획득하는 것이다. 하나님의 나라는 무수한 시련과 반대를 극복하여 그 역사를 쟁취하는 사람들의 것이다. 결국, 종말을 이루는 분이 하나님이니 성경의 객관성은 당연한 것이다. 성경을 알고 모르는 것에 상관없이 성경의 가르침을 삶 속에서 실천할 의지와 적용이 없다면 그들은 성경의 객관성을 부인하는 자들일 뿐이다.

거룩한 공회의 보편성

　성경의 보편성은 그리스도의 몸 된 교회의 보편성이다. 공회의 보편성이라는 말은 라틴어 'ecclesian catholocism'을 번역한 말이다. 여기서 '가톨릭(Catholic)'이라는 말은 로마 가톨릭교회를 지칭하는 것이 아니고 '보편적', '일반적', '우주적'이라는 의미가 있다. 사도신경에서의 '가톨릭(Catholicity)'은 일체성에 근거하며 보편성(universality)으로 귀결되는 전체적인 개념이다. 전 우주를 통치하는 하나님인 예수 그리스도가 주인이 되는 교회를 말하며, 교인들의 총수가 예수를 구주로 고백하고 하나님을 경배하는 공동체로서의 보편성이다. 예수는 "너는 베드로라. 내가 이 반석 위에 내 교회를 세우리니 음부의 권세가 이기지 못하리라."라고 말했다(마16:18). 교회에 음부의 권세가 없다는 말이 아니라 음부의 권세를 이겨내는 교회를 말한다.

　거룩한 공회의 보편성은 세상의 가치관에는 배타적이다. 교회의 거룩성은 그리스도의 온전한 의와 거룩함에서 오는 것이다. 거룩한 교회를 믿는 것은 교회를 움직이는 힘의 근원인 성령의 능력 가운데 있는 교회를 믿는 것을 의미한다. 교회의 보편적 성격은 교회가 천국의 거민의 기준에 있다는 것을 말한다. 가시적인 지역 교회 이상으로, 보이지 않는 거룩성이 전체가 되는 교회다.

웨스트민스터 신앙 고백(Westminster Confession)을 보면 거룩한 공회는 하나님의 택함 받은 이의 총수, 즉 교회를 말한다. 바울은 "누가 철학과 헛된 속임수로 너희를 사로잡을까 주의하라. 이것은 사람의 전통과 세상의 초등 학문을 따름이요, 그리스도를 따름이 아니니라."라고 했다(골2:8). 성령 안에서 택한 사도들에 의해 쓰인 성경이 인간의 전통에 의해 타협하거나 완화되어서는 안 된다. 공회의 거룩성은 참된 사도적 권위에서 나온다.

초대 교회 때 보편성은 정통 교회를 의미했다. 특별히 영지주의(Gnosticism), 몬타누스(Montanus) 그리고 아리우스(Arius)와 같은 이단과 싸울 때 교회의 보편성은 중요한 역할을 했다. 성 어거스틴(St. Augustine, 354~430년)은 노바티안(Novatian), 도나티스트(Donatist)들에 대항해서 교회의 지역적 보편성에 호소했다. 후에 종교 개혁자들은 지역적인 보편성의 주장을 비판하며 보편성을 사도적 가르침에서 찾았다. 루터와 칼뱅은 사도적 복음의 선포를 참교회의 보편적 규정으로 보았다.

하나 됨은 교회의 통일성이며 통일성은 사도적 기초 위에 세워진다. 초대 교회의 사도들은 부활하신 주님을 직접 봤고 주님이 직접 보낸 자라는 점에서 현시대에 사도의 계승자는 있을 수 없다. 교회는 사도의 가르침 위에 건축되었고 그리스도의 지상 명령의 사명을 수행하고 있으므로, 사도의 가르침을 따르는 교회는 사도적 보편성을 가진다.

개신교회의 신앙 고백은 반종교개혁의 로마 가톨릭 변론자들이 만들어 낸 공간, 시간, 숫자의 보편성을 거부한다. 로마 가톨릭의 포괄적인 범주에 의한 보편성 개념은 그리스도의 초월적 충만이 아니다. 보편성은 포용주의가 아니라 그리스도의 충만을 표방한다. 보편 교회의 정체는 삼위 하나님과의 관계 속에서 그리스도 안에서의 충만으로 설명된다. 바울은 "우리가 다 하나님의 아들을 믿는 것과 아는 일에 하나가 되어 온전한 사람을 이루어 그리스도의 장성한 분량이 충만한 데까지 이르리니."라고 했다(엡4:13). 그리스도는 세상의 것으로 전체를 채우지 않고 자신으로 세상을 충만케 한다. 하나님은 "나는 천지 중에 충만하지 아니하냐."라고 말했다(렘23:24).

보편성은 영적인 것을 우선하는 하나님의 충만이요, 그리스도의 유일성이다. 웨스트민스터 신앙 고백은 보이지 않는 교회와 보이는 교회의 보편성을 말한다. 보이지 않는 교회의 보편성은 과거, 현재, 미래에 있어 그리스도를 중심으로 모이는 모든 택한 백성, 만물 안에서 만물을 충만케 하는 그리스도의 충만을 말하며, 보이는 교회의 보편성은 율법 시대와 같이 한 민족에게만 국한되지 않은 전 세계를 통해 참신앙을 고백하는 모든 사람과 그의 자손들을 포함한다.

보편성은 넓은 길을 향한 대문이 아니고 교회의 주님이 우리를 부르시는 좁은 문이다. WCC(World Council of Churches)의 교회 일치 운동은 포괄적인 보편성을 추구하면서 큰 오점을 남겼다. WCC의 신학적 자유주의는 종교적 혼합주의를 불러일으켰다. 에번스턴에서의 WCC 제3차 대회에서 타 종교와의 대화를 전도의 한 가지 방법으로 보는 결론을 도출해냈고, 1963년 몬트리올에서 열린 신앙과 질서에 관한 제4차 세계회의는 보편성을 신학적 다원주의의 관점에서 정의했고, 제5차로 나이로비에서 열린 회의에서는 영성을 여러 문화와 종교들 속에서의 경건으로 이해하기 시작했다. 이는 혼합주의지, 참된 보편성이 아니다.

기독교회의 입장은 하나님이 환영하는 사람을 배제할 수 없고 하나님이 배제하는 사람을 환영할 수 없다는 것이다. 분파주의, 인종 차별(Apartheid)을 해소하려는 특정 목표를 위해 스스로 제한하는 교회는 보편적인 교회가 될 수 없다. 오히려 복음이 아닌 세상의 기준으로 규정되는 종교적 분파 전쟁에 휘말릴 가능성이 커진다. 남아공에서는 흑인 차별 정책으로 교회가 성공적으로 성장하는 것처럼 보였으나, 오래가지 않아 그만한 대가를 혹독하게 지불했던 일을 기억할 것이다.

거룩한 공회의 보편성은 종말론적이다. 성경은 예수 그리스도를 믿는 믿음으로 의로움을 받는 것과 불신으로 하나님의 진노를 받는 내용을 포함하므로, 심판의 계시가 빠진 교회는 보편적이라 할 수 없다. 그리스도에게 속한 성도들은 진리에 순종하고 진리를 선포하며 성화에 힘쓸 때 교회의 보편성을 이룬다. 보편성은 그리스도인들에게 소중한 것이다. 보편성은 양적이나 외면적인 것 이상인 전체를 말한다. 교회를 세우고 머리가 된 예수 그리스도께 대한 순종이 교회의 보편성이다. 주님은 자신의 산 돌들을 지혜롭고 힘 있는 부유한 사람들 사이에서 택하지 않고 잃어버린 자들로 구성했다. 이는 그리스도를 위하여 모든 것을 잃어버린, 그러나 그리스도 안에서 모든 것을 가진 자들로 구성된 보편적 교회를 말한다.

보편성과 언약

　창세기에 나오는 여인의 자손이 뱀의 머리를 상하게 한 하나님의 언약에 대한 아브라함의 맹세는 하나님의 약속의 백성들 안에서 오늘도 진행된다. 바울은 "하나님은 약속을 기업으로 받은 자들에게 그 뜻이 변치 아니함을 충분히 나타내시려고 그 일에 맹세로 보증하셨나니."라고 했다(히6:17). 하나님은 맹세한 아브라함에게 큰 나라가 되며 땅 위의 모든 족속에게 축복의 근원이 되게 하겠다고 약속했다. 하나님은 이스라엘을 애굽의 노예 상태에서 불러내어 시내산에서 언약을 맺고 약속의 땅을 그들에게 주었고, 후에는 예루살렘에서 다윗을 왕으로 세웠다. 그러나 배도한 이스라엘에는 원수를 갚겠다고 했다(레26:25). 솔로몬은 성전을 봉헌하고, 그 성전 위에 모압 족속의 신인 그모스의 신전을 짓는 일을 했다(왕상11:7). 이스라엘은 무분별한 우상 숭배로 하나님과의 언약을 파기했고 하나님의 택하심을 비웃으며 심판을 자초했다.

　하나님은 이스라엘을 가차 없이 심판했고, 남북으로 그 나라를 갈랐으며 결국 북이스라엘은 기원전 721년 앗수르에 의해 함락되었고 남유다는 바벨론의 포로가 되었다. 포로로 잡혀간 에스겔은 무서운 환상을 보았다. 이스라엘이 대참사를 당하여 백성에게 남은 것은 골짜기를 가득 메운 거대한 뼈들의 밭밖에 없었으나 에스겔에게 임한 하나님의 말씀이 뼈들을 소생시켰다. 하나님의 말씀은 죽은 자도 살린다. 영적 보편성이 성취되는 순간이다. 하나님은 말씀으로 자신의 백성들을 소생시키고 새롭게 하였고 앞으로도 그렇게 할 것이다.

최악의 상황에 처했을 때, 에스겔은 하나님 임재의 영광의 구름이 성전에서 들려서 포로들과 함께 동쪽으로 움직이는 환상을 보았다(겔11:23). 하나님은 선지자의 간구와 탄원에 배도한 백성들을 행한 심판은 최종적인 것이 아니라고 했다. 배도한 백성 중에서 살아남을 자는 거의 없겠으나 하나님이 남겨둔 남은 자들이 있었다. 살아남은 소수는 큰불이 난 곳의 숯 한 덩이와 같으며, 목동이 사자의 공격을 받아 건져 낸 양의 두 다리나 귀 조각과 같을 것이라고 했다(암3:11~12). 하나님은 죽음의 문 앞에 서 있는 남은 생존자들을 궁극적으로 새롭게 하고 정결케 할 것이다.

백성들은 포로가 되었고 채찍에 맞은 후에 죄를 고백하고 하나님께 돌아왔다(호5:15~6:3, 렘3:12~14). 하나님은 그들에게 하나님의 영을 주고 굳은 마음을 부드럽게 바꾼 후(겔11:19, 36:26~27), 그들과 새로운 언약을 세웠다(렘31:31~34). 하나님의 공의는 교만한 이스라엘의 백향목을 잘라 버리고 남은 그루터기의 새순으로 돋아나게 해서 튼튼한 나무로 성장시켜 많은 백성을 모으는 열국의 표상이 되게 했다(사10:33~11:12). 남은 백성들을 모아 열국을 이루는 일은 단순한 회복의 차원을 넘어선 종말론적인 사건이다. 예수 그리스도의 온전한 순종과 고난을 통하여 새 언약으로 세워지는 종말론적 하나님의 나라의 통일성과 보편성이다.

세대주의자들은 이천여 년 전에 예수가 이스라엘 땅에 하나님의 나라를 건설하려 했지만 실패로 돌아갔으며, 새로운 대안으로 복음을 이방에게 전한 결과로 오늘날의 세계 교회가 세워졌다고 말한다. 그러나 분명히 알아야 할 것은 예수의 처음 계획이 실패한 것이 아니라는 사실이다. 예수는 제자 베드로에게 "내가 이 반석 위에 내 교회를 세우리니(마16:18)."라고 했다. 예수님은 실패자가 아니라 언약을 이루는 승리자이다. 복음은 먼저 유대인들에게, 그다음으로 유대인들인 사도들의 입을 통해서 이방으로, 서구로, 아시아의 한국으로 전해졌다. 유대 교회는 기독교의 뿌리다.

역사적으로 이스라엘 없이 기독교는 시작할 수도 없었다. 이런 의미에서 이스라엘은 매우 독보적인 존재이다. 비록 그들이 예수를 믿지 않고 거역했지만, 기독교의 후예들은 그들에게 진 빚이 있다. 2016년 이스라엘의 통계청에 따르면, 전 세계 유대인의 수는 약 1,400만 명이며, 그중 43%인 약 637만 명은 이스라엘에 거주한다. 그 땅의 면적은 전라남북도를 합한 넓이인 한반도의 1/10 정도가 된다. 이 중에서 예수 그리스도를 구주로 믿는 자들은 약 2만 명 정도이다. 비록 적은 수이지만, 하나님의 은혜로 보존된 언약의 백성을 남은 자라고 말한다.

실로 이스라엘은 2000년 가까이 나라도 없이 전 세계에 흩어져서 살아온 민족이 아닌가? 반유대주의라는 세계의 거센 핍박을 견디면서 하나님을 믿는 신앙, 히브리어인 고유의 언어와 탈무드와 같은 문화와 전통을 보존했고, 무려 이 천년이 지난 1948년 5월 14일 팔레스타인에서 드라마같이 민족 국가를 부활시키는 데 성공한 민족이 아닌가? 하나님이 이스라엘 백성을 버리지 않았다는 증거다. 한 민족이 불과 40년도 안 되는 일본의 통치를 받으면서 우리 민족의 고유한 것을 많이 잃어버렸고 친일파 논란을 불러일으키는 상황과 비교해 보면 그들의 선민사상이 가지고 있는 집념은 상상을 초월한다. 하나님은 자신의 계획을 택한 백성을 통해 이루기 위한 믿음의 사람을 보존하고 계신다.

바울은 순수 아브라함의 혈통을 타고난 사람 중에서 자기만큼 예수를 거부한 사람이 어디 있겠냐고 말했다. 그런데도 하나님은 바울과 같은 사람을 선택하여 믿게 하였다. 바울은 유대교 골수분자였고 핍박받는 자였던 자신이 구원받은 것을 보면, 아직도 믿지 않고 거역하는 이스라엘을 하나님이 버릴 리가 없다고 말했다(롬11:1~6). 아합왕 때, 바알과 아세라를 섬기던 영적인 타락기에 엘리야 선지자는 많이 지쳐 있었다. 많은 선지자가 죽고 제단도 헐려버렸을 때, 목숨이 위태했던 낙오병과 같았던 엘리야에게 하나님은 바알에게 입 맞추지 아니하고 무릎을 꿇지도 아니한 칠천 명을 남겨두었다고 말했다. 엘리야를 통해 얻을 수 있는 교훈은, 아무리 패역한 시대라 할지라도 하나님의 일을 할 신실한 사람들은 남은 자로 보존하고 있다는 사실이다.

남은 자들은 어느 시대에나 쓰임을 받는다. 이들은 특별한 자들이 아니라 오직 하나님의 은혜를 입은 자들이다. 하나님의 은혜에 의해 택하심을 받은 자들이다. 바울은 "그런즉, 이처럼 지금도 은혜로 택하심을 따라 남은 자가 있느니라.", "만일 은혜로 된 것이면 행위로 말미암지 않음이니 그렇지 않으면 은혜가 은혜 되지 못하느니라(롬11:5~6)."라고 했다. 하나님의 은혜는 인간의 시각, 판단, 결정, 시간 등의 영역 밖에 있다. 지금은 참담하게 보여도 하나님의 은혜로 하나님의 뜻과 역사는 계속되고 있다. 성도는 바울이 교훈하는 참된 역사관으로 무장해야 할 것이다. "이는 만물이 주에게서 나오고 주로 말미암고 주에게로 돌아감이라(롬11:36)."

하나님은 절대 침묵하고 있지 않다. 만약에 지금 침묵한다고 느껴지면 침묵은 심판 바로 직전의 고요함이며, 두렵고 떨리며 하나님을 고대해야 하는 중요한 시점이라는 것을 깨달아야 한다. 하나님은 그의 백성들에게 "내가 볼 수 없고 이해할 수 없다고 해서 다 끝난 것으로 절망하지 말라. 반드시 남겨둔 자들이 있다."라고 웅변적으로 말할 것이다. 우리가 믿음을 가지고 사는 일과 주님께 쓰임 받는 사실은 세상의 사람들보다 똑똑해서가 아니다. 부족하고 연약하지만, 언약의 백성으로 전적으로 사용하고자 하는 하나님의 주권과 은혜 때문이다.

하나님이 백성에게 요구하는 자질은 연약함, 무지함, 무가치함이다. 하나님은 아무도 스스로 자랑하지 못하게 하려고 인간의 부족함을 드러나게 했다(고전1:26~31). 언약의 백성으로 모은 후 새 언약에서 하나님은 자기 백성의 마음에 할례를 베풀 것을 약속했다(신30:6, 렘 31:33~34). 남녀 노유를 불문하고 가장 작은 자에서부터 가장 큰 자에 이르기까지 그들 가운데서 함께하는 하나님의 언약은 반드시 이루어진다는 것을 모르는 사람은 없을 것이다.

스가랴 선지자는 약한 자들이 다윗 같겠고 다윗의 족속은 하나님 같고, 무리 앞에 있는 여호와의 사자 같을 것이라고 말하며 유대 사람들을 독려했다(슥12:8). 예루살렘의 모든 항아리가 성전 기구같이 되며, 과거에는 대제사장의 관에 기록되던 '여호와께 성결'이라는 말이 말굴레까지 기록되는 영광의 날이 올 것이다. 이스라엘의 목자들은 실패했지만, 주님이 도래하여 그들의 목자가 될 날이 도래할 것이다(겔34:15).

이스라엘의 용사들은 실패했으나 신령한 용사 되신 하나님이 스스로 의의 갑옷을 입고 구원의 투구를 쓰고 오실 것이다(사59:16~17).

주의 오심과 그의 종의 임함은 하나이다. 이름은 기묘자(Wonderful), 모사(Counselor), 전능하신 하나님, 영존하시는 아버지이며, 평강의 왕이다(사9:6). 언약의 사자가 임함으로써 주의 능력은 금을 연단하는 자의 불과 표백하는 자의 잿물과 같다고 했다(말3:1~3). 언약은 반드시 이루어진다.

변함없는 약속

인생의 소망이 돈인가? 돈이 있으면 이 세상에서 하지 못할 것이 없고, 사람들도 많이 모을 수 있다. 그러나 돈으로 자신의 욕망을 채울 수는 있겠지만, 결국 돈으로 모든 것을 잃는다는 것을 사람들은 모르고 있다. 레오나르도 디카프리오(Leonardo DiCaprio)가 주연했던 〈에비에이터(The Aviator)〉라는 영화의 실제 인물인 미국의 억만장자 '하워드 휴즈(Howard Hughes, 1905~1976년)'는 숨을 거둘 때 20억 불, 우리 돈으로 약 2조 3,000억 원 정도를 남겨두었다고 한다. 도널드 발렛(Donald Barlett)이 지은 『하워드 휴즈의 제국(Empire: the life, legend, and madness of Howard Hughes)』을 보면 휴즈는 세금을 내지 않으려고 한평생 호텔 스위트룸을 전전하며 마약과 향락을 즐기다 멕시코 아카풀코에서 고향인 휴스턴으로 가던 중에 제트기에서 숨을 거두었다고 기록한다.

그때 『뉴욕 타임스(The New York Times)』에서는 이러한 기사를 썼다.

"아무도 그의 죽음을 애도하는 사람이 없고, 장례를 집례할 목사도 없어 국가에서 한 목사를 세워 장례를 치렀는데, '오! 주여, 하워드 휴즈가 빈손으로 왔다가 빈손으로 갑니다. 불쌍히 여겨 주옵소서.' 이 한 마디로 장례사는 끝났다고 한다. 가졌던 모든 돈과 권세를 털어버리고 하나도 가진 것 없이 떠난 것이다."

어느 청년이 진지하게 상담을 청했다. 교회에서 치명적 문제들이 발생하여 절망할 때 "사람을 보지 말고 하나님을 보고 교회에 다녀라."라는 교과서적인 대답을 들었다. 청년은 '그렇게 수많은 문제에 대해 대충 얼버무리고 하나님을 보고 교회를 다니라고 하는데 계속 상처받으면서 교회를 굳이 다녀야 하나?'라는 번민을 하다가 교회를 떠났다. 그 청년은 주일날 공원이나 커피숍에서 홀로 말씀을 묵상한 후 노트에 기록하고, 기도하며 예배를 드렸고, 다양한 강좌와 설교의 동영상으로 교회 가는 것을 대신했다.

집을 나간 아들이 있었다. 아들은 권위적이며 폭력적인 아버지, 자신을 있는 그대로 사랑하지 않고 자꾸 자신의 욕망만 강요하는 어머니, 어느새 영혼 없는 대화만 나누는 형제들로 구성된 형식적인 가족에서 탈출한 것이다.

하지만 부모가 집을 나간 이유에 대해 충분한 고민과 반성 없이, 방을 청소하고 잘 꾸미며 맛있는 음식을 잔뜩 차려 놓고 돌아올 것을 기다리는 것이 진정한 해결책인가? 그 해결은 누구를 위한 것인가? 교회를 떠난 성도들이 많다. 교회를 떠난 이들만 탓할 수는 없다. 이들이 방황하지 않고 돌아오기 간구하고 기다려야 하나, 그보다 먼저 교회를 떠난 이유를 분명히 파악해야 한다. 복음을 상실한 교회 때문 아닌가? 세속화된 욕망과 물질주의가 상식이 된 교회 때문 아닌가? 온갖 비리와 추문이 일상이 된 교회가 그리스도인들을 교회 밖으로 밀쳐내는 지경이다. 우리 모두가 깨달아야 할 것이 있다. 성도는 하나님의 백성이라는 사실이다.

성도는 하나님의 약속의 백성이다. 모세는 출애굽 시 조상 요셉의 해골을 취하였다(출13:19). 요셉이 일백십 세에 죽을 때 형제들에게 자신은 죽지만 하나님이 반드시 오셔서 너희를 이 땅에서 약속의 땅으로 인도할 것이라는 예언적 유언을 남겼다. 그때 요셉은 자손들이 자신의 해골을 메고 그 땅으로 걸 것을 약속했고(창50:24~26), 약 400년 후인 출애굽 때, 그 약속은 이루어졌다. 출애굽 시에는 여러 재앙으로 잠시도 긴장을 늦출 수 없었다. 애굽의 군대들이 총동원되어 추격해 오는 위급한 상황에 모세를 비롯한 이스라엘 자손들은 요셉의 해골을 챙기는 것을 잊지 않았다. 요셉의 자손들은 하나님의 약속은 반드시 이루어진다고 믿었기 때문이다.

아브라함도 하나님의 약속을 따라서 살았다. 아브라함은 "내가 너로 큰 민족을 이루고 네게 복을 주어 네 이름을 창대하게 하리니 너는 복이 될지라."라고 한 하나님의 약속(창12:2)을 믿었다. 아브라함의 대를 이은 자손들은 천막에 사는 나그네였고, 야곱의 열두 아들 역시 성전도 천막으로 지으며, 애굽에서 나그네 생활을 했다. 츨애굽 시에는 내일을 위해 살림을 모으는 일도 없이 일용할 양식인 하루 분의 만나로 먹고 살았다. 이들이 하나님만 의지하며 살아간 근거는 약속을 믿는 믿음이었다.

그동안 한국 교회는 새벽 기도회, 십일조 헌금, 주일 성수에 엄격했다. 이웃에게는 봉사와 섬김을, 나라와 민족을 위해서 선교와 전도의 사명을 기쁨으로 감당했다. 무엇보다 한국 교회는 신앙의 순전함을 지키고, 나라를 사랑했던 순교자의 피에 기초한 교회였다. 교회는 믿음으로 일본 제국의 억압을 이겨 낼 수 있었고, 6·25 전쟁의 참화 속에서 공산당의 박해를 물리칠 수 있었다. 하나님은 아브라함과 이삭, 야곱에게 약속했던 하나님이며, 순교의 피를 흘렸던 우리 조상

의 하나님이다. 그 하나님은 바로 21세기의 오늘을 살아가는 약속의
백성들에게 '나의 하나님'인 것이다.

하나님이 약속의 백성을 먼 길로 인도했다. 애굽에서 가나안까지
는 두 가지의 길을 택할 수 있었다. 하나는 애굽의 북쪽에서 가나안
남쪽으로 열흘 정도면 갈 수 있는 지름길이 있었고 다른 하나는 광
야를 통하여 가는 거리로, 약 50배가 되는 길이다. 하나님은 백성들
이 블레셋과의 전쟁을 두려워하여 다시 애굽으로 돌아갈 수 없도록
먼 광야 길을 걷게 했다(출13:7). 적어도 열흘 만에는 들어갈 수 있는
길을 40년이나 걸렸다. 하나님은 우리의 체질을 알고 연약한 부분을
구체적으로 기억하고 있다(시103:14). 백성들의 본질, 형편, 능력, 성
격, 결점을 훤히 다 알고 계시는 하나님은 백성들로 하여금 광야의
시련을 통해 더욱더 굳세어지기를 원했던 것이다.

어미 독수리가 새끼를 공중으로 물고 올라가 스스로 날도록 훈련
시키는 것처럼, 하나님은 이스라엘을 광야에서 혹독하게 훈련시켰다
(신32:11). 독수리의 힘 있는 날개는 강한 훈련을 통해서 얻어진다. 이
스라엘이 날개를 힘 있게 펴고 창공을 날기 위해서 40년이라는 시간
이 필요했다. 하나님은 40년 동안 "광야의 길을 걷게 하신 것을 기억
하라. 이는 너를 낮추시며 너를 시험하사 네 마음이 어떠한지, 그 명
령을 지키는지, 아닌지 알려 하심이라."라고 했다(신8:2). 광야에서 조
상들도 알지 못했던 만나를 주신 것은, 사람이 먹고만 사는 것이 아
니라 하나님의 말씀으로 사는 것을 알게 함이라고 했다(신8:3). 광야
의 길은 약속의 백성을 연단하는 기나긴 길임과 동시에 축복의 길이
었다.

하나님은 약속의 백성을 구름기둥, 불기둥으로 인도했다. 출애굽의
백성들이 모세를 따라 홍해를 건너 약속의 땅 가나안을 향할 때 낮

에는 구름기둥으로 그늘을 만들고 밤에는 불기둥으로 길을 밝혀 주었다. 하나님의 약속을 의지하면 하나님의 임재와 보호가 있다. 먼 광야 길이라 해도 결국에는 유익한 길로 판명 난다. 구글 맵이나 내비게이션만 있으면 세계 어느 곳에나 찾아갈 수 있는 것처럼, 하나님의 약속은 우리를 구름기둥, 불기둥으로 정확하게 인도해 줄 것이다. 하나님의 말씀은 인생의 안내자가 된다. 말씀을 사모하는 영혼은 성령의 인도함을 받는다. 40년 동안의 광야의 길을 지나, 요단 계곡의 땅을 밟고 가나안 언덕 위에 이를 때까지 약속은 살아있었다. "볼지어다. 세상 끝날까지 내가 항상 너희와 함께 있으리라(마28:20)." 약속은 분명히 이루어진다.

세상의 물질과 권세는 일시적이다. 하나님께서 니느웨로 가라는 명령을 거역하고 다시스로 도망가던 요나를 일깨우기 위해 폭풍을 보냈던 것처럼, 하나님은 세상의 불의를 외면하고 예언자적 사명을 포기한 성도들에게 책임을 물을 것이다. 인생의 소망은 하나님의 약속에 있다. 비록 기다리는 시간이 더딜지라도 그 길은 참된 길이다. 애굽의 거대한 물질문명을 거부하고 탈출했던 이스라엘처럼 성도는 거대한 기술 문명을 이룬 화려한 세상보다 하나님의 약속을 바라보고 나아가는 것이 현명한 일이다. 우리의 인생은 이루어질 약속에 담보되어 있다.

제4장

역사의 객관성

지진과 홍수, 태풍으로 재난을 당한 일은 부지기수지만, 최근의 하와이의 화산 폭발, 동남아시아의 지진과 쓰나미로 수많은 사람이 예기치 못하고 생명을 잃어 건 것을 보았다. 우리는 기근으로 오지에 사는 사람들이 굶어 죽어 가고, 도시의 물질의 풍요를 누리면서도 암 또는 불치의 병으로 죽는 사람들, 도심에 폭탄이 터져 행인들이 몰살하고, 국가 간의 생존과 패권을 위한 치열한 경쟁이 전쟁을 불러오는 시대를 살고 있다. 미래를 예측할 수 없는 풍전등화와 같은 시대적 현실 속에서 살아갈수록 성도는 더욱 확연하게 하나님이 역사를 주관하고 있다는 사실을 명심해야 한다.

　초대 교회 말엽의 성 어거스틴은 절대로 허물어지지 않을 것이라 믿었던 불멸의 신성 로마 제국이 벌거벗은 채로 도끼를 휘두르며 공격해 온 야만인 오트족에게 함락되는 것을 보고 심각한 고민에 빠졌다. 어찌하여 기독교가 국교인 거대한 로마가 아우성과 화염 속에서 하염없이 무너져 내리고, 야만인들이 이 도시를 차지해 버렸는가? 로마의 함락을 보고 어거스틴은 『신의 도성(City of God)』에서 "사람이 세운 이 세상의 나라는 무너진다. 무너지면서 동시에 보이지 않는 하나님의 나라가 이루어진다."라는 위대한 하나님 나라의 역사관을 내어놓았다. 어거스틴은 무너지는 로마 제국을 바라보면서 기도하며 기다렸던 참되고 성경적인 보이지 않는 하나님의 나라가 세워지기를 갈망했다. 보이는 것은 잠깐이요, 보이지 않는 신의 도성은 영원한 것이기 때문이었다(고후4:18).

아인슈타인은 1905년과 1915년도에 과학적이면서도 고도의 철학적 의미가 담긴 획기적인 논문을 발표했다. 그것은 상대성이론으로 시간, 속도, 공간에 대한 새로운 관념을 제시했다. 아인슈타인이 본 우주는 뉴턴이 본 3차원의 공간이 아니라 4차원적인 공간의 연속체였다. 시간이 추가됨으로써 공간, 운동, 시간의 상대적인 상호 관계를 맺는 차원이었다. 시간과 공간은 관찰자와의 관계에서 측정된다. 유클리드의 기하학이나 뉴턴의 이론을 능가하는 새로운 이론인 아인슈타인의 상대성이론이 등장하게 된 것이다.

"어떤 물체의 입자에 내포된 에너지란 그 질량에 광속을 제곱한 것과 같다($E=mc^2$)."라는 유명한 상대성이론이다. 아인슈타인에 따르면 질량은 단순히 집중된 에너지에 불과하다는 것이다. 아인슈타인 이후, 과학적 객관성에 대한 정의도 상대성이론에 따라 단순하게 무엇이라고 말할 수 없게 되었다. 객관성의 의미에 상대적 의미를 내포하지 않으면 객관적 진실이 될 수 없기 때문이었다.

플랑크(M. Planck, 1858~1947년)는 양자 역학에서 물리량은 띄엄띄엄한 값만 갖는다고 했다. 고전 역학에서는 모든 물리량이 연속적인 값을 갖는다고 한 반면에, 플랑크는 자신의 이론을 고전적으로 상응하는 개념이 없는 물리량의 '양자화'라고 불렀다. 2019년 5월 20일부터 질량의 단위인 kg의 정의가 130년 만에 바뀌었다. 1889년에 정해졌던 kg의 원기가 시간이 지나면서 $100\mu g$ 가벼워졌기 때문이다. 초

미세 측정 정밀한 단위인 플랑크 상수를 사용하여 오차를 수정한 것이다. 무게를 재는 정밀한 역학의 객관성도 기준을 상실할 수 있다.

독일의 물리학자 하이젠베르크(Werner Heisenberg, 1901~1976년)는 역학 관계에 대한 광양자 이론을 '불확정성의 원리(uncertainty principle)'로 재해석했다. 하이젠베르크는 원자 내에서나 우주 공간에서 미립자는 절대적인 규칙에 따라 운동하지 않는다고 했다. 기본적으로 관찰자의 위치와 목적에 따라 미립자의 값어치가 달라진다는 것이다. 불확정적이라 원자의 모델도 그릴 수 있는 것이 아니었다. 하이젠베르크 이론은 진리에 대한 기존 개념에 의문을 던지고 인과관계의 필연성을 뒤집어 놓았다. 객관성의 개념은 관찰 과정의 한 부분이기 때문에 더 이상 절대적 타당성을 주장하기 어려운 것으로 이해되기 시작한 것이다.

그러면 근대 철학의 자기모순과 물리학의 불확정성을 직시하면서 역사의 객관성을 어떻게 확보할 수 있는가? 성경이 하나님의 진리라면 참된 객관성은 하나님 자신이며 하나님 자신만이 그 길을 알고 있다. 이러한 관점에서 역사의 객관성을 구속사적인 관점에서 보는 것이 정당하다. 성경은 역사의 객관성을 제시한다.

개혁 신학의 객관성

　개혁(Reformed) 신학은 모더니즘의 영향을 받은 자유주의 신학의 거센 도전 속에서 메이첸과 반틸을 비롯한 뛰어난 신학자들에 의해 명맥을 유지해 왔다. 그러나 21세기로 접어들면서 자유주의 신학의 세속화와 포스트모더니즘이 합리적 이성에 대해 의문을 가지기 시작하면서, 사람들은 신앙과 신학의 기준을 개혁 신학에서 찾기 시작했다. 개혁 신학은 인간의 절대적 자치성(autonomy)의 산물인 모더니즘에 관한 질문과 동시에 자아의 상실과 집단적 상대주의를 신봉하고 진리를 지역적 관점으로 보는 포스트모더니즘의 질문에 답을 줄 수 있는 유일한 신학 체계이기 때문이다.

　개혁 신학은 인본주의와 영적 인본주의를 동시에 극복하는 진리의 체계를 갖추고 있다. 시대의 혼탁한 영적 상태를 진단할 수 있으며, 시대와 타협하고 길을 잃은 신학과 신앙에 길라잡이가 되는 신앙과 신학 체계가 개혁 신학이다. 이 시대의 세속화와 문화, 그리고 인문 사회 과학과 철학의 도전을 개혁 신학으로 변증하는 실력을 길러야 한다. 신앙의 증언은 단순한 심정의 문제만이 아니고 지성과 표현과 행동이 동반되는 것이므로 세상의 현장에서 일관되게 기독교의 신앙을 증언하고 실천하는 신학적 훈련은 필수적이다.

개혁 신학은 어떤 특별한 사상이나 신학의 사조가 아니고 성경을 신본주의 관점에서 체계화한 신학이다. 종교 개혁(Reformation)의 '오직 믿음(Sola Fide)', '오직 성경(Sola Scriptura)' 및 '오직 은혜(Sola Gratia)'는 슬로건 자체로 의미가 있는 것이 아니라 개혁을 위한 촉매로 작용할 때 의미가 있다. 따라서 개혁 신학은 유한한 인간의 이성 범위 내에서의 신학 활동이 아니라 절대 주권의 하나님의 역사를 전제하며, 하나님의 통치와 섭리의 범위는 모든 피조 체계를 포함한다.

개혁 신학의 내용은 성경을 만물을 통치하는 하나님의 전지전능하심이 모든 우주에 보편적이라는 것을 믿는다. 모든 인류에게 구원을 베푸는 예수 그리스도가 역사의 중심이 되며, 성경이 이 사실을 밝혀 준다. 개혁 신학은 인간 이성의 합리성에 기초한 실존 신학과 대비가 되며, 절대 주권의 하나님 중심의 신앙 기초 위에서 초월적 하나님의 통치와 섭리를 받아들인다. 네덜란드의 신학자인 게할더스 보스(Geerhardus Johannes Vos, 1862~1949년)와 반틸과 같은 신학자는 공히 하나님의 계시 사역의 보편타당성과 객관성을 주장했다.

개혁 신학의 객관성은 세상 속에서, 세상의 언어로 세상을 파악하고 세상의 사조를 극복하는 대안적인 세계관이 된다. 특별히 조직 신학은 세상의 사조와 타협하지 않고, 세상을 알고 이들의 도전을 극복하며 응전하는 신학적 방법을 제시해야 한다. 이것이 개혁 신학의 기본정신이다. 오늘날 일부 성도와 신학도들은 인본주의적 이성과 인문 철학적 합리성이 세상과의 접촉점을 폭넓게 제공하며 복음의 기회를 더 많이 제공할 것이라는 착각에 빠져 있다.

만약에 인간이 하나님과 인간 자신의 본성에 대해 완벽한 지식을 가질 수 있다면 하나님은 더 이상 인간의 주권자가 될 수 없다. 이성적 합리성을 추구하는 사회 과학과 철학 사상은 진리를 알아가는 도구는 될 수 있으나 진리는 당연히 아니며, 진리를 판단하고 결정할 완벽한 주체도 될 수 없다. 인간의 운명은 하나님께 달려있고, 인간 사고의 한계와 세상의 사회, 문화, 및 언어의 다양성을 극복할 방법은 하나님의 말씀밖에 없다.

그러므로 개혁 신학은 복음주의(Evangelicalism)나 근본주의(Fundamentalism) 또는 자유주의(Liberalism)라는 말과 같이 어떤 시대나 특정한 사조 또는 신앙 운동을 지칭하지 않는다. 예를 들면, 많은 이들이 찰스 핫지의 신학을 평가할 때 전통적인 칼뱅주의를 바탕으로 미국의 근본주의나 복음주의의 모태가 되었다고 말한다. 그러나 기독교 신앙 운동에서는 전통적으로 '-주의(-ism)'가 종교의 이름으로 사용될 때 하나님의 이름을 왜곡하기에 기독교에서 '-주의'라는 단어를 사용하는 것은 지양해야 한다.[196] '-주의'는 결국 인간이 규정하고 의미를 부여하는 이데올로기에 기초한 편견을 가진 집단을 양성하며 모더니즘의 철학적 폭력성을 드러낼 뿐이다.

기독교의 진리는 어떠한 경우에도 '-주의'에 국한되는 것이 아니다. '-주의'는 다양한 기독교의 운동 중 하나의 신앙 사상을 규정하고 모든 성경의 내용을 자의적으로 그 틀에서 해석한다는 점에서 인본주의적 용어이다. '-주의'라는 용어는 하나님의 성품과 사역을 특정한 그룹 또는 개인의 판단과 가치의 틀에 고착시킨다. 개혁 신학을 칼

---

196 Jacques Derrida, 'Faith and Knowledge' in Gil Anidjar, ed., 『Acts of Religion』, trans. Ken Frieden(New York: Routledge, 2002), p. 6.; Martin Heidegger, 'Letter on Humanism' in David Farrell Krell, ed., 『Basic Writings: Ten Key Essays, Plus the Intriduction to Being and Time』, Revised and Expanded Edition(New York: HarperCollins Publishers, Inc., 1993), pp. 219-21.

뱅주의, 근본주의 또는 복음주의라는 어휘에 국한해서는 안 되며 같은 이유로 이슬람을 이슬람주의와 동일시 할 수도 없다. 세상이 기독교를 많은 종교 중의 하나인 독특한 종교로 매김을 하더라도 성경의 진리는 그리스도가 왕이 되어 온 세계를 통치하는 종말론적 보편성을 제시한다.

반틸의 객관성

　코넬리우스 반틸(Cornelius Van Til, 1895~1987년)은 20세기 미국의 개혁 신학을 변증한 시대를 앞서간 신학자이다. 반틸은 현대주의 신학의 도전에 있어서 성경이 보편적인 진리이며 타협할 수 없는 객관적 사실임을 보수한 웨스트민스터 신학교의 변증학 교수였다. 반틸은 주위에서 하나님의 말씀을 섬기는 자(Verbum Dei Minister)로 불러주는 것을 기뻐했다. 반틸은 철학적 주제를 신학적 입장으로 변증하며 철저한 계시에 기초한 철학적 사유를 했다. 반틸은 전제주의(pre-suppositionalism) 변증론을 펼쳤다.

　반틸은 하나님의 섭리를 구성적(constitutive)이며 동시에 법적(legislative)인 것으로 보았다. 참고로 철학은 '하나님이 말씀하신 것'을 구성적 지식(constitutive knowledge)의 범주에서 하나님에 관한 지식을 선험적이며 본질적인 것으로 간주한다. 규범적 지식(regulative knowledge)의 범주에서는 하나님이 존재한다고 가정하면 하나님에 대한 지식이 규범을 공유한 사람 사이에서만 절대적 진리가 되지만, 하나님의 존재가 그 지식의 조성에 어떠한 역할도 하지 않게 된다.

　그럼에도 반틸이 철학의 용어를 사용하여 섭리를 설명한 이유는 하나님의 섭리에 부응하는 지성적이고 객관적인 자아 충족의 논리학의 중요성을 깨달았기 때문이다.[197] 반틸은 하나님의 영역은 합리적 이성의 영역과 차원이 다르다는 사실과 하나님의 영역을 훼파하는 칼 바르트(Karl Barth)와 에밀 부루너(Emil Brunner)의 신학의 부당성을 비판했다. 반틸은 성경은 하나님의 계시이며 계시의 진리인 성경만이 객관성과 보편성을 가진다는 것을 전제했다.

반틸은 순수 우연성과 형식적(formal) 합리성을 신학에 접목한 바르트와 부루너의 신학을 비판했다. 이들이 신학에 철학적 인본주의와 자유주의적 실존주의를 입힌 문제점을 파헤친 것이다. 성경의 객관성과 보편성은 '이미-아직(already-not-yet)'의 종말론적 개념에서 확보된다. 합리적 이성이 지목하는 보편성과 달리, 반틸은 현상계와 보이지 않는 세계를 포함하는 계시의 보편성을 말했다.

철학은 인간의 합리적 이성에 따라 하나님을 사유한다. 칸트를 포함한 대부분의 철학자는 하나님의 섭리를 혐오한다. 왜냐하면, 철학의 특징은 객관성에 대한 추구이기 때문이다. 객관성에 대한 추구는 객관적 진리를 목적으로 한다. 철학에서 객관성은 진리를 전제하며 진리를 찾기 위해 주관성과 자의성, 그리고 선입견과 편견을 최대한 배제한다. 철학이 일반적으로 추구하는 것은 이성에 의한 참된 인식이며, 그 인식은 외적인 충격이나 내적인 욕구에서 독립되어 이해관계가 없어야 한다. 무엇을 인식한다는 것은 무엇에 대한 지식을 가짐과 동시에 지식을 행동으로 옮기는 것까지 포함한다.

그러나 니체에 의하면 해석자인 인간은 힘에의 의지로 말미암아

---

197 Corenlius Van Til, 『The New Modernism: An Appraisal of the Theology of Barth and Brunner』(p. chap1 intro).

주관적이며 일면적인 평가를 할 수밖에 없는 존재가 된다. 그렇다면, 가치 중립적인 평가를 할 수 없는 존재인 인간은 객관적 해석을 할 수가 없다는 결론이 난다. 그러므로 미셸 푸코(Michel Foucault, 1926~1984년)는 과학적이고 객관적인 관찰이라 할지라도 결국 하나의 담론(discourse)이 되며, 담론은 다른 사람의 행위를 지배하기 위한 수단에 불과하게 된다고 말했다. 푸코가 말한 담론이란 의식적, 무의식적으로 사용된, 특정 가능성을 자동으로 배제 또는 촉진하는 이해의 틀(frame)을 의미한다. 푸코에 의하면, 담론은 사회 안에서 대중의 의도와 상관없이 권력의 분산 또는 확산을 위한 기능을 한다고 한다.

반틸은 객관성을 관찰자의 관점에서 찾게 되면 절대적 타당성을 확보할 수 없다고 했다. 인본주의자는 인간 자신의 형상에 따라 하나님을 만들지만, 성도는 인간이 하나님의 형상임을 인정한다. 성경은 하나님의 언약을 전제하고, 언약에 대한 순종과 불순종은 성경적 실존주의의 기준이 된다. 이는 인간 속에 신의 내재성을 함의하는 바르트의 존재론적 실존주의와는 다르다. 바르트는 창조주와 피조물은 무한한 질적 차이에 있다고 주장하며 유신 논증을 존재론적인 관점에서 시작한다. 그러나 반틸은 모든 피조 세계에서 일어나고 발견되는 사실은 기독론으로 해석해야 한다고 주장하며 인간의 이성으로 하나님의 존재를 증명하는 것은 불가능하다고 다음과 같이 단언한다.

"그러므로 처음부터 이성을 성경에 복종시키지 않고서도, 후일에 이성의 눈이 열려서 성경의 계시를 받아들일 수 있을 것이라는 대부분의 개신교적 변증학은 잘못된 것이다. 신앙이 모든 것을 다 해결해 줄 수 있으리라는 것은 거짓이다. 또한, 마찬가지로 유신 논증이 신의 존재를 확립하고 신앙이 확실성을 가져오리라는 것도 거짓이다. 오히려 신의 존재는 모든 가능성을 근거로 전제되어야 한다. 그러므로 유신 논증이 신자들에게는 신앙을 확실하게 가질 계기가 될 수 있지만, 불신자들에게는 단순한 증언이 될 것이란 것도 거짓이다. 객관적으로 타당한 것은 신자에게나 불신자에게도 모두 타당한 증거와 증언이 되어야만 하고, 객관적으로 타당하지 않은 것은 그 누구에게도 타당하지 않아야만 하기 때문이다. 칼뱅은 우리로 하여금 비기독교적 연속성의 원칙으로부터 기독교적 비연속성의 원칙을 구별하도록 촉구한다. 사실 이 둘은 동시에 일어나는 것이다. 칼뱅의 의도는 철저한 결정론(direct fatalism and determinism)과 철저한 우연론(direct chance or in-determinism) 또한 극복한다. 이와 함께 칼뱅은 이 둘 사이에 있는 '온건한 실재론(moderate realism)'도 거부한다."[198]

여기에서 반틸의 신학적 전제(pre-supposition)는 모더니즘의 철학적 폭력성을 거부하는 포스트모더니티의 로컬리즘(localism)의 전형적인 예가 된다. 그러나 반틸의 변증학은 철학적 로컬리즘을 성경적 보편성에 복종케 한다. 반틸의 주장을 다음 세 가지로 정리할 수 있다.

첫째, 이성이 성경에 복종할 때만 참된 하나님의 존재를 설명할 수 있다는 것이다. 즉, 하나님의 존재 증명시 이성이 신앙과 불가분의 관계에 있어야 가능하다. 이를 칼뱅은 하나님을 아는 지식을 믿음이라고 단언했다. 칼뱅은 믿음을 설명하면서 존재론을 도입하여 지식

---

198 코넬리우스 반틸, 이승구 역, 『개혁신앙과 현대사상』, pp.130-31.

이라는 단어를 쓰며, 인간의 지식이 성경의 사실들에 복종할 때 하나님을 아는 지식이 된다.

미국 개혁 신학의 아버지인 찰스 핫지도 성경 해석의 귀납적 방법을 주장하면서 사실(facts)이 먼저 있고 개념(concept)은 나중에 만들어지며, 지식(knowledge)이 먼저고 이론(theory)은 나중이라고 했다. 핫지는 신학 방법론과 인문 과학의 방법론의 유사성을 인정하면서, 철학자들이나 자연 과학자들이 자연(nature)에서 사실들(facts)을 찾는 것과는 달리 성경에서 사실들을 찾아야 한다고 주장했다.

둘째, 자존적인 자아(autonomous self)의 이성에 의한 하나님에 대한 학문은 신자들의 믿음과 관계가 없으며 동시에 불신자들에게 하나님을 알 수 있도록 작용하지 않는다고 했다.

셋째, 신자나 불신자에게 동시에 타당한 객관적인 증언은 성경에 있다고 주장했다. 이는 분명한 성경의 보편성을 의미하는 것이다. 반틸은 칼뱅의 가르침을 다음과 같이 정리한다.

"① 인간의 정신이 예견의 궁극적인 준거점을 제공하는 것처럼 말해서는 안 된다. ② 동일성의 원칙(principle of identity) 또는 비모순율의 원칙을 자명한 것으로 인정하여 그것에 의해서 존재의 성질을 규정하려고 해서는 안 된다. ③ 또한 개별화의 비합리적인 원칙(irrational principle of individualism) 역시 실제 성질을 규정하는 궁극적인 것으로 인정할 수 없다. ④ 우리가 무엇인가를 증명하려고 할 때, 우리는 인류 일반이 말하는 '신'이란 말의 의미를 가지고 하나님의 성품에 대한 지식을 대치할 수 없다."[199]

---

199 Ibid.

성경의 보편성은 하나님의 섭리로 세상을 통치하고 보존하는 데서 확증되며 이를 성경적 에큐메니즘이라 한다. 아브라함의 신앙을 가지지 않은 이들은 그리스도의 교회에 속하지 않는다고 보는 것이 성경의 보편성이다. 바울은 "그런즉, 믿음으로 말미암은 자들은 아브라함의 자녀인 줄을 알지어다."라고 했다(갈3:7). 가시적인 교회에서는 공적인 신앙 고백을 통해서 믿음을 확인하며 세례를 허락한다.

교회는 예수 그리스도의 은혜의 피를 믿음으로써 구원받은 사람들을 그리스도인의 무리, 즉 교회로 본다. 구원을 받은 자는 천국에, 구원을 받지 못한 자는 지옥에 참여하는 것이 성경의 보편성이다. 성경은 장래에 구원받기로 예정된 무리도 교회의 일원으로 간주하므로 성경의 보편성을 믿는 자들은 함부로 구원 여부에 대해 비판적인 언사를 남용해서 안 되며 절대 겸손해야 한다.

그리스도의 구속을 단순한 하나님 사랑의 신학적 표현으로 보고 무분별하게 실천하는 에큐메니컬(ecumenical) 운동의 포괄주의적 보편성은 종말론적인 하나님 나라의 완성과는 상관없는 것이다. 이 세대는 하나님의 사랑과 은혜를 하나님의 의보다 더 중요하게 여겨 모든 가치를 받아들이는 일치를 주장하며, 다양한 사람들을 포용하고 용납하여 오히려 개혁 성도가 사랑이 없는 편견을 가진 근본주의자로 매도하는 일이 생겼다.

칼 바르트(Karl Barth)는 역사 안에서 완성된 구원 사역이란 없다며 포용주의의 길을 열었고 역사학자 토인비(Arnold Toynbee, 1889~1975년)는 보편적, 우주적 원리의 사랑이라는 이름과 참된 인간성이라는 거룩한 선교적 사역의 이름으로 기독교는 배타적 교만을 버리고 회개하라고 촉구했다. 실로 기독교의 십자가는 교만이 아닌 겸손의 근거이다. 그러므로 진리를 따르는 그리스도인들은 먼저 하나님의 나라를 바라보며, 세상에서는 마치 죽은 자처럼 낮아져 겸손한 자세로 민감성을 가지고 남을 사랑해야 한다. 동시에 그리스도의 구속의 기쁨을 누리고 살아가며 신앙을 변증해야 할 것이다.

반틸의 그리스도인들에 대한 강조점은 항상 다른 이들보다 더 큰 죄인이라는 것을 기억하면서 하나님 자녀들의 허물과 부족함을 용서하며 인내로 기다리라는 것이다. 반틸은 그리스도인의 정체성은 오직 성경에 있으며, 비성경적 포괄주의로 '주의 만찬'을 더럽히지 말아야 한다고 강조했다. 그에 따르면 성도들은 성령의 도움으로 성경의 진리를 객관적으로 받고, 믿음의 증언을 담대히 하며 사랑 안에서 진리를 실천하는 자가 되어야 한다.

성화는 그리스도를 닮는 삶이므로, 진리인 하나님의 말씀에서 세상을 살아가는 법을 개발해야 한다. 성도는 세상의 합리적 이성으로 기독교를 비판하는 자들, 교회를 떠나 무신교도로 남아 있는 자들 그리고 교회에 다니면서도 참된 믿음이 무엇인가를 갈망하는 자들에게 성경적 보편성에 합당한 구원으로 인도하는 길을 제시할 수 있어야 한다. 성경적 언어로 인문사회 과학의 언어를 해석하여 기독교 복음을 세속의 강력한 도전에 변증할 수 있는 실력을 길러야 할 것이다.

역사의 객관성

에드워드 카(Edward. H. Carr, 1892~1982년)는 『역사란 무엇인가 (What is History)?』라는 자신의 저서에서 역사 속에서 일어난 사건을 제대로 알기 위해서는 역사를 기술한 역사학자(historian)에 관한 연구가 선행되어야 한다고 주장한다. 이는 인간이 기록한 역사는 그 자체로는 객관성을 가질 수 없는데, 이유는 역사가의 주관적인 관점이 역사 서술에 담겨 있기 때문이라는 것이다. 역사 서술에는 역사학자의 역사관이 묻어 있고, 그의 삶의 여정에서 형성된 가치관이 내재해 있고, 심지어는 지역적이며 시간적인 공간에 영향을 받은 편견이 있으므로 역사적 사실들(facts)은 저자에 의해 왜곡될 수 있다. 그러므로 역사책을 읽을 때 역사 서술자의 배경을 먼저 연구해야 한다는 에드워드 카의 주장은 역사적인 사건들을 조금이라도 더 객관적으로 이해하기 위함이며, 또한 인간이 서술한 역사는 절대적인 객관성과는 거리가 있다는 사실을 보여 준다.

우리가 역사의 현장에서 일어난 사건을 동일하게 목도하였다 할지라도 그 사건에 대한 증언은 사람에 따라 달라진다. 20세기 후반부 한국의 치열했던 민주화 운동에 대한 역사적인 사건도 지역 출신 또는 신분 및 세대적인 배경에 따라 천차만별로 해석되어 아직도 무엇이 진실인지, 허구인지를 분간할 수 없을 정도다. 광주 사태는 사건이 일어난 지 40년 가까이 되었어도 국회에서도 그 사건에 대한 진실을 밝혀내지 못하고 있다. 어떤 사람은 '민주화 운동', 어떤 사람은 '항쟁' 또는 '폭동'이라 하고 어떤 사람은 북한군이 침투했다고도 한다.

우리는 자신이 살아온 인생에서도 유사한 경험을 한다. 나의 인생에서 경험한 일들도 나이가 들면서 '나 자신'에 의해서 다르게 해석될 수 있다. 20대에 만난 남성이 그때는 별 볼일 없이 보였지만, 40대가 되어 생각해 보니 그 남성이 자신에게 최고의 사람이었다고 생각할 수도 있다. 같은 사람이 세월의 연륜에 따라 직접 경험한 사건을 다르게 보고 후회하며 아쉬워할 수도 있다. 이것이 인간 중심의 역사관이 가진 한계이다. 인간 중심의 역사관은 세상과 자신을 객관적으로 볼 수가 없다. 인간 이성이 아무리 객관성을 주장하더라도 그것은 그의 확신일 뿐이지, 참된 보편성과는 거리가 있는 것이다. 이에 니체는 '진실의 반대말은 거짓이 아니라 확신'이라고 했다.

근대까지만 해도 산업혁명의 영향을 받은 낙관주의적인 인간중심의 진보적 역사관이 지배했다. 그러나 19세기에 접어들면서 도시의 산업화를 위해 경주마처럼 달려온 인생들이 삶의 의미에 회의를 느끼고, 그 목적을 상실하며 방황하다 허무주의(nihilism)를 외치게 되었다. 20세기에 두 번에 걸쳐서 일어난 세계대전과 연이은 한국 전쟁과 베트남 전쟁을 경험하면서 인간의 욕심과 이념의 한계를 절실히 깨닫게 되었다. 또한, 21세기에 접어들면서 이슬람(Islam) 테러 집단이 미국의 경제와 군사 정치의 심장부인 맨해튼과 워싱턴(Washington) 등을 공격하는 것을 보면서 더 이상 안전지대는 없다는 것을 알게 되었다.

세계는 지금 국경을 초월한 테러와의 전쟁을 치르는 중이다. 미국의 패권주의는 자국 중심의 '미국 우선주의(America First)'를 내세우며 무역 불균형을 명분으로 세계 질서를 급격하게 재편하고 있다. 한반도는 세계의 4강인 미국, 중국, 러시아, 일본의 각축장이 되었다. 세상 사람들은 역사에 대한 불확실한 상황을 직면하면서 혼돈 속에 빠지기 시작했다. 결국, 사람들은 현실 도피적 폐쇄성과 자기중심적이며 이기적인 가치관을 가지고 나름대로 자신의 삶을 영위하는 방법을 찾고 있다.

통일을 향한 새롭고 다양한 도전 앞에서 분단된 한민족은 자주적으로 민족의 미래를 결정할 수 있는 처지에도 있지 못한 것이 현실이다. 급변하는 세상의 물결에서 자기 인생의 방향타를 잡기도 쉽지 않은 일이다. 남편과 아내 그리고 자녀들과 일그러진 관계를 새롭게 정립하기도 쉽지 않은데, 이념과 체제가 다른 남북의 평화 통일의 길을 여는 일은 쉬운 일이 아닐 것이다. 혼돈과 불확실의 역사적 회오리바람 속에서 우리는 어떻게 역사의 앞길을 어떻게 헤쳐나갈 수 있겠는가?

인본주의적 역사관 또는 나의 이성의 판단과 경험에서 얻은 인생관으로 미래를 개척한다는 것은 실제로 불가능하다. 역사는 인간의 예측대로 흘러가지 않는다. 성경은 역사의 주인이 하나님이라는 것을 말하며 인생의 보편적 가치를 제시한다. 인생과 역사의 의문은 하나님의 구속사적 역사관을 확보할 때 풀리기 시작한다. 인생의 시작과 결말을 누구도 자신 있게 말할 수 없으나, 역사의 시작과 끝을 주도하는 하나님의 진리는 우리 인생의 등불이 된다.

만약 성경을 내 삶의 지표라고 믿는다면 역사의 진정한 보편성과 역사적 사건의 객관성을 경험하게 될 것이다. 주기도문에서는 기독교 역사관의 목적은 하나님의 나라가 이루어지는 것이라고 했다(마 6:9~10). 하나님의 왕국이 아무런 반대도 없이 자연스럽게 다가오리라고 생각하는 것은 큰 오산이다. 하나님의 나라는 역사의 현실 속에서 성도의 책임을 다하며, 성도가 나서서 싸워서 승리하여 쟁취해야 할 것이기 때문이다.

역사를 주관하는 하나님 한 분만 절대 객관적인 역사적 사실을 안다. 하나님은 사건의 발생, 과정, 및 결말까지도 알며 그의 섭리로 이 세상을 치밀하게 통치하고 보존한다. 그러므로 역사와 삶의 현장에서 일어난 사건이나 사실을 객관적으로 알기를 원한다면 먼저 하나님을 알아야 한다. 칼뱅은 하나님을 아는 지식을 '믿음'이라 했다. 하나님을 믿는 믿음이 절대적 객관성의 통로가 된다. 믿음은 철학이나 과학 또는 문학의 어떤 문서를 통해서도 가질 수 있는 것이 아니다. 먼저 인간의 지식은 인간이 하나님의 형상이라는 사실에서 출발한다.

인간이 알기를 원하는 대상이 있다면, 인간은 주체가 되고 객체는 관찰의 대상이다. 인간이 자신을 인식할 때 "나는 누구인가?"라는 질문을 하는 이유는 하나님의 형상으로서 주체임과 동시에 객체이기 때문이다. 인간은 본질상 하나님과의 관계에서, 스스로의 질문에 답할 수 있는 처지가 아니다. 하나님을 아는 지식은 오직 성령으로 중생 된 마음에 임한 하나님의 말씀을 통해서 알 수 있다.

역사에 대한 지식은 성경에 있다. 성경은 언약 준수자와 언약 파기자의 삶을 구체적으로 묘사하며, 양자 모두에게 객관성을 지닌다. 모든 대상에게 객관적으로 적용되면 그것은 보편성이 있다. 성경의 역사관은 인간으로부터 온 것이 아니라 역사의 근원자인 창조주 하나님의 보편적 역사관이다. 성경 해석의 원칙은 인간의 주관적인 사관이 아니라 시작과 끝인 하나님의 주권과 그의 객관성과 보편성에 있다. 하나님의 말씀을 인생의 보편적인 가치로 받아들이지 않고는 믿음이 있다고 할 수 없다. 믿음을 가지는 일은 삶의 형식이 아니라 삶의 본질의 문제이다. 믿음이 있다면서 세상의 기준으로 삶을 영위하는 자들은 하나님을 무시하는 자들이다.

배교의 시대

주변에 교회에 열심히 다니고 하나님을 믿는다고는 하지만 참믿음인지 의심되는 사람들이 있다. 하나님이 아닌 다른 것을 의지하며 살기 때문이다. 미국의 로스앤젤레스(Los Angels)에서 영업하는 어떤 무속인은 자기를 찾아오는 이들 중 99%가 기독교인일 것이라고 했다. 심지어 선교지를 나갈 때도 어디가 좋을지 찾아와 묻는 사람도 있다고 한다. 그런 기독교인들은 현세에 관한 관심이 더 중요해서 건강과 물질 미래에 관한 관심이 크다는 것이다. "기독교에서는 열심히 믿고 죽으면 천국을 간다지만, 글쎄요. 죽은 사람을 볼 수 있는 사람이 몇이나 될까요? 죽으면 그냥 끝납니다. 그래서 살아있을 때 나의 삶이 천국이 되는 것이 중요합니다. 계속 교회에서 기도하면서 무엇을 달라고 하면 나중에 무슨 일이 생길 줄 아는데 사실 기도만 해서 되나요?" 이런 부류의 사람들은 하나님을 믿는 사람들이 아니다.

영국에서 만든 신년 달력에 아기 예수가 있어야 할 말구유에 예수 대신 소시지 빵을 놓은 사진을 본 적이 있다. 러시아 혁명이 일어나고 공산주의자들이 유치원에 아이들을 식탁에 모아 놓고 예수의 이름으로 기도해 보라고 했다. 아이들의 기도 후 식탁에는 음식이 하나도 없었다. 스탈린의 이름으로 아이들을 기도시켰다. 식탁 위에 맛있는 음식을 가득 차려 준 것이다. 공산주의자들이 먹을 것으로 아이들을 세뇌하는 것이다. 성도의 기도 내용은 대부분 자신의 영광, 사업의 성공, 가족의 건강, 좋은 배우자, 자녀의 교육 등이 아닌가? 미래가 불확실함에도 하나님을 의지하고 전적으로 주를 바라보는 것이 기쁨의 원천이 되는 믿음의 세대가 사라지고 있다.

한국의 초대형 교회나 극장식 교회는 실질적으로 한 교파의 기능을 한다. 강력한 중앙 집권식의 리더십은 스스로 보편적 교회인 양 모든 일을 감당하고 처리한다. 대형 교회는 다른 교회의 사역에는 별 관심이 없고 오히려 주변 교회들을 미심쩍어하며 자신의 왕국을 추구하고 있다. 교회의 건물은 웅장하다. 새롭게 회심한 자들이 늘기보다는 타 교인들이 대형 교회로 집중된다. 소수의 교회가 초대형화되는 현상은 성도들의 세속화를 의미한다. 기존 교회당은 비어가고 있는데, 대형 교회는 더 큰 건물을 가지기 위해 건축비를 열심히 모금해서 땅을 매입하고 건물을 짓는 일은 바람직하지 않다.

맨해튼 컬럼비아 대학교 근처의 성 요한 교회는 유럽의 중세 교회를 능가하는 외관과 크기를 가지고 있다. 100년여 동안 공사를 해 오던 건물인데 아직도 보수 중이다. 대형 교회였지만 지금은 거의 관광을 목적으로 한 건물이 되었다. 왕성했던 교세가 세월이 지나면서 복음은 퇴색되고 웅장한 건물만 남았다. 지금은 한 모퉁이에서 예배를 드리고 있지만, 유료 관광객을 받는 뉴욕의 역사적 유물로 남아 있다. 장로교회 본산인 스코틀랜드에는 중세에 지어진 고색창연한 교회 건물들이 관광자원이 된 지 오래되었고, 글래스고의 웨스트엔드(Westend)에 있던 신학교 자리에는 더 처치(the church)라는 이름의 술집이 들어섰다.

과거 계몽주의 시대 때만 해도 교회밖에는 구원이 없다는 사실을 의심하는 자들이 없었고 믿지 않는 자들도 교회의 사명이 무엇인지는 알고 있었다. 오늘날 우리는 종교 다원주의의 사회에 살고 있다. 기존의 교회들이 세상의 유일한 구주를 선포할 특권을 의식적이거나 무의식적으로 포기한 채 종교 다원주의를 전파하는 중이다. 거대한 세속주의의 물결을 거슬러 가기 위해서는 개인주의적 종교 체험으로는 역부족이다. 보편적이며 객관적인 성경에 따라 주의 사명을 감당해야 한다. 분열과 반목, 그리고 관행적 불법 세습의 교회는 세상을 변화시킬 능력을 상실해 버렸다.

　　교회가 성경적이지 못하면 믿음을 지켜내지 못한다. 이를 배교라 한다. 교회의 표지(signs of church)인 말씀의 순수한 전파, 성례의 정당한 집행 그리고 권징의 신실한 실행을 감당하지 못할 때 교회는 세속화되며 배교의 길에 들어선다. 성경의 권위를 깨는 일은 교회의 목에 칼을 들이대는 것과 다를 바가 없다. 성도가 침묵과 무기력으로 삶 속에서 성경의 권위를 드러내지 못하는 일은 영적 죽음을 자초하는 일이다.

　　배교의 가장 큰 원인은 교권주의(clericalism)다. 교권주의는 목회의 직의 이론과 실천이 세속화될 때 나타난다. 교권주의적 교회는 단순한 종교 단체일 뿐이다. 교회가 세상의 군대나 기관의 조직을 본떠 가던지 세상의 많은 기관 중 하나로 구색을 갖추는 정도면 이미 영적인 능력을 상실한 것과 다름없다. 교회가 율법주의, 근본주의, 신비주의에 빠지면 제 기능을 발휘하지 못한다. 율법주의자는 법적인 형식을 중시하며 전통과 관습에 매여 외식적이며 인간의 삶과 인격 그리고 생명을 구원하는 예수의 보혈을 율법적 기준으로 무력하게 한다.

근본주의자는 세상과 교회를 구분하는 이원론에 근거하여 교회 공동체만의 순수성에 집착하는 종교적 원리주의자가 되기 쉽다. 신비주의자는 이성적이고 자연적인 차원을 초월하여 직접적이고 내면적인 영적 체험을 중시한다. 신비주의는 교회를 세상과는 전혀 상관이 없는 기복(祈福) 기관으로 만들 가능성이 크다. 교회가 적당하게 세상의 힘과 영합하고 정치적·사회적 세력과 타협하여 자신의 영역을 보존하려는 노력은 배교와 다를 바가 없다.

에드먼드 클라우니(Edmund Clowney, 1917~2005년)는 『교회(Church)』에서 루터의 두 왕국 교리가 교회와 국가, 과학과 종교, 이성과 계시 사이에 벽을 쌓게 하는 우를 범했다고 말했다. 교회와 세상을 완전히 분리해서 생각하면 땅끝까지 복음 전해야 하는 교회의 사명과 존재 이유에 의문이 생긴다. 만약에 우리가 육적인 것과 영적인 것을 구분해서 산다면 이중적 인간이 된다. 이원론적인 사고는 교회와 국가만 아니라 과학과 종교, 이성과 계시 사이의 벽을 높이 쌓았다. 기독교 근본주의자들은 임박한 그리스도의 재림을 기다리면서 교회는 세상과 다르다고 벽을 쌓았다. 자유주의자들은 세속 문화의 요구에 순응하며 영적인 보편성을 유지하지 못하고 포용적 혼합주의에 빠졌다.

교회는 선하고 세상은 악하다는 흑백 논리는 곤란하다. 교회 안에도 악한 것이 많이 있으며 세상에도 선한 것들이 많다. 예수도 교회에는 알곡과 가라지가 함께 자란다고 했다. 아브라함 카이퍼(Abraham Kuyper, 1837~1920년)는 세상은 종종 우리가 생각했던 것보다 더 좋은 경우가 있는 반면에 교회도 우리가 기대하는 것 이상으로 더 악한 경우가 있다고 했다. 안토니 후케마(Antony A. Hoekema, 1913~1988년)는 우리는 결코 절대로 어떤 특정한 역사적 사건이 선하다 혹은 악하다고 할 수 없다고 말했다. 역사적 사건이 선과 악의 양면을 다 가지고 있으므로 악 또는 선이 지배적이라고 확증할 수 없다. 후케마는 사소세(D. Chantepie de la Saussaye, 1848~1920년)의 의견에 동의하면서, 그가 한 말인 "만물의 끝이 오기 전까지는 어떠한 역사의 현상도 절대적으로 선하지도, 악하지도 않다."를 자신의 저서 『개혁주의 종말론』에서 인용했다.[200]

이분법적 사고를 하나님을 아는 지식, 즉 믿음으로 극복해야 한다. 하나님의 나라나 사탄의 나라를 가시적으로 구분할 수 있는 실체가 없으므로 우리의 믿음과 행위가 필요하다. 두 나라를 분리해 버리면 세상과 교회의 접촉점의 자리가 없어진다. 세상에서는 세상의 기준이 교회와 다르다는 명분으로 성경의 진리를 무시한다. 세상은 자신의 잣대로 영적인 교회를 판단한다. 교회는 세상과 단절되어 외부의 일에 간여하지 않으며 세상 정부로부터 어떠한 간섭도 허용하지 않는 안일한 자세를 취하기에 십상이다.

그러나 교회는 세상을 밝히는 빛이며 세상을 짜게 만드는 소금이다(마5:13~14). 예수는 밀가루 반죽 속의 누룩을 천국의 비유로 들었다. 누룩은 반죽 속으로 들어가서 온 반죽덩이를 발효시킨다(마13:33). 이원론은 결국 세상을 변화시키는 기회를 박탈한다. 복음이 세상에 장착되어야 세상을 변화시킬 기회가 생긴다. 그리스도의 종말 심판을 믿으면 우리의 관점에서 옳고 그름의 판단을 잠시 유보하고, 절대적 객관성의 하나님의 말씀을 믿는 믿음을 확인해야 한다. 성경의 보편성과 객관성은 상대적일 수밖에 없는 이분법적인 사고를 극복한다.

---

[200] 안토니 후크마, 『개혁주의 종말론』, p. 51.

교회에 다니기만 하고 교회의 멤버십을 갖지 않는 사람들이 있다. 이들은 교회의 일꾼으로 헌신하기보다 예배의 관중이 되는 것이 더 익숙해졌다. 단기간 여행이나 외지 체류 시에는 등록하지 않고 방문하는 것은 이해할 수 있다. 그러나 한 교회를 다니면서도 여러 교회를 백화점에서 물건을 고르듯 이곳저곳 기웃거리거나, 교회에 등록하지 않는 일은 거룩한 공회를 무시하는 행위다.

말씀만 듣고 나의 개인적 신앙만 도모하는 것은 비성경적이다. 많은 교파의 분열과 교회 간의 경쟁으로 선택의 여지는 많다. 교회가 아니어도 캠퍼스 사역, 선교 단체, 기독교 학교, 기독교 출판사, 말씀 훈련하는 기관 등의 모임들이 많이 있다. 그러나 교회 공동체의 삶을 통해 훈련받을 수 있는 성도의 하나 됨을 간과할 수 있다. 예수 그리스도로 말미암은 사랑의 유대, 가족의 참된 가치, 겸손의 하나 됨을 놓쳐서는 안 될 것이다.

교회는 부름을 받는 성도들이 상호 간에 돕고 격려하고 성장하도록 인도하는 곳이다. 성도는 그리스도의 교회의 최고의 호칭이다. 성도는 교회 사역의 변두리에 있는 자들이 아니며 그들 스스로가 교회이며 성령 충만을 받아 사명을 감당해야 할 자들이다. 성도는 십자가와 부활의 성경적 교훈을 실천하고 섬기는 자이다. 성도는 자신이 세상의 빛과 소금이라는 사실을 깨닫고 십자가만 의지하는 신령한 병기로 교회 변화의 주축이다. 겸손한 성도는 그리스도의 몸 된 교회의 소명을 진지하게 마음에 새기며 자기주장을 하기에 앞서 성령을 의지한다.

교회에 영적 생명력을 부어 주고 질서를 만드시는 분이 성령이다. 성령의 도움으로 지도자는 성직의 영적 권위와 제도적 권위를 가진다. 성직은 하나님이 부르신 소명이나, 성직을 남용하며 성직자들만 주님의 부름을 받은 자로 봐서도 안 된다. 그리스도를 구주로 믿는 성직자의 성경의 진리에 대한 충성은 교파나 지교회를 우선한다. 성령은 천지 창조 때 성부, 성자와 더불어 무질서에서 질서를 이끄신 분이다. 사도 바울도 무질서한 예배를 보고 질서를 잡을 때, 성령을 소멸시킨 것이 아니라 성령의 인도함을 받았다.

공간의 객관성

모든 물질과 사람은 공간 안에 있다. 하나님의 나라도 공간이다. 온 우주와 고대의 소돔과 고모라, 교회, 축구 경기장, 내가 사는 집도 공간이다. 이렇듯 공간은 보이는 것과 보이지 않는 것을 포함한다. 공간에 대한 질문이 생긴다. 어떤 공간에 사람이 거주한다면, 공간이 사람을 대표하는가, 아니면 사람이 그 공간을 대표하고 있는가? 또 다른 질문이다. 세상이라는 공간에서 사는 사람과 수도원이라는 공간에서 수행하며 사는 사람은 무엇이 다른가? 유흥가의 나이트클럽이나 술집과 수도원은 분명 다른 목적을 가진 공간이다. 수도원에만 거룩한 사람이 있는가? 수도원이라는 공간 자체가 거룩함을 보장해 주는 것은 아니다. 그러면 거룩한 공간은 어디에 있는가?

자크 데리다는 텍스트성(textuality)의 공간을 말한다. 언어가 어떤 사물이나 관념과 확고한 대응 관계로 매듭지어지면 텍스트만으로 충분하다. 언어가 지목하는 대상은 텍스트이지만, 언어와 텍스트 사이의 간격을 텍스트성이라고 한다. 텍스트성은 신 비평가들이 말하는 텍스트의 자율성과 자족성을 받아들이지 않는다. 텍스트성은 텍스트와 세계의 대립적 구도를 무너뜨려 텍스트의 주체인 작가와 독자 사이의 경계를 허문다. 해석자가 텍스트를 대할 때, 연쇄적인 해석의 고리로 또 다른 의미를 생산하는 메커니즘이 텍스트성이다.

텍스트성에 대한 다음과 같은 질문이 생긴다. 텍스트성과 인간의 성욕(sexuality)의 본질은 무엇이며 상호 어떠한 관계가 있는가? 인간이 진리를 향한 욕구와 성적 욕구는 어떻게 다른가? 삶과 죽음의 차이는 생명의 차이인가, 아니면 공간의 차이인가? 사람이 죽었다고 해서 공간이 없어지는 것은 아니다. 사람이 지식을 가질 때, 감각의 느낌으로 아는 것과 사건을 통해서 아는 것은 어떤 차이가 있는가?

보이는 공간도 있지만, 보이지 않는 공간도 있다. 뉴욕의 맨해튼에서 태평양 건너에 있는 서울은 볼 수 없다. 고향을 떠나 타국에 사는 사람은 육신은 타국에 있으나 마음은 조국에 있을 수도 있다. 이민자들에게는 고국이나, 타국이나 자기 삶의 거처라는 면에서 다름이 없는 공간이다. 인간은 나름의 공간에서 거주하고, 이동 수단을 통해 다른 공간을 드나들며, 같은 공간을 타인과 공유하기도 한다. 민족과 국가와 시간과 장소를 초월한 인터넷으로 연결되는 웹(web), 유튜브(YouTube). 트위터(twitter), 카카오톡(KakaoTalk) 등은 시간과 거리를 초월한 또 다른 공간이자 어떤 면에서는 실제적인 공간이 된다.

물리적인 것뿐만 아니라 인간 생각의 영역도 공간이다. 내가 누구를 안다고 말하는 것은 그 사람의 가치, 생각, 성품, 사는 곳 등 그가 속한 다양한 공간을 아는 것이다. 사람이 사는 공간이 바로 그 사람이다. 공간은 사람의 상황이며 사람의 정체성을 결정하는 단서다. 이 공간은 누구나 가지는 공간이며, 믿음의 여부를 떠나 자신이 속한 공간에 대한 바른 이해로 미래를 예측할 수 있는 해석학적 보편성의 공간이다.

사전적 의미의 공간은 사물과 사람이 있는 장소(topos)와 시간(kairos) 또는 순간이다. 공간은 카이로스(Kairos)의 적절한 장소로 간주되며 사물과 인간의 사건과 삶의 현장이다. 헬라어 사전에서 카이로스는 중요한 시간, 특정적인 시간, 계절 또는 기회가 되고[201] 장소는 지역, 지위, 신체의 일부, 저자의 문구, 집의 방, 수사에서의 공통적인 요소 등으로 설명된다.[202] 은유적으로 이해하면 공간은 사람의 삶, 상황, 장소, 지위에 주어진 모든 것을 포함한다.[203]

모세가 떨기나무 앞에 섰을 때, "이리로 가까이 오지 말라. 네가 선 곳은 거룩한 땅이니 네 신발을 벗어라."라고 했다(출3:5). 그때 모세가 선 공간은 거룩한 곳이었다. 하나님의 음성이 실재했지만, 모세가 하나님을 대면한 것은 아니었다. 하나님의 목소리에서 모세는 하나님의 임재를 느꼈고, 뒤로 물러섰다. 모세가 선 곳은 하나님 임재의 공간이었다. 데리다는 모세가 섰던 가시적인 자리를 인간이 이해할 수 있었던 가장 신성하고 가장 고귀한 곳이라고 하였다. 데리다는 그 공간을 로고스에 종속된 공간으로 로고이(logoi)라 명명했다. 무소 부재하신 하나님은 살아 계신 분이다.

온 우주의 어떠한 자리에도 그분의 존재와 장소가 없다면 그분은 위대한 하나님이 아니다.[204] 하나님의 '음성' 또는 하나님의 '이름' 그 자체는 하나님이라 말할 수 없으나 그곳은 분명히 하나님의 공간이었다. 하나님의 통치와 보존의 역사적 객관성이 있는 공간이다. 우리

---

201 Henry George Liddell and Robert Scott, 『A Greek-English Lexicon』, new ninth ed., pp. 859-60.

202 Ibid., p. 1806.

203 Ibid., p. 1749.

204 Derrida, 'How to Avoid Speaking: Denials' in Budick and Iser, eds., 『Languages of the Unsayable』, pp. 21-5.

가 하나님을 묵상하는 것과 하나님의 공간으로 나아가는 것은 전혀 다른 차원이다. 하나님의 공간은 계시적인 공간이며 인간의 편에서는 그 공간에서 일어나는 사건 발생의 근거를 예단할 수 없다. 하나님의 공간에서 일어나는 일들은 섭리적 사건이며 그 안에서 일어나는 모든 사건은 본질적으로 자발적이고 우발적인 것이라 내가 그를 깨닫고, 그 사실을 현실에 적용하는 묵상의 차원과 전혀 다르다.

데리다가 '로고이'라 부르는 공간은 하나님 섭리의 장이다. 프랜시스 튜레틴은 작거나 크거나, 우연이든 필연이든, 자유롭고, 자연스럽게 일어나는 모든 일은 하나님의 섭리로 받아들여야 한다고 했다. 튜레틴은 특별히 인간사의 모든 일 중에서 우연적이고 임의적이며 불확실하고 미결정적인 것을 하나님의 섭리로 이해했다. 튜레틴은 하나님을 제1원인으로 보고, 섭리적 관점에서 하나님의 일은 제2원인인 사물과 인간의 상태와 고유한 기능에 따른 행동 양식인 우연적이며 가설적 사건에서도 전혀 오류가 있을 수 없다고 했다.

하나님의 섭리의 공간은 현상적으로 보면 인간의 행위가 목적을 실현하는 자유와 임의적 장소이나, 그 일도 하나님의 뜻에 의한 일이다. 데리다의 공간인 '코라(kora, 장소, 공간, 용기)'가 비록 만질 수도, 이해할 수도 없는 수수께끼와 같은 것이라 할지라도 하나님의 섭리의 장소이다. 코라에서 활동하는 기의들(signifiers)은 찰스 핫지의 언어로 자유 인자들(free agents)이며 서로 만나서 거하는 섭리적 공간이다. 코라는 하나님이 만들고 통치하는 모든 시간, 공간, 문화 사고 체계, 사건을 다 포함한다.

모든 우주적 공간은 하나님의 섭리의 장이나, 하나님의 나라가 하나님이 아닌 것과 같이 코라는 하나님이 아니다. 일부 포스트모던 신학은 코라를 하나님으로 보나, 코라는 전지전능할 수 없다. 코라는 하나님도 아니고 악령도 될 수 있는 그러한 것이 아니라 어떠한 것과도 상관하지 않는 무엇의 실현을 기다리며 대기하는 질적인 장소다. 코라는 자력으로 무엇을 생성하거나 명령 또는 약속을 하지 않는 급진적으로 비인간적이고, 비신학적이며 비역사적인 공간이다.

마가의 다락방은 시간과 공간을 가진 장소이다. 마가의 다락방(행 2:1~13)에 임한 성령의 역사는 즉각적이고 초월적 사건이었다. 성도들에게 물질적 증거가 드러난 기적이며, 어떤 법적 근거도 없이 일어난 전적인 자발적 사건이었다. 오순절 다락방에서 기다리던 120명의 성도는 날짜는 알지 못했지만, 조바심을 내지 않았다. 그것이 주님의 약속이라면, 그 약속이 이루어질 때까지 기다리는 시공의 장소이다.

그들은 보혜사 성령을 보내실 예수의 약속의 성취를 기대했다. 마침내 성령의 참된 초월적 사건이 마가의 다락방에서 완벽하게 이루어졌다. 예수가 약속한 성령의 강림을 기다린 성도들은 급기야 성령의 강림을 체험했다. 성령의 임함을 성도들은 감각적 기관으로 체험했지만, 그들이 간절한 기대 때문에 성령이 강림한 것은 아니었다. 하나님의 전적인 계획에 의한 약속의 성취이며 강권하심이었다.

마가의 다락방에서 일어난 성령의 사건에서 코라의 장소는 어디인가? 마가의 다락방도 아니고 성령도 아니며 다락방에 있는 성도들 또는 그들의 믿음도 아니다. 코라는 시간과 공간을 가진 장소이면서 이것, 저것이라 정의할 수 없는 텍스트성을 나타낸다. 코라는 기존의 현존과 부재의 질서에 따르지 않고, 그것이 표현되는 순간에 아주 다른 것이 창안되는 공간이다.[205] 그곳은 성령의 권능도 아닌, 다락방의 사람들도 아닌, 더더구나 성령도 아닌, 제삼의 장소다. 코라

---

205 Ibid., p. 39.

는 무한의 세월의 흔적을 지닌, 하나님의 약속이 성취될 하나님의 섭리의 장소다.

핫지는 하나님의 은혜, 예언, 기적 등을 하나님의 절대적 능력(absolute power)으로 보고 일상적 능력(ordinary power)과 구분한다. 하나님의 죄 사함, 믿음과 회개는 절대 능력이며, 전적인 성령의 역사이다. 그러나 하나님의 일상적 능력은 제2원인인 물질과 정신의 자발적 행위를 인정하나 하나님과 독립적인 것은 부정한다. 하나님의 일상적 능력은 물질의 원인을 통제하고 사악한 자의 행위를 포함한 인간의 일상적 행위를 주관한다.

일상적 능력은 제2원인의 효능을 넘어서는 물리적 법칙이나 인간의 능력으로 성취되는 경우는 없다. 하나님은 인간의 행동을 통제하고 인간은 타고난 능력으로 그 일을 수행하며 그 결과에 대한 책임은 인간이 진다. 이 점에서 섭리의 공간은 인간의 책임과 하나님의 은혜의 현장이다. 모든 피조물에 대한 하나님의 섭리는 인간 편에서의 책임을 요구한다. 하나님의 객관성은 하나님과 관계를 맺고 있는 인간이 죄에 대한 책임을 온전히 질 때 드러난다. 자아의 죽음을 대신한 예수 그리스도 안에서 최종적으로 완성된다.

존재 밖(*Beyond Being*)의 공간

데리다는 『그라마톨로지(Gramatology)』에서 형이상학은 과학적 체계의 보편성을 앞세워 비논리적인 것들을 지속적이며 은밀하게 배제하여 자신의 정당화를 유지했다고 비판했다. 형이상학적 신학은 진리가 무엇이라 말할 수는 있어도 진리를 포착할 수는 없다. 존 카푸토(John D Caputo)는 형이상학(metaphysics)에 바탕을 둔 강한 신학(strong theology)을 비판한다. 신학이라는 학문은 현 존재와 모든 질서를 주관하고 확증의 근원인 하나님과 동일한 역사적인 결정성(determinacy)과 확실성(specificity)을 가지고 있지는 않다.

신학은 개념도 아니고 더구나 지식도 아니므로, 신학이 권위를 가지기 위해서는 살아있는 하나님을 지목해야 한다. 전지전능하신 하나님에 대한 지식과 더불어, 그분을 갈망하고 추적하는 인간의 발자취를 신학은 설명할 수 있어야 하는 것이다.[206] 앤서니 티슬턴(Anthony Thiselton)은 신학이 하나님만이 아니라 하나님의 섭리적 공

---

206 John D. Caputo, 『The Weakness of God: A Theology of the Event』(Bloomington, Indiana: Indiana University Press, 2006), pp. 8-9.

간에서 일어나는 사건을 지목할 때 간사한 인간의 심령과 자기 주장적 가치, 즉 죄에 매여 있는 인간의 실제에 대한 성경적인 통찰을 가질 수 있다고 주장했다.[207]

플라톤은 우리가 무엇을 안다는 것을 세 가지로 말한다. 첫 번째는 지성에 의한 이해, 즉 사유(noesis)이고, 두 번째는 감각적 지각을 동반하는 판단(doxa), 세 번째는 언제나 존재하는 공간의 종류로서 코라(kora)를 말한다. 영원히 존재하는 코라는 사유나 판단으로 알 수 있는 것이 아니다. 코라는 감각적인 지각을 동반하는 일종의 서술적 추론(logismos tis nothos)을 통해서는 그 실체를 확인할 수 없다. 플라톤의 『티마이오스』 제52구절에 의하면 코라는 세상이 존재하기 전에 이미 있는 공간이다.[208] 이 공간은 파괴될 수 없는 영원한 공간이며 존재하는 모든 것에 장소를 제공하는, 플라톤의 표현에 따르면 믿기 어려운 오감으로 인지할 수 없는 마치 꿈속과 같은 곳이다.

일상의 어떤 논리도 적용되지 않는 꿈(dream)은 제3의 잡종의 추론같이 꼭 필요한 것도 아니며, 땅이나 하늘에 위치하는 것도 아니다. 플라톤은 제3의 유형을 '존재의 수용력(receptacle of being)'으로 묘사하나, 믿음의 대상이 될 수 없다. 꿈의 상태이므로 실제로 존재하는 깨어 있는 본성도 선동할 수 없으며, 진리 진술을 이끌어 낼 수 있는 믿음의 대상도 아니다.[209]

데리다의 공간(코라)의 존재 양태(mode of being)는 지정된 장소

---

207 Thiselton, 『On Hermeneutics』, p. 634.
208 Plato, 『Timaeus and Critias』. Trans. Desmond Lee(London: Penguin Books, 1977), pp. 73-4.
209 Ibid., p. 61.

(topos)가 아니다. 그것은 단지 '무언가'가 있는 적절한 곳일 뿐이다. 데리다는 코라의 개념이 '로고스의 논리 이외의 논리'에서 파생되기 때문에 '철학자의 비모순 논리'에 의해 정의될 수 없다고 했다.[210] 여기에서 로고스는 언어나 논리를 포함하여 이성, 질서, 합리성을 내포하는 본질적이며 불변의 절대적 권위이다. 그러나 코라는 로고스(형이상학적 언어)의 논리를 따르는 감각적인 것도, 이해할 수 있는 것도 아니며 언제 어디서나 '이해할 수 없는 수수께끼(enigma)와 같은 방법으로 참여한다.[211]

담론이 자연스럽고 불변의 합법적인 로고스가 아니라 잡종의 것 또는 손상된 이성[212]에서 진행되면, 부패하기 쉬운 제삼의 종(triton genos)이 된다.[213] 성경에도 요셉과 다니엘이 꾼 꿈이 있다. 성경의 꿈도 아무나 해석할 수 있는 것이 아니라 하나님의 약속이 간여한 사건이었다. 꿈과 같이 코라는 다른 종류의 논리 공간이다.

성 어거스틴에 의하면 코라는 무시간(no time) 또는 시간을 초월한 궁극의 시간이다. 어거스틴은 코라 이전에는 심지어 하늘과 땅조차도 존재하지 않았다고 했다. 당연히 코라도 하나님의 피조물이었다. 어거스틴은 그의 저서 『고백(Confession)』에서 코라를 다음과 같이 묘사한다.

"만약 하나님이 하늘과 땅을 창조하기 전에 시간이 존재했다면 어

---

210 Jacques Derrida, 'Khora', in Werner Hamacher and David Wellbery, eds., On the Name(Stanford, California: Stanford University Press, 1995), p. 89.
211 Plato, 『Timaeus』, 51a. cited in Derrida, 'How to Avoid Speaking: Denials', p. 35.
212 Derrida, 『Khora』, in Hamacher and Wellbury, eds., 『On the Name』, p. 90.
213 Plato, 『Timaeus』, pp. 53-5; 61. [48E, 49A, 52A]

256   인문학과 기독교의 책임

떻게 만물의 주께서 창조하지 않은 시간 안에 존재할 수 있다고 생각할 수 있겠는가? 주님은 모든 시간의 원인이시다. 그러므로 시간은 주께서 그것을 지으시기 전에는 흐를 수가 없었다. 천지를 창조하기 전에는 시간이 존재하지 않았는데 어떻게 사람들이 주께서 '그때' 무엇을 하고 계셨는지 물을 수 있겠는가? 시간이 없는 곳에 그때는 있을 수 없다."214

하나님이 우주를 다듬고 만드실 때 모든 패러다임을 코라 속으로 각인하였다. 코라는 시간과 되어지는 것들(becoming), 이미 존재하고 있었던 곳을 초월한 곳이며, 사고의 영원성을 측정할 수 없는 감각을 넘어선 조물주의 공간이다. 코라는 모든 피조물 중 인간이 처한 양태나 이미 인간의 이해 밖에 있는 장소이다. 데리다의 코라에 대한 시각은 어거스틴을 포함한 철학과 신학의 영향을 받은 것이 분명하다. 이러한 관점에서 데리다는 하나님의 존재는 인정한다. 다만 초월의 하나님에 대한 무한한 경외로 그분을 아는 지식을 부정으로 볼 뿐이다.

데리다는 궁극적인 비밀(secret)은 없다고 했다. 무엇이 비밀이라고 말하는 순간 더 이상 비밀이 될 수 없는 것이다. 명료한 결정적 지식이 아닌 비밀에 대한 추정적 지식은 허위, 신비이며 기껏해야 문법적인 의미만 있을 뿐이다.215 하나님은 존재하는 것보다 더 존재하는 자, 더 이상 존재가 아니고 존재보다 더 존재하는 것, 또는 더 많은 존재인 존재 초월자(beyond Being)이므로 인간의 언어로 하나님이 어

---

214 Saint Augustine, 『The Confessions』(New York: Vintage Books, 1997), XI, p. 255.
215 Ibid., p. 19.

떠하다고 확정할 수 없다는 관점이다.[216]

데리다는 플라톤의 『공화국(Republic)』에서 나오는 공화국의 존재를 넘어서는(epekeina tes ousias) 그 무엇과 『티마이오스(Timaeus)』의 코라(khora) 개념에서 부정성(negativity)을 이끌어냈다. 데리다는 초월적인 것을 부정으로 보고 부정을 존재의 양식으로 보았다. 데리다에 의하면 '존재 초월자'는 부정성(negativity)을 가진다. 데리다는 존재를 무엇을 생산, 유인 또는 유도를 가능케 하는 가상적 움직임으로 정의했다. 플라톤은 자신의 저서 『공화국(Republic)』에서 선은 존재나 본질을 초월한다고 했다. 절대 선인 신을 존재 밖에 있다고 보는 것은 존재론적 문법으로 부정이 된다.

인간의 언어로 '실재하는 것'을 완벽하게 설명할 수 없고, 어떠한 인간의 이론도 절대적 보편성을 가질 수 없다. 윤리적 언어로 "당신은 선합니다."라는 말은 항상 도덕적 태도와 행위를 전제한다. 그러나 '존재를 넘어선 선'은 궁극적으로 무엇이라 표현할 수 없으며, 인간의 언어 영역 밖의 존재에 의해 정의된다. 데리다가 말한 부정은 결국 타자성으로 인한 부재이며, 순전하고 결정적인 부재가 아닌, 기존 언어와 서양 철학에 의해 설명될 수 없는 논리적 부재를 말한다.

코라는 매체나 용기 또는 수용 도구(receptacle)도 아니면서 모든 것을 받아들인다. 어떠한 수용 도구도 그 안에 무엇이 새겨져 있지 않으나 코라에는 흔적이 있다.[217] 이 점에서 코라는 은유와 수사학의 수용의 도구와 다르다. "사랑은 대양과 같다."라는 은유적(metaphor)

---

216 Ibid., p. 20.
217 Derrida, 'How to Avoid Speaking: Denials' in Budick and Iser, eds., 『Languages of the Unsayable』, p. 37.

표현에서, 은유는 동시에 보편성(universality)과 개별성(particularity)을 가진다. 은유는 양측을 수용하는 공간이며 극단적인 논쟁에서도 시공을 초월해 연결되는 적절한 공간이 된다. 그러나 코라는 데카르트의 감각적인 연장(intelligible extension)이나 칸트의 파생적 직관(intuitus derivativus)과 같은 수용적인 주체(receptive subject)도 아니며 수용성의 한 형태인 순수 감각의 공간도 아닌 것이다.[218]

코라는 계몽주의 사고의 한계를 뛰어넘는다. 해석학의 텍스트도 아니고 기호학의 분석도 아닌, 모든 종류의 해석을 제쳐 두는 해체의 장소이다.[219] 해체가 텍스트를 읽는 방법이 된다. 텍스트는 해석되지 않고 해체의 대상이 되어 텍스트 자체가 해석이 일어나는 영역이 된다. 따라서 해체 과정의 텍스트는 글쓰기가 되며 글쓰기는 또 다른 읽기를 요구한다. 결과적으로, 글쓰기는 텍스트를 생성하는 행위나 생산된 것도 아닌 둘 사이의 경첩에서 일어나는 행위다.[220]

코라는 논쟁의 공동의 장소이며 일방적 주장이 관철되어야 하는 나만의 또는 너만의 것도 아닌 곳이다. 데리다는 의사소통에서 발생한 기의(signifier)는 명제가 아니라 최대한의 산개(dissociation)로 다양한 의미를 분출한다고 했다. 의미는 동일한 사람의 언표라 할지라도 시간과 장소에 따라 달라지는 것이다. 포스트모더니즘의 전형적인 특징이 여기에서 나타난다. 보이지 않는 것을 보이도록 만드는 메커니즘이다. '존재하는 그 무엇이 아닌 것' 또는 '존재하는 그 이상의 것'에 의한 존재이다. 존재하는 그 이상의 것이 아니면 그것에 대해 말

---

218 Ibid.
219 Silverman, 『Textualities』, p. 20.
220 Ibid.

할 수 없다. '존재 밖(Beyond being)'은 인간 이성의 명료성을 뛰어넘기 때문이다.

코라는 형성됨과 감각의 과정에서 태어나지도, 죽지도 않는 서로 다른 두 유형 사이의 간격이다.[221] 그 간격은 존재/비존재, 선/악, 미래/과거, 믿음/이성, 죽음/삶 사이의 진실도 아니고 거짓도 아닌, 허풍(bullshit)과 같은 공간이다.[222] 고로 코라는 상반되는 양측 사이의 존재도, 선도, 진실도, 이성도, 인간도, 역사도, 하나님도 아니며, 그렇다고 그 대척점의 것도 아닌 것이다. 이 간격 사이에서, 코라는 이것도 아니고(ni ceci), 저것도 아닌(ni cela) 것 사이에서 진동하면서 모든 것을 수용하여 결국 코스모스를 가능케 한다.[223] 코라는 양측을 포함하는 존재로 남는 것을 거부하는 무한한 거부의 장소, 또는 영원히 보이지 않는 타자가 된다.[224]

코라는 존재가 없는 것이 아니라 존재의 근원을 추적한다. 데리다는 코라를 공간(space)이라기보다 '공간하기(spacing)'이며, 시간과 상관이 없는 무시간적(atemporality)이며 무질서적(anachronic)이라고 했다. 데리다의 '공간하기'는 하나님이 될 수 없고 하나님의 섭리의 장이다. 다만 '산개 또는 차연(a dissociation or a difference)'이 발생한다. 코라는 어떤 질서도 제시하지 않고 어떤 일도 발생시키지 않으며 심지어 일어나는 한 사건도 아니나 방향성은 있다.[225] 방향성은 더 이상 수사학적으로 설명되지 않고 우회적인 성향(tropic detours)을 가

---

221 Plato, 『Timaeus』, p. 61. [52B]

222 Harry G. Frankfurt, 『On Bullshit』(Princeton: Princeton University Press, 2005).

223 Derrida, 'How to Avoid Speaking: Denials' in Budick and Iser, eds., 『Languages of the Unsayable』, p. 31.

224 Derrida, 'Faith and Knowledge', in Anidjar, ed., 『Acts of Religion』, pp. 58-9.

225 Ibid.

진다.[226] 방향성은 모든 비석에 비문이 새겨지기 이전에 이미 불변할 비문을 충동한다.[227] 방향성은 코라 자체를 지명할 필요 없이, 코라에 새겨진 감각적 형태를 빌려오는 글쓰기(writing)가 된다.[228]

인간의 언어로 확정적이지 않다는 것은 단지 아무것도 아닌 다른 무엇이므로 더 이상 비밀이 될 수 없다. 그것은 단지 아무것도 아닌 것이 아니라 '다른 것'이다. 데리다는 인간 영역 밖의 초월자 하나님을 부정(negativity)으로 볼 뿐 비밀로 보지 않는다. 하나님을 아는 지식이 믿음이라면 믿음은 더 이상 비밀이 되어서는 안 되며, 매일의 삶 속에서 어떠한 형태로든 나타나야 한다. 믿음이 이론에 머물러 있고 스스로를 속이는 이율배반적인 것이라면 믿음은 밀교와 다를 바가 없다. 코라가 포스트모던 공간이라 할지라도, 어거스틴이 말한 바대로 하나님의 섭리의 장이면 하나님의 통치와 보존의 장이 된다.

---

226 Ibid.
227 Ibid.
228 Ibid., p. 36.

인간의 감각과 언어성

　19세기 미국의 구 프린스턴(Old Princeton)의 대표적인 신학자인 찰스 핫지는 성경의 권위를 해치는 이성주의를 철저히 배격했다. 핫지는 그의 저서 『조직신학』에서 인간의 감성(feeling)에 강조점을 두는 프리드리히 쉴라이에르마허(Friedrich Schleiermacher)의 해석학이 성경의 권위를 약화시킨다고 비판했다. 그러나 핫지가 독일에서 연구를 시작했을 때 쉴라이에르마허가 시무하는 교회의 예배에 참석하게 되었다. 핫지는 예배를 통해 성령이 충만한 찬양을 드리며 그리스도가 구주가 되셨다는 감격이 회중들 가운데 충만한 것을 보게 되었다. 감성의 중요성을 예배를 통해서 체험한 것이다. 이를 계기로 핫지는 성령의 특징에 칼뱅이나 프랜시스 튜레틴의 의해 거부되었거나 무시되었던 '감성'을 '생각'과 '의지'에 첨가하였다.

　핫지는 종교적 임박성에 대한 글에서 쉴라이에르마허가 주장한 감성의 역할을 인정했다. 감성을 가진 자아 또는 객체는 동시에 자신의 생각하는 바를 부정하기도, 확정하기도 하는 불안정한 순간(또는 장소)을 경험하나, 핫지는 '감정'으로 진정한 초월적 상태를 나타내는 종교적 임박성을 설명했다. 핫지의 종교적 임박성에 위치한 자아의 감성은 스코틀랜드 상식 철학의 전통에서도 발견되며 존 듀이 (Dewey)의 '과정(process)' 개념, 한스 가다머(Gadamer)의 '지평의 융합 (fusion of horizon)', 하버마스(Habermas)의 '의사소통적 행동(communitive action)' 및 데리다(Derrida)의 '사건(event)'에서도 볼 수 있다. 핫지의 동시 발생의 순간과 데리다의 코라의 사건은 종교적 체험의 임박성이라는 유사성을 가지고 있다.

핫지는 로마 가톨릭교회의 화체설(transubstantiation)은 인간의 시각, 맛 또는 감각에 대해 모순된다고 했다.[229] 개신교인들이 가톨릭 교리에 반대하는 결정적인 증거로 이러한 모순을 지적하는 것은 당연한 일이다. 찰스 핫지가 말하는 인간의 감각에 주어지는 권위는 다음과 같다.

"① 우리의 감각에 대한 확실한 증언에 대한 신뢰는 하나님이 우리의 본성에 감동을 주는 믿음의 법칙 중 하나이다. ② 따라서 우리의 감각에 대한 신뢰는 하나님에 대한 신뢰의 한 형태다. 그것은 하나님이 우리를 오류의 필요성 아래 두었다는 것을 가정한다. ③ 우리가 자연법에 대한 신뢰를 저버리면 신앙이나 지식에 관한 신뢰의 근거가 파괴된다. 그때는 절대적인 회의주의만 있을 뿐이다. ④ 모든 외부의 초자연적인 계시는 감각에 전해진다. 그리스도를 들은 사람들은 그들의 청각을 신뢰해야 하고, 성경을 읽는 사람들은 그들의 시각을 신뢰해야 한다. 교회의 간증을 받아들이는 사람들은 그들의 감각을 통해서 받아들인다."[230]

---

229 ST, v. I, 59.
230 ST, v. I, 60.

위의 첫 번째 논증은 믿음의 법칙이 우리의 감각의 확신에 의해 기능한다는 것을 보여준다. 즉, 지식 이전에 감각에 의한 인간의 확신이 있다. 초자연적인 하나님의 계시도 인간 감각의 작용 없이는 의미가 없다. 핫지는 인간의 감각이 하나님에 대한 지식을 가능케 한다고 했다. 감각은 대상을 즉각적으로 파악하며 진리의 현상에 대해 저항할 수 없는 확신을 갖게 해 준다. 그러나 감각은 가능한 진리만 알 수 있으므로 적절한 영역 안에서만 신뢰할 수 있다.[231]

어떤 사람은 고통이 있을 때 잘못된 부위나 잘못된 원인을 지목할 수는 있으나 그것이 고통이라는 것은 알고 있다. 그가 고통의 대상을 보면서 고통의 본질을 오진할 수 있으나 그는 본다는 사실을 알고 있고, 보고 있는 감각으로 경험하고 있다. 다시 말하면, 감각은 우리의 지식이나 교훈에 의해서가 아니라 우리의 본성을 구성하는 것이기 때문에 진리에 대해 즉각적으로 인식한다. 핫지는 감각이 일시적으로 잘못된 결론을 도출할 수 있지만, 결국은 우리를 진리로 안내한다고 주장했다.

핫지는 직관(intuition)은 진리에 대한 즉각적인 인식이라고 믿었다. 진리는 방법론적 추론의 한계를 초월하기 때문에 특정한 기술이나 일련의 탐구로 얻는 것이 아니다. 핫지는 말 또는 글로 쓰여진 언어로 진리를 이해하는 조건으로 인간의 감각과 직관을 말했다. 따라서 핫지의 '적절'하고 정당한 이해의 방법은 감각과 직관을 내포하는 언어성이다. 핫지의 '인간의 감각'과 '직감'의 언어성은 진리인 성령의 사역을 이해하는 도구가 된다.

핫지는 인간의 감각으로 하나님의 절대적 능력의 사역을 해석했

---

231 ST, v. I, 60.

다. 핫지의 동시 발생에서 하나님의 약속은 끊임없는 방해 속에서도 이루어진다. 하나님의 약속은 지금 여기에서 절대적이고 무조건적인 즉각성으로 나타난다. 오직 미래에 성취될 약속의 사건으로 이질적이면서 분리할 수 없는 제1, 제2원인의 동시 발생은 배워서 알 수 없고 인간의 직관으로 알게 된다.

문화와 언어

　새벽 기도를 마치고 동이 틀 무렵이었다. 이미 쿠알라룸푸르(Kuala Lumpur)의 세타팍(Setapak) 지역에 있는 교회 바로 옆에 있는 중국인 학교의 학생들이 새벽같이 등교한다. 말레이시아의 첫인상은 '새벽을 깨우는 민족', '부지런한 국민'이다. 그러나 아침 커피를 한 잔 마시며 조금 쉴 즈음 확성기를 통해 들려오는 이슬람의 기도 소리는 낯익지 아니하다. 의미도 모르는 소리가, 그것도 하루를 시작하는 아침 시간에 온 도시를 점령했다.

　지금까지 나의 경험과 지식으로는 전혀 예상할 수 없었던 일이다. 기도 소리를 들으면서 말레이시아가 이슬람 국가라는 것을 실감했다. 책을 통해서 이슬람 종교와 무슬림 민족 사회에 관한 연구를 해 본 적은 있으나 실제로 코란이 확성기를 통해 큰 소리로 온 도시를 덮는 것을 생각해 본 적은 없었다. 이것은 종교적이며 문화적인 충격이었다.

　문화란 단순한 삶의 규칙만을 반영하지 않고 근본적으로 종교와 밀접하게 연결되어 있다. 종교의 가르침과 관행이 구체적으로 세계관이나 인생관 그리고 사회 질서를 형성하고 한 나라나 민족의 독특한 문화를 형성한다. 말레이시아의 문화 또한 오랜 역사에서 다듬어진 그 민족의 일상적인 삶의 방식이다. 이슬람이 국교인 말레이시아에는 이슬람 문화가 지배적이나 과거 영국의 식민지인 영연방 국가였기 때문에 서구 영국의 문화도 있고 또한 중국인들이 인구의 약 23%를 차지하고 있다.

말레이시아 신학교에서는 중국어, 말레이어, 영어로 강의를 진행해야 할 정도로 다양한 민족들이 살고 있다. 적지 않은 인구를 가진 중국인들은 주류 사회, 즉 정부 기관의 공무원이나 학교의 교사로 일을 하지는 못하나 장사나 개인 기업은 운영할 수 있다. 그 나라의 문화가 이슬람의 영향권 아래에 있지만, 이 또한 중국 문화와 영국의 문화가 만들어내는 문화적인 충돌 속에서 형성되었다. 문화는 종교나 관습 그리고 사회의 지혜를 하나의 조화로운 통일체로 연합시킬 수 있는 일관성은 없다.

세상에 다양한 문화가 죄가 있음에도 불구하고 존속할 수 있는 것은 하나님이 문화의 붕괴를 막고 있기 때문이다. 하나님의 말씀은 모든 언어와 문화에 영향을 미치며, 영적으로 분리된 인간과 언어로 교통한다. 하나님의 형상인 인간과 피조 세계와의 관계는 상대적인 것이 아닌 보편성 속의 개체적인 관계에 있다. 하나님은 인간 세계를 통치하고 복음을 전하는 수단으로 인간성의 산물인 문화를 사용한다.

복음이 100여 년 전에 미국 선교사들을 통해서 한국에 들어왔을 때, 문화적 상대주의자들은 복음에 의해 한국의 문화가 무시된 경향을 지적한다. 그러나 사실 복음과 문화는 적대적이지 않다. 진리는 비진리에 당연히 배타적이나, 창조주 하나님은 모든 피조 세계를 만들었고 이를 해석하는 분이다. 그리스도는 만물을 유지하며, 인간

안에 있는 하나님의 형상을 촉발하여 복음의 부르심에 화답하도록
한다.

만약에 복음이 문화를 적대시하면 율법주의, 근본주의 또는 신비
주의를 초래한다. 율법주의는 금욕 훈련을 하면서 오히려 비밀스럽
게 의지하는 방법을 찾게 했다. 근본주의는 하지 말아야 할 행동을
점검하는 표를 만들어 피해야 할 것은 가려내나, 그것을 부정적으로
의지하므로 배타적인 결과를 초래했다. 이는 절대 악이 아님에도 불
구하고 구분하여 그리스도의 적극적인 사랑의 길을 애초부터 막아
버리는 일을 했다. 신비주의는 세상과 단절된 비현실적이며 초월적
영적 경험을 추구했다.

신학이 이원론에 빠지면 성경적인 보편성을 잃어버린다. 찰스 하
지와 튜레틴의 하나님의 섭리의 일상적 능력(potentia ordinata)은 하
나님의 지식의 이원론을 허용하지 않는다. 타락한 인류의 죄와 악
이 있음에도 불구하고 하나님의 섭리는 도덕적 시민의 질서를 유지
할 수 있도록 한다. 칼뱅은 인간 본성의 전적인 부패에도 불구하고
신성한 은혜를 위한 어느 정도의 여지가 있으며 그것은 인간 본성을
깨끗하게 할 수는 없지만, 내적인 부패를 억제는 할 수 있다고 했다.
하나님은 자기 백성들에게만 복을 주기 위해서 악한 자들을 완벽히
제거하지는 않는다.

하나님은 예수를 모르는 세속적인 사람에게도 은혜를 다양하게
허락한다. 칼뱅은 하나님의 사랑을 무시하며 그분의 영광을 구하지
않는 치명적인 결점을 알면서도 인간의 상대적으로 선한 모든 행위
로 인하여 은혜를 허락하기도 한다고 했다. 복음은 문화를 파괴하지
않고 변혁을 이끌어 낸다. 독일의 계몽주의자들과 영국의 이신론자
들은 기독교의 문화를 유지하였다. 서구 인문주의자들을 통해 성경

인쇄가 가능해졌고, 아시아 아프리카와 같은 미지 세계의 복음의 문을 열 수 있었다. 미국의 급속한 세속화에도 청교도 문화는 아직도 미국 사회에 뿌리를 내리고 있다. 그리스도는 하나님의 형상인 인간을 복음으로 불렀다.

그러나 문화 운동을 통해 복음을 전하는 시도에는 많은 주의가 요청된다. 한때 모든 목사와 신앙인에게 선망의 대상이었던 미국 캘리포니아의 로버트 슐러(Robert Schuller) 목사가 담임 목사로 있던 수정교회가 있었다. 건물의 외관은 수정과 같은 유리로 웅장하게 지어졌던 교회였다. 이 교회는 성탄절이 되면 공중에서 와이어에 매달려 왔다 갔다 하는 천사, 빌라도와 애완용 호랑이, 완전 무장한 로마 군인, 성지 재현에 필요한 낙타와 양들 등을 동원한 무대를 만들고 연극을 하며 예배를 드린 교회다. 슐러 목사는 성도들이 하나님을 믿는 이유는 평안과 행복이라고 가르치며, 하나님을 믿으면 하나님이 당신의 처지를 이해해주고, 병을 고치고, 소원을 이루어 주신다는 메시지를 전했다. 그는 미국 백인 중산층의 번영과 물질적 가치에 영합한 인간 중심의 사역을 했다.

슐러 목사는 원래 인간 스스로는 잘난 사람이므로, 일그러진 자신을 회복하는 것을 구원(the new reformation)이라고 선포했다. 공 예배에서 시편을 낭독하지 않으며, "우리의 죄를 사하여 주옵시고."를 "우리가 부당하게 다룬 사람들에 대해 우리를 용서하옵시고."로 바꾸는 인간을 위한 신앙 행위를 하는 교회였다. 세상의 가치관과 문화에 영합하는 모습은 1세기 로마 제국의 초대 교회 핍박보다 더 교회에 치명적이었다. 1981년에 완공된 세계에서 가장 큰 유리로 만들어진 수정 교회 건물은 결국 파산을 맞아 로마 가톨릭교회에 팔렸고 이후 지난 2015년에는 문을 닫고야 말았다.

교회는 감동과 재미와 흥겨움을 주는 장소가 아니다. 존 맥아더(John MacArthur)는 세상을 그리스도에게 돌려놓기 위해서 먼저 세상의 관심을 끌어야 한다는 발상은 심각한 오해라고 했다. 세상이 우리를 좋아하면, 우리의 구주를 영접하리라 생각하는 것은 소비자 중심의 교회 운동의 철학이다. 교회는 문화 운동이나 마케팅과 전도기술로 성장하지 않는다. 요한계시록에 자신이 부유하고 유족하며 아쉬울 게 없다고 자부한 라오디게아 교회(계3:14~22)가 있고, 가난하고 환난 가운데 있으며 큰 핍박을 눈앞에 둔 서머나 교회(계2:8~11)가 있다. 이 두 교회 중, 하나님은 서머나 교회가 생명의 면류관을 받을 것이라 했다. 문화 운동으로 외형적인 형식과 주일 출석 교인의 수를 늘려도, 교회의 참된 효율성은 복음에 바로 서는 일이다.

이슬람의 근본주의나 율법주의는 타 문화와 상황에 배타적이며, 경전을 문자 그대로 적용한다. 이러한 경우, 복음의 통로는 일관성이 없는 문화보다 그들의 언어가 되어야 한다. 문화는 이질적일 수 있지만, 문화 속에서 살아가는 사람들은 동일한 하나님의 형상이다. 하나님의 형상이라는 공통점을 매개체로 무슬림의 언어를 복음을 전하는 접촉의 수단으로 삼아야 한다.

사람은 자신의 언어를 통해 성경의 의미를 받아들인다. 그러므로 문화 이전에 사람과의 관계가 우선이며, 상호 소통을 위한 언어 습득이 필수적이다. 선교를 위해서는 말레이어나 중국어와 같은 타 문화권의 언어를 먼저 익혀야 한다. 고대의 바벨탑 사건으로 인한 언어의 분리가 오순절 성령 강림으로 성령의 언어로 통합된 것을 기억해야 한다. 하나님의 말씀은 서로 다른 언어, 민족, 문화, 그리고 사고를 그리스도 안에서 하나 되게 하는 능력이 있다.

하나님의 언어인 진리의 말씀은 온 우주를 종국적으로 통치할 것이다. 성경의 보편성으로 말씀이 세상의 모든 언어를 지배할 날을 바라보며 성도는 하나님의 말씀에 충실하고 소통의 언어를 숙지해야 한다. 하나님의 성령이 그 길을 예비하고 그리스도 안에서 하나 된 하나님의 백성으로 인도할 것이다. 사도들은 천상의 언어나 에스페란토어와 같이 한 언어로 말하지 않았다. 바울은 그들이 살고 있는 세상의 언어로 말했음에도 불구하고 분리되었던 백성들은 그리스도 안에서 하나 되었다. 사도의 언어는 단순한 소리(sound)에 그친 것이 아니라 살아있는 복음의 의미(meaning)가 능력으로 무장했기 때문이다. 복음 전도의 열매는 하나님의 언어에 순종하는 그리스도인의 언어에 달려있다.

제5장

인간의 겸손

사람이 공중 부양한다는 소리를 들어 본 적이 있는가? 어떤 대통령 후보자는 자신이 공중 부양한다고 자랑은 하지만, 실제로 한 번도 그가 부양하는 장면을 본 적이 없다. 사람이 공중에 떠 있든지 어느 곳에 매달려 있을 경우, 다리에 아무리 힘을 주어도 공중에서 허우적거릴 뿐이다. 발이 바닥에 붙어 있어야 약한 다리라 할지라도 땅을 딛고 다리로 힘을 쓸 수 있다. 영적 차원의 믿음도 마찬가지다. 인생에서 가장 비참한 자리, 인생의 밑바닥까지 가 본 경험이 있는 사람은, 죽기 아니면 살기로 남은 인생을 위해서 젖 먹을 힘까지 다 쏟아 낼 각오가 되어 있다. 발바닥을 땅에 딛지 않고서는 일어설 수 없는 것처럼, 교만한 인생은 자만, 위선, 허구, 거짓으로 인해 참된 인생을 살지 못하고 세상에서 표류할 수밖에 없다.

　교만의 실체는 자신을 아는 지식이 정확하지 못하고, 하나님의 도움 없이 임의대로 사는 것이다. 그러나 겸손한 인생은 자신을 낮추고 상대의 장점을 보려고 노력하며, 상대를 존중하며 자신을 살핀다. 세상에서의 겸손은 자기 자신을 낮게 처신하는 것이지만, 성경의 겸손은 하나님 앞에서 자신의 정체성을 찾는 것이다. 참된 겸손은 사람 앞이 아니라 하나님 앞에 자신의 무능함을 고백하여 하나님께 영광을 돌리며 하나님께 온전히 헌신하는 자세이다.

1837년에 미국 매사추세츠주의 노스필드에서 태어난 디 엘 무디는 생전에 수백만 명의 생명을 그리스도에게로 인도한 전도자였다. 무디는 동네 교회의 주일 학교에서 에드워드 킴볼(Edward Kimball, 1823~1901년)을 만나 거듭난 그리스도인이 되었다. 무디의 전도를 통해서, 주일 학교는 몇 년 만에 16명에서 1,000여 명의 신자를 보유한 곳으로 성장하였다. 무디는 시카고로 이주하여 구두 외판원으로 크게 성공하였고 주일 학교 교사와 주일 학교 교장으로 어린이 선교 사역에 헌신하였다. 1867년에 아내의 건강 문제로 영국을 방문한 것을 계기로 영국에 3번씩이나 전도 여행을 가 성공적으로 복음을 전하는 전도자가 되었다.

YMCA의 여름학교는 무디가 시작한 것으로 전해진다. 1886년에 무디가 세운 '무디 성서 학원(Moody Bible Institute)'은 지금까지도 수많은 전도자와 선교사를 훈련하고 있다. 하나님이 무디를 강하게 쓰실 수 있었던 이유는 무디가 자기 뜻대로 살지 않고 하나님의 뜻대로 사는 겸손의 자세를 지녔기 때문이었다. 무디는 자신에게 몰려드는 회중으로부터 칭송받길 원하지 않았으며 평신도의 직분에 만족하여 자신이 '무디 씨'라고 불리는 것을 가장 기쁘게 여겼다.

믿음은 참된 겸손으로 가능하며 겸손함이 없는 능력은 교만이며 위선일 뿐이다. 하나님을 경외할 때, 성도는 자기반성과 성찰을 통해 말과 행동에 진실한 겸손을 가지게 된다. 참된 겸손이 있는 성도는 내 힘으로 할 수 없는 일들을 하나님께 전적으로 의지하며 모든 것을 다 맡긴다. 세상 사람들은 스스로 연약하다고 말하는 사람에게 신용을 주지 않는다. 세상은 자신의 약점은 최대한 감추고 강한 모습을 보여야 생존 경쟁에서 살아남는다고 가르친다.

사도 바울은 "성령도 우리의 연약함을 도우시나니."라고 했다(롬 8:26). 바울은 우리의 연약함은 성령의 도움과 인도함을 받는 계기가 된다고 말한다. 성령은 말할 수 없는 탄식으로 성도의 약함을 도와 준다. 인간의 목이 곧아지는 교만함, 세속주의, 이기주의, 언행 불일치, 공허감, 성적인 약점 등은 오직 그리스도의 십자가 보혈로만 해결 받을 수 있다. 예수 그리스도는 우리들의 겸손의 모범이 된다. 그는 근본은 하나님의 본체지만, 하나님과 동등하다는 것을 여기지 아니하고 이 땅에 오셔서 십자가에 매달려 죽기까지 죄인들을 사랑하고 구원하신 분이셨다(빌 2:5~8).

자기 위장과 방어를 위한 마음의 처세가 아니라 자신의 죽음을 전제하고 내려놓는 그리스도의 십자가의 마음이 겸손이다. 그리스도의 마음을 가진 것은 스스로 자신을 비하하고 깎아내리는 일이 아니다. 참된 겸손은 자신을 열등하고 무가치하게 보이는 것과는 상관이 없다. 거짓된 겸손은 비굴함으로 나타나며, 이는 겸손을 가장한 교만이다.

진정한 겸손은 지나친 자기애와 자기도취에 빠지지 않고 매사에 최선을 다하며 나서야 할 때와 물러설 때를 구분할 줄 안다. 겸손의 탈을 쓰고 자신 속에 있는 우월감과 교만함을 숨길 수 있겠지만, 자아를 참되게 내려놓지 않으면 그리스도의 십자가와 상관이 없다. 예수님은 "욕을 받으시되 대신 욕하지 아니하시고 고난을 받으시되 위협하지 아니하시고 오직 공의로 심판하시는 자에게 부탁"하시는 겸손의 종이었다(벧전2:23).

별세(別世) 인생

   하나님은 어중간한 크리스천을 원치 않는다(God does not want a half-Christian). 어중간한 크리스천이란 크리스천인 것 같기도 하고 아닌 것 같기도 한 사람, 즉 세상과 교회에 양다리를 걸치고 있는 반쪽짜리 그리스도인을 말한다. 요한 웨슬리(John Wesley, 1703~1791년)는 참된 그리스도인을 다음과 같이 세 가지로 정의했다. 첫째, 하나님 외에는 두려울 것이 없는 사람, 둘째, 죄밖에는 부끄러워할 것이 없는 사람, 셋째, 십자가 외에는 자랑할 것이 없는 사람이다.

   웨슬리는 참그리스도인 백 명만 함께하면 전 세계를 개조할 수 있을 것이라 말했다. 십자가는 별세이며 죽음을 넘어선 또 하나의 세계에서의 생명이다. 별세가 죽어서 세상과의 이별을 말하는 것이라면, 그리스도 안에서의 별세는 영원히 사는 것이다. 예수와 함께 죽고 예수와 함께 다시 사는 생명이 별세 인생이다. 별세 인생은 그리스도인의 겸손에서 가장 중요한 모델이 된다.

   믿는 자는 "당신은 별세 인생에 참여하고 있음을 스스로 확인하는가?"라는 질문을 해야 한다. 이는 자신의 행복과 불행에 대한 초조함보다 십자가와 부활의 믿음에 동참하는가의 질문이다. 그리스도의 몸 된 교회는 하나님의 택함 받은 자들의 모임이며, 개개 교인의 모든 형편과 운명까지 나눌 수 있는 신앙의 공동체이다. 별세 인생은 개인의 성화와 더불어 자신을 내려놓고 공동체의 연대에 관심을 가진다. 상대에 대한 민감성으로 겸손한 성도는 일치와 연합에 관한 관심을 가지며, 주변의 소외된 자들을 '그들'로 방관하지 않고 '우리'로 본다.

별세는 결국 현재 우리가 누리는 것보다 더 광범위한 연대를 이루게 한다. 우리는 우리의 교회가 당연히 하나 된 연대를 이루고 있으며 앞으로도 영원하리라 생각한다. 그러나 리처드 로티는 연대의 중요성을 인식하기 전에 이미 연대가 이루어져 있다고 자부하는 것은 큰 문제라고 지적했다.[232] 교회의 제도적이며 신학적인 하나 됨은 그리스도인의 믿음의 연대 위에서 가능하다. 우리는 피상적으로 연대가 교회에 이미 존재한다고 자부하기 이전에 구성원 개인의 참된 믿음을 통한 별세 인생을 점검해 보아야 할 것이다.

당신은 개인으로 사는가, 아니면 사회의 일원으로서 사는가? 이 질문은 어린 시절에 대답하기 가장 어려웠던 "당신은 먹기 위해서 사는가, 아니면 살기 위해 먹는가?"의 질문과 같은 차원이다. 후에 인생에 대해 '정직은 최상의 정책'이라는 명제로 한창 고민했을 때 인간의 삶은 단지 먹고 사는 것 이상이라는 것을 알았다. 마찬가지로, 이 질문은 나 자신과 사회 중에서 하나를 선택하는 문제가 아니라 어떻게 인간다운 삶을 살 수 있는가에 대한 질문이다.

세상은 개별성과 연대성을 보수적인 것과 진보적인 가치의 차이

---

232 Richard Rorty, 『Contingency, Irony and Solidarity』(Cambridge, England and New York: Cambridge University Press, 1989), p. 196.

로 본다. 한국 사회도 보수와 진보의 갈등이 첨예화되고 있고 이것이 좌우의 편싸움으로 비화되고 있다. 그러나 인생의 근본적인 질문은 진보적인가, 보수적인가에 대한 것보다 인간의 존재에 관한 것이며, 내가 어떤 정체성을 가지고 세상을 바라보는지에 대한 문제이다. 기독교 세계관은 개별성과 연대성의 갈등을 성도의 겸손과 상호 민감성으로 해소한다. 나의 죽음을 전제하고 인생을 바라보는 별세 인생은 좌우와 남북의 갈등이 있는 한국 사회의 내재적 문제를 해소할 수 있을 것이다.

별세 인생은 자살을 의미하지 않는다. 자살은 인본주의의 최고의 극치이다. 서로 한 번도 보지 못한 젊은 남녀들이 소셜네트워크 서비스 등을 통해 만나서 순식간에 자살을 도모한 후, 지방 펜션의 한 방에서 동반 자살하는 일이 있었다. 치열한 경쟁 사회에서 환경에 잘 적응하지 못한 사람들이 허무주의를 넘어서 찾은 극도의 개인주의적 자기실현 방식이 자살이다. 자살은 자기의 생명의 주인은 자신이며 자기의 모든 행위에 대한 책임을 스스로 지겠다는 자기주장의 극치이다.

그러나 성경은 인생의 시작과 생명의 근원을 가르치며, 우리의 생명은 하나님으로부터 난 것이라고 한다. 우리의 생명은 전적으로 하나님의 선물인 것이다. 아무리 비참한 인생이라 할지라도 그 인생은 하나님의 것이기에 의미가 있다. 하나님이 주신 생명을 자신이 좌지우지할 수 있다고 생각하는 것은 하나님의 형상으로서 하나님을 전혀 인정하지 않는다는 것과 다를 바가 없다.

별세 인생은 자신을 내려놓는 겸손이다. 성도에게 개별성 또는 연대성의 질문은 "당신이 이 세상을 사는 목적이 무엇인가?"의 질문이다. 나와 당신의 생명은 하나님의 선물이니, 우리의 생명의 가치를 존중하고, 당신을 나만큼 귀중하게 여기며 하나님께 영광을 돌려야 한다. 나보다 남을 낮게 여길 수 있는 근거는 자기 비하가 아니라 자기의 생명까지 내어놓는 십자가의 겸손이다.

지금은 고인이 된 이중표 목사는 스스로의 죽음에 동참하는 별세 신앙을 강조했다. 이중표 목사는 성경적인 믿음을 별세 신앙으로 승화시켰다. 고인이 사역했던 한신 교회의 후임인 이윤제 목사는 별세는 "날마다 옛 자아를 십자가에 죽이는 자기 몸부림의 과정이요, 부활의 능력으로 새로운 자아가 되는 은혜의 과정이다."라고 정의했다. 누가복음 9장 31절에 별세라는 단어가 나온다. 별세는 자기를 버림과 자기를 떠남이며, 새로운 삶이다.

성경은 하나님을 사랑하고 당신의 이웃을 사랑하라고 계명한다. 무작정 따르기 전에 왜 우리가 하나님과 이웃을 사랑하지 않으면 안 되는지에 관한 질문이 생긴다. 이 질문에 성경은 당신이 사랑할 수 없는 사람도 사랑해야 하는 것은 하나님의 명령이라는 답을 줄 수 있겠지만, 실은 좀 더 심각한 고민이 필요하다. "내가 왜 사랑을 해야 합니까?"의 질문은 나로 하여금 믿음의 본질을 재확인하고, 재배치하고, 재강화하여 하나님을 아는 지식을 삶으로 체득하는 계기가 될 것이다. 내가 처한 현실에서 내가 왜 사랑을 해야 하는지에 대한 이유를 알아야 할 것이다.

하나님의 뜻을 어떻게 알 수 있는가? 하나님의 말씀에 순종해야 하나님의 뜻을 아는 길이 열린다. 계명에 따르면 순종하지 못하면 하나님의 인도하는 길을 걸을 수 없다. 결혼 적령기의 청년이 하나님께 배우자를 달라고 기도하며 하나님의 뜻에 맞는 사람을 달라고 기도했다. 하나님의 뜻에 합당한 결혼 상대자의 조건은 키, 나이, 지식 수준, 건강 등이 아니라, 하나님의 계명을 지키는 자이다. 그러니 하나님의 뜻을 찾으면서 기도하는 배우자는 하나님의 계명을 잘 지키는 사람 중에서 찾아야 한다는 말이다. 하나님의 계명은 하나님 사랑과 이웃 사랑이다.

하나님 사랑은 차치하더라도, 당신은 이웃을 사랑하는가? 실제로 사랑이 없는 자신을 보며 믿음 없음을 고백해야 한다. 아무리 진실한 성도라도 하나님의 계명을 온전히 지킬 수 있는 사람은 하나도 없다. 이웃을 사랑하라는 계명에 순종하지 못하는 나의 제한된 능력을 솔직하게 자백하고 자신의 부족함을 고백해야 한다. 그리고 하나님과 자신에게 왜 이웃을 사랑해야 하는지, 그 일을 어떻게 실천할 수 있는지를 겸손히 물어야 한다.

즉, '나'와 '그들'과 어떠한 연대를 맺을 수 있는가? 고도의 지식과 기계 문명 속에서 개인주의적 삶을 살아가는 시대의 지성인들이 자신의 창의성(self-creation), 자족(self-sufficiency) 및 자립(self-reliance)에 충실하면서 다른 사람을 사랑하는 것이 가능한가? 원수를 사랑하는 것이 불가능하다고 해서 그냥 포기할 것인가? 불가능의 기준은 무엇인가? 합리적 이성을 가진 자아 충족적 인간에게 불가능은 포기의 대상이다. 그러나 별세 인생은 인간 한계를 극복하는 불가능의 가능성을 도모한다. 아리스토텔레스도 『시학(the Poetics)』에서 불가능성을 설득력 없는 가능성보다 더 선호한 것처럼,[233] 불가능을 가능케 하려고 자신을 죽음의 자리에 내려놓은 인간은 이미 가능성 속에서 사는 것이다. 별세 인생은 겸손의 능력으로 불가능성의 가능성(possibility of impossibility)을 도모할 것이다.

---

233 Raman Seldon, ed., 『The Theory of Criticism: From Plato to the Present』(London: Longman, 1988), p. 41.

자아의 죽음을 내포하는 별세 인생의 존재 방식(mode of being)은 완벽하게 지어진 집과 같은 공간이 아닌, 하이데거(Heidegger)의 말을 빌리면, 지금도 지어져 가는 현재 진행의 공간이다.[234] 이 공간에서 별세 인생은 그리스도와 함께 죽고 사는 정체성을 확보한다. 아직 다듬어야 하고 보충해야 할 것이 많은 부족한 인간이지만, 그리스도를 향한 방향성을 놓치지 않으며, 그리스도를 닮기 위해 매진한다. 별세 인생이 걸어가는 진리의 여정은 순백의 빛과 같은 그리스도를 닮은 삶을 추구하는 공간이다.

별세 인생이 살아가는 공간은 하나님에 대한 지식으로 우리들의 믿음을 새롭게 할 것이다. 인간의 절대 부패성을 통감하며, 하나님께 의존과 순종으로 나아가는 자아의 죽음(death of the I)은 별세 인생의 핵심이다. 데리다의 사상이 현존과 부재의 양극 간에 집중된 것처럼, 별세 인생은 살아도 죽고, 죽어도 사는 것의 실제적 가치를 안다. 별세 인생은 현존(presence)과 부재(absence)의 갈림길에서 불가능을 가능케 하는 믿음으로 철저한 절제로 무장하여, 성화의 극한까지 도전하는 존재이다.

니콜라스 쿠사(Nicholas Cusa, 1401~1464년)가 설명하는 우연의 일치(coincidentia oppositorum)에서 현존과 부재의 의미를 알 수 있다. 쿠사는 우연을 인간의 마음으로 생각할 수도 없는 초월적인 것으로 보았다. 그러므로 인간의 추론이나 논리 그리고 변증법적 사고와 같은 인간의 이성으로 우연의 일치를 설명할 방법은 없고 최대(maximum)

234　Martin Heidegger, 'Building Dwelling Thinking', in David Farrell Krell, ed., 『Basic Writings: Ten Key Essays, Plus the Introduction to Being and Time』, Revised and Expanded Edition, pp. 347-363.

라는 이름의 신만이 우연의 일치에 의해서 최소(minimum)가 된다고 했다.[235]

이성은 비모순의 원칙을 따르므로, 인간의 사고 영역 밖(supra omnen rationis discursum)에 있는 우연의 일치를 설명할 길이 없다. 데카르트나 칸트의 자기충족적 이성으로는 현존과 부재 사이에서 일어나는 예측 불가능한 사건을 포착할 수 없다. 그러나 데리다가 말한 죽음은 현존과 부재에 대한 추론을 가능케 한다. 데리다는 필연적인 유한을 극한의 죽음으로 설명한다. 데리다는 죽음을 '필연적인 유한한 상태를 지목하는 차연의 활동'으로 정의하였다.[236]

데리다의 개념인 '차연'은 실존과 부재의 위치 이동을 가능케 하고, 없는 것을 만들어 내며, 불가능한 것을 가능케 한다.[237] 데리다는 차연의 상태를 죽음으로 보았고 죽음을 기대하지 않고는 어떠한 믿음이나 약속이나 미래도 있을 수 없으며 타자와 어떠한 관계도 가질 수 없다고 했다.[238] 인간의 실제적 죽음을 방불케 하는 자기 초월적 상태를 경험하지 않고서는 형이상학적인 불가능성을 가능의 차원으로 만들 수 없다는 것이다. 성경에는 별세 인생을 살아간 믿음의 선진들이 허다하다. 죽음을 방불케 하는 시련과 고난, 고통 속에서 하나님을 참되게 믿고 의지하며 순종한 자들은 하나님 앞에서 정직함, 겸손, 책임 그리고 지혜를 가진 자들이었다.

---

235 Nicholas of Cusa, 『De docta ignorantia』, book I, chapter 4, 'Maximum absolutum incomprehensibiliter intelligitur, cum quo minimum coincidit'.
236 Jacques Derrida, 『Of Grammatology』(Baltimore, Maryland: Johns Hopkins Press, 1976), p. 143.
237 Ibid.
238 Jacques Derrida, 'Faith and Knowledge' in Gil Anidjar, ed., 『Acts of religion』, trans. Ken Frieden(New York: Routledge, 2002), p. 57.

상황 민감성

어떤 화장품 회사는 건조하고 차가운 날씨 때문에 피부가 과민해지는 겨울에 '피부 민감도 캠페인'을 열어 피부 상태를 검사해 주고, 과민 정도에 따라 필요한 여러 단계의 화장품을 소개하고 판다. 화장품 업계에서는 피부가 민감하다는 것은 외부에서 오는 자극에 대한 빠른 반응으로 트러블이나 홍조가 생기는 것으로 보는 부정적인 면이 있다.

사람도 상황에 너무 민감해지면 일상생활에서 불안과 긴장을 가지게 된다. 특별히 예민한 신경을 타고난 사람은 심각한 에너지 소모가 있다. 타인에 대해 지나치게 민감하여 소심과 뒤끝, 온몸의 긴장과 부정적인 전망으로 정신적인 압박을 가질 수 있다. 사람과 환경에서 오는 모든 자극을 일일이 인식하고 해석하고 반응하느라 쉽게 탈진하여 정신적 문제가 생길 수도 있다.

그러나 긍정적 민감성을 가지면, 외부의 충격, 새로운 도전, 경험등과 같은 상황에서 자기 자신과 상대의 삶에 발전적인 환경을 조성할 수 있다. 관계 속에서의 상황 민감성은 상대와의 타협이나 자신의 정체성의 혼돈을 초래하는 것과 같은 부정적인 면보다, 상대를 이해하며 세워 주는 기능을 한다. 이 경우, 상황 민감성은 상황에 대한 자신의 무분별한 적응이나 나의 관점을 단순히 상황의 관점으로 옮기는 것이 아니다.

오히려 상황 민감성은 대인관계에서 신중함과 배려심 등의 좋은 반응으로 작동한다. 자신을 내세우지 않는 상황에 대한 존중이며 상황의 경험 속에 자신을 낮추어 들어가는 것이다. 그 결과로 과민함을 초래하는 것이 아니라 상대를 존중하고 배우려는 태도와 마음가짐을 가지게 된다. 상황 민감성은 텍스트의 상황에 대한 자발적이며 직관적인 참여이며, 상대의 필요를 주의력 있게 파악하고 적절히 반응케 한다.

민감성은 상대와의 차이를 야기하는 내부적인 요인을 깊이 살피는 문화적 덕성이기도 하다. 우리가 사는 세상에는 역사, 전통, 종족, 종교와 가치가 다른 사람들이 함께 살아가고 있다. 동일한 시공간의 사회 내에서도 가족관계, 이민, 난민, 영성, 성적 취향, 성 정체성, 사회 계층, 정신적·물리적 장애에 따른 수많은 다름이 공존한다.

예를 들어, 지체 부자유자를 대할 때, 우월한 시각으로 무슨 일이든지 도와주려는 생각은 금물이다. 장애를 지니고 사는 사람들은 오랫동안 경험하고 축적된 자신의 문화에 더 익숙하다. 장애 문화와 장애인을 보는 사람들의 일반적인 시각보다, 지체 부자유자들이 스스로 체득하며 얻은 장애에 대한 지식은 누구보다도 전문가의 수준에 이르러 있다. 그러므로 그들을 돕는 입장에 있어도, 그들의 인생이나 문화에 대해 잘 안다는 자세는 금물이며 상대의 처한 상황을 배우는 자세로 낮추어야 한다. 상대의 문화나 관습을 파악하지도 못하면서 상대를 판단하거나 평가하는 자세는 오만이다.

문화적 차이는 선과 악으로 구분하지 않고 서로 다름으로 인식하며, 상대의 다름을 인정하고 받아들이며 존중하고 해소해야 한다. 특정 인종이 키파(kippah), 히잡(hijab), 두건(garland) 등을 쓰는 일은 그들에게는 자연스러운 전통적인 복식이다. 이러한 의상을 입고 쓰는 것은 문화적 또는 개인적인 취향으로 보아야 하나, 무슬림의 히잡이나 두건이 그들의 전통적이거나 문화적 의상 이전에 서구 종교를 거부하는 종교적 신념으로 표출이 될 때는 심각한 문제를 야기하기도 한다.

영국, 프랑스, 독일과 같은 나라에서는 이슬람 복장이 과거의 종교적 박해에 대한 보복으로 서구 문명을 파괴하는 목적으로 사용될 것을 우려하고 있기도 하다. 이 경우 종교가 국가보다 우선될 수는 없으므로, 국가가 금하면 따라야 할 것이다. 다양한 가치를 인정하며 서로를 존중하는 선진 사회일수록 더욱더 상황 민감성에 관한 관심을 가져야 할 것이다.

무엇보다 우리가 민감해야 할 대상은 성경의 진리이다. 종말의 성경적 가르침을 믿는 그리스도인은 하나님의 나라의 '이미-아직'의 패러다임에서 지속적인 민감성 속에 살아간다. 왜냐하면, 성령은 공히 기쁨과 죄책에 대한 감수성을 깨닫게 하기 때문이다. 성도는 성경에 대한 지식이 있을 때 상황에 민감해진다. 덴마크의 목사이자 심리학자인 일자 샌드(Ilsa Sand)는 저서 『센서티브(Highly Sensitive People in an Insensitive World)』에서 민감함은 신이 주신 최고의 감각이라고 했다.

십자가 사랑의 기독교는 자신을 낮추어 상대의 입장을 민감하게 배려하는 종교이다. 기독교가 관념론의 도덕 법칙에 머물러서 하나님의 사랑을 말과 지식으로만 사유해서는 안 된다. 교회 공동체가 현실적 감각과 목적과 상관없는 이상적인 영역에 머물러 있으면 예수 사랑을 실천하는 사명을 등한시하며, 현세 상황을 현상계의 문제로 제쳐 놓고 관념의 세계로 빠져든다. 교회가 세상과 담을 쌓아 인접한 상황에 무뎌지면 빛과 소금의 사명을 감당할 수 없다.

사도 바울이 그 시대의 상황에 맞춰 자신을 내어놓은 이유는 하나님 때문이었다. 하나님의 성령이 바울의 인생에 강권적으로 임하였다. 하나님의 바울에게 이는 자발적인 참여였으며 바울이 하나님의 뜻에 순종한 결과다. 바울은 자신을 완전히 낮추었고, 바울과 함께한 하나님은 상황을 지배하였다. 하나님은 바울을 상황의 변수로 두지 않고 비천한 종으로 낮추어 상황 속으로 파고들어 상황을 주도케 했다. 바울은 우아하게 발코니에 서서 길가는 사람들을 구경하는 자리에 서지 않고 스스로 길바닥으로 내려왔다.

바울은 결코 멀리서 관찰하고 해석하는 구경꾼이 아니라 다양한 세상의 경험에 직접 참여했던 것이다. 칼뱅의 예정론은 우리의 삶에 하나님의 자발적인 참여를 말한다. 예정론은 바울 또는 인간의 선하거나 악한 행위에 근거하지 않고 하나님의 선택과 유기를 영원하게 선포하는 하나님의 절대 주권적 참여이다. 은혜를 입은 바울의 상황에 대한 하나님의 자발적이며 적극적인 관여가 바울의 정체성을 결정했다.

상황 민감성은 하나님을 닮은 마음이다. 선한 사마리아인의 비유가 있다. 여리고로 가는 길에서 불한당을 만나 피격당한 사람을 사마리아인이 구하고 돌보아 주었다. 예수는 강탈당한 현장을 보고도 피했던 제사장과 레위인을 책망하고 사마리아인의 긍휼히 여기는 마음을 칭찬했다. 예수님은 사람의 도덕성과 의로움을 따지기 이전에, 죽어가는 사람을 긍휼히 여기는 마음을 의롭게 보았다. 윌리엄 바클리(William Barclay)는 『예수님의 마음(The mind of Jesus)』이라는 책에서 예수가 생각하는 죄는 오직 하나, 긍휼 없음이라고 했다. 예수는 살인을 했느냐, 간음을 했는가를 묻지 않고 당신에게 긍휼이 있는가를 묻는다.

신학의 관점은 하나님의 시각이어야 하지만, 신학의 적용에는 사람과 환경에 민감성이 요청된다. 실존적(existential)이며 진위적(authentic) 방법론에 근거한 현대 신학은 '하나님이 우리와 함께한다'라는 개념을 '우리가 하나님과 함께한다'로 대체했다. 현대의 철학적 인식론을 가진 현대 신학은 바울이 가진 선한 의도를 지목하며 그의 도덕성을 평가하나, 성경은 바울과 함께한 하나님이 세상의 노정에서 심신이 피곤하고 허망한 사람들을 위해 친히 하나님이 자신의 마차에 그들을 태워 위로한 일이었다(고전9:19)고 말한다. 하나님의 은혜로 바울은 모든 사람에게 모든 것이 되었다(고전9:22).

신앙 공동체가 세상과 피상적인 경계를 그은 방관자가 되어 자신의 영역을 지키는 데 열심을 낼 것이 아니라, 하나님의 말씀의 상황에 대한 접촉점을 찾아야 한다. 교회의 당면 과제는 하나님의 마음으로 포용성과 적용성을 가진 민감성을 확보하는 것이다. 하나님의 기준을 지키며 살아가는 성도는 삶이라는 상황의 상호 내재성과 사건을 긴밀히 주목하고, 철학적 인식론의 폭력성을 극복해야 한다.[239]

상황 민감성은 주님이 당신과 나를 위해 목숨까지 주셨다는 사실에서 출발한다. 미국 인디애나(Indiana)주 출신인 윌리엄 본 트레이저라는 대법원 판사는 늦은 나이에 예수 그리스도를 구주로 영접했으나 구원의 은혜가 충만하였다. 하나님의 말씀과 성령의 역사로 성공적인 예배를 드리는 사람이 되었다. 어느 날, 여러 강도질과 죄질이

---

[239] ST, v. I, 1.

상당히 좋지 않은 헤리 팔머라는 사람을 대법정에서 심의하게 되었다. 최종 언도의 책임을 가진 영장 판사였다. 그런데, 이 강도가 교도소에서 예수 그리스도를 영접하였던 것이다.

트레이져 판사는 팔머의 회심이 진지하다는 것을 알았다. 트레이져 판사는 주일 예배를 드리면서, 이 사람이 정말 변했다는 사실을 확신하고 돕고 싶은 마음이 생겼다. 관례적인 판결에 의하면 적어도 한 10년쯤을 언도해야 하는 사례였다. 10년이라는 시간은 너무 길었다. 이 기간이 사람을 오히려 망칠 수 있겠다는 고민을 한 후, 실형 1년 그리고 몇 년 동안의 사회봉사 명령을 내렸다. 이것은 매우 부당한 판결이었다.

트레이져 판사는 법적인 제재를 받게 되었고 대법관의 자리에서 미련 없이 사표를 냈다. 그리고 1년 후, 헤리 팔머가 형을 살고 나오던 그 날 마중을 나갔다. 죄수는 굵은 눈물을 흘리고 엎드리면서 "판사님, 이렇게까지 하실 필요는 없었는데."라고 반복했다. 그때 트레이져 판사는 그를 향해서 "이렇게 까지라니요. 주님은 형제와 나를 구원하시기 위해 목숨까지 주셨는데요."라고 대답했다. 그러자 팔머는 "실망시켜 드리지 않겠습니다. 최선을 다해서 살겠습니다."라고 고백하였다. 참된 성도의 한 인간에 대한 민감성이 그 열매를 맺은 것이다.

텍스트의 상황에 대한 민감성은 특정한 시간, 공간, 문화와 사람에 대한 것이다. 역사와 문화에 처한 인간의 주관적인 상황, 문맥, 사회학, 심리학 및 언어에 대한 깊은 관심이 민감성을 불러일으킨다. 민감성이다. 만약 신학이 자신의 교리에 완고하게 고착되고 특정 문화, 공간 및 시간에 살아가는 사람들에 관심을 가지지 않으면 신학은 형이상학일 뿐이다.

신학은 시간, 공간 및 상황에 대한 민감성을 가지기 위해서 텍스트성(textuality)에 대한 논의가 필요하다. 텍스트는 일단 해석의 과정에서 일관되고 완결된 결정성을 잃어버리게 된다. 이 과정에서의 지속적인 해석의 산개를 텍스트성이라고 한다. 텍스트성 또한 하나님의 섭리에서 일어나는 상황화의 일종이며, 상황에 민감성을 가지며 서로 다른 정체성을 이해하는 도구가 될 수 있다.

칼뱅 신학은 하나님의 주권을 강조하는 면에서 독특하다. 칼뱅 신학에 따르면 인간은 전적으로 부패했으며, 오직 주권적이고 완벽한 자율적 존재는 하나님 한 분밖에 없다. 하나님은 인간의 어떠한 도움도 필요 없는 전지전능한 분이며 심지어 피조물의 경배가 없어도 그 존위는 상실되지 않는다. 오직 그분만이 진실하며 유일한 분이다. 칼뱅은 하나님과 창조주에 대한 지식은 우리의 실존적 자아를 아는 지식으로 얻어지며 이를 믿음으로 정의했다.

죄로 타락하고 무능한 자신에 대한 지식이 없으면 하나님을 안다고 할 수 없다. 역으로 '하나님에 대한 지식'이 없으면 자신의 타락성과 무능성을 인정할 수 없는 것이다.[240] 인간의 전적 타락에 대한 칼뱅의 교리는 인간은 자신의 죄와 연약함에 대한 민감성을 가져야 한다는 함의가 있다.

칼뱅의 하나님에 관한 지식은 존재론적 하나님보다 피조물을 창조하고 유지하는 창조주 하나님을 아는 것이다. 칼뱅은 우리는 먼저 하나님을 두려움과 경외심으로 깨우치고, 하나님을 우리의 인도

---

240 John Calvin, 『Institutes of the Christian Religion』 Library of Christian Classics, nos. 20-1, John T. MacNeill, ed. (Philadelphia: Westminster Press, 1960), book 1, chapter 1, section 1-3. Hereafter, book, chapter and section will be footnoted as 1,1,1.

자와 교사로 받아들여 그에게서 모든 유익을 구하여야 한다고 했다. 또한, 이는 하나님을 받아들이고 모든 것이 그의 말씀으로 말미암는다는 것을 아는 일이다.[241] 칼뱅의 『기독교 강요』의 편집인은 하나님을 아는 지식은 인간에 대한 실존적 지식을 가짐으로써 가능하다고 했다. 자신에 대한 실존적 이해가 있어야 하나님을 믿는 믿음을 가질 수 있다는 말이다.

칼뱅은 "여기에 실제로 참되고 순수한 종교가 있다. 하나님에 대한 진지한 두려움을 가지고, 두려움이 기꺼이 경외심을 포용하는 믿음으로, 율법에 합당한 정당한 예배를 드린다."라고 말했다.[242] 하나님에 대한 지식은 자연에 대한 지식처럼 일련의 이론적 가설이 아니라 우리의 믿음을 말한다. 믿음은 모든 인류와 생물들을 그의 일상적 능력으로 생육하며 우리 안에 심어진 천상의 생명의 씨앗으로 뿌리내리는 '성화의 영(Spirit of Sanctification)'인 예수 그리스도를 믿는 믿음을 말한다.[243]

그리스도의 십자가에 참여하는 자는 하나님 앞에서 죽은 자처럼 겸손해진다. 칼뱅의 인간관은 원죄로 말미암은 '비참한 파멸' 속의 인간이다.[244] 칼뱅은 파멸의 인간이 하나님을 바라볼 때 금식과 기근으로 자신의 부족함을 고백하고 겸손을 배운다고 말했다.[245] 칼뱅에서 '자아'는 온전히 죽음으로 겸손하며 하나님을 두렵고 떨리는 자세로 대한다. 성도는 한 줌의 먼지보다 못한 전적으로 타락한 인간의

---

241 Ibid., 1.2.2.
242 Ibid.
243 Ibid., 3.1.2.
244 Ibid.
245 Ibid., 1.1.1.

겸손에서 하나님을 아는 지식을 가지게 된다는 것이다. 역설적인 삶과 절대적 위험 그리고 어떠한 위협 앞에서도, 참된 겸손은 비이기적이며 초월적인 선을 추구하며 새로운 차원의 생명을 누리는 방편이 된다. 성도가 성령으로 말미암은 민감성을 가질 때, 하나님의 능력에 거하게 된다(고전2:1~5).

"형제들아, 내가 너희에게 나아가 하나님의 증거를 전할 때에 말과 지혜의 아름다운 것으로 아니하였나니 내가 너희 중에서 예수 그리스도와 그의 십자가에 못 박히신 것 외에는 아무것도 알지 아니하기로 작정하였음이라. 내가 너희 가운데 거할 때에 약하며 두려워하며 심히 떨었노라. 내 말과 내 전도함이 지혜의 권하는 말로 하지 아니하고 다만 성령의 나타남과 능력으로 하여 너희 믿음이 사람의 지혜에 있지 아니하고 다만 하나님의 능력에 있게 하려 하였노라."

베드로의 부정

　새벽녘 수탉이 울기 전, 어린 여자 하인은 베드로에게 예수를 알고 있지 않냐고 세 번씩이나 질문하였고 베드로는 매번 예수를 부인했다. 바로 몇 시간 전, "내가 죽더라도 주를 부인하지 않겠습니다."라고 말했던 베드로다. 이 말은 그의 단호한 결단이요 소원이자 의지였다. 베드로는 결코 예수를 부인하지 않을 것을 자부했고 비록 모두가 예수를 배반해도 자신은 배신하지 않는다고 자랑스럽게 말했다(마26:33). 그러나 그는 자신이 전혀 의도하지 않았던 예수를 부인하는 일을 저질렀다. 긍정한 지 얼마 되지 않아 전혀 위협이 되지 않는 여자 하인 앞에서 주를 부인한 것이다. 베드로는 위선자가 아닌가! 죽을지언정 따르겠다고 장담했던 이는 누구이며 예수를 모른다고 부인한 이는 누구인가?

　베드로가 예수를 부인할 때마다 부인의 강도는 더 해졌다. 베드로는 예수의 수석 제자였다. 그는 예수의 최측근으로 가장 많은 시간을 예수와 함께 했고, 예수의 가르침을 누구보다 빨리 받아들인 사람이었다. 예수 앞에서의 베드로의 신앙 고백은 완벽하였다. 예수에 대한 긍정의 신앙 고백을 했던 베드로가 한 계집종 앞에서 어설프게 부인하는, 꿈에도 상상할 수 없는 일이 벌어진 것이다. 베드로는 깊은 생각과 고민할 겨를도 없이 무의식적으로 부인해서는 안 될 예수를 부인한 것이다.

누구에게나 변화의 순간은 귀한 것이다. 생을 마칠 때가 되었을 때 베드로는 거룩하게 변화했다. 이전에 인간적 의도를 가지고 따랐던 자신을 돌이켜보고, 얼떨결에 예수를 부인한 자신을 회개했다. 베드로는 일련의 내적인 모순과 갈등, 회의를 거치면서 자신의 참모습을 깊이 깨닫게 되었다. 베드로는 자신이 내뱉은 말의 원초적 결함을 통찰하며 회복할 수 있었다. 베드로의 회복은 자기 결단이나 자의식으로 이루어진 것이 아니라 불가능을 가능케 하는 성령의 역사로 말미암은 것이다.

베드로의 믿음은 자신이 처한 시간과 공간적 상황에서 내적 모순으로 깨어졌고 자신의 입술로 뱉은 신앙 고백을 완전하게 뒤엎었다. 그러나 베드로의 부정이 이전 예수 앞에서의 긍정과 이후에 돌이켰을 때의 긍정과 분리되어 있지 않았다는 사실을 염두에 두어야 한다. 부정은 자신이 얼마나 비참한 처지에 있는지를 깨닫게 했고, 돌이켜 본 부정이 강한 긍정을 산출했다. 베드로가 부인하기 전 예수 앞에서의 긍정과 부인 후 돌이킴과 그의 십자가에 거꾸로 매달린 순교를 보면, 그의 비참했던 부인으로 성도의 책임과 겸손, 믿음을 다 저버릴 수 없었던 것이다.

베드로의 마음이 갈대처럼 왔다 갔다 했다고 할 수도 없고, 그때는 맞고 지금은 틀리다고 할 수도 없다. 베드로는 변덕쟁이가 아니다. 베드로의 부인마저도 그의 믿음에 포함된 요소였다. 사실 믿음을 가지고 주님을 따랐던 것은 베드로의 의지와 결단에 의한 것이 아니라 전적인 은혜였다는 사실을 웅변적으로 보여 준다. 우리의 신앙고백은 말로만의 고백을 넘어서 하나님이 나의 주라는 심령의 고백을 포함한다. 눈에 보이는 것과 말로 표현하는 것의 여부를 떠나 하나님의 살아 계심을 심령으로 믿는 것이 신앙의 핵심이다.

예수를 배반하고 망가졌던 베드로의 자아는 그의 수석 제자로서의 책임을 깨닫게 되었다. 부인이 그에게 고뇌와 위기를 초래했지만, 베드로는 성도로서 책임의 열매를 맺기 시작했다. 베드로는 역설과 고통과 허무를 겪으며, 내면의 글쓰기(writing)로 진정한 자아의 모습을 발견하였던 것이다. 자기 자신도 정확히 볼 수 없는 자신의 내면의 진중한 글쓰기였다.

베드로의 부정성(negativity)이 심령의 글쓰기를 가능하게 했던 것이다. 성령의 능력이 부족하기 때문이 아닌 피조물인 베드로의 부족함 때문에 내면의 글쓰기는 필연적인 것이었다. 예수의 기도가 사탄의 청구에 직면한 베드로에게 힘을 주었고 회복하게끔 하였다. 베드로의 삶이 극적으로 변화된 사건(눅22:31~34)에서, 베드로의 주님을 향한 간절한 내면이 심화되는 글쓰기였다.

글쓰기는 하나님을 향한 방향성을 가지고 있으며 시간이 갈수록 시멘트가 굳듯이 더 단단해진다. 하나님의 성령은 나의 긍정과 부정으로 존재가 결정되지 않는다. 성령은 인간의 존재 양식 밖의 존재(beyond being)로 있다. 예수님이 바위(아람어로 Cepas, 그리스어로 Peter)의 의미로 이름을 지어 준 베드로의 순간적인 취약성은 성령의 능력의 부족 때문이 아니다. 베드로 또한 인간이기에 본질적인 부족함을 가지고 있었던 사실을 유념해야 한다.

인간은 자신의 부족함을 깨닫게 될 때 회개한다. 회개에 오류가 있으면 안 된다. 일반적으로 자신의 죄를 하나님께 고백하는 것을 회개라 생각하여, 지은 죄들을 나열하면서 예수께 용서를 구한다. 며

칠이 지나서 다시 죄짓고 회개하고, 또 죄짓고 회개하는 삶을 되풀이하는 것이다. 이것은 참된 회개가 아니다. 베드로의 "나는 죄인입니다."의 고백은 자신의 전 인격이 죄로 물들어 있다는 것이다. 자신이 저지른 죄 이전에 자신이 죄를 생산하는 죄의 나무라는 것이다. 죄의 나무에서 거짓, 간음, 탐욕, 도적질 같은 많은 종류의 열매들이 열린다. "하나님, 간음했습니다.", "하나님, 도적질했습니다."라고 고백하며 열매를 하나씩 따 먹고 후에 다시 열리면 또 따서 버리고 반복하는 것은 반성과 후회일 뿐이다.

사실 베드로가 간음이나 살인과 같은 죄 때문에 스스로 죄인이라고 고백한 것이 아니다. 베드로는 하나님의 말씀과 상관없이 살아온 자신의 인생을 기억하고 회개했다. 참된 회개는 "나는 머리끝부터 발끝까지 죄로 물들어 있구나. 악한 열매를 맺을 수밖에 없구나. 죄짓지 않으려고 아무리 애써도 소용이 없구나. 나의 전 인격이 암 덩어리구나."라는 고백에서 출발한다.

베드로는 밤이 새도록 그물을 던졌지만, 얻은 것이 없었다는 자신의 고백처럼 믿음 없이 자신을 의지하여 살아왔던 삶 전체가 악하다는 것을 알았다. 베드로는 "예수님, 저를 떠나십시오. 저는 하나님의 아들이신 당신 곁에 있을 자격이 없는 사람입니다. 버림을 받아 마땅합니다. 지금까지 당신을 버리고 나를 의지하며 살았습니다. 저를 떠나십시오. 저는 죄인입니다."라며 하나님 앞에 결코 설 수 없는 악한 인간임을 고백했다.

하나님께 향한 자기 실존의 진실한 고백이 내면의 글쓰기가 된다. 내면의 글쓰기는 성도의 한없는 겸손이다. 참된 고백은 베드로를 성령의 사람으로 대체했다. 베드로는 내면 깊은 곳에서부터 예수를 지향하지 못한 믿음을 회개한 것이다. 예수를 바라보는 연쇄적인 회개를 통하여 베드로의 인격은 정화되고 믿음은 강화되어 갔다.

베드로의 부인(마26:69~75)은 과거에서 미래로 진행되는 삶의 여정 속에서 일어난 사건이었다. 미래에 이루어질 일은 항상 현재의 요구를 충족시키지 못한다. 그러므로 약속에 살아가는 미래 사람의 현재에 대한 침묵은 현재에 대한 비관과 포기가 아니다. 일시적인 침묵은 미래의 약속이 온전히 이루어진다는 것을 말하기의 또 다른 양식이다.

종국적으로 밀 까부르듯 하는(눅22:31) 사탄의 청구를 경험한 베드로는 하나님의 약속의 말씀을 덧입었다. 회복한 베드로는 강하고 담대하여 오히려 형제들을 단단하게 세우는 사역을 감당하였다. 베드로가 더 이상 예수를 부인하는 일은 일어나지 않았다. 복음으로 세워진 형제들과 더불어 주와 함께 옥에도, 죽는 데도 갈 준비가 되었다는 고백을 실천하는 하나님의 사람이 된 것이다.

인생의 여정에서 돌발적으로 일어난 베드로의 부인도 미래에 이루어질 약속과 연결되어 있다.[246] 과거, '바위'라는 이름을 받고 이후 단단한 바위가 된 베드로의 인생의 일련의 사건을 통해서, 베드로의 부인은 삼위일체 하나님의 약속과 보증을 저버릴 수가 없었다. 베드로에게 천국 열쇠를 주고(마16:19) 신령한 리더십을 부여하겠다던(마16:18, 요21:15~16) 예수의 약속은 베드로의 심령을 지켜 주었다. 성도는 약속을 갈망하고, 약속이 이루어지기를 고대하는 삶을 살아야 한다.

이전에 예수가 베드로라는 이름을 지어 준 일, 후에 베드로가 예

---

246 Derrida, 'How to Avoid Speaking: Denials' in Budick and Iser, eds., 『Languages of he Unsayable』, p. 12.

수를 부인한 일은 역설적이다. 그러나 일련의 사건을 통해 베드로는 하나님 앞에서 겸손한 인간으로 설 수 있었다.[247] 아이러니하게도, 세 번의 부인을 통해 베드로는 자기가 한 말에 대한 책임을 상기했고 교회의 반석의 사명을 감당하게 되었다. 베드로의 말의 긍정이나 부정의 문제가 아니라 하나님이 베드로의 삶을 지배하고 있었다는 사실이 우리에게 은혜가 된다.

예수는 이미 베드로가 부인할 것을 알고 있었고(눅22:34) 베드로가 부인해서는 안 될 일을 했음에도 삼위일체 하나님의 인격적 사역은 시종일관 진행된 것이다. 베드로의 믿음은 긍정과 부정, 또 긍정의 갈등 가운데서 성장했다. 하나님의 의도와 인간의 경험 사이의 긴장을 통해 베드로는 겸손해진 것이다. 성경에 대한 지식과 그것을 따르려는 인간의 의지가 삶의 어느 시점에서 더 이상 작동하지 않을 때는, 하나님 앞에 겸손해지지 않을 수 없다.

---

247 Ibid., p. 28.

자유와 능력

중세 가톨릭교회의 면죄부는 중세가 만들어 놓은 인간의 노예 의지의 산물이었다. 종교 개혁의 루터교와 개혁주의 신학은 노예 의지에 반기를 들고 인간의 자유 의지론을 설파했으며 이는 인간이 이성적인 힘을 통해 하나님의 복음에 회답할 수 있음을 의미했다. 루터는 자유 의지의 자발적 선택으로 하나님의 가능성을 열면서 인간 의지가 가진 죄와 부패성을 해결해야 했다. 루터의 자유 의지(free will)는 자유 선택(free choice)의 의미가 있다.

철학적으로는 자유 의지를 합리적인 이성이 여러 선택 가운데에서 방해받지 않고 스스로 행동을 결정하는 능력으로 보나 기독교는 인간의 죄성을 염두에 두고 자유 인자의 필수 조건을 먼저 결정한다.[248] 어거스틴과 펠라기우스의 논쟁에서, 어거스틴은 인간 본성의 본질적 타락을 거론하며 인간의 자유 의지를 부인했으나 펠라기우스는 자유 의지를 인정했다. 어거스틴의 전통을 따르는 16세기의 개혁자들은 인간을 자유 인자로 보면서도 사람 의지의 자유는 부인했

---

248 Hodge, 'Free Agency', 『Biblical Repertory and Princeton Review』 29, p. 101.

다.[249]

하나님은 자유 인자를 통해 모든 사건을 섭리적으로 통제한다. 하나님은 자유 인자를 주관할 때, 자유 인자의 자유와 물질의 원인을 파기하지 않으며 자유 인자의 효율성도 대체하지 않는다.[250] 핫지는 자유와 능력을 혼동하지 않기 위해 어거스틴의 인간 자유의 세 가지 구분을 받아들였다. 첫째, 타락 이전의 인간이 죄를 짓거나 죄를 짓지 않을 능력인 자유, 둘째, 타락 이후의 인간이 선을 행하지 않으면서 죄를 지을 수 있는 자유, 셋째, 천국의 인간이 악을 행하지 않으면서 선을 행할 자유가 그것이다.[251]

핫지는 타락 이후의 인간은 능력은 상실하고 자유만 남아 있으며, 자유로 선과 악, 거룩 또는 죄를 결정한다고 했다.[252] 인간은 타락 이전에 가능했던 능력의 자유는 가질 수 없게 되었다. 즉, 인간은 스스로 행위의 주체이며 외부가 아닌 자신의 내적 견해, 확신, 성향, 감정과 기질에 의해 행동하기로 결정하는 자유롭고 책임 있는 인자가 되었다. 인간의 행위는 자신의 내면의 진정한 산물이며 실제로 그가 누구인지를 나타내는 증거가 된다.[253] 인간은 자신의 자격이나 존재를 바꿀 능력은 없지만, 자신의 처지에서 자유롭게 행동하는 존재이다.

핫지의 정의에 따르면, 자유 인자는 인간의 성격에 따라 결정하는 힘이다. 능력(ability)은 의지(volition)로 인간의 성격을 변화시킬 힘이

---

249 Ibid., p. 116.

250 Hodge, 'President Lincoln', 『Biblical Repertory and Princeton Review』 37 (1865), p. 436.

251 Ibid.

252 Ibid., p. 106.

253 Ibid., p. 134.

다. 성경과 자의식(consciousness)이 인정하는 자유 인자는 인간에게 속하며, 성경과 자의식이 공히 분명하게 가르치는 능력은 타락한 인간에게는 속하지 않는다.[254] 타락한 인간은 자유 인자의 의지 능력을 갖출 수 없다. 기독교의 자유는 타락의 여부, 죄의 여부, 구원의 여부에 따라 결정되지만, 합리적 이성의 사람은 무엇을 새롭게 하거나 그 성격을 변화시키는 의지의 능력을 인정하지 않는다.

니체는 자기 부인을 자기모순의 현상으로 인식하며 이를 악으로 보나, 핫지는 자기 부인이나 전적으로 부패한 자아에 대한 인식으로 하나님을 추구한다. 핫지의 관점에서 보면 자기 부인은 자유를 표현하는 수단이다. 죄인의 자유는 하나님의 은혜 안에 있는 인간의 이타심과 자기 부인 및 자기희생에서 비롯된다. 데리다는 자유는 무엇을 계산할 수 없는 바로 그 순간에 일어나며, 자유의 두 가지 양상은 첫째, 계산기와 같은 기계가 기계적 측정을 할 수 없어 촉발되는 자유와 둘째, 기계의 계산 방식이나 순서와 전혀 상관없는 예측 불능의 자유를 들었다.[255]

데리다는 인간의 한계, 즉 인간을 자유롭게 하는 극한의 한계는 기계와 같이 명확한 실체가 아니라 후자에서 보는 아무도 만남을 알 수 없는 타자라고 했다. 그러나 데리다는 초월적 존재가 아닌 초월과 현실 경계에서 기계 계산의 결과를 먼저 파악하는 것은 필수적이라고 했다.[256] 데리다는 계산을 불가능케 하고 이성의 원칙을 왜곡하는 예측 불가능한 타자의 도착을 부정하거나 무시하지 않아야 하는

---

254 Ibid., p. 118.
255 Derrida and Roudinesco, 『What Tomorrow…: A Dialogue』, p. 49.
256 Ibid.

일 또한 과학의 책임이라 했다.[257]

하나님의 섭리는 보존과 통치이다. 섭리는 하나님에 대한 이상적이며 법적 의미를 지칭하지 않고 오래된 문서와 기록을 보관하는 '기록 보관소'와 같다. 하나님의 섭리하에 있는 기록 보관소에서 하나님의 말씀은 의미화된다. 섭리는 미래에 일어날 약속의 '지금' 시제이며 항상 '여기'에서의 사건이다. 이러한 사건 속에서 인간은 이성과 믿음 사이의 긴장을 가진다.[258] 둘 사이의 긴장은 '약속과 미래에 되어질 사건'과 조화를 이룰 것이다.

제2원인인 자유 인자(free agent)는 제1원인인 하나님의 법적 명령과 효율성의 영향권에 있다. 역설적 긴장은 자유 인자의 부적절하면서도 분열되고, 상대적이면서 왜곡된 현실 때문에 항상 존재한다.[259] 그런데도 핫지는 자유 인자들은 하나님의 섭리하에 스스로 행위를 결정할 수 있다고 보았다. 핫지의 사상은 자유 인자와 성령 사이의 명확한 병치를 보여 준다. 병치에서 하나님의 섭리는 자유 인자의 상황 민감성을 촉구한다.

자유 인자는 새로운 것을 창조하고 시도하는 존재가 아니다. 성령의 인도함을 받을 때, 자유 인자는 하나님의 섭리 안에서 이미 창조된 것을 보존하는 자율적 결정을 한다. 자유 인자의 하나님에 관한 관심과 인류에 관한 관심은 상반되지 않는다. 하나님의 섭리에서 자유 인자의 믿음, 정직, 겸손, 책임, 및 관용은 하나님의 일상적 능력 (potentia ordinata)에서 행해진다. 일상적 능력의 자유 인자는 그리스

---

257 Ibid., p. 50.
258 Jacques Derrida, 『Archive Fever: A Freudian Impression』(Chicago: The University of Chicago Press, 1996), p. 29.
259 Ibid.

도의 죽음과 부활에 동참할 때 나보다 남을 낮게 여기는 관대함을 가진다. 관대함은 자유 인자의 자기 부인에서 가능하다. 성도의 관대함은 폭력성을 배제하고 상호 진실성을 촉진하여 믿음과 이념의 장벽을 허물 것이다.[260]

---

260 Ibid., p. 8.

톨스토이의 『이반 일리치의 죽음』

    레프 톨스토이(Leb Tolstoy)는 백작의 지위를 가진 귀족이었으며 그리스도의 사랑을 실천하는 기독교 평화주의자였다. 그는 민중들에게 무관심했던 러시아 정교회와 국가에 비판적인 지식인이었다. 톨스토이는 회심 이후 철학과 예술에 대한 관심을 가졌으며, 생명과 죽음에 대한 성찰 가운데 『이반 일리치의 죽음(The Death of Ivan Ilyich)』을 썼다. 『이반 일리치의 죽음』은 '인간의 삶'이 무엇이며, 어떻게 살아야 하는지를 길이 고뇌한 러시아 사실주의(realism)의 대표 작품이다.[261] 게리 잔(Gary Jahn)은 『이반 일리치의 죽음』을 유물론보다 영적인 것을 추구하며 종교적 가치를 중요시하는 러시아 지식 사회의 변화를 보여 주는 작품이라고 했다.[262]

    이반 일리치는 제정 시대의 부패한 러시아 관료 사회에서 출세한 중년의 판사였다. 어떤 자리에 있든지 일을 완벽하게 처리하며 화려

---

[261] Leo Tolstoy, 『The Death of Ivan Ilyich and The Devil』(London: Hesperus Press, 2005), p. x.

[262] Gary R. Jahn, 『'The Death of Ivan Ilyich': An Interpretation』(New York: Twayne Publishers, 1993), pp. 6-8.

한 상류 사회의 사치를 즐겼으나, 돌이킬 수 없는 부상을 입고 소파에서 일어날 수 없는 신세가 되었다. 그는 갑자기 죽음의 병이 다가왔음을 알아채고 자신의 인생을 돌이켜보며 반성하는 기회를 얻었다. 죽음과 같은 일련의 병고를 치르면서, 이반은 자신의 영혼의 목소리를 듣게 되었다. '네가 원하는 것이 무엇이니?' 병석의 이반은 '고통이 없는 삶을 원한다.'라고 대답했다.

그의 내면의 목소리는 또, '전에 누렸던 즐거움과 기쁨과 행복을 원하니?'라고 물었다. 죽음에 대한 공포 속의 이반은 과거의 즐기며 좋았던 일들이 많으면 많을수록 종국에는 더 치명적인 결과를 초래하는 것을 깨닫게 되었다. 자신이 살아왔던 인생 전체가 거짓이며 불성실했고, 무정했다고 스스로 고백했다. 이반 앞에 놓인 죽음이 그로 하여금 자신의 인생을 새롭게 보게 했다.[263] 인생의 참행복은 사회나 가족의 구성원, 권세, 물질이 아니라 지금 자신이 듣고 있는 내적 목소리에 있었다.

인간의 성공과 부귀도 죽음 앞에서는 무용지물이었고, 앞으로 올 죽음을 준비하는 겸손한 인생으로 변화했다. 인간에게 죽음은 더 이상 비밀이 될 수 없다. 왜냐하면, 부재나 죽음에서 겸손으로 말미암은 생명의 가능성을 가진 음성을 들을 수 있기 때문이다. 영생은 실제적이며 이생보다 훨씬 길 뿐만 아니라 눈물도, 고통도 없다. 자신의 내면의 소리에 귀 기울이지 않고 세상적 겉치레와 남의 시선을 의식하며 사는 인생은 허구이며, 허무로 끝날 것이다.

미국의 저명한 내과 의사인 모리스 롤링즈 박사가 쓴 글을 보면 죽어가는 사람들은 대개 그 직전에 기절 상태로 들어가서 몸의 통증

---

263 Tolstoy, 『The Death of Ivan Ilyich and The Devil』, p. 56.

이 없어지는 듯하면서 의식이 점점 흐려져 간다고 했다. 가장 늦게까지 살아있는 감각은 청각이어서 죽어가면서도 간호사가 의사를 찾는 소리나 가족들이 하는 말과 심지어 의사의 사망을 선고하는 소리도 듣는다고 했다. 자기가 이미 육체 밖에 나와 그들이 주고받는 대화 내용도 모두 듣고 있었다는 것이다.

이반도 자신이 죽음을 맞이하는 자리에서 동료들과 가족이 자신의 부고를 듣고 달려와 나누는 대화를 들었다. 친구들은 죽음을 애도하기보다 자신들의 직책과 승진 등을 주제로 이야기를 나누었다. 이반은 친구들이 하는 말을 들으면서 인생의 참된 의미를 생각하기 시작했다. 죽음은 인생의 끝이 아니다. 톨스토이는 죽기 며칠 전인 1910년 11월 1일, 딸 샤샤에게 "하나님은 무한하시며 인간은 자신을 부분적으로 이해할 뿐이다. 진리는 오직 하나님께 있다."라는 내용으로 편지를 보낸 적이 있었다. 우리의 육신은 죽으나 하나님의 진리는 영원하다.

웨스트민스터 신학교를 거쳐 템플 대학교에서 박사 학위를 받고 충현 교회를 담임하고 신학 교수를 한 신성종 목사님이 있다. 이분은 "자기가 보지 못했다고 천국과 지옥이 없는 것은 아니다. 만일 지옥과 천국이 없다면 예수님은 이 세상에서 가장 큰 사기꾼이 되는 것이다."라고 말하면서 천국과 지옥을 다녀왔다고 했다. 인터뷰하던 기자의 "천국과 지옥을 다녀오면 사람이 변하는가?"라는 질문에는 "본래 지니고 있던 성품은 변하지 않아요. 원래 급한 성격인데 천국을 보았어도 그 성격은 그대로이다. 대신 삶의 태도가 달라진다."라고 답했다.

신성종 목사님은 어떻게 살아야 할지를 깨달았다. 무엇이 중요한 것인지를 실제로 보게 되니 제대로 살아야겠다는 생각이 저절로 든다는 것이다. "개인의 경험을 책으로 내는데 신학적인 위험성은 없나요? 더구나 신 목사님은 책임 있는 교계 어른이신데요?"라고 물었다. "물론 위험하기도 하지요. 그러나 유익도 많습니다. 특히 전도에 도움이 됩니다. 천국과 지옥이 있다고 확신할 때, 어떻게 생명의 구주되신 예수님을 믿지 않을 수 있겠습니까?"라고 대답했다.

『이반 일리치의 죽음』의 마지막 네 장은 삶과 죽음 그리고 건강과 질병의 대립적인 면을 묘사한다. 7장과 8장에 나오는 이반 일리치의 두 가지 삶이 있다. 7장에서 게라심(Gerasim)과 함께한 밤의 삶과 8장의 가족, 의사, 방문객들과 함께한 낮의 삶을 통해 두 삶을 나란히 대조했고, 8장의 끝부분에서 밤이 또다시 시작되자 이반은 지난번에 밤에 와서 간호하며 생명의 기쁨을 주었던 게라심을 불러 달라고 요청했다. 이반 일리치는 가까운 친족과 친구들의 거짓과 위선에 좌절했으나, 언젠가 우리는 모두 죽는다며 진지한 태도로 자신을 위로해 주었던 게라심을 그리워하고 기뻐했다.

이반 일리치는 마지막 장 도입부에서 생명은 죽음을 전제할 때에 의미가 있다고 고백하는 겸손한 영혼으로 변화되었다.[264] 이반은 자기 죽음을 내면의 음성을 통해서 들으며, 죽음을 향하는 여정에서 사는 법을 깨달았다고 했다.[265] 그의 내적 음성은 죽음이 어두움의 끝이 아니라 새로운 생명의 시작이라고 말했다. 죽음은 그가 두려워했던 고통의 극단적인 징후였음에도 불구하고, 그는 죽음을 통해 소망을 얻게 되었다.

---

264 Jahn, 『"The Death of Ivan Ilyich": An Interpretation』, pp. 65-6.
265 Leo Tolstoy, 『Tolstoy's Short Fiction』, Michael R. Katz, ed. (New York and London: W. W. Norton, 1991), pp. 423-34.

내적인 목소리는 여전히 살아 있었고 두려움은 사라졌다. 얼마나 기쁜가! 내면의 목소리가 여전히 들린다. 죽음이 끝났다. 그러나 더 이상은 죽지 않았다. 그 목소리는 불가능을 가능케 했다. 이반 일리 치는 육체의 속박에서 벗어날 수 있었고, 시공을 초월한 내적 음성 으로 죽음을 극복할 수 있었다.[266] 지금까지 살아왔던 이기적이고 자 기중심적인 삶을 내려놓고 죽음과 삶을 성찰하는 참된 겸손함을 가 진 것이다. 시간과 공간을 초월한 삶의 마지막 순간의 내면의 음성이 그의 인생을 의미 있게 만들었다.

---

266 Jahn, 『"The Death of Ivan Ilyich': An Interpretation』, p. 99.

제6장

인간의 책임

교회의 영성과 도덕성은 불가분의 관계에 있다. 일부에서는 교회의 도덕성 주장을 교회를 파괴하는 악한 시도로 폄훼하는 경향이 있다. 신학이 좌경화되는 것은 경각심을 가지고 경계해야 할 일이지만, 도덕성 회복을 기독교 좌파라는 프레임에 두면 교회 개혁에 큰 걸림돌이 될 수가 있다. 도덕성은 좌파나 우파가 선점해야 하는 이슈가 아니라 믿음의 본질적 요소이다. 교회는 성도의 생각과 말과 행동을 성경에 근거하여 실천해야 할 것을 가르치고, 성도는 자신이 표현한 말과 행동에 대한 책임을 지는 훈련을 하는 곳이다.

　인본주의와 신본주의는 인간의 이성, 감성, 열정과 믿음에 다른 관점을 가진다. 하나님을 믿을 때의 믿음과 사람을 믿는 믿음은 본질적으로 다르다. 아브라함은 "죽은 자를 살리시며 없는 것을 있는 것 같이 부르시는" 하나님을 믿었다(롬4:17). 자기충족적인 인간은 하나님을 직접 보고 만져 봐야 믿을 수 있다. 합리적 이성에 의한 인본주의자인 인간의 책임에 대한 개념과 죽은 자를 살리시는 하나님을 믿는 자의 책임은 본질적으로 다르다.

　인본주의는 행위와 도덕적인 책임인 반면에 신본주의는 하나님에 대한 믿음에서 책임을 찾는다. 믿음의 책임과 이성의 책임의 다른 점을 잘 분별해야 세상의 도덕성을 능가할 수 있다. 성도는 세상의 빛과 소금의 사명을 효율적으로 감당할 수 있는 길을 찾아야 한다. 먼저, 인본주의자들의 책임에 대한 다음과 같은 두 가지의 특징을 살펴보자.

첫째로, 인본주의자들은 도덕적 행위를 우선시한다. 인본주의자는 교인들에게 사회적 책임을 묻는다. 인본주의자들은 실제의 삶에서 믿음을 타협하는 그리스도인들을 비판한다. 믿음을 행동으로 실천하지 않으면서 성경의 권위를 주장하는 그리스도인들은 성경주의자다. 성경주의자는 일련의 잘 정리된 믿음의 체계를 청산유수처럼 잘 설명하지만, 이를 행동으로 실천하지 못하는 사람들을 말한다.

선한 사마리아인의 비유에서 하나님의 사람이라 자처하던 바리새인과 사두개인들은 강도를 만난 자에게 사랑을 베풀지 않고 모른 척하고 지나갔으나 선한 사마리아인은 상처를 싸매 주고 자비를 베풀어 자신의 집으로 데려가 간호해 주었다. 2001년 1월 26일, 일본에서 공부하던 고려대생 이수현 군이 선로에 추락한 술 취한 일본인을 구하다 전철에 치여 숨졌다. 18주년이 지난 지금까지도 일본에서는 그를 의인으로 여기고 매년 추모 행사를 한다. 무신론자들은 청년이 보여 준 살신성인의 행위를 높이 칭송하며, 예수를 믿는 사람들이 이러한 선행도 못 하면서 구원에 대해 말할 자격이 있냐며 극단적인 비판을 하기도 한다.

현대 선교학에서 '하나님의 선교(Missio Dei)'는 기존의 복음 전파는 물론 사회사업, 인권 운동, 세상을 개조하고 사회 구조의 혁명적 해방 등에 관심을 둔다. 사회복음주의자들은 교회의 선교와 전도가 사회 구조의 변혁을 이끌지 못한다며 교회의 이중성과 독단성을 비판한다. 해방 신학은 정치 체제나 사회 제도의 부조리를 해결하는 것을 구원이라고 했다. 교회가 심오한 교리로 신학적 갈등을 조장하고 이단 규정을 하는 동안, 세상을 향한 소금과 빛의 역할과 사명을 감당하지 못함으로써 말미암은 부작용은 심각하다. 한국 교회의 실종된 도덕성을 보고 세상 사람들은 '비윤리적인 기성 교회'보다 '윤리적인 이단'을 더 선호하는 일들이 일어나는 실정이다.

둘째로, 인본주의자들은 행위와 가르침의 일치를 먼저 따진다. 이슬람 율법사가 수만 명의 회중을 앞에 두고 기독교가 더 이상 힘을 쓸 수 없는 이유는 가르치는 것과 행위의 일치가 없는 종교이기 때문이라고 설파하고, 기독교는 실패했다고 외쳤다. 그 후, 이슬람교도들은 믿음이 있다면 행동으로 실천하는 자들이라고 강변하고, 자폭 테러의 순교로 천국에 가자고 선동했다. 이에 수천 명의 젊은이가 앉은 자리에서 일어나 순교적 테러에 헌신을 다짐했다고 한다. 이들은 자신의 목숨을 끊을 수 있다는 의지를 믿음의 실천으로 본 것이다. 인본주의자들은 체계 있게 가르치는 믿음을 행위로 실천하지 못하는 기독교의 무책임성을 비판하고 있다.

모더니즘의 이성이 믿음에 대해 가지는 콤플렉스를 극복하기 위한 시도가 포스트모더니즘의 영적 인본주의다. 포스트모더니즘의 영향으로 성경의 가르침을 벗어난 인본주의적 기도, 예언, 능력, 직통 계시를 주장하는 유사 기독교가 활보하고 있다. 인간적 욕구를 영성으로 포장하여 성도들을 미혹하는 것이다. 일본의 민족 종교를 '신도'라고 부른다. 신도이즘(Shintoism)은 일본 전통의 무속적 영성이다. 일본 신도의 신은 '가미'라고 부르며, 지금도 일본에서는 약 800만 '가미'를 섬기고 있다.

러일 전쟁을 승리로 이끈 일본군 육군 사령관 노기 마레스케가

1912년에 일본 천황이 죽자 자신 또한 할복자살하면서 순사했다. 일본은 그가 보여 준 행동을 천황에 대한 충성심으로 기억하고 제2차 세계대전 막바지에 노기의 영성을 따라 가미카제 특공대가 자폭 공격을 택했다. 특공대원들은 자살 폭탄이 되는 것을 겁내지 않았다. 태평양 전쟁에서 일본의 패색이 뚜렷하던 1944년 말에 가미카제 자살 특공대는 죽음도 두려워하지 아니하며 가미에 대한 절대적인 믿음을 행사했다. 그들은 "야스쿠니에서 다시 만나자."라는 말을 남기고 '야스쿠니의 신이 되어야겠다'라는 믿음으로 전투기를 몰고 적의 군함으로 돌진했다. 오늘날에도 일본 도쿄에는 이러한 신들을 섬기는 야스쿠니 신사가 있다.

성도는 그리스도의 전적인 은혜로 구원받은 하나님의 백성이다. 한 번 구원은 영원히 유효하고 택한 자들의 구원은 상실될 수 없다. 구원은 전적으로 하나님의 사역이기 때문이다. 구원은 인간의 공로에 의한 것이 아니고 하나님의 영원한 계획 가운데 그의 미쁘신 뜻과 그의 은혜로, 본질상 죄로 인하여 죽은 우리에게 허락된 새 생명이다. 새 생명으로의 중생은 전적인 하나님의 역사지만, 믿는 자들은 구원의 과정, 즉 믿음의 훈련과 성화, 견인에 반드시 힘써야 한다는 책임이 있다.

구원의 완성은 전적인 하나님의 사업이며 성령이 하는 일이나, 성화는 인간의 의지와 노력이 포함되는 하나님의 일이자 성도의 과업이다. 하나님 나라의 이미-아직(already-not-yet)의 패러다임은 현세를 살아가는 인간의 종말론적인 책임을 요구한다. 성도들은 땅끝까지 복음이 전파되는 것과 마지막 때의 이스라엘의 개종, 배도, 대환란, 적그리스도의 출현 등 시대의 징조들을 잘 살펴보아야 한다. 성도는 영적인 잠에서 깨어나서 시대의 징조들을 보고 경각심을 가지며 죄에 대하여 강력하게 투쟁해야 한다.

성도는 주위의 이웃들을 용서하고 용납하며 적극적인 사랑으로 하나님의 영광을 위하여 살아야 할 책임이 있다. 바울은 "형제들아. 사람이 무슨 범죄한 일이 드러나거든 신령한 너희는 온유한 심령으로 그러한 자를 바로잡고 너 자신을 돌아보아 너도 시험을 받을까 두려워하라(갈6:1)."라고 말하며 죄의 문제를 해결하고 그리스도 중심으로 사는 성도의 책임을 일깨웠다.

오직 예수의 생명으로 살아야 할 때이다. 바울은 예수의 생명이 현재 우리의 죽을 육체에 나타난바 되었으며(고후4:10~11), 우리의 생명이 현세적으로 나타난 것은 잠정적이고 그리스도와 함께 하나님께 감추어진 미완성의 것이라고 했다(골3:3). 사람들과 모든 자연이 지금 이 순간에도 탄식하고 고대하고 갈망하는 이유는 하나님의 사람들이 이 시대에 우뚝 서기를 원하기 때문이다(롬8:19, 23).

하나님은 깨어 있어서 시대를 책임질 한 영혼을 찾고 있다. 예수의 생명을 완수할 책임을 지닌 바울은 성령의 현재적 내주하심(롬8:9)과 주의 영광을 보고 주의 형상으로 화하는 영광에 사무쳐, 승리의 기쁨으로 충만하였다(고후3:18). 종말을 살아가는 성도는 험악한 세상이라 할지라도 하나님을 사랑하고 주님과 함께 있음을 감사하며 살아야 한다. 하나님의 주권에 전적으로 굴복한 성도는 세상의 요동에도 흔들림이 없을 것이다.

키르케고르의 『두려움과 떨림』

쇠렌 아베 키르케고르는 덴마크의 철학자이며 신학자이다. 그의 저술은 철학, 신학, 심리학 및 문학의 경계를 넘나드는 학제 간 융합(interdisciplinary)의 열매이다. 키르케고르의 작품 특징은 윤리적 보편성에 대한 예외가 될 수 있는 인간의 권리와 '연약한 실존적 자아(poor existing individual)'의 삶의 구체적 경험을 예리하게 묘사하며 형이상학적인 사유를 비판한다는 점이다.[267] 카푸토(Caputo)는 키르케고르가 추구하는 '참된 자아(to be a self)'는 하나님을 속이지 않는 순백과 같은 빛 속에서 영원토록 사는 것을 의미한다고 했다.[268]

키르케고르는 『두려움과 떨림(Fear and Trembling)』에서 변증법적이며 실존주의적 인간 이해로 아브라함의 믿음 행위를 분석하였다. 키르케고르는 아들 이삭을 죽이려고 한 아브라함의 믿음의 근원을 추적한 것이다. 그는 아브라함이 소유했던 하나님 말씀에 대한 전적인 순종과 의존, 믿음의 본질을 알기를 원했다. 이 세상에서 치열한 인

---

267 John D. Caputo, 『How to Read Kierkegaard』(London: Granta, 2007), p. 2.
268 Ibid., p. 3.

생을 사는 인간의 책임과 믿음에 대한 깊은 통찰로 초월적인 하나님을 사유한 것이다.[269]

키르케고르는 『두려움과 떨림』에서 아브라함의 행위를 염두에 두고, 윤리, 미학 및 믿음과 연관된 세 가지의 질문을 한다. 첫째, 인간이 윤리를 폐지할 수 있는가?, 둘째, 인간의 하나님을 향한 절대적인 책임이 있음을 어떻게 아는가?, 셋째, 인간 자신의 목적을 위해 주위 사람을 침묵으로 무시하는 일이 윤리적인가의 질문이 그것이다.[270]

키르케고르의 세 가지 질문은 인생을 살면서 신앙의 결단으로 행한 일의 윤리적 성격과 행한 일에 대한 책임에 관한 것이다. 성도는 자신의 주관적 경험과 객관적 믿음으로 하나님과 바른 관계를 유지하며 하나님의 계명을 삶에서 실천해야 할 책임이 있다. 하나님과의 관계가 정립되지 않은 인간은 흩날리는 먼지나 길거리를 뒹구는 낙엽보다도 못한 가련한 인생일 뿐이다. 성령의 인도함을 받는 자는 두려움과 떨림으로 자신을 하나님께 드린다. 그러나 교만한 자는 종국적으로 거짓과 위선의 삶이 적나라하게 드러나는 날이 올 것이다.

1) 믿음의 역설과 도약

창세기 22장에는 아브라함이 모리아산에서 아들 이삭을 바치는 장면이 나온다. 이 사건의 메시지는 예비하시는 하나님이다(God pro-

---

269 Ibid., p. 108.

270 Søren Kierkegaard, 『Fear and Trembling and The Sickness Unto Death trans. Walter Lowrie』(Princeton: Princeton University Press, 1974), p. 91.

vides). 하나님은 만물을 통치하고 보존하는 섭리(Providence)의 하나님으로, 아브라함이 제물로 데려온 이삭을 대신하여 이미 숫양을 준비해 두어 이삭의 생명을 보존했다. 하나님은 믿음으로 순종한 아브라함을 인도하였고, 신앙 공동체는 믿음의 순종에 대한 하나님의 인도와 보호를 특별하면서도 적절한 것으로 받았다.[271]

아브라함의 순종은 하나님의 부름에 대한 응답이었다. 하나님의 말씀에 순종한 아브라함은 이웃을 사랑하라는 하나님의 계명과 이삭을 죽이라는 하나님의 부름 사이에서 모순적 상황에 부닥쳤다. 아브라함이 아들 이삭을 죽이려는 마음의 의도와 사람을 사랑하라는 계명을 어떻게 화해시킬 수 있을 것인가? 아브라함은 믿음과 실천의 괴리 속에서 역설적인 상황에 부닥치게 된 것이다.

아브라함이 이삭을 제물로 바치는 일은 살인이다. 하나님을 믿는 믿음이 살인의 동기였다. 칸트의 현명해야 할 용기(dare to be wise)로 이 사건을 보면 괴물이나 할 짓이다. 아브라함은 도덕의 보편적 기준을 파괴하고 자신의 의지에 사로잡혀서 아들을 죽이려 했다. 아브라함이 제정신인가? 자기 아들을 죽일 아버지가 어디에 있겠는가? 어느 누가 자기 아들을 다른 사람에게 비밀로 하고 신에게 제물로 바칠 사람이 있겠는가? 성경은 아브라함을 믿음의 조상이라 불렀지만, 이 세상에서 어느 누가 자기 아들을 살해하려는 사람을 믿음이 있다고 하겠는가? 합리적 이성과 성경의 믿음에는 괴리가 있다.

키르케고르는 객관적으로 인식할 수 없는 아브라함의 믿음을 괴이성(monstrosity)[272]으로 묘사했다. 하나님의 초월적인 지점을 지목

---

271 ET, v. I, p. 491.
272 Kierkegaard, 『Fear and Trembling』, p. 67.

할 방편이 없는 자기충족적 인간이 보기에는 믿음으로 행하는 아브라함이 괴물이었다. 아브라함의 믿음의 개별성이 도덕적 보편성보다 더 우위에 있었기 때문이다. 아브라함의 믿음의 대상은 하나님의 말씀이었고, 믿음의 보편적 가치가 종말론적인 하나님의 나라에 있다는 사실이 그를 괴물로 만들었다.

모더니즘의 합리적 이성에 의한 보편성과 상반된 하나님의 보편성을 괴이성으로 본 것이다. 케빈 하트(Kevin Hart)는 데리다의 『그라마톨로지(Grammatology)』를 인용하면서, 아브라함의 믿음을 현재 시제에 일어나는, 미래가 실현되는 괴물성을 지닌 사건으로 해석했다.[273] 믿음은 철학이나 과학 또는 신학과 달리 이미 이성의 차원에서 떠나 있다. 합리적 인간은 종말에 이루어질 하나님의 보편성을 믿을 수가 없다. 그러나 믿음은 자신의 물질적, 정신적 유익을 계산하지 않는 하나님을 향한 인간의 절대적인 책임이다

키르케고르는 『두려움과 떨림』의 서문에서 네 가지로 각색된 아브라함이 이삭을 바치는 사건에서 두 가지의 역설(paradox)을 찾았다.[274] 하나는 아브라함이 자신에게 가장 소중한 아들인 이삭을 자발적으로 하나님께 제물로 바치는 일을 한 번도 잘못되었다고 의심하지 않은 일이고, 다른 하나는, 아브라함이 이삭을 칼로 내리치려고 했음에도 불구하고 아들을 되찾게 된 일이었다.[275] 키르케고르는 믿음이 합리적 이성과 미학적인 직관으로는 이해할 수 없는 영역에 있으므로 역설이라고 했다.[276] 아브라함이 자신의 하나님을 믿음으로

---

273 Hart, 『Trespass of the Sign』, p. 231, citing Derrida, Of Grammatology』, pp. 4-5.
274 Kierkegaard, 『Fear and Trembling』, pp. 26-9.
275 Ibid., p. 64.
276 Ibid., p. 65.

써 가장 소중한 아들에 대한 무한한 포기가 역설적인 것이다.

아브라함의 믿음은 인간이 사고할 수 있는 범주를 떠난 지점에서 시작했다.[277] 아브라함의 행위는 인간의 지식, 양심, 오감 또는 육감으로도 이해할 수 없는 일이다. 아브라함은 자신의 믿음 때문에 스스로 기만을 당하거나 자신을 속일 수 있는 모순적 위험에 노출된 처지였다. 그러나 창세기 22장의 내용을 면밀히 살펴보면, 아브라함이 하나님의 명령을 즉각적으로 실천한 믿음은 시행착오가 아니었고 시종일관 변함없이 그의 의지와 행위를 지배하고 있었다.

이성을 가진 사람은 합리적 판단으로 윤리적으로 대응하고 철학, 과학, 신학, 심지어 성경 등을 수단으로 삼아 전체를 목적으로 하는 보편적 진리를 찾는다. 이성의 사람은 이웃을 사랑하라는 계명을 몰라도 도덕적 윤리의 차원에서 주위 사람을 관심과 돌봄으로 사랑해야 한다는 것을 알고 있다. 세상의 도덕적 윤리는 믿음을 주장하는 사람에게 "당신의 믿음이 성경의 아브라함이나 노아의 믿음과 같은 종류인가?"라고 물으며, 그렇다면 증명해 보라고 요구할 것이다. 그런 후에 결코 이 세상에서 성경적 믿음의 사람을 본 적이 없다며, 소위 참믿음을 가지고 있다면, 그 믿음을 보여 달라고 할 것이다. 합리적 이성의 논리적 판단은 믿음의 행위를 인정할 수도 없으며, 설령 있다고 해도 믿음의 일관성 없음을 비난하며 비웃을 것이다.

미학적으로, 사람은 경험과 경우에 따라 직관적이며 즉각적인 반응을 한다. 세계에 대한 직관적 인식은 이성으로 설명할 수 없고, 그 자체로 근원적 판단의 원천이 된다. 미학적 판단의 실체는 주관적 인식이므로 객관화할 수 없는 한계가 있으나 경험을 통해 인격과 인간

---

277 Ibid., p. 64.

의 내재적 가치를 증진케 한다. 미학적 판단은 독창적인 아이디어를 창안하여 성찰적 판단에 의해 확립된 논리를 재조정, 보충, 또는 즉 각적으로 교정하는 역할을 한다.[278]

에머슨의 천재는 미학적인 판단을 한다. 아브라함은 심각한 오류 를 초래할 수도 있는 자신의 선택에 대한 심리적 공포를 어떻게 극복 할 수 있겠는가? 타자에 의해 기만을 당하거나 자신에게 스스로 속 을 수 있다는 엄청난 위험을 어떻게 감당했는가? 아브라함의 믿음은 시행착오로 생긴 것도 아니고, 자신의 이성과 열정의 산물도 아니었 다. 믿음은 빨치산(partisan)의 변치 않고 일관된 폭력적 이념에 대한 단호한 확신과도 질적으로 다르다.

아브라함의 믿음은 두려움과 떨림의 대상인 하나님이다. 믿음은 도덕적인 윤리의 보편성을 넘고, 순수하고 직관적인 미학적 차원도 뛰어넘어, 심지어 어리석고 괴이하게 보일 수 있는 하나님까지의 도 약, 즉 믿음의 무한한 도약을 요구한다. '도약'은 자신의 두 발이 땅을 떠난 순간이다. 두 발이 딛고 일어설 자리에서 분리되는 것은 대단 한 모험이지만, 아브라함은 그 위험을 온전히 감수했다. 이성으로 실 제의 상황을 뛰어넘는 것은 불가능하므로, 아브라함은 믿음이 발생 시킨 비결정성(indecidability)을 끝까지 견인했다. 과거에는 불가능했 던 것이 믿음의 도약으로써 가능하게 되었다.

하나님을 향한 믿음이 우리의 마음에 각인되어 있으면 그 믿음은 모순이 될 수 없다. 천 년을 하루처럼 부리는 하나님의 역사가 믿음 의 비문에 새겨져 있으면, 그 믿음은 객관적이다. 믿음의 도약은 별 세 인생의 비문이 살아나는 역설적이며 괴이한 사건이 된다. 믿음의

---

278 Gadamer, 『Truth and Method』, p. 34.

도약은 세상의 권력, 금력, 폭력 등 그 무엇도 접근하지 못하는 하나님과의 만남이다.

데리다는 자신의 사전에는 비밀스러운 지식은 없으며, 자신이 가진 유일한 비밀은 비밀이 없다는 것이라고 말했다. 데리다는 불가능을 비밀로 보지 않았다. 불가능이 비밀이 아닌 것은 비밀이 존재로 나타날 수 있는 바로 그 경계라는 말이다. 믿음에 상응하는 행위의 실천은 더 이상 비밀이 아닌 믿음의 도약을 가능케 했다. 믿음은 지식에 머물러 있지 않고 행동해야 한다. 하나님을 아는 지식이 믿음이라면, 믿음은 임마누엘인 주님께로의 도약이며, 주님과 함께 행하는 것이다.

2) 책임

우리는 자기 아들을 죽이려는 사람을 보고 책임감이 있는 사람이라고 할 수는 없다. 이삭을 죽이려는 칼이 멈춰질 것이라고는 전혀 예상할 수도 없고, 이삭을 향해 칼을 높이 든 아브라함의 행동에 어떠한 정당성을 부여할 수 있는가? 본인이 저지른 행동의 결과를 전혀 예측할 수 없는 일에 대한 책임을 자발적으로 감당할 수 있겠는가? 아브라함이 작정하고 칼을 높이 들어 올렸을 때, 아브라함은 아들을 죽이려는 의도가 갑자기 멈추어질 것을 예상하거나 하나님이 시킨 일이니 자신의 모든 행동은 하나님이 하는 일이라고 생각하지 않았다.

아브라함의 이삭을 향한 칼은 종국적으로 다름 아닌 자신을 향한 칼이었다. 믿음의 사람의 고백은 "내가 다른 사람 위에 칼을 내리치려 들어 올린 것이 아니고 나는 그 칼을 나 자신을 치려 들어 올렸다."라는 것이다. 자아의 죽음인 별세 신앙이다. 이삭에게 칼을 내리치는 아브라함의 믿음 행위는 아브라함 자신의 죽음이 전제된 것이었다. 믿음에 대한 개념과 언어로 믿음을 충족시킬 수는 없다. 하나님이 없는 믿음을 가졌던 합리적 이성의 자아에 죽음이 있어야 한다.

아브라함은 십자가와 부활을 믿음으로써 타인의 삶을 자아에 각인하고 타인이 처한 삶의 정황을 자기의 것으로 여겼다. '나는 타인에게 있고 타인은 나의 또 다른 나'라고 고백한다. 칼을 이삭이 아니라 마치 자신의 몸에 내리치듯이 믿음을 실천한 아브라함은 자신의 판단과 행위에 대한 책임을 저버리지 않았다.

내가 살기 위한 이삭의 죽음이 아니고, 그의 죽음이 '나'의 죽음이 된 것이다. 눈앞에 둔 생의 마지막 순간에 초월적 언어로 하나님에 대해 고백하기 시작한 것이다. 이것이 아브라함이 가진 역동적 믿음이었다. 아들의 죽음이 알려지면 사람들의 비난을 받겠지만, 아브라함은 전적으로 하나님을 추적하며 자아의 죽음을 전제하며 실행했다.

성령이 함께하는 별세 인생의 죽음은 성도의 책임을 새롭게 하고 순결한 신부가 되어 하나님과 사람 앞에 나아간다. 아브라함은 두려움, 떨림, 경외심으로 신앙의 결단을 하였다. 아브라함의 믿음은 삶의 열매로 구체화되고 그의 삶의 발자취가 믿음의 증거가 된 것이다. 이 지구상에서 누가 아브라함과 같은 신앙을 가지고 있는가? 아브라함은 전혀 언제, 어디서, 무엇이 어떻게 이루어질 것인지를 알지

못한 채로 하나님의 약속을 추적한 것이다.[279]

　자아의 충족성으로 보편적인 기준을 설정하는 칸트의 윤리와 미학은 키르케고르에게 여전히 딜레마였다. 인간적인 수단으로 절대자 하나님의 앞까지 나아갈 수 있는 사람은 없다. 키르케고르는 믿음은 위험을 동반하나 인간 편에서의 결과에 대한 책임을 수반해야 한다고 했다. 키르케고르에게 있어서 믿음을 소유한다는 것은 깊은 물속에서 숨을 참으며 끝까지 최선을 다해서 헤엄쳐 올라와야 하는 책임을 동반하는 것이었다.

　"신앙은 내면의 무한한 열정과 객관적인 불확실성 사이의 모순이다. 내가 객관적으로 하나님을 이해할 수 있다면, 나는 믿음이 필요 없다. 그러나 나는 이것을 할 수 없으므로 믿음을 가져야만 한다. 내가 믿음을 가진다는 것은 객관적인 불확실성과 끝까지 씨름하며 그 불확실성을 극복하기 위해 128km나 되는 깊은 심연에서 숨을 참으며 수면을 향해 아직도 헤엄치고 있는 것을 말한다."[280]

　하나님을 믿는 믿음으로 다른 사람들에 대한 책임을 폐기할 수는 없다. 아브라함은 주위 사람들에 대하여, 하나님을 추적하는 일을 포기하지 않으므로 책임 의식을 가지고 있었다. 하나님을 믿는 인간은 자신이 살아가는 현장과 사람에 대한 책임이 있어야 한다. 만약에, 말과 행위에 책임을 지지 못한다면 인간의 초월적 언어는 의미가 없게 된다. 믿음은 전적인 하나님의 선물이나 믿음에 따른 행위에

279　Derrida, 'How to Avoid Speaking: Denials' in Budick and Iser, eds., 『Languages of the Unsayable』, p. 30.

280　Kierkegaard's 『Writings, v. XII: Concluding Unscientific Postscript to 'Philosophical Fragments'』, Howard and Edna Hong, eds. (Princeton, New Jersey: Princeton University Press, 1992), pp. 203-4.

대한 책임은 지지 못하면, 그 믿음의 정당성을 찾을 수 없다.

성도의 책임은 윤리나 미학, 또는 도덕의 고전적 원칙으로 수행되지 않는다. 성도는 믿음으로 하나님과 긴밀하고 역동적인 관계를 맺고 있다. 하나님의 형상인 인간은 하나님과 그의 섭리에 묶여 있는 '나', '너', '우리', '그들'과의 관계에서 이해해야 한다. 아브라함은 하나님과의 영적 교통에서 내린 자신의 믿음의 결단과 그에 따르는 행위를 기억했다. 아브라함은 '이삭의 죽음'을 수행한 일에 대한 책임을 져야 했던 것이다.

하나님의 사람 아브라함은 자신이 택한 부적절한 결정과 선택, 그에 따른 행동과 삶에 대한 결과에 책임을 어떻게 감당했는가? 아들을 죽였다면, 슬픔과 원한에 가득 찬 주위 사람들을 볼 면목이 없다. 유대 법에 따르면 아브라함은 사형을 받아 마땅하다. 아브라함의 믿음이 정상적인가? 이성적 인간은 도덕법의 정언 명령(categorical imperative)에 따라 무조건 지켜야 할 책임이 있다. 합리적 이성은 무책임한 믿음을 용납할 수 없다.

아브라함은 일말의 흔적만 남아있더라도, 하나님의 말씀과 약속은 온전히 이루어진다는 믿음으로 끝까지 추적한 것이다. 아브라함은 침묵으로 하나님 앞에서의 절대적인 책임을 감당하였다. 하나님의 명령에 대한 아브라함의 책임은 우리의 신앙에 새로운 도전을 준다. 성도는 자신이 가진 믿음을 성찰하고 하나님을 추적하지 못하는 자신의 부족함을 애타게 고백해야 할 것이다. 하나님의 약속은 죽음의 저편에서도 살아있기에, 성도는 믿음의 결단으로 성도의 책임을 감당할 수 있어야 한다.[281]

---

[281] Derrida, 『Gift of Death』, p. 6.

3) 침묵

아브라함은 이삭을 죽이기로 마음먹고 모리아산으로 데려가는 일을 아무도 모르게 독단적으로 실행했다. 살인마가 아니라면 자기 아들을 죽이는 일을 몰래 결정하고 쉽게 행동으로 옮길 수는 없다. 상식적인 인간은 자신이 실행한 행동의 과정과 결과를 예상하며 보편적 이성의 원리에 따라 행동한다. 그러나 아브라함은 아들 이삭을 죽이려는 적합하지 못한 판단을 했고 아내와 가족들, 이웃에게 한마디 상의도 없이 혼자 결정하고 실행하였다.

아브라함이 이삭의 생명을 다루는 행위 및 이삭을 제물로 드리려는 동기와 목적에 대해서도 침묵하는 일을 어떻게 설명할 수 있는가?[282] 아브라함이 침묵한 것은 쥐도 새도 모르게 이삭을 죽이려는 의도 때문이 아니었다. 하나님이 시킨 일로 치부하고 자기는 그냥 말없이 순종했을 뿐이라고 생각한 것도 아니었다. 아브라함의 침묵은 하나님의 말씀에 대한 절대적인 순종이었으며 이 순종은 도덕적, 윤리적 판단을 중지시켰다.

아브라함이 주위의 사람들에게 말하기를 유보하고 연기했을 때, 그는 하나님을 추적하는 절대적 시간을 가졌다. 아브라함이 이삭을 바치려는 마음을 품고도 침묵한 것은 거짓 위장이나 현실 도피가 아니라 책임을 감당하기 위해서였다. 생사화복을 주관하는 하나님께 모든 것을 다 맡기고 절대적 책임의 길을 도모한 것이다. 이삭은 아브라함과 같이 모리아산에 오를 때 "아버지, 제물은 어디에 있나요?"라고 물었다. 아브라함은 "하나님이 준비하셨다."라는 궁여지책의 답

---

282 Kierkegaard, 『Fear and Trembling』, p. 122.

을 했을 뿐이다. 아브라함이 이삭과 더 이상 제물에 대한 말을 하지 않은 것은 책임질 수 없는 어떠한 말도 할 수 없었기 때문이었다.

모리아산을 향해 말없이 걸어가는 아브라함과 자기를 제물로 태울 장작더미를 이고 걸어가는 이삭, 둘 다 하나님을 추적한다는 면에서 동질성이 있다. 아브라함과 이삭 간의 대화가 없었다는 사실은 서로를 추적하지 않았다는 증거다. 아들과 아버지의 관계를 떠나, 이들의 미래는 하나님과의 관계에서 결정될 것을 알았다. 인간적 언어를 유보한 채로 이들은 공히 하나님을 추적함으로써 자신의 삶과 죽음의 결말을 그에게 맡겼다. 아들 이삭의 생명과 죽음은 '나'와 '너'의 문제가 아니라 '하나님'의 일이었다.

아브라함의 하나님께 대한 절대적인 책임은 윤리적인 판단을 떠나 오직 믿음의 도약으로 가능했다. 이삭을 죽이려는 아브라함의 의도와 이삭을 대신한 대속의 희생 제물에 의한 구원은 믿음으로만 이해할 수 있다. 성도의 하나님께 대한 절대적 책임이 불가능하다면, 책임질 수 없는 초월적 언어를 남발하지 말고 행동하는 믿음으로 전진해야 한다. 아브라함과 같은 믿음을 어떻게 가질 수 있겠는가?

데리다는 '죽음'은 생의 이편과 저편 사이에서 발생하는 순간적인 사건이라고 했다. 데리다에게 '죽음'은 물리적인 문제가 아니라 숨 쉼과 숨 쉬지 않는 것 사이에서의 사건이다. 아브라함의 믿음의 행위는 사회적 도덕이나 정치적 목적으로 죽음을 각오한 열심당원보다 더 강하고, 불변하고, 일관성을 가지고 있었다. 약속은 '나'와 '우리'보다 더 오래된 것으로, 항상 현재의 요구에 바로 응대하지 않으나 지금도 유효하다. 아브라함은 약속에 대한 어떠한 언급도 없이 침묵하였지만, 그의 침묵은 말하기의 다른 양상이었다. 아브라함의 침묵은 약

속의 기억이었고 기억의 약속이었다.[283]

4) 약속

아브라함은 자신의 마음에 품은 의도를 알리는 것을 피하거나 경하게 여기지 않았다. 하나님의 약속이 성취될 것을 기대하며 말하기를 유보했을 뿐이었다. 아브라함의 행위가 다른 모든 사람에게는 비밀이었지만, 하나님께는 비밀이 아니었다. 하나님과의 약속을 지키기 위해서 말하지 않고 침묵한 것은 말하기의 유보였지, 비밀은 아니다. 아브라함의 침묵에 약속이 관여된 이상 비밀이 될 수 없다. 누군가가 "이것은 비밀인데, 다른 사람에게 말하지 말아."라고 하는 순간 그 비밀은 더 이상 비밀이 아니다.

아브라함은 이웃에게 말함으로써 하나님의 약속을 수행하지 못할까 염려했다. 아브라함의 심령 속에 새겨진 하나님의 음성은 하나님의 약속이었다.[284] 그의 마음에 흔적으로 새겨진 약속이 하나님의 것이라면 반드시 성취될 것이다. 아브라함의 관심은 자신의 행동, 이삭의 운명, 그의 가족 또는 그의 든 칼이 멈추어질지 아닐지의 여부가 아니었다. 그의 모든 것은 자신의 심령에 장착된 하나님의 약속에 집중하고 있었다.

예수를 믿는 믿음이 흩날리는 먼지보다 미약한 것이라 할지라도

---

283 Derrida, How to Avoid Speaking: Denials' in Budick and Iser, eds., 『Languages of the Unsayable』, p. 15.
284 Ibid., p. 19.

제6장 인간의 책임   327

하나님의 약속이 있으면 한평생 끝까지 하나님을 추적하게 된다. 마음에 새겨진 약속의 흔적이 믿음을 낳았고, 믿음으로 도약한 아브라함은 자기 선택의 결과를 믿음에 맡겼다. 아브라함은 70년 동안 약속의 성취를 기다렸으며 100세 때 이삭을 얻었다. 어렵게 얻은 아들 이삭을 하나님의 음성을 듣고 제물로 드렸다. 약속이 또 다른 사건에서 성취되기를 기다리는 일련의 사건들을 보면 믿음은 항상 유일하신 하나님을 추적한다.

현세를 짧게 살다 죽으면 끝나는 인생이 아니다. 현세적 삶을 사는 성도의 피난처는 예루살렘도, 어떤 성전도, 외진 섬도 아니다. 믿음을 가지고 과거, 현재, 미래의 삶의 통로가 되는 하나님의 임재의 현장은 성도의 강력한 피난처다. 지금, 여기서 거주하는 그리스도 안에서 성도는 보호를 얻는다. 하나님은 다른 세상이 아닌 바로 나와 우리가 살아가는 세상을 '지금-여기'에서 친히 경영한다.

베드로는 하루를 천 년과 동일시했다. 베드로는 "사랑하는 자들아. 주께는 하루가 천 년같고 천 년이 하루같은 이 한 가지를 잊지 말라. 주의 약속은 어떤 이의 더디다고 생각하는 것같이 더딘 것이 아니라 오직 너희를 대하여 오래 참으사 아무도 멸망치 않고 다 회개하기에 이르기를 원하시느니라(벤후3:8~9)."라고 말했다. 의도나 계획 없이 일어나는 우연한 사건도 하루가 천 년 같고 천 년을 하루같이 부리는 하나님의 섭리하에 있다. 믿음은 섭리의 인생에서 계시의 하나님까지의 도약을 요구한다.

'메시아적(messianic)'이라는 단어는 하나님의 약속을 믿는 인간의 믿음과 책임을 결합한다. 하나님의 약속이 언제, 어디서, 어떻게 이루어질 것인지에 대한 힌트는 전혀 없지만, 언젠가는 반드시 이루어진다. 확실하지 않고 예측할 수 없는 미래지만, 하나님의 약속은 꼭 이루어진다. 분명히 성취될 약속은 전혀 비밀이 아니다. 인생의 좌절과 비참함에도, 내 안에 새겨진 약속의 흔적(trace)은 '나'뿐만 아니라 '너'의 신앙과 책임을 새롭게 할 것이다. 이것이 별세 인생이다.

별세 인생은 믿음으로 책임을 감당한다. 단순한 책임이 아니라 비참한 인간의 눈물에 대한 책임이며, 형식적 믿음이 아니라 피 묻은 십자가를 추적하는 믿음이다. 별세 인생의 책임은 '너'의 책임이 아니라 나의 삶에 새겨진 '나'의 책임이다. 아브라함의 심령에 하나님의 약속의 언어가 각인되어 있었던 것이다. 현실적 비참함이 하나님의 시련인지, 아닌지를 인식하기도 전에, 나에게 새겨진 메시아적 약속은 나 자신, 내 가족, 이웃 그리고 삶터의 현세적 조건에 상관없이 오늘도 진행되고 있다.

이삭의 희생을 요구하는 하나님의 음성은 하나님의 시험이었다. 장차 이루어질 메시아적 약속은 시험을 이긴 아브라함의 믿음 안에서 더 역동적이고 생생하게 작동할 것이다. 메시아적 약속이 온 삶에 영향을 미치면, 우리의 믿음은 어떤 특정한 순간이 아니라 그 삶 전체에서 신실함을 유지할 것이다. 우리의 믿음은 결코 제한된 전체에 머물러 있지 않고, 전체로 향하는 과정으로서의 종말론적 보편성을 지향한다.

의인은 누구인가? 누가 이런 종류의 믿음을 가질 수 있는가? 스스로 약속의 사람이라 자처해서 약속이 머무는 것이 아니다. 아직 이루어지지 않은 약속은 불가능이지만, 믿음은 전체인 보편성을 향하여 나아가는 수단이 된다. 이제 믿음으로 말미암아 약속은 더 이상 비밀이 없는 가능한 비밀이 될 것이다. 메시아적 약속은 인간의 시련, 눈물, 기도, 위험, 죽음, 심지어 연약하여 짓는 죄에도 불구하고 돌이켜 믿음의 열매를 맺게 할 것이다.

나는 아무 공로 없는 죽을 수밖에 없는 죄인이었으나 하나님의 백성이 되어 약속의 성취를 고대하며 십자가의 보혈과 부활의 믿음으로 사랑을 가지고 살기를 원한다. 누가 믿음을 가졌다고 말하는가? 누가 하나님의 진정한 초월성을 경험할 수 있는가? 하나님을 만난 증거는 무엇인가? 누구인가? 당신인가? 그들인가? 소돔과 고모라, 아니, 지금 이 땅에서 하나님이 찾는 자는 누구인가? 하나님이 오늘도 찾고 있는 의인은 도대체 누구란 말인가?

성도의 책임

    1964년도에 발표되어 노벨문학상 후보에도 올랐던 재미 작가 김은
국의 『순교자』라는 소설이 있다. 소설의 내용인즉, 6·25 동란을 배경
으로 그리스도를 위해 바보같이 산 사람에 관한 이야기다. 동란 중
에 예수를 믿는 14명의 사람이 공산군 장교 앞에 끌려가 심문을 받
았다. 인민군 장교는 사람들을 세워놓고 "이제 더 이상 과거를 묻지
않을 테니 이 자리에서 예수를 믿지 않겠다고 약속할 사람만 좌편으
로 나와 서라."라고 했고, 13명의 사람은 우선 위기를 넘겨 살아남은
후에 다시 믿으면 되지 않겠냐는 생각으로 좌편에 나와 섰다.

    그런데 단 한 사람만 바보처럼 그 자리에 서 있었다. 공산당 장교
가 "너는 무어야? 예수 때문에 스스로 죽음을 자초할 작정인가? 바
보같은 자식!"이라고 했다. 그 사람은 아무런 대꾸 없이 "네."라고 대
답했다. 이때 장교는 좌측에 선 13명을 향하여 "이 배신자들아! 너희
놈들은 앞으로 살려 주어도 또 배신할 놈들이야! '예수'를 믿으려면,
저 사람들처럼 믿어!"라고 소리치면서 한꺼번에 기관총으로 사살해
버렸다.

    문제는 다음부터 일어났다. 동네 사람들은 살아 돌아온 한 사람에

게 배신자란 낙인을 찍었다. 죽은 13명을 순교자라고 했고, 너는 배신했기에 살아 돌아올 수 있었다고 했다. 그는 갖은 모욕과 멸시를 받으면서도 묵묵히 지냈다. 전세가 바뀌어 인민군은 퇴각하게 되었고, 동네 청년들에게 한 인민군 장교가 포로로 잡혔다. 그가 바로 13명을 사살했던 장본인이었다. 포로가 된 장교로 인하여 진실은 밝혀지고 바보같은 사람은 더 이상 바보가 아니고, 참되고 살아 있는 순교자로서 칭송받게 되었다는 내용이다.

우리는 이 세상을 살면서 수많은 도전과 고난을 마주한다. 그중에서 특별히 믿음의 결단을 할 때 오는 불이익이나 고난에 수동적이고 소극적인 자세보다, 성숙한 믿음으로 적극적이고 능동적으로 그리스도의 남은 고난을 감당하는 책임 있는 성도가 되어야 한다. 남에게 으뜸이 되면 얼마나 으뜸이 되며, 남보다 크면 얼마나 큰 사람이 될 수 있겠는가? 시대의 현실은 대통령이든, 목사든 여러 사람을 포함해서 크고 섬김받던 기독교 지도자들이 줄줄이 형무소로 들어가는 실정이다.

대통령이나 목사의 믿음이 있고 없음을 따지는 것이 아니라, 믿음으로 산 사람들의 책임을 묻고 있는 것이다. 자기가 한 생각, 말, 행동에 대한 책임을 염두에 두고 믿음을 행해야 한다. 가난하면서도 남을 섬기는 사람들, 자신의 부귀영화만 생각하지 않고 남에게 도움의 손길을 베푸는 사람들, 자기 믿음의 분량에 맞게 하나님 앞에서의 코람 데오(Coram Deo)의 삶을 사는 것이 믿는 자가 할 일이다.

나의 책임 있는 삶은 하나님의 나라가 나의 삶을 통해서 이루어지고 있다는 확실한 증거다. 성도가 가져야 하는 책임 중 가장 우선되는 것은 죄에 대한 책임, 즉 죄책(guilty)이다. 구체적으로 보면, 자신이 저지른 죄에 대한 책임과 앞으로 죄를 짓지 말아야 할 책임이다.

죄책은 성도로 하여금 죄를 사하고 구원하는 예수의 보혈로 향하게 한다. 인생의 난관과 역경을 거뜬하게 해결하는 보혈의 능력이다. 하나님과 사람 사이의 유일한 중보자인 예수 그리스도를 믿는 성도는 말씀대로 살고, 말씀을 전해야 하는 책임을 감당할 수 있어야 한다. 그리스도의 십자가로 죄 씻음 받은 성도와 교회가 가져야 하는 책임들이 있다. 이는 다음과 같다.

첫째는, 베레아 교인들이 가지고 있었던 분별하는 책임이다. 베레아 사람들은 하나님 앞에서 살아가는 삶에 대한 책임을 분별하는 일로 보았다. 바울은 베레아 교인들이 성경에 근거해서 사건과 사실들을 평가하여 분별하는 자세를 칭찬했다. 베레아 사람들은 "간절한 마음으로 말씀을 받고 이것이 그러한가 하여 날마다 성경을 상고"하였다(행17:11). 분별은 말씀이 '그러한가'를 상고하는 것, 즉 진리를 해석하고 이해하며 적용하는 능력이다.

사람들이 본래 가지고 있는 죄성으로 진실한 사람이 거짓을 말할 수 있고, 거짓 가운데에도 진실이 있을 수 있다. 그러나 성도는 하나님의 말씀을 반추해서 세상을 분별한다. 믿음의 사람은 자신이 가진 세상과 하나님에 대한 판단 기준으로 현세의 실제적 사건을 참인지 아닌지, 해야 할 일인지 아닌지를 평가해서는 안 된다. 하나님의 말씀에 바로 서지 못한 이성은 회의주의, 합리주의 또는 세속주의에 치우치게 된다.

분별은 잘못된 것을 가려내는 일과 잘된 것을 받아들이는 일을 다 포함한다. 누가 무슨 일을 분별력 없이 실행했다면 그 일의 결과에 대해 자발적으로 책임을 질 확률은 거의 없다. 하나님의 말씀을 기준으로 삼은 분별력은 일관성이 있다. 인간의 연약함과 강함, 비굴함과 교만함에 의해 치우치거나 왜곡되지 않는다. 하나님의 말씀에 순종하는 이성은 참된 분별의 기준을 가지며 자신의 행동에 책임을 진다.

둘째로, 시기, 즉 때에 대한 책임이다. 영미 속담에 "햇빛이 있을 때 건초를 말려라(make hay while the sun shines)."라는 말이 있다. 이 말은 16세기 영국의 헨리 8세 때 궁정 시인이었던 존 헤이우드(John Heywood, 1497~1580년)가 "태양이 내리쬘 때 건초를 말려라. 다시 말하면, 때가 왔을 때, 누가 도둑질해 가기 전에 그때를 취하라(When the sun shines make hay. Which is to say, Take time when time comes, lest time steals away)."라고 한 말에서 유래했다.

잠언에는 "여름에 거두는 자는 지혜로운 아들이나 추수 때에 잠자는 자는 부끄러움을 끼치는 아들이니라(잠10:5)."라는 교훈이 있고, 예수는 "낮이 열두 시가 아니냐. 사람이 낮에 다니면 이 세상의 빛을 봄으로 실족하지 아니하고 밤에 다니면 빛이 그 사람 안에 없는 고로 실족하느니라(요11:9~10)."라고 말했다. 성경의 빛이 임할 때, 성도는 때를 놓치지 않고 선용하며 오늘을 의미 있게 산다.

우리에게 허락된 시간, 공간, 건강, 지혜, 물질 등 기타 모든 것은 언젠가는 없어질 것들이다. 돈이나 육신적 쾌락도 우리 인생의 궁극적인 목적이 될 수 없다. 의사의 아버지이자 예방 의학의 시조인 히포크라테스(Hippocrates, 기원전 460?~377년?)는 "돈을 잃으면 적게 잃은 것이고 명예를 잃으면 많이 잃은 것이며 건강을 잃으면 전부 잃어버린 것이다."라는 말을 남겼다. 예방 의학은 병들기 전에 예방하는 것을 목적으로 한다. 전염병이나 조류독감 등에 걸리지 않기 위해서 예방 주사를 맞는 것처럼, 성도를 현세적인 삶에서 세상에 물들지 않게 해 주는 예방 주사가 하나님의 때에 대한 경각심이다. 밤이 오기 전에, 때가 늦기 전에 먼저 나 자신부터 그리스도의 진리의 빛 가운데에 거하고 세상을 진리로 인도할 책임을 감당해야 한다.

셋째로, 신학의 책임이다. 과학적인 진리는 패러다임의 변화에 따라 근본적으로 바뀔 수 있지만, 성경은 과학과 학문으로도 해결할 수 없는 인생의 근본적인 문제를 풀 수 있는 전인격적인 세계관을 제공한다. 성경의 진리를 체계적으로 정리한 학문으로서 신학은 모든 학문 중에서도 최고봉에 있는 학문이다. 신학은 하나님의 진리 주장과 더불어 진리의 해석과 적용의 과제를 해결할 수 있어야 한다.

알리스터 맥그라스(Alister McGrath)는 기독교 신학을 '하나님에 관한 이야기'라고 정의했다. 맥그라스는 신학이란 성경을 근거로 여러 개념과 주제를 잘 연결하고 성경의 사실들을 적절하게 반영하여 신학적 사상과 교리를 개발하는 학문이라고 했다. 신학은 다원화되고 영적으로 혼탁한 종교와 시대사조의 도전에 응전할 수 있어야 한다. 신학은 성경의 진리를 체계적으로 연구하여 개인의 삶과 가치관에 구체적으로 반영하는, 하나님께 굴복된 학문이다. 그렇지 않으면 철학이나 인문 사회 과학과 다를 바가 없다.

신학의 해석학적 과제는 성도의 책임과 연결된다. 신학은 성도를 믿음으로 양육하여 세상에서 빛과 소금의 사명을 감당할 수 있게 해야 할 책임이 있다. 하나님은 높은 발코니의 의자에 편안하게 앉아 세상을 구경만 하는 관객이 아니라, 찰스 핫지가 지적하듯이 그의 본질, 지식, 힘 등이 세상 구석구석에서 탁월하신 분이다. 그러므로 신학은 하나님을 아는 지식과 더불어 인간과 피조물을 향한 하나님의 사역의 시공간에 대한 해석학적 과제를 해결해야, 포스트모더니즘이 은밀히 신령한 권위를 해체하는 현장을 잡을 수 있다.

세상은 진보를 추구하나 오히려 혼돈에 빠져들고, 합리성을 빙자한 비이성적이며 자기중심적인 행태가 세속화를 가속하고 있다. 사실 기독 역사에서 믿음을 지식으로만 알고 삶에서의 실천에 관심을 등한시했을 때 신학이 과학에 의해 조롱을 받았던 시기가 있었다. 신학은 하나님에 대한 지식과 삼위일체, 성육신, 부활과 같은 신학적 지식이 현세적 삶에 미치는 함의를 구체적으로 제시할 수 있어야 할 것이다. 신학은 나의 삶의 현장에 그리스도가 있다면 다르게 일어날 수 있는 일들에 민감하여, 하나님의 섭리에서의 인간의 믿음과 지식의 사건에 그리스도의 구체적인 개입을 지목해야 한다.

예배하는 백성

찰스 스펄전(Charles Haddon Spurgeon, 1834~1892년)은 "지식으로 지혜로워질 수 없다. 지식을 사용할 방법을 아는 것이 지혜다(To know is not to be wise. To know how to use knowledge is to have wisdom)."라고 말했다. 누군가는 산책, 친구와 대화, 사색, 꾸벅꾸벅 졸기 위해, 관찰, 자신의 잘못을 덮기 위해 교회에 가지만, 스펄전은 지혜로운 사람은 하나님을 예배하기 위해 교회에 간다고 했다. 예배는 성도의 신앙생활에 필수적이며, 반복적인 가장 중요한 신앙 행위이다.

성도는 주일마다 예배를 드린다. 그뿐인가? 수요 예배, 가정 예배, 매일 새벽 시간에 드리는 예배도 있다. 한 주에 적어도 한 번씩 드리는 예배에 하나님을 향한 열정으로 참여하고 있는지 자신을 한 번 점검해 보자. 예배당에 출석하여 회중석에 앉아 정해진 시간을 보냈다고 해서 하나님께 예배한 것으로 간주할 수 없다. 판에 박힌 순서에 맞추어 습관적으로 일어서고 앉으며, 교리나 윤리의 강연 정도로 만족하는 정기적인 행사가 되고 있지는 않은가? 예배는 필연적으로 가시적이며 반복적인 행위이지만, 성도는 예배를 통하여 하나님을 만난다.

예배(worship)는 가치(worth)와 신분(ship)이란 말의 합성어로 '존귀를 받을 신분'을 가진 분에게 '최상의 가치'를 드린다는 의미를 가진다. 예배란 구속받은 하나님의 백성들이 그리스도의 십자가의 보혈을 의지하여 삼위일체 하나님께 경배(worship)하는 것이다. 진리와 성령 안에서 영혼과 몸을 전적으로 헌신하는 하나님께 드리는 예배다. 예배의 대상은 삼위일체 하나님이기 때문에 오직 구원받은 성도만 드릴 수 있다.

'오직 하나님께만 영광을(soli Deo Gloria)' 예배를 통해서 돌려 드리는 것이다. 성도는 무슨 일을 하든지 주 예수 그리스도의 이름으로 하나님의 영광을 위하여 산다(골3:17, 엡5:20, 고전10:31). 우리의 삶의 목적이 하나님께 영광을 위한 것이라면 우리의 모든 삶은 예배의 섬김이 된다. 회중이 같이 모여서 드리는 공 예배를 통해 섬기는 삶을 구체화한다.

사도 요한은 계시록에서 거룩한 백성들의 예배의 환상과 음성을 들었다. 요한은 "내가 또 들으니 하늘 위에와 땅 위에와 땅 아래와 바다 위에와 또 그 가운데 모든 피조물이 이르되 보좌에 앉으신 이와 어린 양에게 찬송과 존귀와 영광과 권능을 세세토록 돌릴지어다 하니 네 생물이 이르되 아멘 하고 장로들은 엎드려 경배하더라."라는 천상에서 드려지는 예배를 본 것이다(계5:13~14).

계시록에서 보는 천상에서 어린 양에게 드리는 네 생물과 장로들의 예배가 지상 교회 예배의 참된 모델이다. 예배의 현장에서는 하늘 문을 열고 임한 하나님과 교통한다. 모든 찬송으로 하나님의 존귀와 영광과 능력을 찬양하는 우주적 아멘과 경배가 예배이다. 하나님을 경배하는 예배자들은 믿음으로 예수 그리스도의 의를 의지하며 하나님께 나아간다.

에드먼드 클라우니(Edmund Clowney, 1917~2005년)는 예배에 성경의 언약 개념이 충실히 반영되어야 한다고 했다.[285] 그는 특히 가정 예배를 포함한 모든 예배에서 언약의 자녀들 간의 실제적인 하나 됨을 강조했다. 신학과 성경 공부에서 교리와 지식으로 배운 연약이 성도가 드리는 예배의 실제적인 요소인 것이다. 성도는 예배를 통해 하나님과 언약을 새롭게 하며 그분과 바른 관계를 맺는다.

구약의 출애굽은 이스라엘 백성들이 애굽의 종살이에서 해방되어 정치적·사회적 입지를 회복한 것을 말하지 않는다. 출애굽은 이스라엘을 천성으로 나아가는 예배하는 백성을 훈련시키려는 하나님의 뜻이 있었다. 하나님이 출애굽 이후 제일 먼저 이스라엘 백성을 시내산으로 인도한 이유는 백성들과 언약을 맺기 위해서다. 이스라엘의 지도자 모세를 통하여 하나님은 시내산으로 회중들을 "모으라."라고 명령한 것이다.

종살이로부터의 해방보다 더 큰 기쁨이 어디에 있겠냐마는, 하나님은 출애굽 직후에 먼저 백성들을 모으기를 원했다. "네가 호렙산에서 네 하나님 여호와 앞에 섰던 날에 여호와께서 네게 이르시기를 나에게 백성을 모으라. 내가 그들에게 내 말을 들려주어 그들이 세상에 사는 날 동안 나를 경외함을 배우게 하며 그 자녀에게 가르치게 하리라 하시매."라고 모세에게 명했다(신4:10). "모으라."라는 말에는 회중이라는 의미가 있으며 신약 시대에는 교회라는 말로 사용되었다. 하나님이 친히 모아 비로소 예배하는 백성이 된 것이다.

구약의 예배는 언약의 관점에서 드려진 것이다. 시내산에서 계명(출20~23)과 백성과의 언약(출24)이 주어졌다. 이후에, 다양한 율법과

---

285 Edmund Clowney, 『Presbyterian Worship』, p.118

제사 제도를 만들어 백성들로 하여금 예배를 드리게 했다. 광야의 성막 제사(출25:1~31:18)에서 백성들의 죄 사함의 의미가 구체화되고 하나님과의 화목과 교통을 이루는 것이 예배의 중심이 되었다. 다윗과 솔로몬 시대에 하나님의 집을 세웠다. 예배는 하나님의 집인 성전을 중심으로 드려졌고 성가대의 찬양과 악기가 사용되었다.

유대인들은 예루살렘 성전이 훼파된 이후에 회당에서 모여 예배를 드렸다. 안식일에 지역 회당에서는 제물을 드리며 제사는 더 이상 지내지 않았고, 토라(모세오경)와 기도 중심의 예배가 시행되었다. 이전의 성전 제사는 제사장과 레위인의 책임이었으나 회당에서는 더 이상 제사장이 필요 없게 되었다. 성전 제사는 예루살렘에서만 가능했지만, 회당 예배는 입교한 남자 10명 이상이면 어느 곳에서도 예배를 드릴 수 있었다.

회당에서의 예배는 '내 집은 만민이 기도하는 집'의 모습을 갖추었으며(막11:17) 메시아의 성전 건축 때까지 지속되었다. 오늘날 교회의 공 예배도 신명기 4장에서 하나님이 이스라엘 백성과 맺은 언약을 갱신하는 현장인 것이다. 공 예배는 개인의 경건을 도모하기 위한 것이 아니라 하나님의 백성들이 그리스도의 몸을 이루어 하나님께 나아가는 회중으로서의 공적인 활동이다. 성도의 예배 자리는 하나님과 처음 맺은 언약이 지속해서 갱신되는 은혜의 현장인 것이다.

성도는 신령과 진정으로 예배를 드려야 한다. 예수는 수가성 여인과의 대화 중에 예배의 방법을 명시했다. "하나님은 영이시니 예배하는 자가 신령과 진정으로 예배할지니라(요4:23)." 예배자는 성령과 진리로 그리스도를 전적으로 의지하며 경배하라는 명령이다. 인간이 신령과 진정으로 나가면 하늘이 감동받기 때문이 아니다. 원천적으로 누더기와 같은 인간의 노력과 행위적 의로움으로는 감히 하나님께 나아가 경배할 수 없다. 오직 그리스도의 온전한 의에 의존해 하나님께 나아가는 경배다. 먼저 신령으로 드리는 예배는 성령 안에서 나의 영이 주께 경배함을 의미한다.

개역판 성경의 신령(ἐν πνεύματι)은 '영으로'라고 해석된다. 모든 진정한 예배는 성령 안에서 영이 경배하는 것이다(προσκυνέω). 하나님께 경배할 때에 우리의 심령과 중심이 반드시 하나님을 공경하고 높여드려야 한다. 웨스트민스터 신학교의 존 메레이(John Murray, 1898~1975년) 교수는 구체적으로 "영적인 예배(spiritual worship)"를 "성령에 의해서 공인되고, 성령에 의해서 제한되고, 성령 안에서 드려지는 예배"로 정의했다.

진정의 예배는 진리 안에서 드려지는 예배다. 하나님의 진리의 말씀인 성경을 기준으로 드린 예배를 말한다. 이는 진리인 하나님의 말씀이 모든 예배의 방식과 요소들을 공인해야 한다는 것을 의미한다. 신학과 교리에서 진리가 중요하듯이, 예배에서도 하나님께서 계시하신 것 이외에는 그 어떤 것도 덧붙여져서는 안 된다는 것이다. 칼뱅은 "나는 성경에서 도출된, 전적으로 신적인 하나님의 권위에 근거한 인간의 제도들만을 시인할 뿐이다."라고 했다.[286]

「벨직 신앙 고백서」(1561)는 "우리의 유일하신 선생님이신 그리스도께서 제정하신 것을 떠나지 않도록 주의를 기울여야 한다. 그러므로 우리는 모든 인간적 창안물들, 하나님을 예배하는 일에 사람들이 도입하여 그 어떤 방식으로든지 양심에 얽어매고 강요하는 모든 것들을 거부한다."라고 천명했다. 또한 「웨스트민스터 소요리 문답」(1647) 제51문에서는 십계명 제2계명과 관련해서 우상을 만들어 하나님을

---

[286] John Calvin, 『Institutes of the Christian Religion』 IV. x. 30.

예배하는 것 외에도 성경에 정하지 아니한 다른 방법으로 예배하는 것을 금해야 한다고 했다.

성도의 가장 큰 임무가 예배이다. 예배란 그리스도의 십자가를 의지하여 하나님께 경배, 즉 하나님께만 영광을 돌리는 것이다. 이는 부활의 사건과 연관이 된다. 찰스 핫지는 "사람들이 예수님의 부활에 대한 지식이 없어지기를 원한다면, 그들로 하여금 주간의 첫날을 거룩히 지키는 것을 무시하도록 하라. 그러나 부활 사건이 어디에서나 알려지고 기억되기를 원한다면 그날을 부활하신 구주께 대한 예배로 거룩하게 드려야 한다."라고 말했다. 결국, 죄인의 구원을 위해 십자가에서 죽고 부활한 주님만이 우리의 경배의 대상이다. 성도는 하나님의 약속의 백성으로 언약 갱신적 예배를 통하여 신령과 진정으로 십자가와 부활의 주님께 경배를 드려야 한다.

찰스 핫지의 동시 발생(*concursus*)

　17세기 대륙의 신학자인 프랜시스 튜레틴은 인간의 능력과 목적에 의한 자유롭고 임의적인 행위로 말미암은 사건들을 하나님의 섭리로 이해했다.[287] 튜레틴은 성경을 근거로 세 가지 유형의 섭리를 말했다. 첫째, 모리아산에서 아브라함이 이삭을 번제로 드리는 사건에서 구원과 대속의 섭리, 둘째, 야곱의 사다리에서 통치와 조정, 천상과 지상, 보이는 것과 보이지 않는 것들의 관계 속에서의 섭리, 셋째, 하나님과 신앙 공동체가 연합한 환상인 에스겔의 수레바퀴의 보존과, 제2원인의 제1원인을 의존하는 섭리이다.[288]

　튜레틴은 크든, 작든, 자유롭든, 자연적이든, 우연이든, 필연이든 간에 모든 일은 하나님의 섭리로 일어난다고 했다. 튜레틴은 미세한 것들을 포함한 모든 형태의 사물들이 가장 현명한 능력에 의해 인도되고, 동시에 하나님을 부정하지 않고는 놓칠 수 없는 신성과 연결된

287　ET, v. I, p. 500.
288　ET, v. I, p. 491.

섭리가 이 세상에 분명히 존재한다고 말했다.[289] 하나님의 섭리는 하나님의 명령에 따른 모든 것에 대한 현세적(temporal) 통치이며[290] 하나님으로부터 말미암은 전이적인(transitive) 행위이며 제 사건들의 현세성은 우발적(contingent)이어서 인간의 편에서는 예측 불가능한(fortuitous) 성격이 있다.[291]

튜레틴의 신학적 전통을 따르는 핫지는 섭리를 튜레틴보다 더 포괄적으로 이해했다. 핫지에게 섭리는 인간의 삶과 시간, 공간에서 일어나는 모든 일에 간여하는 하나님의 실제적인 사역의 기초로 보았다. 핫지는 세상과 우주적에서 일어나는 우연과 필연을 포함한 모든 사건을 무한하고 편재한 하나님의 '총명하고 보편적인 통제'에 의한 것이라고 했다. 핫지는 온 우주의 무소 부재한 하나님의 지성과 통제를 하나님의 섭리로 이해한 것이다.[292] 튜레틴과 달리 핫지는 인간의 마음에 도덕적, 종교적 본성이 있는 것으로 간주하고, 하나님이 우리의 마음을 직접 통제하는 것으로 보았다.

핫지는 요셉의 형제들의 우발성, 즉 요셉을 죽일 수도 있었고 팔수도 있었던 마음의 가변성 또한 섭리의 사건으로 지목했다. 인간의 마음은 로봇처럼 기계적으로 하나님의 뜻에 순응하지는 않는다. 나무꾼이 자신의 의지와 상관없이 도끼로 사람을 쳐서 죽인 일보다 더 우발적인 사건은 있을 수 없으나, 부지 중에 이웃을 죽인 일 또한 하나님께 속한 일이라는 것이다. 살인자의 손에 붙이기도 하시는 분이 하나님이시며(겔21:12~13, 신19:4하), '사람이 제비는 뽑으나 일을 작정하

---

289 ET, v. I, p. 489.
290 ET, v. I, p. 489.
291 ET, v. I, p. 499.
292 ST, v. I, p. 584.

기는 여호와께' 있는 것이다(잠16:33). 요셉은 자신의 팔림, 투옥, 높임 등 모든 일이 하나님의 섭리의 질서에 따라 일어났다고 믿었다. 요셉이 "나를 이리로 보낸 자는 당신들이 아니요, 하나님이시라."라고 간증했던 사실을 기억하자(창45:8).[293]

튜레틴은 하나님의 궁극적인 필연성(eventual necessity)과 가설적인 필연성(hypothetical necessity)을 구분한다. 최종으로 드러난 모든 결과와 결과를 도출하는 행동 양식에 따라, 궁극적 필연성과 하나님의 조화에 의한 가설적 필연성이 구분된다.[294] 요셉이 형제에게 팔리고 애굽으로 가게 된 일은, 요셉의 가족을 보전하려는 하나님의 확고한 뜻에 의한 절대적으로 필요한 일이었다. 그러나 요셉을 죽일지, 팔지 구체적인 확정이 없는 요셉의 형제들 입장은 가설적 필연이 되며, 형제들의 행위는 우발적으로 일어났다. 가설적 필연의 우발성에는 분명히 인간의 생각과 의지가 개입되므로, 행위에 대한 책임은 인간에게 있다.

하나님의 섭리의 '보존'의 관점에서 보면, 인간의 삶에서 일어나는 모든 사건은 궁극적으로 하나님이 하신 필연적인 일이며, 인간 편에서 확정되지 않은 미결정적이며 우발적으로 일어나는 사건들 또한 하나님의 섭리에 의한 것이 된다. 따라서 여기에서 우리가 주목해야 할 부분은 튜레틴의 '하나님에 의한 필연'과 핫지의 '하나님의 지성적이며 보편적인 통제'는 보잘것없는 인생이라 할지라도 우리 삶의 현장에서 일어나는 모든 일에 하나님의 간섭이 있다는 사실이다.

동시 발생(concursus)은 라틴어로 '동적 조우(running together)' 또는

---

293 ET, v. I, pp. 499-500.
294 ET, v. I, p. 500.

'주요 통로(concourse)'이며, 강력하고 심지어 폭력성을 띤 역동적인 만남 또는 충돌을 의미한다. 튜레틴은 인류 역사를 향한 하나님의 섭리에서 하나님에 대한 예리한 통찰력을 제공하는 동시 발생의 우발성(contingency)을 신학에서 가장 어려운 개념이라고 했다. 동시 발생은 제1원인인 하나님과 제2원인인 인간과 사이에서 발생하는 특정적이며 사전적인 동적 사건이다.[295]

동시 발생은 인간의 편에서는 우발적이지만, 하나님 편에서는 절대적인 섭리의 사건이다. 핫지는 동시 발생은 하나님의 주권의 일차적 통제로 인간을 포함한 모든 피조계의 제2원인과의 만남이며, 이 만남은 종교적 즉각성을 가진다고 했다.[296] 동시 발생 개념은 핫지를 거쳐 미국의 많은 개신교 신학자들에게 전수되었다. 「웨스트민스터 신앙 고백서」에서는 동시 발생을 자유, 우연, 필연에 의한 제2원인과 신적 지원의 지속적인 만남(encounter)으로 정의한다.[297]

동시 발생을 다른 말로 풀어보면 인간의 자기 결정의 자유(self-determined liberty)와 성령의 사역 사이에 일어나는 동시적인 사건이다. 인간과 성령의 동시적 사건이나 한편으로는 상호 병치(juxtaposition)적이다. 이때의 병치는 하나님의 일에 인간의 간섭이 전적으로 배제되는 병치다. 성령과의 접경(in between)에서 참된 초월이신 하나님의 계시적 역사가 일어나며, 인간의 전적인 죽음을 경험하는 순간이다. 동시 발생의 초월적 상황에서 인간의 주관적인 판단은 객관적

---

295 ET, v. I, p. 505.
296 Graham Ward's book, 『Barth, Derrida and the Language of Theology』(New York: Cambridge University Press, 1995).
297 Richard A. Muller, 『Dictionary of Latin and Greek Theological Terms: Drawn Principally from Protestant Scholastic Theology』(Grand Rapids, Michigan: Baker Book House, 1985), p. 76.

인 믿음으로 변화된다. 동시 발생은 현세를 살아가는 성도의 믿음이 이원론에 빠지지 않고 '이미-아직(already-not-yet)'의 하나님의 섭리적 사건에 긴밀하게 동참하게 한다.

하나님의 섭리적 시간과 공간에서 성도의 자유는 절대적인 책임과 연결된다. 자신의 죄가 예수의 십자가의 의로 사함을 얻은 구원받은 자의 책임이다. 죄의 근원은 하나님이 될 수 없으며, 죄에 대한 인간의 책임(responsibility)은 죄책(guilty)이다. 인간의 죄에 대한 책임은 십자가 앞에서의 자기 부인이며, 옛사람을 벗어버리고 예수의 생명을 누리는 것이다. 우리의 인생에서 일어나는 모순된 일들과 변함없는 진리의 신비한 관계를 완벽하게 이해할 수는 없으나 장차 천국에서 그 모든 결말을 알게 될 것이다.

하나님의 섭리는 인간이 이해할 수 없는 사건도 하나님의 필연이며, 그 일에 인간이 간여한 일이라면, 인간 자신이 그 일에 대한 책임을 져야 한다고 한다. 인간의 죄와 연약함으로 발생한 것들에 대한 책임이다. 인간의 책임은 죽음의 순간까지 연결된다. 동시 발생의 상황, 즉 초월적인 지점까지의 인간의 책임이다. 죽음을 아는 인간에게 임한 성령은 그리스도의 십자가의 보혈을 의지하는 절대적 책임의 삶을 가능케 할 것이다. 바울이 날마다 죽고 날마다 새로운 자유를 누렸던 것과 같이, 성도는 십자가의 책임을 완수할 때 심령의 자유를 누린다.

제7장

인간의 지혜

대체로 지혜 있는 사람들의 예로 정치인, 종교인, 또는 학자 등을 든다. 그런데 왜 그들이 지혜가 있는가 하고 물어보면 대답은 별로 잘 못 한다. 지혜는 도사가 가지고 있는가? 신비스러운 것인가? 지혜는 법정 스님과 같은 도를 닦는 자가 가지는 해탈과 같은 것인가? 수도원의 수도사가 가지는 것인가? 무소유와 무욕으로 사는 것이 지혜인가? 조금만 부당한 대우를 받는다고 생각하면 예수를 믿는다는 체면을 다 벗어 놓고 고래고래 고함지르고 분통을 터트리는 모습을 교회에서도 종종 볼 수 있다.

　얼마나 화가 나고 답답했으면 교회에서까지 저럴까 하고 이해해 보려 했으나 부질없는 일이다. 얼마의 돈과 명예와 자존심에 체면을 완전히 팔아먹는 기가 막힌 행동을 보면 예수는 이미 오래전에 팔아먹은 것 같다. 물론 잘못된 부분은 고쳐야 하고, 정당하게 싸워야 할 때는 싸워야 한다. 그러나 싸울 때도 지혜롭게 싸워야 한다. 사려 깊은 말과 행동으로 자신의 의사를 지혜롭게 표현해야 한다.

　미국 펜실베이니아(Pennsylvania)주 랭커스터 카운티(Lancaster County)에는 아미시(Amish) 공동체 마을이 있다. 개인주의와 자본주의의 나라인 미국에서 사회주의자도 아니면서 가족의 강인함을 유지하는 신앙 공동체의 삶을 살아간다. 이들은 전기도, TV도, 컴퓨터도, 자동차도, 전화도, 신용카드도 없이 살지만 언제나 자신들의 수입 범위 안에서 지출하며 분수에 맞게 산다. 현대 기술과 문명의 혜택을 누리지 않고 살아가는 메노나이트파에서 탈퇴한 독일계 이민자들의 후손이다. 18세기의 문명을 누리며 살고 있지만, 외부 사람들에게 적대적이거나 편협하지 않고 친절하며 절도 있게 살고 있다.

아미시 공동체는 위험을 무릅쓰는 의지, 건강한 노동 윤리, 값싼 가족 노동력과 개혁 정신으로 무장했다. 이들은 세속과 거룩한 분리를 유지하며 살아가는 공동체이다. 공동체는 지적인 삶보다 미덕을, 전문적인 지식보다는 지혜로움을, 개별적 경쟁보다는 더불어 번영을 추구하는 삶의 가치와 정체성을 가지고 있다. 이들은 아이들이 행복하기를 기원하기보다는 겸손하게 살아가는 자손들이 되기를 원한다. 공동체에서 가족은 그들의 삶과 교육의 현장이며, 자녀들에게 지혜와 지식이 다르다는 것을 가르치며, 지혜로 살아가는 삶의 방식을 추구한다.

2006년 10월, 아미시 마을의 낙농가를 대상으로 우유를 수거해 오던 트럭 운전사 칼 로버츠가 아미시 어린이들에게 총격을 가한 사건이 있었다. 그는 니켈 마인스의 아미시 원룸 스쿨(One-Room School)에서 어린 소녀 10명에게 총격을 가하고 스스로 목숨을 끊었다. 학교의 어린 소녀 5명은 그 자리에서 사망하고 나머지 5명은 평생 장애를 가지고 살아가게 되었다. 이 사건에 대해 세상 사람들은 많은 질문과 관심을 가졌다. 평화로운 공동체에서 왜 살인 사건이 생겼는가? 어린 아미시 여학생을 범행 대상으로 삼은 이유는 무엇인가? 끔찍한 일을 당한 유족과 아미시 공동체는 어떻게 대처할 것인가에 대한 질문이 있었다. 그러나 충격 순간에, 나이 어린 동생들을 구하기 위해 자기희생을 두려워하지 않았던 마리안 피셔(Marian Fisher)가 범인에게 던진 두 마디가 그 모든 질문에 답을 했다. "나를 먼저 쏘세요(Shoot me first)!" 그리고 "용서(forgiveness)."였다.

사고가 난 그날, 해가 저물기도 전에 공동체는 성금을 모아 먼저 범인의 유가족에게 전하기로 하며, 즉각적이고 조건 없는 용서를 베풀었다. 범행 한 달 후엔, 범인의 부인과 어린 세 자녀를 초청하여 식사를 대접하는 그들의 용서와 관용은 미국 사회에 귀감이 되었다. 그들은 주기도문의 기독교의 가치, "하늘에 계신 우리 아버지여 이름이 거룩히 여김을 받으시오며… 우리가 우리에게 죄지은 자를 사하여 준 것 같이 우리 죄를 사하여 주시옵고…"를 믿고 실천하는 지혜의 사람들이었다. 아미시들은 사물의 도리나 선악, 진리와 거짓, 하나님의 뜻과 인간의 뜻을 분별하는 지혜의 마음을 최우선으로 살아가는 공동체였다.

지혜의 필요성

2018년 2월 21일, 99세의 나이로 빌리 그레이엄(Billy Graham, 1918~2018년) 목사가 세상을 떠났다. 빌리 그레이엄이 남긴 유산은 복음주의이며 기독교 교육과 출판, 청소년 사역, 교회 성장, 세계 선교 등에서 탁월한 업적을 쌓았다. 그뿐만 아니라 후대를 위해 만들어놓은 수많은 기독교 양육 프로그램들도 있다. 그는 항상 깨끗한 성품을 유지하려고 노력하는 인격자였고, 교역자들의 사역 순결성을 지키기 위해 '모데스토 메니페스토(Modesto Manifesto)'라는 언약을 만들었다.

빌리 그레이엄은 날마다 많은 사람을 대해야 하고, 자기를 따르는 사람들에게 지도자로서 책임이 있기 때문에 지혜의 말씀인 잠언을 가까이 놓고 한 달에 한 번씩 읽었다고 했다. 그는 하나님의 말씀에서 지혜를 찾았고, 실제 삶에 적용하며 살았다. 성경의 많은 부분이 지혜를 언급하고 잠언이라는 독립된 지혜의 책이 있는 것은 성도는 성경을 따라 하나님의 자녀답게 지혜를 사용하라는 것이다. 성도가 지혜롭지 못하면 하나님의 영광을 가린다.

우리는 지혜의 시대에 살지 못한다. 과학과 기술이 급속도로 발전하면서 물질과 인간의 권위가 팽배해짐에 따라, 사람들은 지혜 안에 거하지 못하고 세상에 더 많은 관심을 두고 산다. 야고보는 "누구든지 지혜가 부족하거든 모든 사람에게 후히 주시고 꾸짖지 아니하시는 하나님께 구하라. 그리하면 주시리라."라고 했다(약1:5). 야고보는 이 시대에 지혜가 없는 것이 아니라 지금 충만하다고 한다. 하나님은 지혜의 근원이며 우리에게 지혜를 주시는 분이다. 야고보 사도는 하나님은 두 마음을 품는 자에게는 지혜를 주지 않기 때문에 믿음으로 의심 없이 구하라고 했다. 문제는 우리가 믿음으로 구하지 않았고, 어쩌면 아예 구하지 않고 의심만 하면서 살았는지도 모른다는 것이다.

지혜는 하늘로부터 나며 예수를 통해 복음 안에 주어지며, 성령의 계시를 통해 깨달아진다(고전2:10). 구체적인 기도의 응답보다도 그리스도의 지혜를 가지는 것이 중요한 이유는 하나님은 우리가 받기를 원하는 것보다도 더 많은 것을 주기를 원하기 때문이다. 지혜가 있으면 역경 가운데서도 그리스도에게 더 깊이 헌신할 수 있게 된다. 지혜는 하루아침에 획득할 수 있는 것이 아니라 어려운 일들을 맞이하면서 획득하는 데 오랜 시간이 걸릴 수 있다. 야고보가 하나님께서 지혜를 어떻게 주시는지 구체적으로 설명하지 않은 이유는 성화와 마찬가지로 오랜 기간에 걸쳐 얻을 수 있는 것이기 때문이다.

목회자로서 신앙 상담도 많이 해 보았다. 상담을 받는 자들은 자신의 문제가 빠르고 정확하게 해결되기를 원한다. 자신이 처한 상황을 말하고 문제를 해결하기 위해 무슨 일을 어떻게 해야 할지를 묻는다. 상담자로부터 자신의 상황에 대한 하나님의 분명한 뜻을 알수 있는 기술이나 방법을 배우기를 원한다. 자신의 문제를 놓고 시간을 두고 생각하며 말씀으로 상황과 사건에 빠진 자신을 성찰하는 시간을 가지기 전에 상담자나 목회자 또는 신앙의 선배가 대신 해결해 주기를 원하는 오류를 범한다. 상담하는 것은 현명한 일이지만, 상담자가 결정하여 해결해 주고 자신은 따르기만 하면 된다는 생각은 큰 문제다. 또한, 자신의 결정을 하나님께만 맡기려고 해서도 안 된다. 하나님을 의지하려는 시도와 목적은 좋은 것이지만, 하나님께 모든 것을 맡기는 방법에 문제가 있다.

성도는 하나님의 지혜로 현세적 삶을 살아야 한다. 하나님을 믿으면 기적적으로 모든 문제가 해결될 것을 기대하나, 순식간에 획기적인 변화가 일어나는 경우는 거의 없다. 그러나 하나님은 신앙의 진지함으로 간절히 찾는 자에게 지혜를 허락한다. 지혜는 성경의 진리를 추구하고 삶에 실천하며, 세상의 도전에 응전하여 유혹에 넘어가지 않게 한다. 루터는 법대에 진학한 지 몇 달도 되지 않아 에르푸르트(Erfurt)를 지나던 중 강한 벼락이 내리치는 것을 보고 죽음의 공포에 휩싸였다고 고백했다. 그때 그는 광부의 수호자인 성 안나에게 "저에게 힘을 주소서. 그러면 저는 수도자가 되겠습니다." 하고 사제로 헌신했다고 한다.

종교 개혁을 점화시킨 루터는 어느 날, 만물이 전율하는 하나님의 임재 앞에 서 있다는 생각에 압도되어 완전히 정신을 잃고 공포에 휩싸였던 경험을 고백했다. 루터는 공의의 하나님 앞에서 공포에 떨면서 하나님의 거룩함을 알았고, 지금까지 자신을 짓누르는 심판의 무게 때문에 윤리적으로, 영적으로 죽은 자였음을 깨달았다. 그 후 그리스도 안에서 죄인을 의롭다 한 복음이야말로 사망의 권세를 깰 수 있다는 확신을 갖고 종교 개혁의 불길을 일으킨 것이다.

우리의 일상적인 삶에서 물로 포도주를 만들고, 물 위를 걷고, 죽은 자가 살아나고, 하늘에서 불이 떨어져 원수를 몰살해버리는 일은 거의 일어나지 않는다. 하나님이 신령한 사람에게 응답한다는 사실은 신앙생활에 큰 위안이 되나, 기적은 일상적인 것이 아니다. 하나님의 기적을 체험하는 것은 너무나 중요한 일이지만, 일반적인 삶의 여정에서 기적만 바라보고 살 수는 없다.

하나님이 지금 무엇을 원하고, 그다음 단계에는 어떤 일을 하실지는 아무도 모른다. 심지어 어떤 경우에는 하나님의 뜻은 더 알기 힘들고, 인생을 더 오묘한 길로 인도하기도 한다. 하나님은 다선지형 설문지를 주고 '예'나 '아니요' 둘 중에서 선택하라고 하시는 분이 아니다. 성경을 읽어보면 볼수록 하나님의 일은 임의적으로 일어난다는 것을 알 수 있다.

하나님의 뜻을 아는 것이 쉽지 않다는 사실은 성경의 지혜의 문서들을 보면 알 수 있다. 욥기, 잠언, 시편, 전도서의 교훈을 통해 하나님이 역경과 불확실한 상황을 우리에게 허락하는 것은 우리의 지혜와 분별력을 배양케 하기 위한 것이라는 것을 깨달을 수 있다. 지혜와 분별력은 단숨에 자라는 것이 아니라 시간이 필요하다. 성경은 하나님의 뜻은 알기가 힘들고 상상도 할 수 없는 기이한 것임을 반복적으로 분명하게 말함에도 불구하고 사람들은 여전히 쉽고 빠른 답을 원한다. 성경의 가르침은 모든 것이 즉각적으로 응답되지는 않지만, 성령은 우리의 실제적 삶에서 지혜로 인도한다. 하나님의 말씀으로 사물과 사건을 분별하는 일은 단순히 성경의 진리를 믿는 것과는 다른 차원이다.

세상의 지혜는 성경의 지혜와 다르다. 합리적 이성의 윤리적이며 도덕적인 관점으로는 하나님의 지혜를 측정할 수 없다. 하나님의 지혜, 즉 초월적인 도덕률을 믿지 않는 것은 참된 지혜가 될 수 없다. 성경은 진리이며 옳고 그른 것의 기준이 분명하다. 진리는 복잡하거나 모호하지 않으며 그리스도와 연결된 일관성을 지닌다. 반면에 세상의 지혜는 사람, 장소, 시간, 환경에 따라 생각이나 자신의 판단 기준을 적용 또는 변화시킬 수 있는 기술을 말한다. 세상은 판단의 기준을 기술적으로 상황에 따라 잘 변화시키는 능력을 지혜로 보나, 성경은 상황을 분명한 판단의 기준에 맞추는 것을 지혜라 한다.

결국, 세상의 지혜는 상황 윤리이다. 상황 윤리는 윤리적인 판단과 말이 상황에 따라 다르다는 것이기보다, 상황 밖의 경우에는 선과 악을 판단하는 기준이 없는 윤리를 말한다. 즉, 상황 윤리는 상황이 선과 악을 결정하고, 인간은 상황을 잘 해석한 후 적절한 선택을 하는 것이다. 상황 윤리의 치명적인 문제는 초월적인 도덕 기준을 실제로 제거하고 임시적인 도덕률을 제공한다는 데 있다. 하나님이 원하는 기준을 제거해 버리면, 남는 것은 인간이 만든 판단 기준밖에 없다. 지혜는 지성, 즉 머리를 사용하지 않고 의지에서 온다.

성경은 지혜로운 자는 무슨 새로운 것을 창안하기보다 무엇이 옳고 그른가를 분간하는 사람이라고 말한다. 지혜는 그리스도의 마음을 갖는 것, 즉 인간의 판단을 유보하고 하나님의 기준을 추구하는 데 있다. 하나님이 실제적 상황의 주인이라면 하나님만이 실제를 해석할 수 있는 수단을 제공할 수 있다. 그러나 상황 밖에서는 선악을 판단하는 기준이 없어져 자기 생각과 행동에 융통성이 있게 된다. 융통성을 가진 사람은 누구에게나 호의를 베풀게 되며, 세상은 이러한 사람을 지혜롭다고 평가한다.

지혜는 단순한 해석의 문제가 아니라 하나님의 마음을 갖고 그다음 단계인 결단과 수행하는 일까지 포함한다. 다니엘이나 솔로몬이 가졌던 지혜는 마음의 생각에 그치지 않았고 선포되고 행동으로 열매를 맺었다. 지혜가 있는 자인지 아닌지는 잠깐의 관찰로도 구분할 수 있다. 천재를 알아보기 위해서는 테스트를 해야 하는 시간이 필요하지만, 지혜는 말과 행동에서 확연하게 드러난다. 지혜는 하나님께 대한 의지적이며 육신적인 순종이며, 지혜 있는 자는 옳은 것을 생각할 뿐만 아니라 옳은 일을 하라고 부름을 받은 사람이다.

복음은 영적인 지혜이다. 더 놀라운 것은 그리스도의 복음이 유대인들만을 위한 것이 아니고 이방인들까지 포함한다는 것이다. 그리스도의 죽음과 부활, 그분의 신성 그리고 영생의 소망 등은 인간적으로 지혜가 있다고 하는 자들을 바보로 만든다. 지혜는 추상적인 것이 아니라 인격이다. 성도의 지혜는 하나님의 지혜, 즉 예수 그리스도이며, 그리스도를 닮아가는 성화의 관점으로 이해해야 한다. 지혜를 가졌다는 것은 성화와 같이 그리스도의 역사를 믿으며 성숙한 신앙의 모습을 유지하는 것이다. 지혜를 가지기 위한 원칙이나 시스템이 따로 있지 않으며, 성령의 역사 또는 기도의 응답으로 지혜를 가지는 것도 아니다. 지혜는 그리스도인의 경험에서 인간의 의지적 차원으로 얻을 수 있는 것이다.

성도의 지혜

성도의 지혜와 세상의 지혜가 달라야 하는 이유는 세상의 목적과 하나님 나라의 목적이 다르기 때문이다. 세상에서 가질 수 있는 명예, 권력, 금력 등은 성도들에게는 삶의 수단일 뿐이다. 돈, 명예, 권력이 있으면 좋지만, 없어도 문제가 되지 않는다. 성도의 지혜는 잘 짜인 지식으로 사람들을 인도하는 프로그램도 아니고, 전문가가 되는 고급 단계의 훈련 내용도 아니다. 지혜는 정확한 지식을 가진 후에 지식을 행동으로 옮기게 하는 그리스도를 닮은 삶의 방식이다. 인생의 기쁨, 성공, 명예, 행복보다도 그리스도가 내 삶에서 드러나는 것이 성도의 인생 목적이다. 성도는 하나님께 영광을 돌리기 위해 사는 사람들이므로 십자가 앞에 자신을 내려놓는 것이 지혜다.

지혜는 예수 그리스도의 십자가를 덧입은 선과 악을 구분하는 능력이다. 만약에 그리스도를 따르는 데 고통이나 핍박이 있다면 그것은 선한 일이다. 역으로 그분을 섬기는 데 기쁨이 있어도 그것도 선이다. 고통이나 기쁨을 떠나서 우리의 삶의 모든 영역을 하나님께 헌신하는 것이 지혜다. 하나님의 지혜는 인간의 기대와 일치하지 않는다. 하나님의 지혜는 세상을 정의롭게 만드는 수단이 아니라, 인생의 고통 속에서도 하나님을 영화롭게 하는 일을 가장 중요한 것으로 깨닫게 한다. 지혜가 있는 자는 상황이나 환경의 도전에 흔들리거나 무너질 수 없다.

인생의 경험을 통해 상황에 따라 얻은 자신이 무엇을 행하고, 어떤 말을 해야 할지를 결정하는 마음의 기준이 있다. 일제 강점기인 1930년대 후반부터 일제는 황민화 정책의 일환으로 한국의 기독교인들에게 신사 참배를 강요했다. 선교사를 파송했던 미국 북장로교회와 남장로교회의 선교부는 신사 참배를 반대했고 평양 신학교 학생들도 반대했다. 일본 경찰이 이를 알고 핍박하자 신학교를 자진하여 폐쇄하였다. 평북 영변 출신 박관준 장로는 합법적인 방법으로 총독부에 진정했으나 답을 얻지 못해 일본의 국회 방청석에서 신사 참배 반대를 외쳤다가 6년간 감옥살이를 했다.

김선두 목사는 일본의 정계와 군부, 교계 인사들에게 청원 활동을 했으나 실패했다. 마산 문창교회 한상동 목사는 자신이 속한 경남 노회에서 신사 참배를 부결시켰고, 참배에 가담한 노회를 해체하고 새 노회를 세워 신사 참배 반대 운동을 하였다. 1940년에 평양의 주기철 목사는 신사 참배 반대를 위한 전국 조직을 논의하다 투옥되어 1944년에 옥사했다. 한 일본인 목사도 신사 참배가 우상 숭배인 것을 역설하다 일본으로 강제 추방당한 일이 있었다. 결국, 신사 참배 반대자는 조선 기독교의 불온분자로 몰렸고 투옥되어 순교하는 일이 벌어졌다. 이로 인해 200여 곳의 교회가 문을 닫았고, 2,000명의 신도가 투옥되었으며, 50여 명의 교역자가 순교의 길을 걸었다.

이와 반대로 1938년의 제27차 장로교 총회에서 강압을 못 이겨낸 총회장과 많은 사역자는 신사 참배를 결의하고 급속도로 변절했다. 이들의 논리는 신사 참배는 종교가 아니고 국가 의식이므로 신사에 가서 머리 숙이는 것은 우상 숭배가 아니라 국가적인 의식 행사라는 것이었다. 이 결정에 교계 지도자들이 조용히 사역 현장에서 숨어 버렸다. 그러나 일본 천황의 이데올로기를 주입하는 것을 목적으로, 일제는 신사를 전국적으로 수천 곳에 세우고 강제로 참배토록 했다.

지금은 한국에서 당연히 신사 참배 하는 기독교인은 없을 것이나, 그 시대의 교회는 신사 참배를 한편에서는 국민의식, 또 다른 한편은 우상 숭배라 하며 갈등을 겪었다. 이런 종류의 경험은 단순한 과거의 사건이 아니라 현재와 미래에도 일어날 수 있는 일이다. 당장 북한의 현실을 예로 들면, 김일성주의자들이 목회자들과 성도들에게 김일성과 김정일의 동상을 강제로 참배케 하는 일은 우상 숭배를 강요하는 일과 다를 바가 없다.

느부갓네살왕은 다니엘을 포함한 네 명의 소년들의 지혜와 총명이 온 나라의 박수와 술객보다 열 배나 낫다고 했다. 이전에 이들 소년은 왕국에서 우상에게 바쳐진 제물의 음식을 먹지 않았기 때문에 물의를 일으킨 적이 있었으나, 오히려 왕으로부터 지혜를 인정받았다. 이후에 다니엘이 승승장구하던 것에 질투심 많았던 신하들은 다니엘의 신앙에서 흠을 찾았다. 신하들은 왕에게 다니엘을 해할 목적으로, 모든 사람이 신상에 절하게 하고 다른 신에게는 절하지 못하도록 왕에게 간청했다. 왕은 결국 다른 신상에 절하는 자들을 사자 굴에 던지라며 칙령을 만들어 사인했다.

다니엘은 지혜로 목숨을 내놓을 정도로 믿음을 현세에 적용할 수 있었다. 다니엘은 세상의 사람이나 사물에 의해 구애받지 않는 자신의 인생에 대한 모든 지식을 통합하는 감각적이며 실제적인 지혜를 가지고 있었다. 다니엘은 왕의 금령에도 불구하고 매일 자기 방에 가서 하루에 세 번씩 예루살렘을 향하여 창문을 열어 놓고 무릎 꿇고 하나님께 기도했다(단6:10). 다니엘은 적당히 기도할 수도, 은밀히 골방에 들어가 기도할 수도 있었고, 설령 하나님께 기도하다 들켜도 다리오왕의 이름으로 기도한다고 말하면 되리라 생각할 수 있었다.

그러나 다니엘의 신앙 양심은 적당히 넘어갈 수 없었고, 하나님을 섬기는 것을 숨길 수가 없었다. 신앙생활 하면서 힘들 때 타협하고 포기하고 싶을 때가 많으나, 절대 타협해서는 안 될 부분을 지키는 것이 지혜다. "배워서 남 준다."라는 말이 있듯이, 우리는 습득한 지식을 제대로 사용하지 못할 때가 있으나 하나님은 학문에 능통하고 지혜를 잘 활용할 수 있는 능력을 주신다(단1:17).

악한 자는 깨닫지 못하나 지혜 있는 자만 깨닫는 것이 있다(단12:10). 지혜 있는 자는 마지막 때에 환란과 핍박으로 많은 사람이 죽거나 감옥에 갇히거나 약탈당할 것을 이미 알고 있다(단11:33). 신약에서는 하늘로부터 나는 지혜는 예수를 통해 복음 안에 주어지며 성령의 계시를 통해 깨달아진다고 했다(고전2:10). 야고보는 지혜가 부족한 자는 후히 주시고 꾸짖지 아니하시는 하나님께 구하라고 권했다(약1:5).

참된 지혜는 하나님에게서 오기 때문이다(약3:17). 성경의 지혜 있는 사람들은 믿음에 관해서는 타협이 없었으며, 깊은 통찰력으로 미래를 준비했다. 지혜는 단순히 머릿속에 있는 지식이 아니라는 면에서 그리스도를 닮는 삶이다. 인생에서 실제로 적용되고 효과를 발휘한다는 면에서 실제적 세계관의 축적된 경험이다. 그러므로 신사나 동상을 참배하며 내면은 하나님을 섬길 수 있다는 사고는 하나님의 지혜가 아니라 하나님을 배신하는 것이다.

신학에 대한 지식을 가지는 것과 그 지식을 우리의 삶에 적용하는 것은 전혀 다른 차원이다. 지혜는 믿음으로 삶의 방식과 태도에 변화를 일으킨다. 지혜는 하나님의 일상적 능력에서 성령에 의한 성화의 삶에서 나타난다. 야고보 사도는 행함의 지혜를 우리에게 가르친다. "어떤 사람은 말하기를 너는 믿음이 있고 나는 행함이 있으니 행함이 없는 네 믿음을 내게 보이라. 나는 행함으로 내 믿음을 네게 보이리라 하리라(약2:18)."

야고보 사도의 확고한 행위로 믿음을 증명하는 것이 지혜이다. 또한, 야고보 사도는 "하나님 아버지 앞에서 정결하고 더러움이 없는 경건은 곧 고아와 과부를 그 환난 중에 돌보고 또 자기를 지켜 세속에 물들지 아니하는 그것이니라."라고 말했다(약1:27). 야고보는 단순히 그리스도를 믿으면 행위가 있어야 한다고 말하기보다 그리스도를 믿으면 선을 행하고 악을 삼가는 능력인 지혜를 가져야 한다는 뜻이었다. 바른 믿음은 너무나 중요하지만, 바른 행동으로 인도하지 않는 '바른 믿음'은 바른 것이 아니다.

한평생 하나님이 인생의 주인이라는 성경적인 진리를 믿고 살아가는 할머니가 계셨다. 시골에서 세상의 문명을 누리지도 못하고 죽도록 농사일만 하는, 낫 놓고 기역 자도 모르는 할머니는 하나님을 경외하는 것을 삶의 지표로 삼고 살아갔다. 날마다 하나님께 감사하며 기도하고 응답받는 기쁨으로 충만하였다. 학문이 없어도 하나님이 나의 인생의 주인이 되시고, 성경의 말씀이 내 인생길의 등불이 되었으며, 지금껏 살아온 인생에 하나님의 손때가 묻지 않은 곳이 없다고 믿으며 사셨다. 할머니는 지식은 별로 없어도 지혜가 충만한 분이었다. 지혜의 근원은 하나님이다.

마지막 때에 살아남을 자가 누구인가? 하나님처럼 될 수 있다는 사탄의 소리에 따르는 자들인가? 아니다. 최후의 승리자는 그리스도의 구속과 그의 재림 그리고 악인을 향한 공의로운 심판의 종말 신앙을 가지고 신실하게 살아가는 자들이다. 바울은 우주 만물의 모든 존재의 시작과 진행과 마침이 오직 하나님의 손에 달려있다고 밝혔고(롬11:36), 요한은 주 하나님은 알파와 오메가이시며 과거, 현재에 계시고 또한 미래에 오실 전능자라고 고백했다(계1:8). 전능자인 하나님과 구원자인 예수 그리스도를 삶의 원천으로 믿고 그 기준으로 살아가는 것이 지혜다.

올드 프린스턴 신학자 벤저민 워필드(B. B. Warfield, 1851~1921년)는 "참된 그리스도인은 모든 만물 현상의 배후에서 하나님을 발견하며, 모든 현상 속에서 하나님의 뜻에 따라 역사하시는 하나님의 손을 보며, 기도하는 자세로 자기의 전 생애를 하나님 앞에서 살아가며, 특히 구원 문제에 있어서 자아 의존 사상을 배격하고, 하나님의 은혜만을 전적으로 의지하는 사람이다."라고 말했다. 이러한 가치관은 피조 세계에서 살아가는 삶의 전반적 영역, 즉 정치, 경제, 사회, 문화, 예술, 과학 등 모든 분야에 포괄적으로 적용되어야 할 성도의 지혜 지침이다.

다니엘은 세계의 권력의 판도를 재편한 메대와 파사 제국의 총리장이 되었다. 그러나 다니엘이 하나님을 섬기고 하나님께 기도하는 것이 죄목이 되어 사자 굴에 던져졌다. 사자 굴에서 그의 신앙 고백은 순교적이었다. 느부갓네살왕이 만든 신상 앞에 절하지 않았던 사드락과 메삭과 아벳느고도 극렬히 타는 풀무 불 가운데서도 그들이 섬기는 위대하신 하나님께서 그들을 건져 내실 것이라고 선언했다. 결국, 다니엘과 소년들은 그 시대에서 살아남은 승자가 되었다. 무신론과 유물론과 진화론의 영향이 득세한 세상에서 성도는 최후의 승리에 대한 확신을 가지고 살아야 한다. 사회와 삶의 각 부분에서 오는 세찬 도전에 포괄적이고 광범위한 하나님의 지혜로 당당히 맞서야 한다.

홍수 심판의 종말 계시는 하나님께 은혜를 입었던 노아만이 누렸던 축복이었다. 그는 방주 계시를 받고 120여 년이 넘도록 하나님의 말씀에 순종하였다. 노아는 구원과 종말을 절대적으로 믿고 그 시대를 극복했다. 결국, 그는 믿음으로 살아남은 승자가 되었다. 이러한 삶은 하나님에게서 오는 지혜로 가능하다. 하나님 중심, 성경 중심, 그리스도를 믿는 믿음과 은혜로 하나님 존전에서의 삶을 사는 자들이야말로 진정한 성도들이다.

금식의 절기인 속죄일이 끝나고 10월 중하순쯤, 사도 바울이 탄 알렉산드리아호라는 배가 그레데의 미항에 도착했다. 이곳은 추운 겨울이 시작되는 시기였다. 지중해의 기상 조건은 상당히 유동적이어서 항해에 큰 위험이 따르는 절기였다. 죄수로 송환되던 바울은 항해의 최종적인 결정권을 가진 백부장 율리오와 승객들 앞에서 "여러분. 내가 보니 이번 행선에서 화물과 배 그리고 우리의 생명에도 큰 타격과 많은 손해가 있을 것입니다. 그러므로 이 미항에 머문 후, 겨울을 보내고 로마로 행하는 것이 좋을 것 같습니다."라고 호소했다 (행27:10).

사도의 "내가 보니."라는 말은 '주의 깊게 봄' 또는 오랜 경험과 기도와 성령의 체험으로 알게 된 지식, 즉 지혜를 의미했다. 성령이 사도의 경험과 경륜을 사용하여 미래를 바라보는 통찰력을 준 것이다. 그러나 백부장 율리오는 바울의 말보다 선주와 선장의 말을 더 믿었다. 선장은 바울보다 항해의 풍부한 경험과 지식을 가진 전문가의 말을 듣는 합리적인 선택을 했던 것이다. 결국 알렉산드리아호는 바울의 말을 무시하고 항구를 떠났다.

남풍이 순하게 불었다. 처음에는 순풍에 즐거웠으나 얼마 되지 않아 바람이 유라굴로 광풍으로 변했다. 승객과 사공들은 풍랑을 만나 사투를 벌이고도 할 수 없이 그다음 날 모든 짐을 바다에 던졌으나 해결되지 않았다. 요나가 하나님의 명령을 거절하고 다시스로 도망가다 어떻게 되었는가? 처음에는 남풍이 순하게 부는 것 같았는데 얼마 지나지 않아 큰 풍랑을 만났다. 배의 짐과 기구를 바다에 버리며 애를 썼으나 풍랑은 더 심해 갔다. 인류가 오랜 경험을 통해서 알게 된 지혜는 망망대해의 일엽편주라 하더라도 오직 하나님을 절대 믿음과 절대 순종에서만 생명을 보호받을 수 있다는 사실이다.

필라델피아와 뉴저지 지역에서 인디언 선교를 위해 헌신한 데이비드 브레이너드(David Brainerd, 1718~1747년)는 조나단 에드워드(Jonathan Edwards, 1703~1758년)에게 "저는 전혀 죽음이 두렵지 않습니다. 만약 그것이 하나님의 뜻이라면 저는 기꺼이 오늘 밤에 가겠습니다. 죽음은 제가 갈망하는 것입니다."라는 유언을 죽는 날 밤에 남겼다. 그는 병약한 몸으로 사역하다 29세의 젊은 나이에 폐결핵으로 죽었다. 그의 삶의 여정은 하나님으로 가득 차 있었다.

조나단 에드워드가 편집한 『데이비드 브레이너드: 생애와 일기』라는 책에 그는 자신의 귀중한 신앙을 다음과 같은 글로 남겼다. "하나님을 기쁘시게 함. 별안간 내게 닥친 위험과 하나님의 진노에 대한 강한 깨달음으로, 나는 놀라움에 빠졌고 내가 만족스럽게 느껴왔던 예전의 좋은 기분은 순식간에 사라졌다. 나는 죄와 부정함을 대하는 나의 잘못된 태도 때문에 하나님의 복수가 불현듯이 나를 엄습할 것 같은 두려움에 사로잡혀 하루 종일 마음이 매우 무거웠다. 나는 크게 낙담해서 매우 고독한 상태에 있었다."라고 고백했다.

브레이너드는 하나님 앞에서 두렵고 떨리는 마음으로 자기 수양에 최선을 다했고 더 큰 윤리적인 진보를 위해 매진했다. 데이비드 브레이너드는 "인류를 대하는 하나님의 방식을 트집 잡고 영적인 적대감으로 전능하신 하나님과 맹렬히 겨루고 있다는 가장 끔찍한 생각에 휩싸였다."라며 하나님 앞에 전율하며 자신을 내려놓는 사람이었다. 어느 날 브레이너드는 한적한 곳을 걸으면서 자신이 살면서 해 왔던 모든 일이 무익하다는 사실을 깨닫게 되었다. "나는 완전히 '파멸된' 자신을 발견하고 완전히 멈춰 섰다." 잠시 후 똑같은 장소에서 "말할 수 없는 영광이 두려워 떠는 내 영혼의 눈앞에 펼쳐지는 것 같았다." 브레이너드는 하나님이 어떤 분이신지를 깨달았고 자신에게 '열린 구원의 길'을 얻게 되었으며 온전한 평안을 누릴 수 있었다.

솔로몬의 지혜

　구원받은 성도의 성화 과정에서 지혜는 중요한 역할을 한다. 성경의 욥기, 잠언, 전도서 등을 보면 실제적인 지혜가 가득 넘쳐난다. 성경의 솔로몬은 지혜의 왕이었다. 솔로몬은 하나님께 이해하는 마음과 선과 악을 구분할 수 있는 능력을 놓고 기도했다(왕상3:6~9). 솔로몬이 구한 선과 악을 구분하는 능력이 지혜의 본질이었다. 신약에서는 바울이 지혜를 언급했다. 바울은 그리스도는 하나님의 능력이자 하나님의 지혜이며(고전1:24), 이 세상의 지혜도, 통치자의 지혜도 아닌 온전한 자 중에서 지혜, 즉 하나님의 지혜라고 했다(고전2:6~7). 바울은 그리스도가 약속된 메시아일 뿐만 아니라 하나님의 지혜라는 것이다. 성도가 그리스도 안에 거하고 자란다는 의미는 지혜 안에 거하고 지혜로 성장한다는 것이다.

　열왕기상 3장에 나오는 심판관으로서 솔로몬왕의 지혜를 보자. 이스라엘의 왕이었던 솔로몬은 백성들을 올바르게 다스릴 지혜를 달라고 기도했다. 백성의 안위를 위한 솔로몬의 마음을 보고 하나님은 지혜를 허락했다. 어느 날, 한 아기를 앞에 두고 서로 자기가 엄마라고 주장하는 두 여인이 솔로몬을 찾아왔다. 한집에 사는 아들을 하나씩 둔 두 여자가 새벽에 깨어 보니 한 아이가 죽어 있었으며 두 여자 모두 살아있는 한 아이의 친모라고 주장했다. 솔로몬 앞에서 싸우다 한 여자가 눈물을 흘리며 말했다. "억울합니다. 이 여자와 한집에 사는데 눈을 떠 보니 저 여자의 아기가 죽어 있었어요. 그때부터 저 여자가 제 아들을 자기 아이라 우기고 있습니다."

그 말을 듣고 있던 다른 여자는 "새빨간 거짓말입니다. 죽은 아이가 저 여자 아들입니다."라고 말했다. 계속 싸우는 여자들의 보고 솔로몬은 "둘 다 이 아이를 자기 아이라 하니, 아이를 칼로 둘로 나누어 반씩 가져라."라고 말했다. 그러자 한 여자는 울면서 아이를 차라리 저 여자에게 주라고 했고 다른 여자는 반씩 나누자고 말했다. 이 말을 듣고 솔로몬은 "아이의 진짜 엄마는 아이를 칼로 나누자고 할 수 없다."라고 판결했다.

이 사건에서 솔로몬의 지혜는 무엇인가? 솔로몬이 아이를 칼로 자르라고 한 기발한 생각이 지혜가 아니다. 참과 거짓을 가려내기 위해 칼로 아이를 베는 트릭을 쓴 것도 아니다. 솔로몬이 위험이 뒤따르는 말을 한 것은 이미 어느 여인의 아이가 죽었는지 확증하고 있었기 때문이었다. 솔로몬의 지혜를 위한 기도의 내용에 집중할 필요가 있다. 그의 기도 내용은 선과 악을 분간하는 기도였다.

솔로몬이 간구하고 얻은 것은 신비로운 지식이 아니라 실제적이며 실천적인 분별력이 있는 지혜였다. 그의 거짓과 참을 판단하고 구분하는 능력에 주목해야 한다. 칼을 요구하기 전에 솔로몬은 이미 누가 아이의 진짜 엄마인지를 가려내었던 것이다. 중요한 사실은 솔로몬왕은 하층 계급의 사람들의 삶을 경험해 본 적은 없었으나 두 여자의 마음을 꿰뚫어 보고 누구 말이 진실이고 거짓인지를 구분하는 법을 알고 있었다는 사실이다.

만약에 남아있는 아이의 친엄마가 생각이 짧아, 두 쪽이 나도 우리 아이는 절대로 포기할 수 없다고 했으면 어떤 결과가 났겠는가? 또 다른 여자의 마음이 간교했다면, 거짓된 마음으로 위장하여 성경에서의 생모처럼 아이를 죽이지 말고 차라리 저 여자에게 주라고 말했다면 솔로몬의 판결은 달리 날 수 있었겠는가? 솔로몬은 칼을 들기 이전에 이미 선과 악을 구분하는 지혜를 사용하고 있었던 것이다. 선악을 구분한 솔로몬의 능력은 솔로몬의 밖에서 온 하나님의 지혜였다.

솔로몬의 정체성과 인생의 경험에 있어서 하나님께서 주신 지혜가 결합된 장치가 있었던 것이다. 솔로몬에게 있는 옳고 그름의 판단의 기준은 하나님의 초월적인 도덕률이었다. 지혜는 기도해서 아는 능력이 아니다. 지혜를 가진 것이 곧 영적인 신통력이 있다는 말도 아니다. 지혜는 선과 악을 구분하는 하나님의 능력이다.

영적인 것은 무당이 더 잘 안다. 그러나 이를 두고 무당이 지혜롭다고 말할 수 없다. 기도를 하고 응답에만 관심을 갖는 것은 지혜와 상관없는 무속적 차원의 행위다. 부흥회에서 이성을 잃고 거의 광란에 가까운 최면 상태에서 기도의 응답을 받고 그것이 하나님으로부터 온 것이라고 주장하는 것은 성경적이지 않다. 교계의 유명세를 타고 마치 영웅이 되어버린 듯한 목사의 기도가 문제를 해결하는 응답을 가져다주는 것이 아니다.

바울은 에베소 교인들에게 성경을 읽으면 그리스도의 비밀을 깨달을 수 있다고 했다(엡3:4). 성도의 지혜는 "우리 중에 누구든지 자기를 위하여 사는 자가 없고 가기를 위하여 죽는 자도 없도다. 우리가 살아도 주를 위하여 살고 죽어도 주를 위하여 죽나니, 그러므로 사나 죽으나 우리가 주의 것이로다."라는 고백에서 하나님의 지혜가 임하

는 것이다(롬14:7~8). 지혜는 이미 주어진 성경에서 얻을 수 있는 하나
님의 통찰이다.

성경과 지혜

　바울은 "의인은 없나니 하나도 없다."라고 했다(롬3:10). 바울의 관점은 사람과 사람 사이의 상대적 비교가 아니다. 성자나 의인이 있을 수 있겠지만, 하나님의 관점에서는 의인도, 진정한 구도자도, 선한 자도 없다는 말이다. 더구나 그는 하나님을 찾는 사람도 없다고 했다. 수많은 종교의 수도자가 진리를 찾고 가톨릭의 수도원에는 수도사제와 중보기도자가 있다. 그러나 하나님을 찾는 열심은 있으나 내심은 우상을 찾는 경우가 있다.

　지성인은 자신의 지성을 만족하기 위해, 사업가는 사업의 성공을 위해, 학생은 좋은 학교와 직장을 위해, 신도들은 자신의 이기심을 충족하기 위해 하나님을 찾는다. 그러나 지혜 있는 사람은 자신의 죄를 하나님 앞에 정직하게 인정하고 자발적으로 내면의 더럽고 부패한 모습을 드러낸다. 지혜는 신령한 은혜의 근원인 그리스도를 닮는 것이다. 성도의 인생 여정은 하나님께 달렸다.

　성도는 창조와 심판의 하나님, 인생의 길을 완전히 바꾸어 주실 하나님께 자신을 맡기는 것이 지혜롭다. 하나님은 내 안의 연약함과 부패함을 그 누구보다도 잘 알기에, 끊임없이 성령께 복종하며 사는 사람이야말로 지혜로운 사람이다. 예레미야 선지자는 "너희는 예루살렘 거리를 빨리 왕래하며 그 넓은 거리에서 찾아보고 알라. 너희가 만일 공의를 행하며 진리를 구하는 자 한 사람이라도 찾으면 내가 이 성을 사하리라(렘5:1)."라고 말했다. 의인은 주님의 시각에서 보는 절대적인 개념이며, 하나님이 의인 한 사람을 찾는 목적은 이 도시의 구원 때문이라는 것이다.

1998년 1월의 어느 날, 이미 연임에 성공했던 빌 클린턴(Bill Clinton) 대통령과 모니카 르윈스키(Monica Lewinsky)라는 젊은 보좌관 사이의 불륜이 전 세계에 알려졌다. 그날 저녁, 컬럼비아 대학의 정치학 교수는 TV 방송에 나와서 아직도 미국에는 청교도 정신이 있으므로 정치 지도자의 불륜은 용서받기 어려울 것이라며 조기 퇴진을 예측했다. 그러나 그의 예측은 완전히 빗나갔다. 이전까지만 해도 사람들은 자신은 도덕성을 지키지는 못해도 대통령과 같은 사회 지도층은 도덕성을 가지고 있어야 한다고 생각했다. 적어도 그때까지만 해도, 사회 지도층의 도덕성은 확보하고 있어야 한다는 암묵적인 동의가 있었던 것이다. 이중적이고 위선적인 잣대이지만, 자신의 부적절한 삶에도 불구하고 다른 사람의 삶에서 거룩함을 보고 싶어하는 마음은 있었던 것이다. 자신이 불의함에도 다른 사람에게서 의를 요구하는 것을 보면, 아직도 그들의 마음 속에 초월적인 의와 거룩함에 대한 갈망은 남아 있었다.

그런데 대통령은 정치만 잘하면 되지, 사생활까지 문제 삼는 것은 너무 혹독하다는 여론이 생기기 시작했다. 부도덕하게 사는 국민이 대통령도 그런 일을 저지를 수 있다고 판단한 것이다. 시간이 지나면서, '지도자인 대통령도 부도덕한데 우리쯤이야'라는 생각을 하면서 사회 전반에 도덕적 해이가 만연해졌다. 자신과 같은 부정을 저지른 대통령이 정치는 잘한다고 말하며 자신의 행위에서 정당성을 찾았다. 죄의식은 온데간데없고 얼마 전까지만 해도 감히 상상할 수 없었던 자신의 죄를 정당화하는 시대가 도래한 것이다. 나도 개판이고 너도 개판이니 서로 관용을 베풀고 용서하자는 것이다.

죄가 왕 노릇을 하는 신시대(new age)가 열린 것이다. 세상이 하나의 힘으로 일치되는 데 있어서 사단이라는 이름의 신본주의, 사단 유일신 사상으로 통합하는 시도다. 플라톤에서 20세기 초 하이데거까지의 세속 철학에서도 하나님의 존재는 인정했다. 신이 죽었다는 말도 실제로는 하나님의 존재를 인정하는 말이었으나, 이제는 하나님을 대체하는 유일신 사단을 섬기는 세상으로 변모되고 있다. 이것은 단순한 우상이 아니다. 지금까지의 영적인 세계를 완전히 재편하는 공중의 권세 잡은 자의 역사이다.

인간 본성에 가득 찬 죄로 온 세상을 재편하는 시대에 살아가는 기독교인들은 영적 각성을 위한 특단의 조치와 노력이 필요하다. 성경은 진리를 막고 있는 사람에게 하나님의 진노가 있다고 했다. 경건치 않고 불의한 사람들이 마음속 깊은 데서부터 의도적이며 사악하게 진리를 방해하고 억제한다는 것이다(롬1:18). 하나님을 몰랐던 것도 아니고 알아차릴 수 있음에도 의식적인 거부를 한 사람들이다.

자동차를 운전하다 보면 새로운 길을 내기 위해 공사를 하며 표지판을 세워 놓은 것을 볼 수 있다. 공사 표지판의 내용은 "우회하시오." 아니면 "돌아가시오."이다. 그런데 만약, 표지판을 무시하든지 아니면 못 보고 그대로 직진해 버리면 큰 사고가 나든지 교통 위반으로 벌금을 물게 된다. 아무리 법정에 가서 그 표지판을 못 보았다고 해도 용서받지 못한다. 경고판을 지나쳐 버린 죄는 마음이 악한 자라도 변명할 수 없다. 교통 법규를 지키지 않으면 경고등이 깜박거리듯이, 하나님은 세상적이며 불의한 삶에 경고를 한다. 하나님의 경고를 무시하지 않고 경건함을 유지하며 사는 것이 지혜다.

어릴 때 잘못한 일이 있으면 아버지, 특히 어머니로부터 매를 맞은 기억이 있다. 분명히 잘못한 일이 있음에도 불구하고 그냥 넘어가면 더 불안해서 그날 밤은 잠도 오지 않았다. 터질 것은 빨리 터지고 매 맞을 일이 있으면 빨리 맞아야 하는데, 분위기는 싸늘한데 벼르기만 하고 아무런 조처가 없으면 불안하기 짝이 없다. 군대에서 취침하기 전에 점호를 하는데, 9시에 하는 정례 점호 전에 내무반 최고 고참들이 8시에 집합시켜서 얼차려를 시키고, 9시에 정기 점호 때는 신참 병장들의 얼차려, 10시에는 상병 고참들의 얼차려가 있었다. 매일 밤 한 번이라도 얼차려 순서가 지나가지 않으면 불안했고, 얼차려를 다 받고 난 후에야 마음 놓고 잠잘 수 있었다.

징계가 있어야 용서도 믿을 수 있고 축복의 약속도 믿을 수 있다. 지혜로운 자들은 하나님의 뜻을 어겼을 때 그 일이 잘 못 되는 것을 하나님 사랑의 증거로 받아들인다. 믿지 않는 사람들은 거짓말하고 못된 짓을 다 하고 공갈 협박하면서도 양심의 가책이 없이 잘 사는데, 믿는 사람들은 조금만 잘못해도 죄책감으로 마음이 편할 수 없다.

19세기 초 유럽에는 복음 운동이 있었다. 그중에서 스코틀랜드의 로버트 할데인(Robert Haldane, 1764~1842년)과 제임스 할데인(James Haldane, 1768~1851) 형제의 이야기다. 두 형제는 현재 스코틀랜드(Scotland) 중부의 스털링 대학교(Stiring University)가 있는 에어스리 성(Airthrey Castle)을 소유하고 동인도 회사를 운영했던 할데인 가문의 자손들이다. 로버트 할데인은 지금 글래스고에 있는 글래스고 성당(Glasgow Cathedral) 묘지에 존 낙스와 같이 묻혀 있는, 믿음의 위인의 자리에 섰던 사람이다.

1815년, 로버트 할데인은 제네바에 있는 한 대학의 노천강당에서 바로 옆에 앉아 있는 젊은 청년들이 대화하는 것을 들었다. 그들은 하나님에 관해서 대화하고 있었으나, 대화 내용에 복음의 능력이 전혀 없었다. 할데인은 돕기로 결심하고 이들을 초청하여 로마서를 한 절씩 같이 연구하였다. 이 모임에서 두와우 비그네(Merle d'Aubigne), 고센(Gaussen), 말란(Malan), 모노드(Monod), 비네트(Vinet)와 같은 프랑스 복음 운동가들이 탄생했다.

로버트 할데인은 후에 자신이 쓴 『로마서 주석』에서 로마서의 가장 핵심적인 내용이 로마서 11장 36절이라고 했다. "이는 만물이 주에게서 나오고 주로 말미암고 주에게로 돌아감이라(from him through him for him are all things). 영광이 그에게 세세에 있으리로다." 이는 하나님의 영광이 드러남(manifestation of the Glory of God)을 말한다. 하나님의 영광을 찾고 추구하고 여기에 완전히 굴복하는 것이 성도가 가져야 하는 지혜의 근본이다.

느부갓네살왕은 "이 큰 바벨론은 내가 능력과 권세로 건설하여 나의 도성으로 삼고 이것으로 내 위엄의 영광을 나타낸 것이 아니냐(단 4:30)."며 자신의 영광을 자랑했으나, 하나님은 "나는 여호와니 이는 내 이름이라. 나는 내 영광을 다른 자에게, 내 찬송을 우상에게 주지 아니하리라(사42:8)."라고 말씀하셨다. 성도는 고통이나 기쁨을 떠나서 자신의 삶을 하나님의 영광에 완전히 굴복시켜야 하는 것을 알고 실천하는 자이다. 그리스도가 인생의 목적이 되어야 한다. 만약에 그리스도를 따르는 데 고통이 있다면 그것은 선이다. 그리고 그를 섬기는 데 기쁨이 있다면 그것도 선이다.

성도의 하나님 경외는 이미 세상의 원칙을 떠난 차원의 삶이며 지혜의 근본이다. 하나님을 두려워하는 것은 하나님과의 관계를 바로 맺는 것이며, 우리를 지으신 하나님과의 관계를 통해 지혜를 가지게 된다. 성도는 창조주 하나님을 반항하는 것에서 돌이켜 하나님께 굴복함을 지혜로 삼는다. 성도는 세상을 하나님의 관점에서 보며, 하나님의 절대 주권을 인정하고 예배와 실제적 삶에서 몸과 마음을 다하는 삶을 산다.

필라델피아 제10장로교회의 담임 사역자였던 제임스 보이스(James Boice, 1938~2000년) 목사는 2000년에 필라델피아의 부흥을 갈망하면서 "전에 일어났던 부흥을 왜 지금은 볼 수 없는가."라고 말했다. "우리의 열정, 열망, 신앙의 방향이 하나님의 영광으로 초점이 맞춰지기 전에는 우리가 원한다고 말하는 부흥(개혁)을 볼 수가 없을 것(There has certainly never been a period in recent history in which a true Reformation has been desperately needed)."이라고 전했다.

지혜는 우리의 모든 삶에 성경의 보편성을 인정하는 데서 시작한다. 성경적 보편성은 성도의 세계관이다. 지혜는 건물의 초석과 같은 성경의 보편성 위에 세워진 단단한 기둥이다. 초석은 바른 믿음이다. 기대와 가정, 확신과 믿음에 따라 행동하는 인간이 자신의 삶과 가치의 기준을 하나님의 말씀인 성경에 두는 것이 지혜다. 성경을 기준으로 분별력이 있는 삶, 결단하여 행동하는 삶을 사는 것이다. 지혜는 참된 부흥을 이루어 낸다.

하나님의 부흥은 인생의 최고의 목적을 하나님의 영광에 두고 두렵고 떨리는 마음으로 매 순간 자신의 삶을 돌아보는 심령의 부흥을 이룬다. 지혜는 단회적인 것이 아니라 믿음으로 옳은 행동을 지속해서 하는 것이다. 그것은 날마다 순종하는 삶의 방법이고 삶의 스타일이다. 성도의 지혜는 무엇이든지 자연스럽게 되어지는 일에 회의적

이어야 한다. 세상적 현상은 타락으로 왜곡되어 있고 인간의 본성은 전적으로 타락했기 때문에, 무언가 자연스러운 것은 죄에 속한다는 경각심을 가지고 이를 명심해야 한다.

에스더의 지혜

　일찍이 바사 제국의 초대 왕인 고레스의 마음을 감동하게 해 이스라엘 백성을 고국으로 갈 수 있도록 섭리한 하나님(스1:1)은 다리오왕을 움직여 유대인들이 중단했던 성전 재건 공사를 다시 시작하게 했다(스6:22). "왕의 마음이 여호와의 손에 있음이 마치 보의 물과 같아서 그가 임의로 인도하신다(잠21:1)." 왕의 마음을 강퍅하게 하기도, 그 마음을 부드럽게 할 수도 있는 이는 하나님이다. 농부가 도랑의 물길을 여닫듯이, 하나님은 왕의 마음을 그의 섭리로 움직인다.

　세상의 권세자들과 정치가들의 마음은 누가 잡고 있는가? 한국의 문재인 대통령의 마음을 누가 움직이는가? 북한의 김정은의 마음, 미국의 트럼프 대통령의 마음을 누가 움직일 수 있는가? 어려운 상황을 만날 때 앞길이 암담하며 포기하고 싶을 때도 만사가 하나님의 손에 의해 움직인다는 것을 아는 것이 지혜다.

　삼촌 모르드개는 부모도 없이 유배 살이를 한 에스더에게 어려서부터 유대인의 정체성을 가르쳤고, 에스더는 성장하여 페르시아 왕비로 간택되었다. 에스더는 나라 잃고 포로가 된 고아의 처지에서 대제국 페르시아의 왕후가 된 지 6년째였다. 왕비로 세상을 누리며 잘살 수 있었던 에스더는 이스라엘 민족이 수난에 빠지자, 풍전등화의 운명에 처해있는 민족의 운명을 놓고 금식 기도를 하고 '죽으면 죽으리라'라는 각오로 아하수에로왕 앞에 섰다.

에스더는 하나님의 때와 자신의 해야 할 일을 분별하고 결단한 후, 주저 없이 실천했던 것이다. 왕이 부르기 전에 임의로 어전에 들어가면 왕후든, 왕의 심복이든, 왕의 자식이라도 생명을 잃을 각오를 해야 한다. 에스더뿐만 아니라 모르드개와 수산 성의 모든 유대인과 에스더의 시녀들이 3일 동안 간절히 금식하며 기도하였고, 하나님의 응답으로 왕은 에스더에게 특별한 은혜와 호의를 베풀어 에스더를 받아들였다.

한편, 모르드개는 총리인 하만에게 끝까지 머리를 숙이지 않으며 자신의 정체성을 분명히 했다. 모르드개가 주는 교훈은 인생의 길을 방해하는 시험과 장애는 정면 돌파로 극복해야 할 대상이라는 것이다. 이전에 사울왕이 하나님의 명령을 따라 아말렉족을 한 명도 남김없이 진멸했다면 아말렉족속인 하만이 등장할 수 없었다. 하만 때문에 페르시아에 있는 수많은 유대인이 1년여 동안 죽음의 계곡을 통과하는 고통을 받은 것이다. 유대인이며 베냐민 자손의 정체성을 가진 모르드개는 기백과 긍지로 유대인들을 무장시켜 영혼을 부패시키고 병들게 하는 아말렉족과 하만에 대항하게 한 것이다.

인생은 잠깐 보이다가 없어지는 안개와 같고 허탄한 자랑은 다 악한 것이라고 한 야고보는 인생의 궁극적인 목적이 현세적 풍요가 아니라는 것을 교훈한다(약4:14~16). 페르시아의 2인자인 하만은 자신의 재산의 풍부함과 자녀의 많음과 명예와 권세를 자랑하는 탐욕이 많은 자였다. 어느 날, 악에 받친 하만은 자신에게 머리를 숙이지 않았던 모르드개를 나무에 달아 죽일 것을 왕에게 청하기로 작정하고 자기 집 뜰에 50규빗, 즉 약 25m 되는 높은 나무를 세웠다. 하만은 모르드개와 그의 민족인 유대인들을 다 멸절시키려 획책했던 것이다.

인간의 본성이 참으로 악하고 잔인하다. 하만과 더불어 그의 아내 세레스와 그의 친구들도 똑같이 악한 일에 동조했다. 사람의 마음에 본래 악하고 죄악 된 생각들이 있으나(마15:19) 성도는 악한 마음을 지양하고 선에 속하여야 한다(롬12:9). 또한, 아무에게도 악으로 악을 갚지 말고 모든 사람 앞에서 선한 일을 도모해야 한다(롬12:17). 베드로는 "모든 악독과 모든 궤휼과 외식과 시기와 모든 비방하는 말을 버리라."라고 했다(벧전2:1).

하만이 모르드개를 없애려고 온갖 수단과 방법을 다 동원했으나, 결국 왕후 에스더가 베푼 두 번째 잔치에서 모르드개 앞에 무릎을 꿇게 되었다. 에스더는 연회 석상에서, 죽음을 무릅쓰고 "왕이여, 내가 만일 왕의 목전에 은혜를 입었으며 선히 여기시거든, 내 소청대로 내 생명을 내게 주세요. 또 내 요구대로 내 민족을 내게 주소서(에7:3)."라며 왕에게 간청했다.

하만이 상황에 대한 판단을 냉정하게 했으면 왕이 아무리 화가 났어도 "왕께서 유대인을 멸하는 것을 이미 허락하셨고, 왕비가 유대인인 줄은 왕도 몰랐고 저도 몰랐던 일이 아닙니까? 왕에게 불충하려는 의도는 전혀 없었습니다."라고 말할 수 있었다. 그러면 일단 순식간에 목이 날아가는 일은 모면할 수 있었을 것이다. 하만이 제대로 처신하지 못한 것은 하나님이 하만의 분별력을 어둡게 한 섭리적 사건이었다.

그러나 하만의 편에서 보면 자신이 하는 일이 떳떳하지 못하여 자신을 변명할 용기가 없었다. 하만이 평소에 왕과 국가를 위해 진정한 충성을 다하였다면 죽음을 무릅쓰고 해야 할 말은 다 하고 자신이 한 일을 소신껏 고할 수 있었을 것이다. 떳떳하게 일했다면 할 말이 있었겠으나, 개인의 욕심으로 문제가 발생한 것은 피할 길이 없었다.

하만은 비굴하게 에스더에게 매달렸다. 에스더에게 엎드려 빌고 사정한 것이 결정적인 실수였다. 궁중의 법도는 왕궁에서 왕비나 궁녀들을 상대할 수 있는 사람은 환관밖에 없다고 정하고 있다. 그런데 왕비가 앉은 의자에 손을 짚고 허리를 숙이고 있으니 이것은 상상할 수도 없는 일이다. 이것을 목격한 왕은 화가 났다. "내 앞에서 왕비를 강간하려고 하느냐?" 이제는 모든 것이 끝났다. 옆에 있던 군사들이 순간에 달려들어 하만의 얼굴을 감쌌다. 사형수에게 하는 행동이다.

죽는 사람의 얼굴을 보여 주지 않는 것은 사형수를 배려한 일이었다. 설상가상으로 민심도 돌아서서 하만의 악함이 드러나기 시작했다. 한 신하가 "하만이 모르드개를 미워해서 죽이려고 장대를 만들었는데 고가 50규빗(약 25m)이나 됩니다."라며 왕에게 일러바쳤다. 사람이 권세가 있을 때는 그가 잘하든, 못하든 이득을 보려고 굽실거리며 사람들이 모이지만, 권세가 무너지면 그 모든 것이 하루아침에 사라진다.

왕은 모르드개가 얼마 전에 자기의 생명을 살려준 은인이라는 것을 기억하게 되었다. 모르드개에게 연민의 정을 가지며 당장 그 장대에 하만을 매달라고 명령을 내렸다. 하만이 유대인들을 몰살시킬 계획을 세웠고 에스더의 삼촌인 모르드개를 나무에 매달아 죽일 모든 준비를 마쳤음에도 불구하고 상황이 급격하게 반전된 것이다. 모르드개를 죽이려 준비한 장대에 하만이 대신 매달렸고 유대인들은 죽음의 처지에서 풀려났다. 이날을 기념하여 만든 명절이 부림절이다.

중동의 걸프전(Gulf War) 때 이라크(Iraq)가 미국에 항복한 날이 바로 부림절의 둘째 날이었다. 당시 이라크의 스커드 미사일(Scud missile) 공격을 받은 위기의 유대인들은 하나님께 간절히 구하여 전쟁에서 승리했고, 이라크는 항복했다. 전승의 소식을 들은 미국 언론들은 이스라엘의 부림절의 승리라고 대서특필했다. 함정을 파는 자는 그것에 빠질 것이요, 돌을 굴리는 자는 도리어 그것에 치이게 되는 것이다(잠26:27).

에스더와 모르드개는 살아남았지만, 한 가지 더 해결해야 할 일이 남아 있었다. 하만이 처단을 당했으나, 유대인을 멸하라는 왕명으로 공포된 법은 아직 살아있었다. 왕이 도장 찍은 법은 폐기하기가 쉽지 않다. 에스더는 또 한 번 더 지혜를 동원했다. 왕에게 모르드개를 소개하면서 비로소 자신의 삼촌이라고 밝히자, 왕은 더욱 기뻐하며 과거 모르드개가 세운 공로를 인정한 후, 하만의 지위를 계승시켰고 하만이 유대인들을 제거하려 음모했던 조서를 거두어들였다.

하나님의 권능과 약속을 믿는 자들은 눈앞의 상황이 절벽과 같고 죽을 지경이라도 묵묵히 나아갔다. 하나님의 능력으로 모든 환경을 역전시킬 것을 믿었기 때문이다. '진인사대천명'이라는 말이 있다. 중국 오호십육국 시대의 전진왕 부견이 보병 60만여 명, 기병 27만여 명의 대군을 이끌고 동진군으로 쳐들어왔을 때, 동진군의 주력 부대는 겨우 8만여 명이었다. 국가 존망의 전투 속에서 동진군의 사령관인 사안은 여유 있게 손님과 바둑을 두고 있었다. 이때 전령이 들어와 승리의 소식을 전했다. 후대에 송나라의 호인은 이미 국가 존망을 결판내는 일전에서 사람으로서 해야 할 일을 다 하고 하늘의 명을 기다리고 있던 사안을 높이 평가했다.

성도의 현세적 삶은 에스더가 페르시아 왕국에서 하나님을 믿는 신앙을 지키는 것만큼 쉽지 않다. 그러나 지혜 있는 자는 하만과 같은 악한 자에게는 반드시 심판이 있다는 것을 안다. 다윗은 "잠시 후에 악인이 없어지리니, 네가 그곳을 자세히 살필지라도 없을 지로다(시37:10)."라고 했다. 잠시 후면 놀라울 정도로 하나님의 손길이 임하여 악인을 찾으려야 찾을 수 없는 때가 온다고 했다. 예수의 재림 때이다. 성도는 그날에 대한 소망이 있다. 원수에게 내가 직접 보복하려는 마음은 지혜가 아니다.

성도가 원수까지도 사랑해야 하는 이유는 예수의 십자가를 전적으로 믿기 때문이다. "원수를 사랑하고, 선대하며, 아무것도 바라지 말고 빌리라. 그리하면 하늘에서 너희 상이 클 것이요, 지극히 높으신 이의 아들이 되리니."라고 했다(눅6:35). 성도는 교만해서는 안 된다. 모르드개가 절하지 않은 것에 감정이 상한 것은 하만의 교만 때문이며, 결국 자신의 멸망을 초래했다. 이 시대의 수많은 하만 같고 아하수에로왕 같은 사람들과 함께 살아가는 성도들에게는 참된 지혜가 요청된다. 하나님 앞에서 마음이 깨끗하고, 그 인격이 흐트러짐 없이 세상에 물들지 않은 에스더와 같은 사람은 하나님의 지혜를 얻을 수 있다.

에머슨의 『자기 신뢰』

키르케고르가 가련하고 연약한 인간관을 가졌다면 랠프 월도 에머슨(Ralph Waldo Emerson, 1803~1882년)은 천재의 인간관을 가졌다. 미국의 시인이자 사상가인 에머슨은 19세기 미국에서 초절주의(transcendentalism) 운동을 주도했다. 19세기 미국의 뉴잉글랜드의 전통적인 청교도주의에 반하는 초절주의자들(transcendentalists)과 유니테리언(Unitarian) 교회는 에머슨의 영향을 받아 의로운 자아관을 가진 천재의 인간관을 추구했다. 에머슨은 7대에 걸쳐 성직을 이어온 믿음의 가정에서 태어났다. 하버드 신학부를 졸업하고 유니테리언파(Unitarian Church) 보스턴 제2교회의 목사가 되었지만, 회중과 사역의 성격 차이로 마찰이 일자 사임했다.

회복이 필요했던 에머슨은 사임 후 유럽으로 건너가서 월터 사비지 랜도(Walter Savage Landor), 사무엘 테일러 콜리지(Samuel Taylor Coleridge), 윌리엄 워즈워스(William Wordsworth), 토머스 칼라일(Thomas Carlyle) 등과 같은 낭만주의자들과 교제하며 초절주의의 영감을 얻었다. 에머슨은 또한 독일에서 칸트의 선험적 철학에 심취한 후 미국으로 돌아와, 1836년에 미국의 초절주의를 태동시킨 에세이인 『자연(Nature)』을 집필했다.

초절주의자들은 영혼과 하나님 사이의 직접적인 관계를 믿었고 감각뿐만 아니라 교회, 성직자 및 성경도 초월의 대상으로 보았다. 그들은 관습과 환경에 얽매이지 않고 소신껏 독립적 인생을 개척하며 현세적 삶을 초월하는 것을 모토로 삼았다. 에머슨은 초자연적인 질서에 대한 지식을 가진 자신의 천재적 자질을 신뢰하라고 가르쳤다. 초절주의자들은 인간은 궁극적인 진리를 이해할 직관적인 능력과 감각의 범위를 초월한 확고한 지식을 획득할 수 있다고 생각하게 된 것이다.

뉴잉글랜드의 종교 문화는 청교도 정착민들이 유지하고 애쓰며 지켜왔던 칼뱅주의에 의해 형성되었다. 칼뱅주의 교리는 인간의 죄의 본성, 예정, 불가항력적인 은혜에 의한 선택, 하나님의 선택적 구속에 의한 죄인의 구원을 가르쳤다. 반면, 초절주의 신학자들은 인간의 본성에 대한 긍정적인 견해를 갖기 시작했고, 구원 과정에서 개인 경건과 윤리적 실천의 중요성을 강조하며 칼뱅주의에 대한 불만이 자라났다. 사회적으로 확립된 전통적 칼뱅주의에 반하는 사상을 가졌던 에머슨은 교회와 점점 멀어지고 결과적으로 미국 낭만주의를 대표하는 주요 인물이 된 것이다.

에머슨은 자신의 에세이 『자연』에서 인간은 전통에 물들기 전에 시와 철학에 대한 통찰을 가져야 하며, 종교의 역사보다 계시의 종교를 가질 수 있는 길을 고민하라고 했다.[298] 에머슨은 인간이 자연의 도움을 받고 있으므로 '자연'을 우선해야 하며, 아름다움의 첫 번째

---

298 Ralph Waldo Emerson, 『Nature, Addresses and Lectures』(Cambridge, Massachusetts: Belknap Press of Harvard University Press, 1971), p. 7.

기준을 자연으로 삼았다. 에머슨은 사물의 본질에 자연의 아름다움이 있다고 했다.[299] 인간의 눈 앞에 펼쳐진 자연, 즉 하늘, 산, 나무, 동물 등은 인간 자신에게 즐거움이 된다. 에머슨은 자연이 즐거움을 만들어 내는 힘을 가진 것은 아니나, 자연 자체가 인간 조형의 힘과 근원이 된다고 보았다.

에머슨은 자연은 언제나 영혼의 색을 지니고 있다며 자연을 예찬했으며, 자신의 에세이 『자기 신뢰(self-reliance)』에서 천재의 개념을 발전시켰다. '누가 나를 만들었으며 나는 어디에서 왔는가?'의 질문에 에머슨은 '자기 신뢰'라는 답을 한다. 천재는 외부의 도움이 아닌 자신의 힘으로 삶을 주도하며, 천재의 자아상은 자기 자신을 믿는 것이다. 에머슨은 자신의 생각을 믿기를 원하며 '사적인 인간의 마음'으로 '나에게 사실인 것이 모든 사람에게 사실이라고 믿는 자가 천재라고 말했다.[300]

천재는 낭만주의를 특징짓는 자아의 모습이다. 에머슨은 셰익스피어를 가르칠 수 있는 대가는 어디에 있느냐고 물으며, 오직 천재만이 셰익스피어의 진리의 광선을 통과시킬 수 있다고 했다.[301] 천재는 자신의 지성(intellect)을 새로운 선물을 받을 수 있는 능력(the power of receiving a new gift)으로 믿고 그의 지성으로 초월적 진리의 가능성을 여는 자라고 했다.[302] 가다머도 분석했듯이, 천재는 '칸트의 미학'에 의해 검증되었고 낭만주의 해석학 및 역사에서 독특한 인물이

---

299 Ibid.

300 Ralph Waldo Emerson, 'Self-Reliance', in 『Self-Reliance, and Other Essay』(New York: Dover Publications, 1993), p. 19.

301 Ibid., pp. 27, 35.

302 Ralph Waldo Emerson, 'Experience', in 『Self-Reliance, and Other Essay』(New York: Dover Publications, 1993), pp. 98,100.

다.[303]

에머슨의 천재는 급진적이고 개인주의적 자기를 신뢰하는 언어를 사용한다.[304] 천재의 자기 신뢰는 단순한 자기 자신을 믿는 것이 아니라, 이미 다른 사람들에게 적용 가능한 미학적 보편성인 초월적 힘을 추구한다. 따라서 천재는 자신의 직관력과 본능적인 권력 의지로 초월적 인간의 보편적 유토피아를 성취한다.

에머슨은 하나님과 인간의 연합과 인간 마음의 온전함에서 오는 자유의 신성함을 믿었다.[305] 에머슨은 천재의 마음의 완전성을 신성하게 여겼다. 천재의 확실성이나 우월성은 인간의 자율적인 완전성을 기반으로 한다. 에머슨은 "당신을 당신 자신에게 던져라. 그러면 세상을 얻게 될 것이다."라며 사람들에게 도전 의식을 심어 주었다.[306] 천재는 초월적인 하나님이 아니라 인간의 초월적이며 창의적인 사고를 믿었다.

천재는 바깥에서 오는 빛의 근원을 찾기 이전에 이미 사람에게 내재한 해석된 빛을 추구한다. '색'과 '빛'이 동행하는 것처럼, 하나님과 인간의 마음이 에머슨의 용어로 '직감(Instinct)' 또는 '통찰(Intuition)'로 만난다. 조나단 에드워드는 현실을 즉각적으로 파악하는 '초자연적 감각'을 직관이라고 했다. 에드워즈는 초자연적인 감각은 택함 받은 자에게만 임한 하나님의 은혜의 열매라고 주장한 반면, 에머슨은 하나님의 실재를 감지할 수 있는 직관은 모든 인간이 가질 수 있는 특권이라고 했다.

---

303 Gadamer, 『Truth and Method』, p. 36.
304 Emerson, 'Self-Reliance', in 『Self-Reliance, and Other Essay』, pp. 19-33.
305 Ibid., pp. 21-2.
306 Ibid., p. 21.

초절주의는 뉴잉글랜드 청교도의 인간관과 다르나, 인간 존엄 사상으로 미국 자유민주주의의 발전에 인상적인 영향을 미쳤다. 또한, 초절주의는 미국의 민주주의의 인간에 대한 평등과 존엄 사상의 발전에 깊게 영향을 미쳤다. 인간은 살아서 숨 쉬고 사고하는 개별적이고 개인적인 영혼을 가지고 있다. 미국 44대 대통령이었던 버락 오바마(Barack Obama)는 에머슨의 『자기 신뢰』를 '성경 다음으로 가장 큰 힘을 준 책'이라고 말했다. 초절주의는 하나님과 교통할 수 있는 직관으로 모든 인류는 평등한 존엄성을 가질 수 있다는 메시지를 가진다.

초절주의는 모든 인간이 하나님께 나아갈 수 있는 능력을 부여받은 누구에게도 양도할 수 없는 존엄의 가치를 강조했다. 조엘 포르테는(Joel Porte)는 에머슨은 헤겔의 변증법적 사관, 즉 역사를 전적으로 통제하고 과거의 유전에 제한하는 사건의 논리로 보지 않고, 현재에 대한 견적에 초점을 맞추는 역사관을 가졌다고 평가했다.[307] 에머슨은 천재의 개념에서 가난하든 부자든, 흑인이든 백인이든, 모든 사람은 선(goodness)을 가진 하나님 안에서 평등함을 찾는 역사관을 가졌다.

에머슨은 가난한 자에게 무엇을 주는 행위는 악의와 허영심과 관계있으며, 그들에게 적선하고 물질을 베푸는 행위는 결국 그들을 무시하는 것이라고 했다. 천재는 돈으로 해결하기 이전에 사회의 구조적 악과 인생의 허무한 현실에 대항한다. 세상의 타락을 싫어하는

---

307 Joel Porte, 'Introduction: Representing America—the Emerson Legacy', in Joel Porte and Sandra Morris, eds., 『The Cambridge Companion to Ralph Waldo Emerson』 (Cambridge: Cambridge University Press, 1999), pp. 3-4.

천재는 가난한 사람들을 향하여 "악의와 허영심에 매이지 말고 잘못된 사회의 구조적 악함에서 벗어나 천재의 영성을 회복하라."라는 메시지를 던진다.

에머슨은 "무릇 내게 오는 자가 자기 부모와 처자와 형제와 자매와 자기 목숨까지 미워하지 아니하면 능히 나의 제자가 되지 못하고 (눅14:26)…"라는 성경 구절을 "멀리 있는 사랑은 집에서 악의이다(thy love afar is spite at home)."라고 해석했다.[308] 이 구절에서, 에머슨은 집과 가정을 미워하는 것을 예수 그리스도의 '새로운 선물'과 직접 연결했다. 에머슨은 천재를 부모와 처자와 형제와 자매와 자기 목숨까지 뛰어넘는 자로 묘사했다.

제자들로 하여금 다른 사람을 미워하고 자신의 십자가를 지라는 예수의 말에서, 미워하라는 가르침은 사랑에 반하는 것이 아니라 슬픔과 통곡으로 사는 자들을 위한 참된 복음인 것이다. 에머슨은 천재가 나를 부르면 아버지와 어머니, 아내와 형제를 떠나야 한다고 해석했다.[309] 에머슨은 하나님의 은혜에 다다르지 못한 인간의 기도는 사악하다고 했다.[310] 에머슨은 인간적인 목적을 가진 하나님의 온전한 내재가 없는 마음으로 하는 기도는 인간 내적 욕심의 표현이며 응답이 있을 수 없는 악한 시도라고 했다.

에머슨은 역사를 연대순으로 보지 않았으며, 인간의 마음은 역사의 전체를 알고, 역사의 근원을 거듭 살펴야 한다고 했다.[311] 에머슨은 가다머의 '맛(taste)'으로 실현되는 보편성을 추구했으며, 일체적 폭

---

308 Ibid., p. 22.
309 Ibid.
310 Emerson, 『Self-Reliance』, p. 33.
311 Ibid., p. 4.

력적 권력을 가진 '패션(fashion)'보다 특별한 자유를 보장하는 '맛'을 우월하게 보았다.[312] 에머슨의 보편성은 가다머가 말한 것처럼 전체가 의도되는 방향성이었으며 이미 주어진 전체는 아니었다(a whole is intended but not given as a whole).[313]

---

312   Gadamer, 『Truth and Method』, p. 33.
313   Ibid., p. 34.

로티의 『우연성 아이러니 연대성』

미국의 실용주의에 바탕을 둔 포스트모던 사상가 리처드 로티 (Richard Rorty, 1931~2007년)는 아이러니(irony)에서 객관성을 찾았다. 로티는 칸트(Kant)의 순수 이성의 인간 연대에 의한 객관성을 하나의 좋은 시도로 볼 뿐, 그것의 효과는 믿지 않았다.[314] 칸트의 이성적 연 대를 정당화하는 것은 마치 교회가 그리스도의 몸이므로 완벽한 연 대를 이루었다고 말하는 것 이상도, 이하도 아니라는 것이다. 이성 적 연대는 현실적으로 공동체가 원하지 않는 잔인함과 독단을 제거 할 수 없고 실제적으로 살아가는 실용적 지혜도 가질 수 없다. 아이 러니즘(ironism)은 반토대주의(anti-foundationalism)다.[315] 로티는 인간 의 잔인성을 제거한 새로운 상상력을 가진 아이러니스트(ironist)가 참된 인간의 연대를 이룬다고 하였다.

일반적인 사고방식으로 파악할 수 없는 거칠고 새로운 아이러니와

---

314   Ibid., p. 74.
315   Ibid., p. 44.

오랜 기간 확정성을 가진 언어 사이에는 엄청난 긴장이 있다.[316] 로티는 '과거의 시적' 영역은 자기 창조(self-creation)에 의해서 항상 갱신되기 때문에, 아이러니를 인간의 권위로는 비준할 수 없는 '최종 어휘'의 우연성으로 설명했다.[317] 로티는 아이러니는 인간이 억압에서 해방되어 가질 수 있는 것이 아니라, 자율성을 추구하는 소수의 자기 창조적 인간만이 가지는 것이라고 했다.[318] 로티는 니체(Nietzsche), 데리다(Derrida) 또는 푸코(Foucault)와 같은 사람들을 사회의 제도와 규율과 다른 종류의 자율성을 가진 창조적 아이러니스트로 분류했다.

기독교인들은 "이웃을 사랑하라."라는 형이상학적인 언어에 연결되어 있다. 그러나 자기 창조의 아이러니스트는 형이상학적 위임을 은유적 언어로 변형시킨다. 자유주의적 형이상학자와 자유주의적 아이러니스트의 이웃을 사랑하는 방법에는 확연한 차이가 있다. 형이상학자의 이웃 사랑에 관한 질문은 "왜 이웃에게 굴욕감을 주는 것을 피해야 하는가?"이며 아이러니스트의 질문은 "무엇이 이웃에게 굴욕감을 주는가?"이다.

아이러니스트는 "이웃 사랑은 인간의 본성이니, 당신은 남에게 굴욕감을 주는 것을 피해야 한다."라고 말할 것이나, 형이상학자는 "당신과 그들이 나에게 굴욕감을 주었는데 내가 왜 사랑해야 하는지 모

---

316 Richard Rorty, 『Take Care of Freedom and Truth Will Take Care of Itself: Interviews with Richard Rorty』, Eduardo Mendieta, ed. (Stanford, California: Stanford University Press, 2006), p. 72. See also Rorty, Contingency, Irony and Solidarity, p. 72.
317 Ibid., pp. 74-5.
318 Gideon Calder, 『Rorty's Politics of Redescription』(Cardiff, Wales: University of Wales Press, 2007), p. 65.

르겠다."라는 말을 할 것이다.[319] 아이러니스트는 굴욕과 창피를 당하는 소외된 자들과의 민감성이 증진될수록 연대감이 향상된다고 보았다.[320] 아이러니스트는 높은 상호 간의 민감성이 인간 유토피아를 이룬다고 생각한 것이다.[321] 로티는 유토피아는 종말의 구세주의 재림보다 단순하게 만나는 사람이나 대상을 대할 때 최선을 다하는 것으로 간주했다. 로티는 도덕적 진보가 더 광범위한 인간 연대를 가능케 한다고 보았다.

로티는 자유주의적 아이러니스트의 특징을 다음 세 가지로 기술했다.

"① 그녀는 사람들이나 책들을 통해 다른 어휘들에 의해 감명받았기 때문에 현재 사용하는 최종적 어휘에 급진적이며 지속적인 의심을 품는다. ② 그녀는 현재 어휘로 표현한 논증이 이러한 의심에 동의하거나 이를 해결할 수 없다는 것을 알고 있다. ③ 그녀가 처한 상황을 철학적으로 이해하는 한에 있어서는, 자신의 어휘가 다른 사람들의 것보다 더 현실적이라고 생각하지 않으며, 처해진 상황이 자신이 아닌 다른 힘과 연결된 것으로 여긴다."[322]

서로 다른 종족, 종교, 인종, 관습에서 연대를 도모할 때, 전통적으로는 상대의 성격이나 영역을 따지나, 로티는 인간 모두가 겪는 고통

---

319   Rorty, 『Contingency, Irony and Solidarity』, p. 91.
320   Ibid. Rorty regards a larger shared power as rationality, God, truth, or history.
321   Rorty, 『Contingency, Irony, and Solidarity』, p. xvi.
322   Ibid., p. 73.

과 굴욕에서 연대성을 찾았다.[323] 로티는 동물들 또한 인간과 같이 고통을 느낄 수 있는 능력이 있다고 했다. 로티는 인간은 단지 서로 시간과 우발적인 기회의 공간을 가지며 초월해야 할 것이 아무것도 없으므로, 모든 사람이 이웃의 운명에 동참하는 열정을 가지고 있기를 원했다. 로티는 상대에 대한 민감성을 증대하는 '연대성'으로 서로의 차이가 해소된다고 했다.[324]

사회적 합의를 위해서는 사회적 한계를 극복하는 것보다 상호 간 많은 대화와 공동체에 대한 언급의 확대가 요청된다.[325] 주어진 공동체의 상호 간 합의로 사회적 객관성이 확보된다.[326] 이 일을 위한 관용과 융통성은 아이러니스트의 주요한 덕목이 된다. 로티는 관용은 이웃과의 관계를 다르게 만들고, 융통성은 자신을 다르게 표현할 수 있는 능력이라고 했다.[327]

아이러니스트는 자신의 언어, 의식, 시간과 우연의 부산물인 공동체의 자기 창조 안에서 참된 초월적인 경험을 한다. 로티의 자기 창조는 교화의 행위로써 은유가 의미를 확산하는 것과 같다. 갑자기 얼굴을 찌푸리거나, 주머니에서 사진을 빼서 보여 주거나, 주위의 무언가를 가리키거나, 대화를 갑자기 중단하는 것 또는 상대의 뺨을 두드리거나 갑자기 키스하는 일 등은 상대에게 은유(metaphor)를 던지는 행위가 된다. 은유적 의미 확산은 텍스트에 기울임 글꼴이나, 삽화 또는 특이한 작품이나 서식을 더하는 것에서 나타난다.[328]

---

323 Ibid., p. 192.
324 Ibid., p. xvi.
325 Rorty, 『Objectivity, Relativism and Truth』, p. 23.
326 Ibid., p. 53.
327 Rorty, 『Take Care of Freedom and Truth Will Take Care of Itself』, p. 80.
328 Ibid., p. 18.

은유는 사실에 기초하지 않고 기능적으로 이루어진다. 자크 라캉(Jacques Lacan)의 '사랑은 햇빛 아래 있는 조약돌의 웃음(Love is a pebble laughing in the sunlight)'이라는 은유를 보자.[329] 은유적 언어는 하나의 용어나 표현을 다른 것으로 대체하며 의미를 재생산한다. 의미의 대체(substitution)는 순간의 사건으로 발생한다. 은유는 어떻게 읽고, 경험하고, 이해하는 것 등의 논리와 상관없다. 사랑을 햇빛 아래서 웃고 있는 조약돌로 대체하는 일의 이해나 효과를 논할 수 없는 것은 조약돌과 사랑은 아무런 연관이 없기 때문이다. 실제로 조약돌, 햇빛, 웃음은 사랑과 전혀 상관이 없는 단어지만, 사랑의 새로운 의미를 창조했다. 이처럼 은유의 능력은 서로 간의 차이를 순식간에 극복한다.

---

329 Jacques Lacan, 『Écrits: A Selection』, revised ed. (New York: W.W. Norton & Co., 2002), p. 174.

목회자의 지혜

　중국의 지도자였던 모택동이 모스크바에서 열렸던 국제 공산당 회의에 참석했을 때, 그가 앉았던 좌석 아래에 종잇조각 하나가 떨어져 있었다. 그 쪽지에는 "이때 우주는 어떻게 되고 있는지, 누가 이것을 만들었는지, 거대한 우주 속에 사는 나는 도대체 누구인지, 나는 도무지 알 수 없다. 누가 내 마음의 의심을 풀어줄 수 있겠는가?"라고 적혀 있었다. 모택동의 삶의 근원적인 목마름을 해소할 수 있는 세계관에 관한 질문이었다. 하나님의 말씀을 전하는 목회자는 진리에 대한 갈증을 어떻게 해소해야 하는가? 목회자가 생명의 근원에 대한 목마름 없이 세상의 물질, 권세 명예욕에 목말라서야 되겠는가?

　조나단 에드워드는 "만세의 왕, 곧 썩지 아니하고 보이지 아니하고 홀로 하나이신 하나님께 존귀와 영광이 세세토록 있을지이다. 아멘."의 성경 말씀으로 목회의 소명을 받았다고 한다(딤전1:17). 목회자는 하나님의 영광을 위해서 사는 소명이 있어야 한다. 예수를 불경하게 여기고 믿는 자들을 잡아 핍박하고 감옥에 잡아넣는 일에 앞장섰던 바울이 다메섹 도상에서 예수를 만난 후, 하나님의 복음을 전하다 로마 형장에서 순교까지 당하는 하나님의 영광의 자리에 섰다.

영혼의 깊은 목마름이 없이 구도자적인 삶을 살 수 없다. 미국 동부의 이민 사회에서 성실하게 신앙생활을 하던 내외분이 있었다. 마음씨도 착하고 성실하게 사역을 잘하던 분들이었다. 둘이서 주일 예배를 드리고 스트레스를 풀기 위해 한 시간 반 정도 거리에 있는 애틀란틱 시티(Atlantic City)에 가서 가볍게 도박을 즐기곤 하였다. 처음에는 재미로, 스트레스 해소를 위해 갔는데 특히 여집사님이 자기도 모르게 점점 도박에 빠져들게 되었다.

이제는 한 주일에 몇 번씩 도박을 하지 못하면 견딜 수 없을 지경이 되었다. 남편이 큰 교통사고가 나서 병원에 입원해 있던 어느 날 밤, 여집사님은 남편의 간호를 마치고 집에 아이들을 돌보러 간다고 말하고 몰래 한 시간 반 거리를 운전하여 애틀란틱 시티로 갔다. 그녀는 한 달 치 월급을 가불받은 돈을 지니고 깜깜한 밤에 정신없이 운전하며 가다가 반대편에서 오는 트럭과 정면충돌하여 형체도 알아볼 수 없을 정도의 모습으로 비참하게 세상을 떠났다.

세상의 그 어떤 것도 우리 영혼의 갈증을 해소할 수 없다. 돈, 외모, 지식, 명예, 권력과 같은 것들은 우리의 목마름을 해결하지 못한다. 이단은 허무주의적인 종말론을 미끼로 무리를 미혹하여 자신의 유익을 추구하는 일을 하지만, 목회자는 영혼의 갈증을 해결해 주는 오직 예수 그리스도의 복음에 서 있어야 한다. 목회자는 말로만 신앙을 말하는 형이상학자도 아니고 겉과 속이 다른 이중인격의 이원론자도 아니며, 오직 하나님의 말씀에 사로잡혀 회중을 예수 그리스도로 인도하는 하나님 말씀의 종이다.

성경의 지혜서를 보면 선지자들은 미래에 이루어질 일들을 고대하며, 현세에 쪼들린 백성들에게 살아있는 하나님의 말씀을 전했다. 목회자의 지혜는 믿음을 확고히 붙잡고 말씀을 바로 전하는 것이다. "믿음은 바라는 것들의 실상이요, 보지 못하는 것들의 증거"이다(히 11:1~2). 목회자는 믿음의 눈을 가지고 인간적 계산과 세상의 고정관념을 극복하고, 보이지 않는 하나님 나라의 도래를 갈망하며 생명의 말씀을 전해야 한다.

신학자로서 목회자의 연구 대상은 텍스트인 성경이다. 성경은 목회자에게 확정적인 능력이 있다. 목회자는 성경에서 사실을 수집하고, 사실들의 내부 일관성을 살피고, 짝이 되는 내용들이 조화를 이루는 성경 계시의 일관성을 찾는다.[330] 과학자가 사실에서 진리를 찾듯이, 신학자는 성경에서 사실을 수집하여 진리를 찾는 일을 한다.[331] 핫지가 주장한 것처럼, 신학은 '자연 과학에 적용되는 과학적 연구 방법과 대립되지 않는 방법론'을 가진다. 과학의 귀납 원칙이 신학에 적용되지 않는다면 신학은 인간의 추측으로 가득 찬 혼돈의 학문으로 남게 된다.[332] 자연 철학자는 자연의 가르침에서 특정한 가정의 법칙을 채택한다. 그러나 목회자는 하나님이 인간의 본성에 새겨 준 믿음의 법칙을 타당하다고 가정해야 한다.[333] 신학도 귀납법적 방법론에 의해 모든 결론에 필수적으로 동의할 수 있어야 한다.[334]

영국의 감리교 설교자인 빌리 브레이(Billy Bray, 1794~1868년)는 콘월(Cornwall)의 탄광 지대에서 사역했다. 그는 아버지를 일찍 여의고 요한 웨슬리의 부흥회에서 회심한 할아버지 밑에서 17살까지 양육

---

330 ST, v. I, 1-2.
331 ST, v. I, 13.
332 ST, v. I, 15.
333 ST, v. I, 10.
334 ST, v. I, 13.

받았다. 어린 시절 방황으로 고향을 떠났다가 다시 하나님께 헌신하였다. 그 후 그는 하나님의 말씀과 그리스도의 생수로 충만하여 기쁨과 감사가 넘쳤고, 주위의 낙심하고 어려움에 처한 동료들을 위로하고 격려하는 일을 했다.

빌리 브레이는 탄광의 위험한 작업 현장에서 깊은 땅속으로 들어가는 동료들을 위해서 이렇게 기도했다.

"주님. 오늘 혹시나 사고가 나서 우리 가운데 누가 죽게 된다면, 제가 죽게 해 주시기 바랍니다. 저는 주님으로 인한 만족감과 충족감이 있는데, 아직 제 동료들은 그 믿음의 경지에 이르지 못했습니다. 제가 오늘 죽더라도 저는 천국 갈 것을 확신하오니 사고가 난다면 저에게 일어나게 해 주시기 바랍니다."

빌리 브레이의 중보 기도로 인하여 그의 동료들은 안심하고 일할 수 있었고, 콘월 탄광 지역에 영적인 부흥 운동이 크게 일어났다. 예수의 생수로 목마름을 해소한 하나님의 사람의 열매요, 능력이었다.

목회자는 하나님의 절대 주권과 섭리를 믿고 하나님의 세상 통치와 보존을 전적으로 인정하며 믿음을 실제화하는 작업에 충실해야 한다. 하나님이 만물을 섭리한다는 사실은 목회자의 삶과 목회에 견인의 용기를 준다. 칼뱅은 하나님의 섭리와 선택을 신학의 적절한 명제로만 보지 않고 그리스도인의 삶에서의 인내와 용기의 원천으로 보았다. 목회자들은 어떠한 처지에서도 승리의 확신을 가진 용기로 무장해야 한다.

첫 번째, 위험과 위협을 감수할 수 있는 믿음, 두 번째, 하나님과 사람 앞에 부끄럼이 없는 정직, 세 번째, 스스로 죽는 것과 같은 십자가 앞에서의 겸손, 네 번째, 역설적인 경험과 시련의 인생에서도 하나님의 섭리를 믿으며 자기 생각과 말과 행동에 대한 담대한 책임, 다섯 번째, 선과 악을 구분할 줄 아는 지혜가 그것이다. 목회자는 하나님의 말씀을 전하는 자로서 하나님이 허락한 목양의 은사로 새 생명을 전파하며 이타적이고 선한 사역을 감당해야 할 것이다.

나는 내 인생이 변화되기를 갈망한다. 더 정확히 말한다면 회복이다. 적어도 죽기 전에는 세상과 환경의 눈치를 보지 않고 그것들에 의해 나의 운명이 결정되지 않는, 나 자신을 찾는 일이다. 내 인생은 세상의 노리개가 될 수 없다. 몸을 삼키는 늪과 같은 처절한 생존 경쟁의 장에서 나는 거뜬히 살아남아 본향으로 복귀하기를 원해 왔다. 죽음보다 깊은 잠에서 깨어나 회복과 변화의 길에 들어설 수 있었던 것은 전적으로 하나님의 은혜이자 인도 덕분이었다. 적나라한 현실을 직시하지 못한 위선과 두 마음은 나의 인생의 참된 변화를 불가능케 했다. 무엇보다 나에게는 자신에게 정직하고 하나님에게 정직한 삶의 방법을 찾기가 쉽지 않은 일이었다.

나는 흙에서 왔고 언젠가는 재가 되어 죽는 존재라는 사실을 알고 자유로움을 가졌다. 이것은 신학적 지식으로는 불가능했고 나와 하나님과의 일대일의 관계에서 그리스도 안에서 나의 죽음의 경험으로써 가능했다. 삶의 여정에서 스스로 내려놓음의 경험이다. 이 여정은 성경의 보편성을 온몸과 영혼으로 받아들이고 묵상함으로써 시작된 것이다. 상대를 알고 나를 알 때 실패하지 않는다. 기독교인의 정체성은 죽음과 부활에 있다. 그러나 죽지 않고 사는 것이 목적이 되면 세상의 현란함에 속아 나의 생명의 본질을 놓치게 된다.

상점에 가서 물건을 살 때 각 나라 사람마다 묻는 말이 다르다고 한다. 미국 사람은 "그 물건 돈을 얼마 내면 살 수 있느냐?"라고 묻고, 영국 사람은 "그 물건 얼마나 오래 쓰냐?"라고 묻고, 프랑스 사람은 "그 물건 최신 유행이냐?"라고 묻는다는 것이다. 그런데 한국 사람은 "그 물건 진짜냐?"라고 의심한다고 한다. 청량리 시장의 한 가게에는 이런 광고문이 붙어 있다. "우리 가게는 '정말', '순', '진짜' 참기름만 팝니다." '정말', '순', '진짜', '참' 모두는 같은 말 아닌가? 오죽 가짜가 많았으면 이런 광고문을 붙였겠는가?

요즘 중국이 '가짜 천국'이라는 말이 있다. 가짜 화장품, 가짜 의약품, 가짜 가방, 가짜 시계, 심지어 가짜 달걀도 있다고 한다. 가짜는 거짓이다. 특히 믿음이 가짜라면 큰일이 난다. 만일 신자가 가짜라면 어떤 결과가 생기겠는가? 무엇보다 자기 자신이 구원받지 못한다. 이 세상에서 하나님의 축복을 받지 못하고, 장차 천국에도 들어갈 수 없으며 세상에 대해서는 전도의 문을 가로막는다. 한국의 초대 교회 때, 예수 믿는 신자에게 돈을 꿔줄 때는 영수증도 받지 않고 빌려줘도 된다는 말이 있을 정도로 참된 신자들이 많았다.

나는 참된 인간으로 회복하고 싶다. 참된 인간은 자기의 그릇을 보존하는 것에 염두를 두지 않고, 스스로 질그릇처럼 깨어져서 그 속의 보배를 드러내는 사람이다. 죽는 일이 없으면 기독교가 회복하기란 불가능하다. 성도가 죽지 않으면 십자가가 없는 기독교가 되어, 세상의 합리적 이성을 바탕으로 한 보편성의 공격에 맥도 못 추게 된다. 가짜 신자는 십중팔구 야수에 의해 유린당하고 찢어져 해체되어 새들과 벌레들의 먹이가 될 뿐이다.

죽지 않고 살겠다는 아우성은 깊은 질식의 늪에 파묻히고, 자멸을 작정이나 한 것처럼 불빛을 보고 달려드는 불나방과 다를 바가 없다. 기독교는 십자가의 종교이다. 앞뒤를 생각하기 전에, 누구의 탓을 하기 전에, 먼저 나 자신이 죽어야 하고 지금 당장 죽는 것이 힘들면 죽는시늉이라도 해야 한다. 만약 지금 죽을 지경이면 자신을 온전히 내려놓아야 살아있다는 것에 감사하는 마음이 든다.

히스기야는 죽음을 선고받았음에도 불구하고 전적으로 하나님께 나아가 믿음으로 기도하여 자신의 병도 치유함을 받았고, 그가 다스리는 성의 백성들도 구하게 되는 심히 큰 축복의 사람으로 회복되었다. 히스기야의 믿음의 보편적 가치는 생사화복을 주장하는 하나님을 아는 지식이었다. 세상은 보편적 가치에 관해 자유, 평등, 인권, 정의 등을 말하나, 성도는 살아계신 하나님의 말씀인 성경을 보편적 가치로 본다. 성경의 보편적 가치는 종말론적으로 완성되며, 종말은 이생의 마지막을 전제한다. 죽음을 기쁨으로 고대하는 자는 아무도 감당할 수 없다. 하나님의 백성들은 하나님의 말씀을 기준으로 세상의 지식과 도덕성을 능가하는 실제적이며 격조 있는 믿음으로 살아간다.

살아서 죽음을 아는 자는 별세 신앙을 가진 자이다. 별세란 죽음이다. 별세는 한 인간의 세상과 이별이다. 별세에서의 죽음은 자살 또는 목숨이나 시간의 끝이 아니라, 자신의 삶을 다른 사람들과 공유하는 생명의 나눔이다. 자신의 별세로 부활의 능력을 체험하는 자들은 말로 형언할 수 없는 축복을 누릴 것이다. 데리다는 자기 생명의 마지막을 보내는 순간이나 스스로 생명을 초월하는 순간이 없이는 지금 행복하거나, 지금까지 행복해 본 적이 없었다고 말했다.[335]

---

335 Derrida, 『Aporia』, pp. 7-8.

죽음의 영역은 이 세상의 다른 어떤 것보다 더 중요하고 본질적이며 적절한 공간이다.[336]

죽음은 진리의 경계를 가로질러서 할 수 없었던 자신의 한계를 극복하는 불가능성의 가능성(impossibility of possibility)의 영역이다.

"불가능성의 가능성인 죽음은 또 다른 죽음과 대체할 수 있는 아포리아(aporia)와 같다. 그것은 한 이름 이외의 다른 이름을 전달하는 환유(metanomy)이다. 그것은 불가능을 가능으로 대체한다. 만약에 사랑, 선물, 타자 등이 있다면 불가능이 가능으로 환유되는 이름 뒤의 이름이다."[337]

별세 인생은 인간의 육체적인 죽음이 아니고 그 죽음과 환유된 죽음을 아는 인생이다. 별세는 세속적인 계산과 세상적인 실체를 던져버리는 십자가 앞에서 인본주의와 우상을 해체(deconstruction)하는 것이다. 무엇보다 먼저, 세상의 합리적 이성의 도전에 절대적 믿음으로 응전하지 못한 것을 나 자신부터 깊이 반성하며, 세상의 법적 기준에도 미치지 못한 성도의 도덕성을 통탄하며 회개한다. 내가 세상을 향하여 전해왔던 '그 복음'의 기준에도 미치지 못했던 나의 믿음과 삶을 무릎 꿇고 사죄하기를 원한다.

우리는 세상을 향하여 '그 복음'이 세상을 주장하고 통치하는 삶의 기준이라고 전해왔으나 정작 우리 스스로 복음에 따른 삶을 살아내는 것에 실패한 것이다. 성도는 죄 사함과 용서의 복음에 감사와 기

---

336 Ibid., p. 3.
337 Ibid., pp. 78-9.

뿜으로, 세상의 기준과 다른 성경적 기준의 삶을 살아내야 한다. 하나님 앞에서 믿음과 책임을 감당하며 정직과 겸손으로 십자가의 생명을 누려야 할 것이다. 믿음의 대상인 하나님은 절대적이지만, 상대적 윤리로 미혹하는 세상의 선과 악을 확연하게 구분할 수 있는 지혜로 살아가기를 원한다.

믿음의 결정적인 세속화에 관해서 토마스 알타이저(Thomas Altizer)는 하나님의 죽음(death of God)을 주창했으나, 하나님의 죽음이 아니라 실은 믿음의 한계에 이르지 못하는 이성의 죽음이었다. 우리의 이성이 극도에 달하면 하나님의 존재는 불필요해지고, 교회가 존재한다는 사실이 불편하게 된다. 그러나 별세 인생은 종말론적인 사건의 불가능성의 가능성(possibility of the impossibility)을 살아내며 하나님의 부흥을 반드시 이룰 것이다.

우리가 하나님과 성경을 믿는다면 적어도 전지전능한 하나님의 세계관을 가지고 하나님의 진리를 전하는 매개체가 되어야 한다. 자신이 죽지 않고 살아 있으면 하나님의 진리를 전하는 도구가 될 수 없다. 인간은 죽음을 전제한 존재로서 성령의 내주하심을 체험하는 자라면, 그리스도의 십자가에서 드러나는 절대적인 겸손을 가지게 된다. 성도는 현세적 삶에서 믿음과 지혜로 실제로 별세 인생을 살아야 하는 책임이 있다.

하나님을 아는 지식은 형이상학적 차원에 있지 않고 칼뱅이 말한 믿음이자 키르케고르가 깨달은 믿음의 도약이다. 자신을 내려놓는 인생은 믿음의 도약을 이룬다. 별세에 관한 관심은 자신의 실존적 한계를 뛰어넘어 상황과 상호 내재적 인생의 경험을 공유하는 것이다. 죽음을 극복한 인생을 살아내는 자들이 신인류다. 나의 죽음을 전제하는 자는 이웃과 보편적 연대를 이룬다. 나의 죽음으로 말미암아 대척점에 있던 '나'와 '너' 사이의 간격을 해소하며 성경의 진리를 나눈다.

아브라함은 오직 믿음으로 말미암은 의인이었다. 소돔과 고모라는 10명의 의인이 없어 멸망해버렸다. 우리 모두가 하나님이 찾았던 10명은 될 수 없으나, 개개인이 '그 10명'이 되어야만 이 땅의 심판을 면할 수 있다는 교훈은 우리에게 큰 도전이다. 절대적 순간을 믿음으로 산 보편성과 개별성을 동시에 지닌 아브라함과 같은 자가 되기를 원한다.

이 글을 쓰면서 나는 내가 누구이며, 무엇을 하며 무엇을 위해 살아야 하는가를 깨달을 수 있었다. 뒤돌아보면, 책을 쓰는 과정이 나의 피난처였고 영적 투쟁의 산실이었으며 나의 소망이 되었다. 지금까지 토마스 레이드, 칸트, 듀이, 가다머, 하버마스, 로티, 데리다의 철학적인 질문과 키르케고르, 톨스토이, 에머슨의 문학적인 질문을 통해 하나님의 형상인 인간의 정체성과 세계관을 살펴보았다.

하나님이 찾는 '그 한 영혼'은 절대 순종과 의존의 믿음을 바탕으로 첫째, 거짓이 없는 정직, 둘째, 마치 죽음을 받아들이는 것과 같은 겸손, 셋째, 역설적 시련 속에서도 끝까지 견인하는 책임, 넷째, 선과 악을 구분할 수 있는 지혜를 가진 사람이다. 정직, 겸손, 책임 그리고 지혜는 인류 사회를 살아가는 인간이 가져야 하는 보편적 덕목임과 동시에 구원받은 성도가 인생을 살아내는 가치이다. 누구도 정직하지 않고, 자기 허세로 가득 찬 교만함과 자기의 말과 행동에 대한 책임을 지지 않는 사람을 성도라 부르지 않을 것이다.